HISTOIRE UNIVERSELLE

PAR

AGRIPPA D'AUBIGNÉ

IMPRIMERIE DAUPELEY-GOUVERNEUR

A NOGENT-LE-ROTROU.

HISTOIRE UNIVERSELLE

PAR

AGRIPPA D'AUBIGNÉ

ÉDITION PUBLIÉE POUR LA SOCIÉTÉ DE L'HISTOIRE DE FRANCE

PAR

Le Baron Alphonse DE RUBLE

TOME SEPTIÈME

1585-1588

A PARIS
LIBRAIRIE RENOUARD
H. LAURENS, SUCCESSEUR

LIBRAIRE DE LA SOCIÉTÉ DE L'HISTOIRE DE FRANCE
RUE DE TOURNON, N° 6

M DCCC XCIII

EXTRAIT DU RÈGLEMENT.

Art. 14. — Le Conseil désigne les ouvrages à publier, et choisit les personnes les plus capables d'en préparer et d'en suivre la publication.

Il nomme, pour chaque ouvrage à publier, un Commissaire responsable, chargé d'en surveiller l'exécution.

Le nom de l'éditeur sera placé en tête de chaque volume.

Aucun volume ne pourra paraître sous le nom de la Société sans l'autorisation du Conseil, et s'il n'est accompagné d'une déclaration du Commissaire responsable, portant que le travail lui a paru mériter d'être publié.

Le Commissaire responsable soussigné déclare que le tome VII de l'édition de L'HISTOIRE UNIVERSELLE D'AGRIPPA D'AUBIGNÉ *préparée par* M. le Baron Alphonse DE RUBLE *lui a paru digne d'être publié par la* SOCIÉTÉ DE L'HISTOIRE DE FRANCE.

Fait à Paris, le 15 novembre 1893.

Signé : Lud. LALANNE.

Certifié :

Le Secrétaire de la Société de l'Histoire de France,

A. DE BOISLISLE.

PRÉFACE[1] DE L'AUTHEUR

SUR LE TROISIESME TOME.

En vous donnant mon troisiesme tome, il me semble, judicieux lecteurs, que vous faites deux demandes : l'une pourquoi j'ai demeuré un an sans faire travailler; l'autre comment, ayant publié les deux premières parties, la troisiesme est refusée d'un privilège par Messieurs du Conseil[2]*. J'ai à vous dire au premier poinct que, n'ayant peu descrire tant de faits particuliers, inconus et nouveaux, sans avoir laissé derrière quelque gloire, ou méritée, ou prétendue, au mescontentement des paresseux*[3]*; ceux-là, comme c'est leur propre, ont mieux aimé se plaindre d'autrui que d'eux-*

---

1. Ici commence le tome III des deux éditions de l'*Histoire universelle*. Il porte pour titre : TOME TROISIESME, *qui, de la desroute d'Angers, desduit les affaires de France et les estrangères conues jusques à la fin du siècle belliqueux, et puis, par un appendix séparé, descrit la desplorable mort d'Henri le Grand.*

2. Le conseil privé du roi. Ce passage, qui figure dans les deux éditions de l'*Histoire universelle*, dans celle de 1620 et dans celle de 1626, prouve que l'édition de 1620, qui porte la rubrique de Maillé, ne fut pas imprimée secrètement, comme l'ont écrit tous les biographes de d'Aubigné.

3. Var. de l'édit. de 1620 : « ... *paresseux*, qui, aians esté avertis par les voix génералles depuis l'ordonnance de Gap, ne peuvent demander qu'à eux-mêmes leur mespris. J'ai donné *quelque temps...* »

mesmes, qui doivent avouer qu'ils ont esté advertis par les voyes générales qui ont esté prattiquées par le royaume depuis l'ordonnance de Gap[1]. *Ainsi ne se peuvent prendre de leur mespris qu'à leur endormissement.*

Il a fallu donner quelque temps à tels sentimens, pour, avec l'aiguillon de l'honneur, provoquer les offensez à tort ou à droict à m'instruire plus curieusement qu'au passé, ne devant point espérer que la louange les aille cercher à leurs foyers. J'ai desjà receu quelque fruict de mon attente par les plus grands capitaines de l'Europe et par quelques républiques, qui m'ont fait voir comment ils avoyent mon labeur à gré. J'espère qu'en donnant un pareil intervalle entre la première et seconde édition[2], *ma patience aura mesme effect et vous fera voir, avec plus de recerches et particularitez, et les conseils et les exploits.*

D'ailleurs, Messieurs du Conseil avoyent donné charge à un évesque[3] *très docte et à un autre conseiller d'Estat*[4] *de voir ma besongne; mais, les derniers mou-*

---

1. L'*Ordonnance de Gap* est mentionnée à la même place dans les deux éditions de l'*Histoire universelle*. Or, il n'existe pas d'ordonnance *de Gap;* aucun roi, au moins pendant l'époque qui nous occupe, c'est-à-dire depuis le commencement des guerres de la Réforme jusqu'en 1620, n'ayant passé et légiféré à Gap. Faut-il donner ce nom à une ordonnance rendue, le 16 avril 1601, par les commissaires chargés de faire exécuter l'édit de Nantes à Gap? Nous formulons cette hypothèse sans la recommander. La pièce est publiée par Charronnet, *les Guerres de religion dans les Hautes-Alpes*, 1861, p. 253.

2. C'est-à-dire entre la première et la seconde partie. Ce passage figure dans les deux éditions de l'*Histoire universelle*.

3. Philippe II de Cospean, évêque d'Aire en 1607 et de Nantes en 1622.

4. Le s. d'Ailly, conseiller d'État.

vements[1] *ayans empesché leur voyage*[2], *je n'ai peu retenir la pierre jettée, tout prest encor de recevoir chastiment de qui que ce soit, pourveu qu'il ne soit ni esclave ni ignorant. Je puis estre repris en deux choses, au faict ou au droict. Au faict, sans faire aucune exception, il n'y a personne si simple au monde à qui je ne me soubmette, pour qui je ne me corrige, en lui baisant les mains. Et, quant au poinct du droict, duquel je me suis abstenu de prononcer mon advis, tout de mesme le révoquerai-je s'il m'est eschappé mal à propos; à cela je demande un censeur, qui rende conte de son jugement, non à ses espérances et craintes, mais à la conscience seulement.*

Mais, ce qui m'a fait dénier un privilège, pour respondre à la seconde, quoiqu'on ne puisse accuser l'indiscrétion de ma plume ni l'aigreur de ma passion, ce sont des conséquences que l'on tire des véritables descriptions, et pour lesquelles on veut obliger l'histoire à supprimer la vérité. Je n'ignore pas qu'il n'y ait beaucoup de choses à taire, comme quand l'exemple offense et n'instruit pas, mais l'histoire est imparfaicte qui oste la gloire à Dieu de ses jugements,

---

1. Il s'agit ici de la fuite de Marie de Médicis, qui se sauva de Blois et se retira à Angoulême avec l'aide du duc d'Épernon (nuit du 22 au 23 février 1619).
2. D'Aubigné explique ce passage dans une lettre sans date au chancelier de Sillery : « Ce fut lors des mouvements de la royne que les deus (M. d'Aire et M. d'Aillé), s'estans acheminez vers l'isle Bouchard, prindrent frayeur des troupes qui s'amassoyent et m'envoyèrent leurs excuses par un carme deschaussé, nommé Tiraqueau, lequel aussy avoit mesnagé cest affaire dès le commencement. » (*OEuvres complètes de d'Aubigné*, édit. Réaume et Caussade, t. I, p. 201.) Ce Tiraqueau pouvait être un des trente enfants du jurisconsulte André Tiraqueau, lequel, de son vivant, avait été lieutenant général au siège de Fontenay-le-Comte et, par conséquent, un compatriote de d'Aubigné.

en desguisant les crimes qui ont attiré les foudres, et contre lesquels le ciel a lancé ses dards.

Quelqu'un a repris Tacite d'avoir prononcé les noms et les vocables infects des ordures de son temps. Un autre l'a défendu, disant que la science ne pouvoit estre mère du vice, et que jamais l'ignorance ne fust tutrice de la vertu. J'ai par devers moi les livres de la Ligue sur les horreurs qu'ils imputent au roi Henri III. Qui me peut défendre d'alléguer leurs accusations, pourveu que je ne prononce point en leur faveur? J'ai apporté plus de modestie en cela et aux accidents avantageux à mon parti que n'ont faict les excellents historiens catholiques, comme la conférence[1] en fait la foi, m'estant donné pour loi ceste sentence, que l'excessive liberté vient d'une âme serve[2] de passions.

Or, j'impute ceste défaveur à mon nom premièrement, et puis à ma profession, mais d'avantage à l'authorité que les Jésuites se maintiennent par tout, en toutes choses, et surtout à la cour, quoique je ne me laisse emporter à aucune invective contre eux, ni contre les liguez, ce que n'ont pas observé ceux qui ont escrit devant moi. Que si les véritables et simples narrations les offensent, ils devoyent refuser privilège à leurs actions. Quelcun d'eux a dit que véritablement je ne quittois pas mon chemin pour juger ni pour dire paroles injurieuses, mais que je faisois parler les choses. Certes je n'ai pas délibéré de les faire taire, je dérogerois trop à mon devoir. Voici ce qui les blesse : c'est la perpétuelle justice et faveur du ciel, qui paroist aux gestes pleins de merveilles d'Henri le Grand, soit

1. *Conférence*, action de conférer les historiens catholiques et les historiens protestants.
2. *Serve*, esclave de passions.

en la querelle des Valois ou des Lorrains, soit en celle de la religion. En nul de ces poincts je n'ai peu, ni deu, ni voulu devenir lasche et infidelle par circonspections; car, si je laissois tomber indiscrettement le grand roi que Dieu m'avoit donné pour maistre, et qui, pour la présente action, a confié son honneur entre mes mains; si, dis-je, je le laissois tomber en réputation de tyran, quel supplice n'auroye-je mérité? Or, seroit-il tyran et parricide de sa patrie s'il avoit fait verser tant de sang pour causes légères ou honteuses, et qui ne doivent esclatter par l'univers; et nostre roi régnant à présent auroit à cacher son extraction. Au contraire, l'Europe n'a rien de si splendide; il est du plus haut tige du monde; son berceau s'est joué dans les triomphes honorables pour causes justes qui cerchent la lumière et la vérité. Ici me soit permis de tourner vers Sa Majesté, et, puisque mes lettres ne vont plus en ses mains, prendre ceste occasion pour lui dire, le genouil en terre :

Sire, je n'emportune point les oreilles de mon prince pour me voir eslongné, déchiré d'impostures et despouillé de ce que j'avois acquis auprès d'Henri le Grand par la sueur et le sang. Je me plains, Sire, de quoi ces véritables louanges sont hayes comme autresfois sa vie. Sans la justice de ses armes, en quel rang seroyent tant de chevaliers, qui ont faict jonchée de leurs vies à ses pieds; tant d'heureux combats et grandes batailles, ausquelles il a tousjours prié Dieu et combattu en François, deviendront-elles des crimes et des horreurs à la postérité? N'escoutez point en telles matières ceux qui veulent estre nommez vos pères d'une vaine appellation, mais plustost cet excellent père qui se plaint du tombeau et dit que nous avons armé les berceaux des Bourbons, et encor que la splendeur de leurs thrônes *leur ait fait perdre la veue*[1] *de nous au temps de leurs élévations et prospéritez. Nos larmes ne sont point feinctes à leurs sépulchres, après lesquels le soin de leur juste gloire vit encor en nous. Il dit aussi qu'il doit aux catholiques la garde de la couronne, et à nous celle de la teste à couronner. Je demande, Sire, que Vostre Majesté ait aggréable ma passion, pour la hautesse et pureté de vostre naissance et*[2] *pour la gloire du nom de Bourbon. Et puis, je conclurrai en priant Dieu, mon puissant et juste deffenseur, que, comme il a autresfois fortifié mes petites mains pour deffendre la vie d'Henri le Grand en plusieurs périls, comme à le tirer de prison au danger mortel*[3] *de Beauvois*[4] *et contre le meurtrier de L'Ore*[5]*, il les vueille encore fortifier pour garentir son nom et le vostre contre les assassins de son honneur.*

1. La fin de ce membre de phrase, jusqu'à *nos larmes,* manque à l'édit. de 1620.

2. Ce membre de phrase, jusqu'à *et puis je concluerai,* manque à l'édit. de 1620.

3. Lorsque le roi de Navarre s'enfuit de la cour de France (3 février 1576), sa vie était menacée, ou du moins il pouvait le croire. Il fait allusion à ces dangers dans une lettre sans date, mais que M. Berger de Xivrey place avec raison au mois de janvier 1576 (*Lettres de Henri IV,* t. I, p. 81).

4. Le roi de Navarre s'enfuit de Paris, mais la cour était à Beauvais-Nangis (t. V, p. 11).

5. Loro, spadassin espagnol (t. VI, p. 182). C'est par erreur que nous avons imprimé *Loto.*

LES HISTOIRES

DU

SIEUR D'AUBIGNÉ

LIVRE ONZIÈME

(LIVRE I DU TOME III DES ÉDITIONS DE 1620 ET DE 1626.)

CHAPITRE I.

Misérable estat des réformez en Xainctonge et Poictou.

Trois puissans fléaux de Dieu furent en mesme temps desployez sur la France occidentale, car la famine[1] et la peste s'ameutèrent à la guerre contre[2] ceste contrée desjà aux abbois pour les misères passées. De cela parust à Sainct-Jean-d'Angeli un tableau digne de mémoire, lorsque ceste ville n'avoit pour habitant que la guette du clocher; tout le reste du

---

1. La disette et la dureté de l'hiver 1585-86 ne frappèrent pas seulement le Poitou, mais toutes les provinces de France. On trouve dans les *Variétés historiques et littéraires*, t. VII, p. 137 (coll. de la Bibliothèque elzévirienne), une pièce curieuse sur ce sujet, que le père Lelong attribue à François du Haillan.
2. Ce membre de phrase, jusqu'à *De cela parust,* manque à l'édit. de 1620.

peuple ayant fait des maisons de ses linceux sur la contr'escarpe et dans le fossé. Or, avant que les réformez du pays sceussent aucunes nouvelles de leurs princes et grands, emportez par la tempeste que nous avons descrite en la grande et petite Bretagne, ils en eurent certaines et proches de la première armée qu'on leur envoyoit sur les bras.

Elle fut, pour le duc de Mayenne[1], composée de douze compagnies d'ordonnance, qui faisoyent huict cents lances, quatre cents Italiens ou Albanois, neuf cents reistres; de six à sept mille fantassins françois, cinq mille cinq cents Suisses; et puis de la noblesse volontaire, qui se joignit à l'armée depuis le port de Piles par amour de leur parti et du duc. Son artillerie fut de seize canons de batterie, le tout équippé et payé, non à la faveur, mais à la crainte, qui lors valoit bien autant[2].

Ceste armée à Lusignan, avant qu'on sçeust le passage de la Vienne, porta elle-mesme ses nouvelles et son effroi tout à la fois. Les capitaines refformez,

---

1. Le duc de Mayenne se mit en campagne contre le roi de Navarre au mois d'octobre 1585. Le pouvoir que lui donna le roi pour faire la guerre au Béarnais est daté du 1er octobre de cette année (Copie; f. fr., vol. 3364, f. 129). A cette date, le duc de Mayenne était encore à Champigny et s'occupait de la concentration de l'armée royale (Duchesne, *Hist. de la maison de Chasteigners*, p. 331).

2. La campagne du duc de Mayenne, dont d'Aubigné présente le tableau un peu décousu dans ce livre de son *Histoire universelle*, a été l'objet, de la part de du Plessis-Mornay, d'un récit ironique fort piquant, où il le raille de ses prétendus triomphes sur le roi de Navarre. Cette pièce a été publiée dans les *Mémoires de la Ligue*, t. I, p. 451, et réimprimée dans toutes les éditions des œuvres de Mornay.

estonnez et désarmez par les desroutes d'Angers[1] et de Brouage, ne sçavoyent où prendre parti. Le comte de Laval vid fondre le duc sur Sainct-Jean, où il ne peust rallier que cinquante hommes, outre la garnison ordinaire, et la moitié de ceux qui avoyent passé Loire avec lui. Encor couvrit-il sa nécessité de quelque escarmouche près Sainct-Julien[2], le tout froidement, les uns arrestez d'incertitude et de respect, les autres de leur paucité[3]. Comme le duc marchandoit l'attaque de ceste ville, le comte, renforcé de quelque reste de régiments, mit tous ses malotrus[4], à qui la faim ostoit la peur de la peste, en un corps, fit distribuer à chaque soldat demi-livre de poudre, allumer trois mesches et donner en foule dans la ville, tirans sans cesse, comme s'ils l'eussent prise d'assaut. Les habitans, pour l'intérest qu'ils avoyent à leurs meubles, les contrefont, et ceste grande escopeterie eut deux effects. Le premier, que, depuis ceste heure, il ne nous mourut un seul homme, ni dans la ville ni aux fauxbourgs; l'autre, que les vedettes catholiques, ayants ouy ce grand salve et l'ayants pris pour une reveue, donnèrent aux demi-assiégez une utile réputation; et[5], de plus, c'est que deux cents malades, que nous fismes porter dans la ville, guérirent presque tous.

Il advint aussi que les réformez firent une charge

1. Voyez le volume précédent, p. 259.
2. Saint-Julien (Charente-Inférieure), près Saint-Jean-d'Angély. — Siège de la ville par le duc de Mayenne, premiers jours de novembre 1585 (De Thou, liv. LXXXII).
3. *Paucité* (paucitas), petit nombre.
4. *Malotru*, né sous une mauvaise étoile (*malum astrum*), au figuré *misérable*.
5. La fin de cet alinéa manque à l'édition de 1620.

à Varèze[1], où ils se meslèrent dans la confusion du logement avec de l'heur, si à leur retraite ils n'eussent point perdus quelques hommes, et entre ceux-là Chasségué[2]. Ces bonnes contenances et la réputation de la place, qui lors estoit un erreur populaire, l'exemple du dernier siège, la difficulté des vivres du pays et plus encor l'effroy de la peste furent causes aidantes au désir gaillard d'aller porter la guerre où la personne du roi de Navarre se présentoit, soit qu'elle fust la plus nuisante au dessein des liguez ou que son attaque apportast plus d'honneur; et partant Sainct-Jean-d'Angély fust pour le coup armé de ses espines et défendu par ses afflictions.

Sur ce poinct, le duc de Rohan[3], arrivé à la Rochelle[4], trouva ceste ville bien empeschée à jetter de ses faux-bourgs la faim et la peste qu'y apportoyent les soldats, plus passionnez ou à leur religion ou à leur parti; car les moins consciencieux, tous mouillez de la dernière tempeste, séchoyent leurs vestemens au lieu de leur habitation, s'ils en avoyent, ou se fourroyent dedans l'armée royale, bien venus sans discrétion.

Ceste première armée quittant la Xainctonge, les réformez estoyent encor troublez en leurs ralliements pource qu'à la veue de la grande armée on avoit

---

1. Varaize (Charente-Inférieure).
2. Jacques Carbonel, s. de Chasseguey, enseigne du comte de Laval.
3. René de Rohan, quatrième enfant de René de Rohan, général de l'armée protestante, époux de Catherine de Parthenay, dame de Soubize, né en 1550, mort en 1586.
4. Arrivée du duc de Rohan à la Rochelle, vers le 7 avril 1586 (De Thou, liv. LXXXV). Il y mourut le 27 avril.

ordonné pour le Poictou les régimens de Vireluisant[1], neveu du chancelier[2], du comte de la Magnane[3] et Saulais-Hautbois, la pluspart Angevins et Bretons, n'y ayant plus rien à craindre de ce costé-là. Laverdin[4] aussi se rendit près de son oncle de Malicorne[5] avec leurs deux compagnies de gens d'armes, les compagnies albanoises de Mercure[6] et d'Aleran, celles de la Tremblaie et de Grézille, une troupe de volontaires qui se signaloyent pour liguez, ceux mesmes que nous vous avons fait cognoistre au siège de Montaigu; tout cela, avec les compagnies d'harquebusiers à cheval, desquelles Le Tillac avoit la première troupe, faisoit quelques trois mille cinq cents arquebusiers et près de quatre cents chevaux, que les réformez, en leur estonnement, contoyent à beaucoup d'advantage. A

---

1. Louis Hurault, seigneur de Saint-Denis et de Vireluisant, fils de Jacques Hurault et de Marie Hurault, sœur du chancelier de Cheverny, gouverneur de Lassay (Mayenne). Il fut assassiné par trahison dans l'église de la ville, pendant la messe, au commencement de 1589 (*Mémoires de Cheverny,* édit. du Panthéon, p. 261).

2. Philippe Hurault, comte de Cheverny, né le 25 mars 1528, chancelier du duc d'Anjou, puis chancelier de France en 1581, gouverneur de Chartres sous Henri IV, mort le 30 juillet 1599.

3. Anne de Magnane, de la maison de Sanzai.

4. Jean de Beaumanoir, s. de Lavardin.

5. Jean de Chourses, s. de Malicorne, lieutenant du roi et gouverneur du Poitou.

6. *Mercure,* c'était ainsi que les Méridionaux et surtout les Gascons (comme Brantôme) prononçaient et écrivaient le nom de Mercœur, ce qui a amené plus d'une confusion. Celui dont il est question ici n'est point le duc de Mercœur, mais un capitaine de gens de pied qu'on appelait *Mercure l'Albanais.* Mercure était catholique, lieutenant du comte de Suze, et se nommait réellement des Hayes de Trelon (Pièce ajoutée aux *Mémoires de Villegomblain,* 1668, 2ᵉ partie, p. 158).

l'ombre de ces forces, on emplit de garnisons toutes les places qu'on estima propres à coupper les vivres de la Rochelle et de Sainct-Jean-d'Angély, comme estant lors la famine fort aisée à servir. Ces places estoyent Escovieux, Tors, Matha, Mondevis, Annai, Villeneufve-la-Comtesse, Chisai, Dampierre, Sasay, la Foyemonjau, Maillezais[1], et, devers Brouage, Royan, Soubise, Brisai, Brassaut, Mornac, Tonnai-Charante[2], et quelques hommes qu'on tenoit en Oléron. Cela rendoit de toutes parts l'espérance des vivres perdue et engendroit un bruit commun que tous ces blocus, fortifiez vers le printemps, mettroyent au désespoir les deux villes que, sur le point de la récolte, on devoit serrer de plus près.

Tel dessein, fondé en raisons apparentes avec la nouvelle d'une infinité de réformez se révoltans par tout, apprit à plusieurs de Poictou et de Xainctonge, et mesmes à ceux qui avoyent le plus à perdre, des capitulations de nouveau style avec les gouverneurs des provinces pour la seureté de leurs maisons, la pluspart promettans défection de leur parti.

Ceux qui avoyent quitté leurs patries pour l'amour de leur religion se résolvoyent à toutes extrémitez et se ralloyent à ceux du pays, où ils trouvoyent de la fermeté. Entre ceux-là, Sainct-Gelais[3], eschappé d'An-

1. Écoyeux, Thors, Matha, Mondevis, Aulnay, Villeneuve-la-Comtesse (Charente-Inférieure), Chizé (Deux-Sèvres), Dampierre-sur-Boutonne (Charente-Inférieure), Sanzay, la Foye-Monjault (Deux-Sèvres), Maillezais (Vendée).
2. Brouage, Royan, Soubise, Trizay, Brassaut, Mornac, Tonnay-Charente (Charente-Inférieure).
3. Louis de Saint-Gelais, s. de Lansac, que Brantôme désigne habituellement sous le nom du *bonhomme Lansac,* mort en 1594.

gers avec grands périls, et La Boulaye[1] gardèrent dans la Rochelle quelque semence de troupe à leurs despens. Massac[2] avoit retiré les Xainctongeois, moins pressez dans Pons[3], mais rien de tout cela n'estoit en estat de remédier aux maux que nous avons déduits. On fit courir quelques nouvelles des faveurs que recevoit le prince de Condé en Angleterre[4], qu'il en reviendroit bientost accompagné et armé ; mais ce bruit ne demeura guères à se sentir de sa vanité, car la roine d'Angleterre, qui de son naturel eust mesuré ses faveurs envers le prince affligé selon sa pitié et piété, fust contrainte de les régler à l'aulne de son conseil et de ses affaires, et se contenta de mériter en la personne sans pour ceste fois donner secours au parti.

Chapitre II.

Armes relevées en Xainctonge et Poictou par les réformez.

Chascun des réformez s'excusans sur l'impuissance

1. Charles Eschallard, s. de la Boulaye.
2. L'édition de 1620 nomme ce personnage *Plassac*. Il s'agit ici de Jean de Pons, s. de Plassac et de Lorignac, gouverneur de Pons, fils de Jacques de Pons, s. de Mirambeau.
3. Pons (Charente-Inférieure), place forte rasée en 1622.
4. Le voyage du prince de Condé de Guernesey en Angleterre était contesté. L'un des gentilshommes du prince, le s. de Fiefbrun, l'auteur du *Véritable discours de la naissance et de la vie de Monseigneur le prince de Condé*, dit que le prince ne s'embarqua à Guernesey que pour aller à la Rochelle (Note du duc d'Aumale dans l'*Histoire des Condé*, t. II, p. 153). Mais La Huguerye certifie le voyage du prince en Angleterre avec une précision qui ne laisse aucun doute. Le prince débarqua à Weymouth dans le comté de Dorset (*Mémoires de La Huguerye*, t. II, p. 356).

de mettre en besongne le reste de leurs soldats, le duc de Rohan, qui[1] s'étoit retiré diligemment de la Bretagne, le comte de Laval, Sainct-Gelais, le corps des Rochelois et autres de plus de marque, tindrent un conseil auquel ils délibérèrent de remettre en formes leurs compagnies ruinées et leur donner pour chef Aubigné[2], lors occupé à licentier ses restes du siège de Brouage, affectant pour grande douceur de n'avoir plus le soin que de soi. Il respondit aux lettres qu'on lui escrivit pour ce faict que son dos, tout escorché du fardeau qu'on lui avoit laissé à la retraite d'Angers, estoit incapable d'une nouvelle pesanteur. Mais l'amiable puissance qu'avoyent sur lui le duc et le comte, l'acclamation des gens de guerre, qui le demandoyent, et les violentes suasions et menaces des ministres de Nort et Esnart[3], envoyez vers lui, le remirent à relever son régiment et autres compagnies, qui sous lui voulurent prendre la campagne. Les Rochelois, par une libéralité à propos, lui firent présent d'armes et munitions de guerre et de mulets pour les porter.

Lui donc, pour n'estre pas esteint en naissant, fit son premier rendez-vous en l'île de Rochefort[4], où, ayant asserré[5] en quatre jours huict cents hommes, sur le poinct que Sainct-Luc[6] avoit appellé les forces de

---

1. Ce membre de phrase, jusqu'à ces mots *le comte de Laval,* manque à l'édit. de 1620.

2. Agrippa d'Aubigné, notre historien.

3. Odet de Nort, ministre, mort à la Rochelle en 1593. — Louis Esnard, ministre de Fontenay.

4. D'Aubigné, dans ses *Mémoires,* donne quelques détails nouveaux sur cette expédition (édit. Réaume et Caussade, p. 54).

5. *Asserré,* réuni.

6. François d'Épinay, s. de Saint-Luc, l'ancien favori de Henri III.

Xainctonge, pour le charger se rapprocha de Sainct-Jean et y fust renforcé de cinq[1] compagnies de Sorlu[2], des gens d'armes du comte de Laval, menez par Mignonville, de ses gardes[3] et d'une compagnie de chevaux-légers, qu'il redressa avec autres volontaires de douze à treize cents hommes de pied et cent vingt chevaux. Il marche en Poictou aussitost adverti que Malicorne et Laverdin reserroyent leurs trois régiments et compagnies de cavalerie pour donner à lui.

Mais, ayant pris le logis de Beauvais sur Niort[4], il leur donna une amorce de la compagnie du capitaine La Berthe[5], qu'il fist marcher à deux heures après midi avec un drapeau neuf, suivi de cinquante seulement, à Sainct-Jean-de-Marigni[6], petit bourg esgaré d'une grande lieue des autres logements. Et[7] fist passer cest appast devant le château de Rimbault[8], se doutant bien que l'advis en iroit diligemment à Niort.

Sur le soir, il tria dix hommes de chaque compagnie ; ainsi se fortifia de deux cents hommes, ausquels tout le reste avoit intérest, et accommoda de picques

1. L'édit. de 1620 porte : *quatre compagnies.*
2. Le s. de Sorluz, capitaine périgourdin, colonel de gens de pied au service du roi de Navarre, tué à la rupture de la trève de Saint-Brice au commencement de l'année 1587. Voyez le chapitre VII de ce livre.
3. Var. de l'édit. de 1620 : « ... *de ses gardes* et autres volontaires ; avec cela, qui faisoit *de douze à treize cens...* »
4. Beauvoir-sur-Niort (Deux-Sèvres).
5. La Berthe est signalé dans les *Mémoires* de d'Aubigné comme un vieux capitaine, donneur de bons conseils (édit. Réaume et Caussade, p. 56).
6. Marigny (Deux-Sèvres).
7. La fin de cet alinéa manque à l'édition de 1620.
8. Rimbault (Deux-Sèvres), petit hameau de la commune de Marigny.

et de grenades ses avanturez. Encor mena-t-il tous les capitaines pour leur donner ordre de leurs desmarches, passages et prises de places, en la nuict, dans un champ, entre Beauvais et la Forest[1], jusques à faire marquer de quelques pierres l'une sur l'autre le lieu où chaque capitaine devoit arrester le reste de sa troupe. Et prenne qui voudra cet exemple pour éviter les confusions et les cris de la nuict. Laverdin ne faillist pas, avec ce qu'il avoit de plus leste, à donner, sur le poinct du jour, la camisade à Sainct-Jean-de-Marigny. Mercière[2], avec ses Italiens, enveloppa, dans un village près de Rimbault, Kergrois[3], lieutenant de Laval, avec seize maistres, et l'emporta sans qu'il fust secouru, pource que, venant joindre les troupes, il avoit pris quartier de lui-mesme à la nuict. Les vedettes des réformez ayans premièrement adverti, on ouit après les arquebusades de La Berthe, qui avoit receu la strette comme bien préparé. Laverdin voit en mesme temps les plus diligens des siens remenez rudement hors la Bourgade[4] et les seconds mal préparez pour y donner. Et aussitost les Albanois lui apprennent comment à demi-soleil ils avoyent trouvé un grand corps d'infanterie et quelque cavalerie à leurs aisles, qui les avoit poussez à la faveur du bataillon et non plus. Laverdin n'eust autre conseil que l'espouvantement des siens, avec lesquels il regagna

---

1. La Forêt (Deux-Sèvres).
2. L'édition de 1626 porte *Merciere,* mais celle de 1620 porte *Mercure.* Sur ce capitaine, voyez une note du chapitre précédent.
3. Le s. de Kergroais, capitaine breton protestant, gouverneur de Beauvoir-sur-Mer pour le roi de Navarre.
4. La Bourgade (Deux-Sèvres).

en confusion le marais des Sanguinaires[1]. Par là il fist sa retraite à Nyort avec fort peu de perte et plus d'estonnement.

Les régiments de Vireluisant[2] et de La Magnane, estants commandez, avoyent passé la rivière de Sèvre avec ce but principal de charger les premiers réformez qui oseroyent halener la campagne. Vireluisant estoit demeuré sur son passage à Sainct-Gelais[3]; l'autre s'estoit advancé jusques dans Melle. Les réformez, marris de n'avoir pas assez pressé leur poursuite et fait valoir la première occasion, partent de Pré[4] à minuict. Ayans pris au commencement le chemin de Sainct-Gelais, tournent court à Melle, trouvent La Magnane parti d'effroi, le poursuivent jusques à Ron[5], où l'infanterie demeura sur les dents, comme ayans faict trois lieues plus que leurs ennemis. Quelque quatre-vingts chevaux destournèrent La Magnane à deux heures de nuict dedans Coué[6]. Là, les capitaines complottèrent pour empescher à leur chef l'essai de ce logis avec son peu en lui reprochant Sainct-Mandé[7]. Ainsi, ayant faict tourner visage pour aller loger, lui, avec Sorlu, Le Vaneau et cinq autres capitaines des plus délibérez, plus par despit que par jugement, se desrobent, mettent pied à terre, donnent à la princi-

---

1. La Sanguignais (Deux-Sèvres).
2. Vireluisant, dit Verluisant dans les récits du temps, prit garnison avec son régiment à Saint-Maixent, le 28 février 1586 (*Journal de Le Riche*, p. 438). Voyez la page suivante.
3. Saint-Gelais, arrondissement de Niort (Deux-Sèvres).
4. Pers (Deux-Sèvres).
5. Rom (Deux-Sèvres).
6. Couhé (Vienne).
7. Saint-Mandé (Charente-Inférieure).

pale barricade; et, n'ayans eu que les deux arquebusades des sentinelles pource que les mesches n'avoyent pas le feu en pointe, ils emportent le corps de garde à coups d'espée, et, y ayans laissé dix à douze morts, vont retrouver leurs compagnons. Le lendemain, ils furent bien marris quand ils sçeurent que tout le régiment avoit joué à sauve qui peut et avoit fui, les drapeaux à la pochette, sans se recognoistre ni rallier plus près que Mirebeau[1]; quelques habitans du pays demeurants héritiers de leur bagage. Soit dit pour instruire ceux qui font de tels coups de taster bien ce que leur coup a faict.

Or, puisqu'il est question de voir regagner la campagne aux ruinez, qui n'est pas un exemple de peu d'effect, et sans l'utilité duquel je ne traitterois pas des choses petites de soi si expressément, vous sçaurez que, les refformez ayans pris leurs logis à la Motte-Sainct-Hérai[2], Malicorne prit si bonne opinion d'eux qu'il les creut vouloir assiéger Sainct-Maixant[3]. Sur quoi il délibéra d'y jetter le régiment de Vireluisant, et, avec toute sa cavallerie, l'avoit conduit jusques à la planche de Villene[4], quand Aubigné, voulant mener la compagnie de Dracqueville à son logement, rencontra avec dix hommes choisis trente coureurs de Malicorne sous les noyers de Boisragon[5]. Il respondit *charge* au *qui vive*. Les catholiques, cuidans avoir plus grand troupe sur les bras, tournent le dos et portent l'alarme

1. Mirebeau (Vienne).
2. La Mothe-Sainte-Heraye (Deux-Sèvres), sur la Sèvre.
3. Saint-Maixent (Deux-Sèvres).
4. Villaines (Deux-Sèvres), près de Saint-Maixent.
5. Bois-Ragon (Deux-Sèvres), dans la commune de Bréloux.

de mauvaise grâce dans leur gros, qui prit place de bataille dans la prée de Villene. Là, les coureurs, presque tous gentilshommes de marque, ne voyans point paroistre leurs poursuivans, se doutèrent d'avoir failli, les retournèrent cercher à toute bride et les trouvent comme ils se desroboyent vers Berlou[1], à deux intentions et cautions : l'une que, s'il eust rebroussé vers la compagnie de Dracqueville, ils la faisoyent deffaire pour certain ; l'autre qu'il vouloit faire monter à cheval[2] Sorlu, qu'il y avoit logé, et prendre là sa seureté ; l'autre que, l'ayant fait monter à cheval avec cent cinquante arquebusiers, il s'alla joindre avec Draqueville et puis se fist voir de loin aux troupes de Malicorne, qui à ceste veue reprit le chemin de Niort. Ce que les refformez avoyent de capitaines assez bien montez vindrent aux coups de pistolets. Mais le gros[3] ne se laissoit reconoistre de cinq cents pas, pour laisser en doute leur qualité ; et le mesnagement de veue apprendra quelque chose au capitaine des carrabins[4]. Tant y a que quelque peu de morts et de bagage pris sur la retraicte monstra aux soldats refformez, qui s'estoyent relaissez dans les régiments catholiques, que les leurs tenoyent la campagne.

1. Bréloux, sur la Sèvre (Deux-Sèvres).
2. Var. de l'édit. de 1620 : « ... *à cheval Sorlu logé à Berlou*, comme il fit avec 150 arquebusiers ; cela joint avec Draqueville, *se fist voir...* »
3. Var. de l'édit. de 1620 : « ... *mais le gros* n'approchoit point de 500 pas. Il y a quelque chose qu'on peut apprendre au mesnagement de cette veue. *Tant y a...* »
4. *Carrabins* est un surnom donné aux *argoulets*. Le père Daniel fait la description de leur armement (*Hist. de la Milice françoise*, t. I, p. 232).

Cela leur fist cueillir le profit de la réputation à peu de frais, et, par elle les bandes estans accrues jusques à deux mil hommes, leur chef osa attaquer et recouvra quelques bicocques ci-devant remarquées. La première[1] fut Tors, où commandoit Rules, qui, voyant son ravelin emporté de haute lute, capitula. Et, comme il estoit sur le point de se rendre, les forces de Xainctonge s'amassèrent à Congnac pour le secours. Les assiégeans advertis laissèrent vingt corps de garde garnis de chacun trente hommes, et avec le reste s'embusquèrent en trois troupes à un quart de lieue de là dans les bois, ayans bien advertis leurs corps de garde que d'une heure entière ils ne seroyent secourus. Vaux[2], qui menoit les coureurs des catholiques, ayant ouy auprès de Tors un grand hannissement de chevaux, sentit la fricassée, et, en faisant tourner visage, empescha un gentil exploit de ses ennemis.

Quelques[3] jours après la prise de Tors, le marquis[4] seigneur du lieu, festinant celui[5] qui l'avoit remis en sa maison, lui promit de lui faire voir après souper un spectacle qu'il ne croyoit pas avoir esté jamais remarqué, asçavoir la peste comme elle descendoit de la moyenne région de l'air. L'ayant donc mené dans un jardin un peu avant soleil couché, ils virent des-

---

1. Var. de l'édit. de 1620 : « ... *la première* qui se deffendit *fut Tors...* »

2. Le s. de Vaux, capitaine catholique, tué à la bataille de Coutras de la propre main de d'Aubigné. Voyez le chapitre XVII de ce livre.

3. Cet alinéa manque à l'édition de 1620.

4. La seigneurie de Thors (Charente-Inférieure) appartenait à la maison de Montberon au XVIe siècle (P. Anselme, t. VII, p. 20).

5. D'Aubigné.

cendre sur la bourgade de Beauvais-sur-Mata[1] une nuée ronde, d'une couleur horrible à regarder, pour la couleur de laquelle il me faut user du mot latin *subfusca*[2]. Ceste nuée sembloit un chapeau qui avoit au milieu de soi une ovalle, des couleurs d'une gorge de coq d'Inde, que leur spectateur jugea pareille en toute chose au flegmon qu'on lui avoit arraché dans la postume de sa peste qu'il avoit eue à Orléans. Ce chapeau, avec sa funeste enseigne, vinst entrer et fondre auprès du clocher, n'ayant point manqué de faire le semblable au matin et au soir tant que dix-huict mois de peste durèrent, comme nous vismes deux jours que nous demeurasmes au lieu. Ayant fait ce présent aux physiciens, je m'en retourne à mes soldats, qui font la guerre en Xainctonge.

Plassac, ayant eu beaucoup de peine à relever le courage de son quartier, fit le coup le plus utile, car il marcha à l'entreprise de Royan[3] sur le dessein de Candelai, assisté de La Limaille[4] et de Pont-de-Mille. Ceux-là escalèrent la roche et la muraille ensemble du costé de la mer, où l'on ne posoit point de sentinelle pource qu'il y avoit soixante pieds de hauteur, et par là regagnèrent à leur parti une place que la paix leur avoit ostée, et de laquelle vous jugerez l'importance par les profits qu'elle leur apportera.

---

1. Beauvais-sur-Matha (Charente-Inférieure).
2. *Subfusca,* qui tire sur le brun.
3. Prise de Royan par Pons de Plassac, 23 février 1586 (De Thou, liv. LXXXV).
4. Jean-Robert La Limaille, capitaine protestant.

Chapitre III.

Prise de quelques bicocques, et les combats d'Oléron et de Monbraguet.

Xainctonge et Poictou nous demandent encores un chapitre, cependant que le duc de Mayenne observe ce qu'il faut pour oster de tout poinct la campagne au roi de Navarre. Et, comme ces deux provinces avoyent porté le coup de la ruine, aussi leur devons-nous un soin plus exprès pour leur relèvement; qui est une pièce rare aux décadences des partis.

Le prince de Condé envoya de ses nouvelles, qui ne devancèrent que fort peu son arrivée à la Rochelle [1], lequel, sur ce poinct, voyant que les siens reprenoyent cœur, se résolut de faire effort, offrit et donna au comte de Laval artillerie et munitions pour ouvrir le chemin des vivres et attaquer Soubize, Brassaut, Saint-Jean-d'Angle, Trisai et Mornac [2]. Le comte donc, ayant adjousté aux forces dont nous avons parlé un régiment de la Rochelle, quatre cents hommes de pied, qu'amena Plassac, et ce qu'ils avoyent de cavallerie, La Personne [3] amena par mer quatre pièces de batterie. Tout cela assiégea Soubize, où commandoit Cimandière, avec quelques volontaires et deux compagnies

---

1. Arrivée du prince de Condé à la Rochelle, 1ᵉʳ janvier 1586 (*Journal de Le Riche* dans les *Chroniques fontenaisiennes*, p. 429).

2. Prise de Soubise, Brassaut, Saint-Jean-d'Angély, Chisé et Mornac par les réformés, février et mars 1586. Voyez de Thou, liv. LXXXV.

3. François de la Personne, grand maître de l'artillerie huguenote en 1575 et gouverneur de la Fère au nom du prince de Condé.

de Brouage. Le gouverneur fit une faute de jeune homme qui sera ici pour leçon à ceux de son âge; c'est que, sur la parole d'un sien cousin, gentilhomme de marque, il vinst, accompagné de lui, frapper à la porte du conseil des assiégeans pour traitter de sa reddition, et, n'eust esté celui qui commandoit les régiments, il eust esté pendu devant la place; laquelle composa à vie sauve, les capitaines demeurans prisonniers de guerre. La garnison ayant abandonné les murailles et toute garde, il falut que le mesme qui avoit sauvé le gouverneur gardast la place et la foi tout ensemble, marque d'une rare loyauté. Nulle des autres places n'attendist les approches, et par ainsi les refformez se préparèrent à de plus grandes choses après leur soulagement.

J'ai à vous représenter deux combats; le premier desquels ayant esté cause du second, veut estre commencé par son dessein : c'est qu'Aubigné, succombant sous sa charge[1], sans assistance, ne pouvant plus combattre la famine et puis la pauvreté et nécessité des siens, estans de mauvaises pièces pour garder respect et police parmi eux, résolut de trier cinq cents hommes de deux mille qu'il avoit, donner le reste à quelques jeunes maistres de camp, arrivez de nouveau avec le

---

1. D'Aubigné commandait alors deux compagnies de gens de pied et tenait garnison à la Mothe-Sainte-Heraye. Il entretenait avec les villes voisines, même avec les villes du parti catholique, des relations courtoises qui ne s'accordent pas avec l'état de guerre civile. C'est ainsi que, le 21 février 1586, il promit par écrit aux gens de Saint-Maixent de ne les attaquer que s'il y était forcé et, en ce cas, de les prévenir à l'avance, promesse qu'il tint fort exactement quelques jours après (*Journal de Le Riche*, p. 436 et 437).

prince de Condé, et s'aller perdre ou establir dedans l'isle d'Oléron[1].

A cela lui fut commode la despouille de Soubize, de canons, armes et munitions, que sa charge de colomnel en l'armée lui donna, pource que l'artillerie n'avoit point joué. Il avoit fait venir, par l'assistance de La Limaille, à Pierremenue cinq navires. Sur le bord de la planche qui passoit au premier, il déclara à ses compagnons son entreprise sans en amoindrir le péril, aimant mieux mener peu et des hommes résolus. Et puis, ayant donné congé à tous ceux qui avoyent affaire ailleurs, plus de deux cents des siens couppèrent les jarrets à leurs chevaux et suivirent son drapeau colomnel. Ainsi embarqua sept cens cinquante hommes. Sept compagnies qui ne furent pas de la partie furent deffaites dans trois semaines de là, trois par Sainct-Luc près Sainct-Sorlin[2], les quatre auprès de Dampierre[3] par la cavallerie légère du mareschal de Biron, qui lors venoit d'assiéger Luzignan. L'isle d'Oléron fust saisie avec peu ou point de résistance. Il ne faut pas oublier que ce dessein avoit esté conclud entre le comte de Laval, Plassac et Aubigné, les trois présupposans que les régiments catholiques qu'on envoyoit en Xainctonge seroyent employez à reconquérir ceste isle. Et pourtant le comte promettoit de se tenir prest à la Rochelle pour, avec les forces et les

---

1. Dans ses *Mémoires*, d'Aubigné donne un second récit de la prise d'Oléron, qui complète celui de l'*Histoire universelle*. Voyez l'édition Réaume et Caussade (t. I des *OEuvres complètes*), p. 55.

2. Saint-Sornin-de-Marennes (Charente-Inférieure).

3. Dampierre-sur-Boutonne (Charente-Inférieure). — La ville appartenait à Claude de Clermont, femme du maréchal de Retz.

vaisseaux de guerre, enlever l'armée de mer despourveue d'hommes, quand ils seroyent bien empeschez, ou au pillage ou au combat. Plassac devoit, de son costé, fournir deux bonnes compagnies, comme il fit.

Il faut vous rendre compte pourquoi j'ai dit l'armée de mer; c'est celle de Normandie amenée par le commandeur de Chattes, composée de dix grands vaisseaux; entre ceux-là trois de cinq cents tonneaux. Là encores devoyent arriver, comme elles firent, les galères de Nantes, et puis le grand Biscain de six cents, tout cela ayant pour l'utile commandement de conduire trente vaisseaux chargez de sel pour le grand parti; le tout bien préveu et conclud sur la promesse qu'Oléron se deffendroit deux fois vingt-quatre heures attendant le secours. Sainct-Luc, à qui l'affaire touchoit, rallia, dans douze jours et non plustost, les régiments de Tiercelin[1], de Cluseau[2], autresfois Blanchard, le commencement de celui de Coulombiers, quatre cents arquebusiers de Médoc en diverses troupes, huict cents hommes des garnisons de Xainctes et de Brouage, qui estoit la fleur de cet amas, de six à sept cens hommes, que l'armée de mer mit pied à terre. Tout cela, avec les gens d'armes et chevaux-légers qui prirent la picque, faisoit près de cinq mille hommes frais et bien armez.

Le prince de Condé, nouvellement arrivé d'Angleterre, appelle les forces promptement, achève de des-

1. Charles-Tiercelin d'Appelvoisin, chevalier de l'ordre du roi, gentilhomme ordinaire de sa chambre, seigneur d'Appelvoisin (*Études, documents et extraits relatifs à la ville de Saintes*, p. 394, note).
2. François Blanchard, s. du Cluseau.

gager Sainct-Jean en prenant Aunai et Chizé d'effroi, et Sasai[1] par le dessein de Ranques[2]; mais surtout il eut à cœur la vengeance contre le mareschal de Rets, et voulut prendre Dampierre pour le raser en représaille de Montaigu[3].

Les compagnons d'Oléron, n'ayans osé entreprendre rien de ferme, pource que, dès le second jour, ils eurent les navires et galères en présence, s'employèrent à descoupper la grande bourgade du chasteau, où ils firent quarante-six barricades fossoyées devant et derrière; celles qui approchoyent de la mer les plus travaillées et meilleures par quelque sit avantageux. Au dixième jour, Sainct-Luc se présente[4] avec cinquante vaisseaux ronds et ses galères, commence le lendemain au poinct du jour sa descente à mer basse, forme dans le platin quatre bataillons d'environ mille hommes chacun et destache quatre troupes d'enfans perdus d'environ deux cents hommes chacune. En ceste ordonnance, ayans gagné le sec de l'isle, fait alte, afin que Tiercelin, qui menoit la gauche et avoit le plus grand tour à faire, pût avoir gagné le chemin de Dolus[5] pour le faict qu'il en espéroit, et ainsi ne

1. Aulnay (Charente-Inférieure) et Chizé (Deux-Sèvres).
2. Le s. de Ranques, fidèle serviteur du roi de Navarre. Une lettre de ce prince, en date du 2 février 1586, promet de récompenser ce capitaine de la prise d'un fort (*Lettres de Henri IV*, t. II, p. 188). Est-ce de la prise de Sanzai?
3. Le maréchal de Retz avait fait raser le château de Montaigu, qui appartenait à la maison de La Trémoille. Voyez le t. VI, p. 157, note. — Prise du château de Dampierre par le prince de Condé, fin février 1586 (De Thou, liv. LXXXV).
4. François d'Espinay, s. de Saint-Luc, tenta de prendre Oléron au commencement d'avril 1586 (De Thou, liv. LXXXV).
5. Dolus, au nord d'Oléron.

laisser nulle partie des ennemis sans exercice en mesme temps. Quelques jours auparavant, Plassac, selon sa promesse, avoit envoyé les compagnies de Boisseau, Guisoli et Desmonnars, bonnes, bien armées et une plus qu'il n'avoit promis, mais si friandes de la bonne chère de l'isle qu'estans mandez pour venir prendre place de combat à six heures du matin, ils n'arrivèrent qu'à neuf, mille pas devant Tiercelin, et, partant, entrèrent confusément en leur faction. Encores n'y fussent-ils pas arrivez les premiers si le gouverneur d'Oléron[1] n'y eust remédié par une escarmouche, qu'il attaqua à un quart de lieue de la bourgade et qu'il desmesla par troupettes de vingt-cinq et trente, qu'il logea derrière quelques barques aux petits Raguereaux, jusques à en faire douze partages avant trouver la roche Sainct-Nicolas. Au commencement, il faisoit jouer des semences de trente et quarante pas. Mais Sainct-Luc apporta contre ceste longueur le remède qu'il falloit; c'est qu'il envoya des jeunes capitaines à ses enfants perdus pour les faire donner à gauche et à droitte sans ordre et sans arrest, si bien que ces huict cents hommes desbandez contraignirent quatre cents qui estoyent dehors, après avoir disputé une heure et demie, de regagner leurs retranchemens.

Les compagnies de Plassac estants logées à la haste, les deux frères de La Combaudière[2], capitaines du régiment de Tiercelin, ayans auparavant practiqué des

1. D'Aubigné lui-même.
2. Jacques et François Gombaud de la Gombaudière. Sur ces deux personnages, probablement frères, qu'il est très difficile de différencier, voyez une note de M. Audiat (*Études, documents et extraits relatifs à la ville de Saintes*, p. 223).

caves de leurs voisins, entrèrent par là dans la rue neufve et enfermèrent par ce moyen vingt-huict barricades, où ils gagnèrent le drapeau de Guisoli. A la veue de quoi le gouverneur pousse le capitaine Poiriers, arrivé de nouveau pour estre de la partie, avec trente[1] hommes choisis pour engager la besongne, et lui, accompagné de trente hommes couverts et suivi de trois cents arquebusiers, enfile toute la rue, regagne le drapeau, met dehors tout le régiment. Le lieutenant de Cluseau, qui donnoit entre là et les Cordeliers, envoya quatre compagnies au secours des premiers; et cela ramena les attaquez à leur première perte, n'osans opiniastrer les barricades perdues en confusion.

Sainct-Luc, qui donnoit à la maison de Pons, après diverses sommations et responses glorieuses, se servit de la mer, qui cependant avoit monté, pour ramener deux canons que les Suisses traînèrent avec des cabestans à trente pas de la première barricade. Un des coups donna dans le coin de la maison qui la flanquoit et l'autre dans la pipe du milieu, laquelle, bien que pleine de pierres, fut percée sans verser, pource que le coup estoit de près. Sainct-Luc, voulant voir l'effect de sa pièce, vid passer et tirer les mousquets par le pertuis qu'elle avoit faict, ce qui fut trouvé fort nouveau par lui et ses capitaines, ne sachans pas que les compagnons avoyent esté sur le ventre dans le fossé du dedans. La première mousquetade fut de la main du gouverneur[2]; et[3] voilà le secret des fossez

---

1. L'édition de 1620 porte 300 hommes.
2. D'Aubigné.
3. La fin de cet alinéa manque à l'édition de 1620.

qu'il n'avoit voulu communiquer jusques au besoin.

La quatriesme troupe, menée par Coulombiers, attaqua vers Sainct-Nicolas, où elle trouva une fausse barricade sur le fossé de la principale. Là, dix hommes de commandement, ayans pris le mousquet et promis de laisser passer les piques à la moitié avant tirer, observent si bien leur propos que Coulombiers et trois de ses capitaines y donnèrent du nez à terre. En mesme temps, la mer estant au plein, les galères entrèrent dans le havre et vindrent donner dix-huict volées dans l'eschine des barricades. Mais Carles, qui y commandoit, fit scier de l'arrière avant que la mer se retirast, pour l'importunité qu'il recevoit de deux verteuils et des soldats qui se mettoyent à la mer jusques à la ceinture et faisoyent grand meurtre de forçats. Toute la journée fut sans cesse de divers combats, et, quand quelque rue paroissoit mal garnie, ceux de dedans ne failloyent à y envoyer des sorties de deux ou trois cents hommes, l'harquebuse à la main gauche et l'espée à la droite. Sur le soir, Sainct-Luc attaqua et emporta le corps de garde de La Limaille, les maisons d'auprès, ayant tué les meilleurs hommes qui le défendoyent. La nuict venue, claire d'une pleine lune, ne fust sans exercices pareils à ceux du jour. Les refformez se trouvèrent n'avoir plus que quatorze barricades, incommodez surtout de la grande faute de médicaments pour penser les blessez, n'en ayants peu recevoir de la Rochelle, à cause du vent d'ouest et sud. Encores est-il raisonnable que vous sachiez comment ils avoyent quarante-six demi-morts dans une grange, desquels les playes puantes faisoyent jetter d'estranges cris; et cela me contraint de vous dire à quel combat ils avoyent receu cest eschec.

Une grande ramberge venant à l'armée avoit touché au bord du Courau, sur une poincte de l'isle, quatre jours avant le combat. Les capitaines de marine coururent aussitost à leur gouverneur l'asseurer que ce vaisseau de quatre cents avec vingt-huict pièces de canon estoit à lui, s'il les asseuroit de gagner le dessous au bas de la mer. Lui donc y mène six enseignes, les met en ordre à cent cinquante pas du navire, fait brusler l'esmorche par des sergens avec soixante hommes, et, avec les lieutenans et deux fois autant, va gagner le dessous. Après l'opiniastré combat de traict et de main, le navire est brisé à coups de hache, chaque pertuis crachant du sang. Les matelots mettent le feu, mais au-dessous du vent ceux du navire crient miséricorde; et, pource qu'on leur tua quelcun en parlementant, la résolution et la nécessité de Sainct-Aulari leur ayant redonné courage, le sergent Phelipon prit au collet Le Franc, leur capitaine, qui se vouloit rendre, le jette sous le tillac. Ils tuent le feu avec une pipe de vinaigre défoncée, la mer cependant remontée au-dessous. Quarante vaisseaux de l'armée se firent touer à la venue de l'eau, et, tout cela n'estant point chiche de cannonades, ceux d'Oléron firent leur retraicte à regret, emportans vingt-deux morts et quarante-six blessez au-devant de la grange, desquels il falloit mettre des soldats les plus assurez en faction, pour empescher les plus jeunes d'ouir des discours qui les eussent descouragez.

Le prince de Condé estoit lors devant Dampierre, accompagné du comte de Laval et de Plassac. Ces deux, sur l'advertissement de ce qui se passa, furent en merveilleuse peine de leur promesse. Le comte picque à la Rochelle, fait promptement, c'est-à-dire en huict heures, armer et partir trente vaisseaux de guerre. Ceste flotte, au travers d'Antioche[1], rencontre le grand Biscain[2], l'attaque de loin, mais, en se maniant, il s'eschoua à leur veue et lors ne lui pardonnèrent pas. Mais, l'ayans pris et tué à l'abordée ce qui se mit en défense, les voilà en dispute qui auroit la gloire de l'emmener à la Rochelle. Là-dessus, quelque galiotte qui s'estoit advancée vers les Saumonnars[3] rapporte que l'on ne tiroit plus en Oléron. Gargouillaut et Boisseau s'opposent à ce rapport, maintiennent que l'armée estoit à eux et qu'il n'y avoit que les pages de navires pour les garder, ce qui estoit vrai ; mais la foule emmena les capitaines et tout retourna dans la ville pour triompher du Biscain.

Le prince de Condé fit douze grandes lieues d'une traicte, arrive à minuict au Chapus[4], d'où il entendit que les siens se défendoyent encores. Sainct-Luc, accablé de travail, importuné par les capitaines, et Tiercelin mesme, pour la quantité de leurs morts et blessez, après quelques légers efforts, fit lever ses drapeaux à huict heures, quitta ses ennemis, qui lui eussent donné de l'argent pour le faire. Encores, sur la retraicte, ils firent quitter le reste des boulets et quelques autres munitions, prirent des prisonniers assez pour retirer le capitaine Boisseau et vingt-cinq soldats, que les Combaudières avoyent pris et desjà

---

1. Le pertuis d'Antioche, auprès de la Rochelle.
2. *Le grand Biscain*, nom d'un bâtiment.
3. La pointe des Saumonards.
4. Le fort de Chapus, en face de Brouage.

mis aux galères, compagnons du vidasme de Chartres[1], que Carles fit mourir, lié à la soute, ne pouvant croire qu'un homme de si bonne maison ne pust payer rançon. Ce[2] seigneur de grande marque, aagé de soixante et quinze ans[3], que le roi de Navarre appelloit son oncle[4], estoit sous la courcie[5] quand la batterie se faisoit[6].

A ce jeu, les catholiques perdirent un maistre de camp, huict capitaines, vingt-six sergeans, trois cents cinquante hommes, desquels deux cents cinquante furent enterrez par leurs ennemis et le reste remporté en quinze chalupes. De l'autre costé moururent dix-sept soldats et trente blessez. Tout[7] le combat soustenu par huict cents cinquante hommes. Les compa-

---

1. Jean de Ferrières, s. de Maligny, vidame de Chartres, neveu de François de Vendôme, vidame de Chartres, capitaine calviniste.

2. La fin de l'alinéa manque à l'édition de 1620.

3. Jean de Ferrières, né vers 1520 (son père s'était marié en 1519), ne pouvait avoir plus de soixante-six ans. Sur la mort de ce capitaine, voyez une note de M. de Bastard (*Vie de Jean de Ferrières*, p. 153).

4. Jean de Ferrières était le propre neveu de François de Vendôme, premier vidame de Chartres, que des liens de parenté naturelle, remontant à 1462, rattachaient à la maison de Bourbon (*Vie de Jean de Ferrières*, chap. i, p. 11).

5. La courcie était un couloir, établi au milieu d'une galère, parallèlement à l'axe du bâtiment, pour aller de la proue à la poupe, entre les bans des galériens. Le prisonnier placé sous la courcie était donc à fond de cale (Jal, *Glossaire nautique*).

6. D'Aubigné, dans les *Aventures du baron de Fœneste* (liv. IV, chap. xx), reparle du supplice du « vidame de Chartres, parent de nos rois, mort aux galères, » et le fait figurer dans le chariot qui porte la « sacrée et vénérable gueuserie, tiré par quatre louves maigres. »

7. La fin de cet alinéa manque à l'édition de 1620.

gnies de secours en eussent fait beaucoup davantage, mais il s'en desrobba quelque deux cents par Sainct-Denis[1] à la veille du combat.

La feste n'estoit pas achevée, car le prince de Condé s'estant retiré vers Saugeon[2] et puis vers Xainctes. Les forces de mer et de Médoc s'estants séparées dès le samedi[3], qui estoit veille de Pasques, Tiercelin séjourna le lendemain, tant pour l'honneur du jour que pour ses blessez. La cavallerie de Xainctes, qui ne le voulut pas attendre, fust chargée et mise en route par Kergrois avec peu de combat. Quelques-uns regagnèrent Brouage. Tiercelin, à qui[4] toutes les troupes, tant de Xainctes que de Cluseau, obéyssoyent, par ces fuyards et d'ailleurs encores adverti qu'on l'attendoit, voulust savoir ce qu'il avoit d'entier, et trouva encores treize cents arquebusiers, cinq cents picques et trois cents mousquets. Avec cela, ayant respondu à ceux qui le conseilloyent d'attendre, que le prince n'avoit pas de quoi entamer son gasteau, il marche le septiesme d'apvril[5], jettant assez loin de lui deux trouppes d'enfans perdus de cent hommes chascune, menez par les deux Combaudières. Après, il forme un bataillon de toutes ses picques entresemé de tous ses mousquets et d'autant d'arquebusiers, ordonne à chacune de ses cornes un peloton de cent arquebusiers; et puis, tant que les chemins lui permettoyent, prenoit deux files à veue,

1. Saint-Denis-Isle-d'Oléron.
2. Saujon, sur la Seudre (Charente-Inférieure).
3. Séparation des forces royales de mer et de Médoc, 5 avril 1586 (De Thou, liv. LXXXV).
4. Var. de l'édit. de 1620 : ... « *Tiercelin* par ceux-là, *et d'ailleurs encores...* »
5. Cette date est confirmée par de Thou (liv. LXXXV).

quand il les pouvoit trouver. Il emplissoit les chemins en foule et, quand il retrouvoit un champ à propos, il refaisoit son bataillon, pour faire recognoistre à chascun le coude auquel il se devoit coller, et à chasque aisleron la corne où il estoit obligé.

Le prince de Condé, avec sa cavallerie harassée, quoique bien adverti par ses coureurs, ne peut arriver à veue de Tiercelin que sa teste ne fût à deux cents pas des arcs (c'est un théâtre des Romains, le plus grand qui se voye en France[1]). La foule des régiments catholiques marchoit en un lieu nommé Maubraguet, pays entrecoupé de hayes, à la faveur desquelles toute l'arquebuserie, à veue d'ennemi, prit son advantage sans se servir de l'ordre que nous avons dit. La Trimouille[2], arrivé le premier à leurs trousses, fit sa charge, à suive qui voudra, sur la troupe de retraicte, et fut si bien receu qu'il fust porté par terre à coups de picques, son cheval sur lui, huict hommes de marque tuez à ses pieds, entre ceux-là Bastarderais, les capitaines Chanterenne et Navarre; tout cela, avec Avantigni[3] le vieux, estropié de deux arquebusades, estendu à dix pas de la haye; de laquelle aussitost sortirent avec armes d'ast[4] les hommes de commandement, qui en esgorgèrent quelques-uns. Autant en recevoit La Trimouille sans les Ouches, Laleu et

1. Par ce mot *les arcs*, d'Aubigné désigne sans doute les arcades de l'amphithéâtre romain et l'arc de triomphe qui se trouvent aux portes de Saintes.
2. Claude de la Trémoille, duc de Thouars, fidèle serviteur de Henri IV, né en 1566, mort le 25 octobre 1604.
3. Probablement Louis d'Avantigny, s. de la Brévallerie et de Montbernard, capitaine protestant, originaire du Berry.
4. *Armes d'ast*, piques.

quelques autres, qui d'une utile résolution se desgagèrent et trainèrent Avantigni. Le comte de Laval, arrivé avec trente salades, le reste n'ayant peu suivre, fust commandé par le prince de Condé, sans loisir de prendre haleine, de charger le gros des picques, où estoit l'enseigne de Tiercelin, comme collonnelle des régiments, seule arborée. Le comte enfonça avec telle résolution qu'il rompit tout. La troupe du prince se partage en deux; l'une partie donne dans le débris qu'avoit fait le comte, l'autre congna ceux de Xainctes, sortis au secours à pied et à cheval, jusques dedans le fauxbourg de la Bretonnière. Laval s'attaqua particulièrement au drappeau collonnel, lequel, quoique bien défendu, il emporta à coups d'espée. Mais la joye de ce petit heur fut bien esteincte quand il trouva ses deux frères Rieux et Seuilli[1] blessez à mort, l'un d'une mousquetade par la teste, l'autre d'un coup de picque dans le petit ventre. Tiercelin en fut quitte pour une arquebusade au bras, la mort de quatre-vingts soldats et deux fois autant de blessez.

Quelques-uns ont trouvé estrange de le voir récompensé à la cour, veu qu'il avoit perdu son drappeau et le champ du combat. Mais il ne mérita pas peu de louange, quelque advantage que le pays lui donnast, de se retirer en combattant, devant des gens de telle estoffe, jusques dedans le fauxbourg que nous avons dit. Et puis ceux qui mesuroyent les choses plus à utile qu'à l'honnesteté estimèrent à grand heur le dommage que les réformez reçurent en vaincquant, surtout

---

1. François de Rieux, fils de François de Coligny, s. d'Andelot, et de Claude de Rieux. — François de Sailly, fils de François de Coligny et d'Anne de Salms.

de ce que le comte de Laval, ayant quelques jours auparavant perdu son frère Tanlai[1], vit encores finir les deux autres entre ses bras et en mourut de desplaisir. Ces quatres frères estoyent vrais enfans de Andelot[2], semblables de visage, mais plus encores en probité, prudence et valeur.

Chapitre IV[3].

Reddition de comptes des premiers traicts du duc du Maine.

De tous endroits, le duc, ayant passé la Charente[4], fust sollicité à commencer diverses entreprises selon les divers intérests. Quelques opinions le poussoyent d'attaquer Sainct-Jean-d'Angéli, Taillebourg ou Ponts, mais l'hiver lui deffendit d'entreprendre long siège; et, d'ailleurs, n'ayant encores que quatre canons et deux couleuvrines, il ne lui falloit pas mordre, pour le commencement et pour sa réputation, place de dure digestion. Toutes ses disputes se firent à Mirebois[5],

---

1. Benjamin de Tanlay, fils de d'Andelot (François de Coligny) et d'Anne de Salms.
2. François de Coligny, s. d'Andelot, frère de l'amiral de Châtillon, né en 1521, mort en 1569.
3. Ce chapitre, dans l'édition de 1620, est placé après les deux suivants et porte le numéro VII.
4. Le duc de Mayenne était arrivé à Poitiers le 25 novembre 1585, à Lusignan le 4 décembre, à Bagneaux, près Lusignan, le 15 décembre (*Journal de Le Riche,* p. 425 et 426). Il campa à Châteauneuf, sur la Charente, à la fin de décembre (De Thou, liv. LXXXV).
5. Villebois-Lavalette (Charente). — Le maréchal de Matignon

d'où le mareschal de Matignon se despartit[1] avec six régiments françois et un suisse et n'emmena de cavalerie que les compagnies de son fils[2] et de La Marge, Cela se retira vers Bourdeaux pour ce que vous verrez.

Le duc ne garda aussi pour soi que six régiments de François et un de Suisse, mais plus de gendarmerie françoise, trois d'Albanois et quatre de reistres, faisans plus de douze cents chevaux[3]. Cependant que l'évesque de Périgueux[4] le festinoit, le vicomte de Turenne attaqua quelques places qu'il faillist, prinst par force Leuzière[5], à deux lieux de Bergerac, et de là sauta à Sainct-Fenne[6] près de Montségur. Tout fut tué aux deux dernières. L'évesque de Périgueux impétra de son hoste[7] le siège de Montignac[8], qui fut commode en partie pour durant cet affaire vuider le différent du passage de Dordongne. Après donc que le duc

y campa le 1er janvier 1586, pendant que le duc de Mayenne était à Blanzac (Caillère, *Hist. de Matignon,* in-fol., p. 179).

1. Jacques de Goyon, s. de Matignon, avait rejoint le duc du Maine à Châteauneuf sur la fin de décembre 1585 (De Thou, liv. LXXXV).

2. Odet de Goyon, s. de Matignon et de Thorigny, fils du maréchal de Matignon, né en 1559, lieutenant général en Normandie, gouverneur de Cherbourg, mort sans enfants le 7 août 1595.

3. On conserve dans le fonds français, vol. 3974, f. 282, un état de la dépense de l'armée du duc de Mayenne pendant les trois derniers mois de 1585 et les trois premiers de 1586.

4. François Ier de Bourdeille (1578-octobre 1600).

5. Prise de Luziers (Dordogne) par le vicomte de Turenne, vers le 9 janvier 1586 (De Thou, liv. LXXXV).

6. Saint-Ferme, dans la sénéchaussée de Bazas (Gironde). — Prise de la place par Turenne, vers le 9 janvier 1586 (Ibid.).

7. Le duc de Mayenne était arrivé à Périgueux le 9 janvier 1585 (De Thou, liv. LXXXV).

8. Montignac-le-Comte (Dordogne). — Cette place appartenait au roi de Navarre (De Thou, liv. LXXXV).

eut receu de Périgueux et d'Aubeterre[1] quelques pièces de plus, il n'y avoit à Montignao, en la ville et au chasteau, que six vingts hommes commandez par le capitaine More[2]. Cela fut cause que, ne pouvans défendre la ville, ils furent réduits au petit pied[3]. Après donc environ trois cents coups de canon[4], la place se rendit à capitulation[5], les gentilshommes avec l'espée et les soldats avec le baston blanc. Là fut passée Vedère[6]. Ceux de Sarlat pressoyent qu'on assiégeast Montfort[7], mais le duc, par le conseil de Sulpice[8], prit son chemin à Gignac[9]. De ceste approche, La Morie quitta Tules[10], se retire à Turenne[11], où il fut tué aux escar-

1. Aubeterre-sur-Dronne (Charente).
2. Le s. de la Maurie, capitaine protestant du Périgord, mestre-de-camp du vicomte de Turenne, envoyé en Flandre après la paix de Fleix (26 novembre 1580) pour combattre le duc de Parme (René Fage, *la Prise de Tulle,* 1891, p. 26). Voyez l'éloge de ce personnage dans Brantôme (t. V, p. 364 et 365).
3. Siège de Montignac par le duc de Mayenne, 31 janvier 1586 (De Thou, liv. LXXXV).
4. Le bombardement de Montignac commença le 3 février 1586 (De Thou, liv. LXXXV).
5. Prise de Montignac par Mayenne, 4 février 1586 (De Thou, liv. LXXXV).
6. Passage de la Vézère sur le pont de Terrasson par le duc de Mayenne, vers le 4 février 1586 (De Thou, liv. LXXXV).
7. Montfort, canton de Sarlat (Dordogne). Cette ville appartenait au vicomte de Turenne (De Thou, liv. LXXXV).
8. Bertrand d'Ébrard, s. de Saint-Suplice, gouverneur du Quercy, tué à la bataille de Coutras en 1587.
9. Gignac (Lot).
10. Le s. de la Maurie avait pris Tulle, le 6 novembre 1585 (René Fage, *la Prise de Tulle,* 1891, p. 69), et avait reçu du vicomte de Turenne le gouvernement de la ville (De Thou, liv. LXXXV). Il abandonna la ville le 9 février 1586 (*Prise de Tulle,* 1891, p. 105).
11. Turenne, arrondissement de Brives (Corrèze). — Mort du capitaine La Maurie, peu après le 12 février 1586 (René Fage, *la*

mouches qui se passèrent entre la garnison et la teste du duc. L'armée fut renforcée de quelque cavalerie et entr'autres de Cornusson[1]. Plusieurs bicocques quittèrent. Gignac, opiniastré, fut emporté aux premières volées de canon, et ce qui fut trouvé fut pendu[2]. Du vent de cela, Belloc[3] se rendit où l'armée passa la Dordongne.

Le duc, estant à Gourdon[4], reçoit lettres du mareschal de Matignon, marchant avec treize pièces de batterie pour attaquer Castets[5], et un advis comment le roi de Navarre estoit à Montauban[6] avec l'assemblée nationale des réformés, dont sortirent force protestations[7].

Prise de Tulle, 1891, p. 111). Voyez le récit des *Mémoires du duc de Bouillon*, p. 432, dans la coll. du *Panthéon littéraire*.

1. François de la Valette, s. de Cornusson, gouverneur et sénéchal de Toulouse, mort à la fin du mois de décembre de l'année 1586 (*Mémoires de Gaches*, p. 348) ou le 16 novembre de la même année, suivant les *Annales* manuscrites de Toulouse (*Ibid.*).

2. Prise de Gignac par le s. de Hautefort, gouverneur du Limousin, vers la mi-février 1586.

3. Beaulieu-sur-Dordogne (Corrèze). — D'après de Thou, l'armée catholique passa la Dordogne à Creysse (Lot) et non à Beaulieu (De Thou, liv. LXXXV).

4. Le duc de Mayenne arriva à Gourdon dans la seconde moitié de février 1586. Il en repartit au commencement de mars (De Thou, liv. LXXXV).

5. Castets-en-Dorthe (Gironde) appartenait à Jean de Fabas.

6. Le roi de Navarre passa à Montauban le mois de janvier 1586, et à Nérac, ou aux environs de Nérac, le mois de février.

7. Le roi de Navarre écrivit au clergé, à la noblesse, au tiers état et à la ville de Paris des lettres de protestation sur ses sentiments pacifiques et contre la guerre dirigée contre lui, datées de Montauban et du 1er janvier 1586. Elles sont imprimées dans le *Recueil des lettres de Henri IV*, t. II, p. 165 et suiv.

Nous n'avons que cela des premiers projects du duc en s'advançant au rendez-vous de Sainct Basile[1].

En attendant la conjonction de leurs forces pour les sièges que vous verrez, il est temps d'advancer l'estat de la Gascongne, et les besongnes qu'y avoyent fait les réformez durant les premières cunctations du duc, et si en cela il se trouve épisode plus propre aux poètes qu'aux historiens, mon maistre Tacite me défendra contre les subtils esprits qui m'en attaqueront.

Le jour des Rois, Favas avoit emporté la Réole[2] par le chasteau avec des eschelles de plus de soixante pieds de haut faites avec des emboitures inventées par lui et depuis prattiquées à Niort. De ceste en hors et par les commoditez des gens de guerre qu'elle nourrissoit, le mesme avoit faict plusieurs exploits de guerre, comme la deffaite de six enseignes de Basques enlevez en quelques villages du pays de Benoges[3] avec fort peu de résistance, de celle d'une compagnie de gens d'armes et d'une d'arquebusiers à cheval apartenans

---

1. Rendez-vous du duc de Mayenne et du maréchal de Matignon à Sainte-Bazeille (Lot-et-Garonne), 25 février 1586 (De Thou, liv. LXXXV).

2. D'Aubigné rappelle ici des faits anciens ou commet une erreur. Ce fut le 6 janvier 1577, et non le 6 janvier 1586, que Jean-Geneste de Fabas, vicomte de Castets, s'empara de la Réole par escalade. Sully assista à la prise de cette place. La Réole, tombée au pouvoir du roi de Navarre, fut livrée l'année suivante aux catholiques par le s. d'Ussac. Nons avons raconté ces faits dans les notes du tome précédent.

3. Benauges (Gironde), comté du Bordelais, appartenait à la maison de Foix. Cadillac était la ville principale du comté de Benauges.

à Vezins¹, séneschal de Querci, deffaits à Targo² avec plus d'opiniastreté.

Le mesme Favas, ayant sçeu une entreprise sur Bazas, alla courir sur le retour des entrepreneurs, trouva l'infanterie qui, après avoir failli, se retiroit à Aures³. Large-Marie, à veue d'ennemis, leur fit gagner un bois, et lui, avec quelques gens de cheval, se retira au chasteau. Les gens de pied défendirent leur bois fort courageusement, mais furent si vivement attaquez par tous les endroits qu'il ne s'en sauva aucun. La garnison de la Réole estant grandement incommodée par celle qu'on amena à Pel-Dorat⁴, Favas emporta en plein jour, par approche de charrettes et par feu, ceste bicocque, de laquelle on ne peut sauver qu'une femme demi-bruslée.

Presque de mesme temps, sur la surprise de Langon⁵ et de La Sale du Ciron, qui la gardoit en caval léger, lui logé aux fauxbourgs, se défendit jusques à la mort, abandonné de tous les siens, horsmis de sa femme, qui, dans un degré de pierres, lui fournist d'armes et de courage ce qu'elle put.

Depuis, Large-Marie, à la nouvelle des forces du roi qui approchoyent, se jetta dans Langon, gardé par l'acquist comme à la première fois, démantela la ville et se retira dans Aillas⁶. Favas l'attira à une embus-

---

1. Jean de Levezon de Luzançon de Vesins, capitaine d'ordonnance et sénéchal du Quercy en 1576. Il était frère d'Antoine de Vesins, ancien lieutenant de Blaise de Monluc en Guyenne.
2. Targon (Gironde).
3. Auros (Gironde).
4. L'édition de 1626 dit *Pendorat*.
5. Surprise de Langon (Gironde), mars 1586.
6. Aillas, canton d'Auros (Gironde).

cade, le fit encores une fois payer de ses gens de pied, qui furent tous bruslez dans un moulin où ils s'estoyent enfermez.

Les catholiques de Millan[1], sous la conduite des capitaines Melet, Sorbai et Sangosse, surprindrent les réformez qui faisoyent quelque manière de garde dans ceste villette, et, les ayans réduits à toute extrémité dans une maison, Favas les secourust, et, après divers combats, Melet et dix-huict des siens demeurèrent sur la place.

Toutes ces choses rendoyent Favas haï et craint à mesme proportion. Ceux de Bourdeaux alléguoyent toutes ces choses pour haster le siège de Castets[2]; mais, surtout, ils exaggéroyent le faict d'Ambaries[3] comme exécuté en temps de paix. La Réole estant catholique, quatre capitaines, proches parens, avoyent fortifié une maison de fossez, tours et guérites de pierres de taille à une lieue de Castets. Favas, assisté de ses amis, qui estoyent à la cour du roi de Navarre, et par leur faveur des garnisons voisines, donna rendez-vous pour assiéger ceste maison. L'horrible temps de la nuict ayant empesché les troupes d'arriver avant jour, comme on espéroit, un escuyer[4] du roi de Navarre, avec trois soldats et un page, à la prière de Favas, entra dans la grange plus foible que ceux de dedans, fit si bien le bruit et la contenance d'un siège, que, ne lui venans secours jusqu'à neuf ou dix heures du matin, il arresta le gibbier; et les troupes, estans

1. Meilhan (Lot-et-Garonne).
2. Voyez au commencement du livre suivant.
3. Ambares (Gironde), sur la route de Bordeaux à Angoulême.
4. L'*écuyer* du Béarnais est d'Aubigné.

venues, assiégèrent et escalèrent en plein midi ceste maison. L'escalade repoussée et le fossé estant rempli de fassines, les assiégez y mettent le feu. Les garites de pierres de taille brisées de mousquetades, on regagne par eschèles le dessus d'une tour, et puis ces capitaines firent tant de retranchemens avec meubles et cordages et puis tant de fougades qu'enfin, percés de coups, ils combattirent assis et puis couchez, avec une telle fermeté de cœur qu'il n'y eust moyen, non plus que de volonté, de les sauver, et ainsi vengèrent leur mort à cœur saoul.

On donnoit encor à Favas la contre-entreprise de Montségur, faite auparavant la prise, de laquelle nous allons parler. Ce fut une amorce de grande ruse et de peu d'effet. Tant y a que, pour toutes ces causes et haines, jointes à l'importance de la place, il avoit esté ordonné que le mareschal de Matignon iroit assiéger Castets, que le roi de Navarre libéra la première fois[1].

Le mareschal, ayant attendu six sepmaines à Langon, enfin, à l'approche de l'armée, assiégea de neuf canons et fist rendre Castets[2] par capitulation favorable jusques au soupçon, et sans autre combat qu'une escarmouche où Piedferrat, maistre de camp réformé, fut tué.

---

1. Levée du siège de Castets, 20 février 1586. Une lettre du roi de Navarre au s. de Saint-Geniez, datée de Montpouillan (Lot-et-Garonne) et du 21 février, permet de fixer cette date (*Lettres de Henri IV,* t. II, p. 191).

2. Prise de Castets par le duc de Mayenne, 9 avril 1586 (*Lettres de Henri IV,* t. II, p. 211, note). Voyez une note détaillée sur la prise de ce château dans le tome I des *Mémoires de la Société des bibliophiles de Guyenne,* p. 213.

Le duc assiège Saincte-Basile[1], où commandoit Espeuille[2]. La place, qui avoit les maisons pour murailles en plusieurs endroits, prit à gré une capitulation bien gardée jusques au soin de sauver le ministre. Et de là, cependant que le duc de Mayenne se fit voir à Bourdeaux, soupçonné d'avoir pensé à se saisir de la ville, les forces, par la sollicitation de Duras[3], marchent à Montségur[4], de qui la surprise par les réformez vaut bien la peine d'estre comptée tout au long.

Gachon, homme encores sans barbe, voisin de demi-lieue, revenant un jour de la chasse et passant sur le fossé, s'apperceut qu'à la porte du Drot[5], qui estoit murée, on avoit laissé un trou dans lequel les lapins se retiroyent, fit jugement qu'une saucisse ouvriroit la porte sans enlever le portail pour sa pesanteur. Cela estant mieux recognu par lui, assisté d'un autre nommé Melon[6], il prist son temps, une nuict fort noire. Et, ayant bien choisi ces approches, il fait couler par ce trou et par deux canonnières jusques à deux quintaux de poudre, met le feu à sa traînée, laquelle

---

1. Investissement de Sainte-Bazeille par le duc de Mayenne, 10 avril 1586, d'après de Thou (liv. LXXXV).

2. Le s. de Pueilhe, gentilhomme bourguignon, était protestant. Le roi de Navarre, qui lui avait donné le gouvernement de Sainte-Bazeille, mécontent de sa capitulation, le fit emprisonner (Sully, *OEconomies royales,* 1re partie, chap. xx).

3. Jean de Durfort, s. de Duras.

4. Le duc de Mayenne assiège Monségur (Gironde), 24 avril 1586 (De Thou, liv. LXXXV).

5. Le Dropt, rivière qui passe à Monségur.

6. André de Meslon, s. dudit lieu, conseiller du roi de Navarre, maître des requêtes de son hôtel, gouverneur de Monségur (21 septembre 1583), souvent cité dans les *Lettres de Henri IV.*

ayant failli à moitié, il jette son casque et porte le feu au reste. La poudre n'enleva pas seulement les deux murailles, mais enleva aussi le portail plus de trente pas dans la rue avec un pan de muraille. Le jeune homme donne en mesme temps et fut tué des siens d'une arquebusade par la teste. Mais, le reste faisant son devoir, la ville est emportée, et, par la paix de l'an 1580, fut donnée pour ville d'ostage en la place de Périgueux et demeura jusques au point où nous sommes.

Ceste ville fut mesprisée pour sa vaste grandeur et mauvaise assiète et laissée sans fortifications. Ce fut pourquoi elle vouloit capituler sans estre assiégée. Mais le roi de Navarre, en estant adverti par Pontcarré[1], prisonnier et bientost après relasché, et puis par le vicomte d'Aubeterre[2], qu'on le vouloit assiéger en quelque place qu'il fust, voulut à tout péril payer de Montségur. Et pourtant, ayant fait l'escapade que nous avons dit, il fist jetter dedans deux compagnies et un capitaine escossois, nommé Honter[3], bon homme de siège. A ce bransle, quelque noblesse s'y enferma; tout cela faisant, avec la populace de la ville, environ

---

1. Geoffroy Camus, s. de Pontcarré et de Torcy, maître des requêtes en 1573, premier président du parlement de Provence en 1588, conseiller d'État en 1594 (*Lettres de Henri IV*, t. I, p. 265, note). Il était employé aux négociations du roi avec le roi de Navarre et avec le prince de Condé (Lettre sans date (1587), coll. Brienne, vol. 214, f. 152).

2. David Bouchard, vicomte d'Aubeterre, d'abord protestant, plus tard grand ligueur.

3. Le capitaine Hunter, fidèle serviteur du roi de Navarre. Une lettre du Béarnais, du 2 septembre 1588, témoigne de ses services (*Lettres de Henri IV*, t. VIII, 336).

six cents hommes, au lieu de quatre mille qui y eussent bien fait besoin et que n'y eussent pas espargnez les Hollandois. Laissons-les attendre le siège pour aller au-devant d'une armée qui vient encores sur les bras aux réformez, ayans premièrement osté le roi de Navarre de Gascongne.

Chapitre V.

Passage du roi de Navarre.

Auparavant la prise de Castets, de laquelle nous avons parlé, le mareschal de Matignon, qui avoit long-temps balancé entre les différents commandements qui lui venoyent de la cour, différents selon les espérances et craintes que le roi prenoit des liguez, avoit esté contraint de commencer mal à propos quelque siège à Castets et aussi mal à propos s'en retirer à l'approche du roi de Navarre[1]. N'ayant qu'une troupe choisie pour percer et passer, sur les advis de Pontcarré, d'Aubeterre[2], ce prince se vinst présenter devant Castets[3] et fist reculer le mareschal, ayant[4] quatre mille hommes de pied et quatre cents cinquante chevaux avec mille

---

1. Le roi de Navarre vint coucher à Puiguillan (Gironde), près de Castets, avec une troupe peu nombreuse, mais très bien armée, le 19 février 1586 (*Lettres de Henri IV,* t. II, p. 591). Les *Mémoires de La Force* (liv. I, chap. II) et surtout les *OEconomies royales* de Sully confirment et complètent le récit de d'Aubigné contenu dans ce chapitre.

2. Aubeterre-sur-Dronne (Charente), résidence du s. d'Aubeterre.

3. Arrivée du roi de Navarre à Castets dès le matin du 20 février 1586 (*Lettres de Henri IV,* t. II. p. 591).

4. *Ayant,* qui avait.

huit cents arquebusiers réformez et deux cents cinquante chevaux. Le mareschal ayant pour excuse qu'il ne se pouvoit fier aux troupes qu'il avoit, pource que la pluspart sentoyent la Ligue et que ceux de Bourdeaux l'avoyent fait advancer pour leurs intérests.

Nostre prince amoureux ne se put tenir d'aller communiquer sa bravade de Castets à la comtesse de Guische[1], qui estoit à Pau[2]; ce qui lui rendit son passage vers le Poictou beaucoup plus dangereux. Revenant quelques jours par Éause, qui se révoltoit sans son arrivée, il y courut fortune d'une arquebusade, qui lui fust tirée par un prestre de dessus le portail. Sa faute lui fit donc regagner Éause[3], favorable excuse à son escapade.

Arrivé à Nérac[4], il sceust que les deux armées du duc et du mareschal guettoyent son passage pour l'empescher, comme il s'estoit vanté, de gagner la teste des affaires, et le grand désir de cet empeschement retarda en quelque façon les derniers sièges du duc du Mayne.

Ce prince, sur sa résolution, part de Nérac[5] et, comme il fut entre Buzet et Damasan[6], il prend vingt

1. Diane d'Andouins, comtesse de Guiche, dite *la belle Corisande*.
2. Séjour du Béarnais à Pau, 8 au 10 mars 1586 (*Lettres de Henri IV*, t. II, p. 592).
3. Henri de Navarre arriva à Éauze (Gers) le 12 mars 1586 au soir, y passa la journée du 13 et la matinée du 14 (*Lettres de Henri IV*, t. II, p. 592).
4. Arrivée du roi de Navarre à Nérac, le soir du 14 mars 1586 (*Lettres de Henri IV*, t. II, p. 592).
5. Départ du Béarnais de Nérac, 15 mars 1586, dans la matinée.
6. Buzet et Damazan (Lot-et-Garonne). — Le roi de Navarre fit l'excursion dont parle d'Aubigné le matin du 15 mars 1586 et arriva jusqu'à Casteljaloux (*Lettres de Henri IV*, t. II, p. 592).

gentilshommes triez et dix de ses gardes; et, laissant le reste, qui faisoit deux cents chevaux de toute sorte entre les mains de La Roque[1], vint disner et dormir à Caumont[2], passa sur le soir à la contr'escarpe de Marmande, fut avant jour à Aymet[3]. Et le reste, qui avoit passé à Caumont mesme et à Cousture[4], se trouva avant soleil levé au mesme lieu que leur chef pour, joints ensemble, prendre haleine à Saincte-Foi[5]. Et lors le roi de Navarre laissa la charge de la Gascongne au vicomte de Turenne, lui espérant essayer quelque affaire plus advantageux.

A Saincte-Foi, il sceut comment le prince de Condé, aux despens des Rochelois, avoit fait une armée de quinze vaisseaux[6] ronds, les plus grands de deux cens tonneaux, en descendant jusqu'à cinquante-quatre galiottes et quelques barquettes, avec dessein de ruiner le havre de Brouage[7], d'où ils recevoyent grandes

1. On retrouve, dans l'état de la maison du roi de Navarre, dressé par du Plessis-Mornay en 1585, trois personnages portant ce nom : de la Roque du Breuil parmi les gentilshommes de la chambre qui devaient entrer en service au mois de juillet 1586; de la Roque-Bénac; et un autre parmi les chambellans de la même année (*Lettres de Henri IV*, t. I, p. 103 et 104, note).
2. Dîner de Henri de Béarn à Caumont (Lot-et-Garonne), 16 mars 1586. D'Aubigné se trompe. Le roi de Navarre ne coucha pas à Caumont, mais à Beyran (Gironde) (*Lettres de Henri IV*, t. II, p. 592).
3. Eymet (Dordogne).
4. Couthures-sur-Garonne (Lot-et-Garonne).
5. Arrivée du roi de Navarre à Sainte-Foy-la-Grande (Gironde), 17 mars 1586 (*Lettres de Henri IV*, t. II, p. 592). Il y resta le reste du mois et une partie d'avril (*Ibid.*, p. 195).
6. L'édit. de 1620 porte vingt-cinq vaisseaux.
7. La présence du roi de Navarre à Sainte-Foy (17 mars 1586 et jours suivants) peut servir à dater les projets de Condé sur Brouage.

incommoditez. Les Rochelois contribuèrent à ceste entreprise comme partisans, mais principalement comme marchands, pour renvoyer à leur havre, qui n'est que de barre, les navires qui cerchoyent Brouage pour estre lors estimé le second havre de France.

Sainct-Gelais fut esleu admiral de cette flotte, qui n'espargna aucune diligence à faire cercher par les costez et touer avec soi les vieux corps de navires qu'on avoit désarmez. Là y avoit un Rochelois de quatre cents tonneaux, les moindres de vingt, autres estoyent de deux cents, tout cela ordonné pour estre enfoncé plein de lest en forme de palissade au plus estroit du havre, un peu plus avant que ce qui s'appelle Grand-Garçon[1]. Il y eust dans le conseil de guerre quelcun qui proposa le blasme que pourroyent encourir les réformez d'avoir ruiné un bel ouvrage de nature. Le prince de Condé éluda un tel scrupule en ces termes : « Les hommes qu'il faut destruire pour ne l'estre pas sont bien ouvrage plus précieux. »

Sainct-Luc, averti, mit en teste à Sainct-Gelais cinq navires de plus grand port que les siens, restes de l'armée de Chattes, et[2] huict autres communes, deux galères ; la plus grande desquelles, nommée *la Royalle*, estoit double, et sa chiorme de quatre cents cinquante forçats. Il faisoit sortir par les espaces de ces grands corps seize pataches de vingt-cinq à trente tonneaux, garnies d'espoires de fonte et de quelques moyennes ; et outre, il avoit une vingtaine de chaluppes bien pleines de mousquetterie et quelques picques à leurs

1. Grand-Garçon, rocher en vue de la Rochelle.
2. Ce membre de phrase, jusqu'à *deux galères*, manque à l'édition de 1620.

testes. Tout cela portoit force noblesse volontaire et la trie des garnisons de Xainctes et de Brouage.

Sainct-Gelais aussi fut fortifié de trois cents cinquante arquebusiers et de soixante hommes couverts, la pluspart de la compagnie du comte de Laval, qui s'estoyent donnez au gouverneur d'Oléron[1], menez à l'armée en six navires par lui. Ceste affaire amena le premier mois durant, qui estoit en may, tous les jours quelque gentil escarmouche. Quelquefois les chaluppes y donnoyent le coup de picque. Les refformés y avoyent eu quelque advantage, jusqu'à un jour de grand calme, que les galères et pataches menèrent battant les galiottes, et, les ayant fait cacher derrière leurs vaisseaux, firent quitter place à tout, et en eussent emporté des pièces sans le secours des chaluppes d'Oléron, qui avoyent gagné le vent et quelque frais qui survinst.

Le roi de Navarre, desjeuné de ces comptes, en voulut donc estre, et vint de Saincte-Foi[2], en trois traites, pour estre à l'achèvement de la palissade, où il courut plusieurs risques de la vie pour vouloir estre présent à tout; et[3], pour se montrer prest à toutes sortes de périls, avec les deux vieux escuyers et La Limaille, se fit tirer force coups dans un esquif sous couleur de recognoistre les vaisseaux de la place.

De là à deux mois, Sainct-Luc trouva moyen de

---

1. *Le gouverneur d'Oléron* est d'Aubigné.
2. Le roi de Navarre partit de Sainte-Foy le 29 avril 1586 et alla coucher le soir même à Bergerac (*Lettres de Henri IV*, t. II, p. 593). Il lança de Bergerac un mandement de 500 écus à prendre sur les biens des « catholiques du contraire parti ; » coll. du Périgord, vol. 48, f. 97.
3. La fin de l'alinéa manque à l'édition de 1620.

relever une partie de ces vaisseaux par une assez notable invention : c'est qu'on faisoit une ceincture de pipes enduites de poix[1], et elles, estant appliquées en basse mer, s'attachoyent par le câble qui les enfiloit au navire. De plus six barques le saisissoyent, cramponnez avec lui ou par de matreaux fichez aux sabors et mesmes de quelques crampons de bort à bort, si bien qu'au retour de la marée il falloit que tout crevast ou que le flot soulevast le fardeau. Je vis ce manœuvre estant prisonnier, et croi que cet artifice eust enlevé toute la palissade s'il eust esté appliqué tout aussitost que[2] l'armée eût fait voile. Mais en deux mois, les courans ayans emmené un grand sillon de vases, il se lia et entra par les défauts. On ne put avoir raison que des plus légers vaisseaux. Voilà comment ce havre excellent est devenu havre de barre par succession de temps.

Chapitre VI.

Armée[3] du mareschal de Biron et ce qu'elle fit, notamment à Luzignan et à Maran, et prise d'Aubigné.

Quand le conseil plein de deux factions vid la ressource inespérée des refformés, après plusieurs contro-

---

1. Var. de l'édit. de 1620 : « ... *enduites de poix* et on faisoit ceindre en basse mer le navire par le cable qui les enfiloit. *De plus...* ».
2. Var. de l'édit. de 1620 : « ... *aussitost que* Sainct-Gelais *eust fait voile...* »
3. Dans l'édit. de 1620, le titre est ainsi conçu : « *Armée du mareschal de Biron, et ce qu'elle fit, notamment à Maran.* »

verses, on despescha le mareschal de Biron avec six ou sept mil hommes de pied[1], huict compagnies de gens d'armes seulement et un équippage d'artillerie fort imparfait. Mais on lui donna toute la fleur de la cavallerie légère, et Sagonne[2], qui en estoit maistre de camp, affecté à la Ligue pour engager le mareschal aux occasions, sur l'opinion que, du commandement du roi ou de son mouvement, il ne voudroit pas faire une guerre à outrance. Ce qui augmenta un tel soupçon fut que Charbonnières[3], désireux de se loger et, comme il disoit, contrefaire Oléron, s'estoit premièrement barriqué dans les masures de Luzignan[4]; et puis avoit tiré une muraille plus digne d'un jardin que d'une forteresse, entre la ville et le chasteau, avec un petit fossé de trois brasses, duquel le get en contrescarpe gourmandoit de huict pieds sa muraille. En ce mauvais estat, le régiment fut investi par Sagonne et aussitost assiégé[5], quoique le roi de Navarre leur eust

1. On conserve dans le fonds français (vol. 3974, f. 270) un état de l'armée du maréchal de Biron au commencement de la campagne, en date du (3) mai 1586, et un état de la dépense, mois par mois, de l'armée, dressé conformément aux ordres du roi (*Ibid.*, f. 204).

2. Georges Babou, s. de la Bourdaizière, comte de Sagonne, fils aîné de Jean Babou de la Bourdaizière, gentilhomme du duc d'Alençon en 1569, capitaine de cinquante hommes d'armes en 1586, conseiller d'État en 1594, mort en 1607 (*Lettres de Henri IV*, t. II, p. 231, note).

3. Gabriel Prévôt de Charbonnières, colonel de gens de pied huguenots au service du roi de Navarre.

4. La ville et le château de Lusignan avaient été surpris par Charbonnières dans la nuit du 20 au 21 février 1586 (*Journal de Le Riche*, p. 436).

5. Combat sous les murs de Lusignan entre Charbonnières et Sagonne, 15 avril 1586 (*Journal de Le Riche*, p. 446).

défendu d'attendre par mandements redoublez. Ces gens, contre leur attente, eurent une capitulation d'armes et de bagage, avec les cautions qu'une bonne place eût peu demander. De là, Sagonne fit une course vers Dampierre, où il chargea dans un bois et deffit le capitaine Bonnet[1] et trois autres compagnies de sept, que nous avons dit avoir refusé le péril d'Oléron. Sagonne en fit tuer le plus qu'il put pour gagner, comme il disoit, la voix des prescheurs. Autant en arriva à trois autres compagnies qui avoyent quitté le régiment de d'Aubigné, deffaictes auprès de Moyse[2] par Sainct-Luc, comme[3] nous avons touché.

De Luzignan, le mareschal s'avance pour oster Marans aux refformés, auxquels il ne demeuroit un seul poulce de terre en Poictou. Il vint loger toute sa cavallerie légère à Nuaillé[4], et par là couvrir d'un grand marais tous ses quartiers qui s'estendoyent à Benon et Courçon. Le logis du général fut à Liversai[5], d'où il falut commencer les manœuvres du siège quand on sceut que le roi de Navarre, contre l'avis des plus vieux, s'estoit résolu à opiniastrer ceste isle[6]. Les habitans et presque toute la garnison la quittoyent quand

1. Probablement Aimar de Saint-Bonnet, s. de Montferrier, coseigneur de Toiras, troisième fils d'Antoine de Saint-Bonnet, s. de Toiras.
2. Moëze, arrondissement de Marennes (Charente-Inférieure).
3. Cette fin de phrase manque à l'édition de 1620.
4. Nuaillé (Charente-Inférieure), sur la ligne de la Rochelle à Niort.
5. Benon, Courson et Saint-Jean-de-Liversay (Charente-Inférieure).
6. Le 1er juin 1586, le roi de Navarre s'achemina vers Marans, où il arriva le 5 du même mois (Relation du temps dans les *Mémoires de la Ligue*, t. II, p. 52 et 54).

Fouquerolles[1] et La Vallière[2] furent envoyez pour les asseurer. Après eux arrivèrent les régimens de Sorlu et de Neuvi[3], ne faisans tous deux que quatre cents hommes. Le mercredi[4], dixiesme de juillet, le mareschal[5] vinst recognoistre et fut blessé à la main en commençant ses approches dans le marais, pour aller gagner la route qui vient de Cigongne à Beauregard[6], jettans toujours à gauche et à droite quelques ridottes de mauvaise estoffe, comme de branchages et de ronches, et en quelques lieux des gabions pleins de

1. Le s. de Fouquerolles, capitaine catholique, tué devant Amiens en août 1597. Ce personnage est souvent nommé dans les *Lettres de Henri IV*.

2. Jean Le Blanc, s. de Ruau et de la Vallière, capitaine du château de Plessis-les-Tours en 1578, mort après 1597 (*Lettres de Henri IV*, t. I, p. 271).

3. François de Mellet, s. de Neuvic (*Chronique de Jean Tarde*, p. 288). — Sorlus et Neuvic commandaient deux régiments, l'un de quatre, l'autre de cinq enseignes de gens de pied, levés dans le Limousin et dans le Périgord (*Mémoires de la Ligue*, t. II, p. 54). Ils arrivèrent à Marans avant la mi-juin 1586 (*Ibid.*), ou à la fin de juin d'après de Thou (liv. LXXXV). Ils furent taillés en pièces quelques jours après la conférence de Saint-Brice par les ordres de Catherine de Médicis. Leur défaite servit de dénonciation à la trêve. Sorlus fut tué et Neuvic blessé et fait prisonnier (Brantôme, t. VII, p. 355).

4. D'Aubigné se trompe. Le 10 juillet 1586 était un jeudi.

5. Le maréchal de Biron était à Poitiers au mois de mai 1586 (*Journal de Le Riche*, p. 450). Le 9 juin, il s'était emparé de Lusignan et en avait chassé les réformés (*Ibid.*, p. 454). Le 1er juillet, il était passé à Parthenay (Ledain, *Hist. de Parthenay*, p. 291). Le 10 juillet, il entama le siège de Marans (Arcère, *Hist. de la Rochelle*, t. II, p. 58). Cette dernière date est confirmée par la relation publiée dans les *Mémoires de la Ligue*, t. II, p. 54, par le *Journal de Le Riche*, p. 457, et par de Thou (liv. LXXXV).

6. Cigogne, Beauregard (commune de Nuaillé, Charente-Inférieure).

vent. Et puis, l'eau estant accreue par l'arrest des moulins du marais, il fut porté quelque terre meslée chichement dans le bourre que nous avons dit; si bien qu'ayans eslargi les bouchaux, le commissaire Chanson, tantost par eau, tantost sur des claies doubles, logea deux coulevrines royales et deux bastardes dans les ridottes plus avancées, qui n'estoyent plus qu'à cent cinquante pas du premier retranchement des assiégez.

D'autre costé, le roi de Navarre, employant à cest affaire le tout pour le tout, fit entrer dans Marans deux cents gentilshommes commandez par La Force[1]. Cela, suivi de mil hommes de pied, alloit se couvrant au-devant des approches avec des parapets de quatre pieds de gazons et de motines qui se flanquoyent par leurs danteleures. La mousqueterie et les vertueils qui tiroyent de là, n'empeschoyent point les approches des assiégeans. Le capitaine Puigreffier, avec deux de ses compagnons[2], se faisoyent fort d'emporter le tout sans combat.

Sur ces doutes, les Rochelois, après de grands refus, se laissèrent persuader à prester pour Marans une bonne bastarde qu'ils appelloyent la Maninville[3]. Ceste pièce, en arrivant logée sans plate-forme sur la poincte de Beauregard, donna de son premier coup à la teste de la tranchée, tue quelques pionniers du second, des-

1. Jacques-Nompar de Caumont, plus tard duc de la Force.
2. Var. de l'édit. de 1620 : « ... *ses compagnons*, passa de nuit dans l'isle, en apporta des espies de bled, et, sur ceste marque, plusieurs vouloient qu'on les fist suivre, car lui et ses compagnons *se faisoient fort*... »
3. De Thou dit que cette pièce d'artillerie fut plus tard surnommée *chasse Biron* (liv. LXXXV).

monte une coulevrine royale, laquelle, avec les autres, fut non sans poine et péril retirée. Et par là on apprit que, contre l'artillerie, la terre seule peut couvrir[1].

Aussi peu fut utile une plate-forme de deux grands vaisseaux, saisis ensemble de sablières encochées, bridées de bandes de fer; ceste machine mise en besongne par Roussière[2], qui, avec les volontaires, estoit logé en l'isle d'Elle[3]. Un canon de batterie léger, de ceux qu'on appelle sautereaux, mis sur les vaisseaux, fut advancé, et, de son premier coup, emboucha et creva un vertueil du fort de la Paulée; mais ce fut le dernier, pource qu'il fit tellement entr'ouvrir ses batteaux et quitter les liens que, sans l'industrie du commissaire, tout couloit à fonds de l'eau[4]. Je n'eusse pas tant expressément déduit cet affaire, n'eust esté que ces espreuves en situation non commune ne se trouvent pas à toutes occasions. De ce que dessus sortit une capitulation[5] de neutralité, tant pour Marans que pour Tonai-Charante. Tout cela, avec la considération que La Force estoit

1. Cette escarmouche fut livrée aux environs de Marans, le 22 juillet 1586 (De Thou, liv. LXXXV).

2. Pierre Durcot, s. de la Roussière, capitaine poitevin, gentilhomme ordinaire de la chambre du roi, mort après 1620, plusieurs fois cité dans les *Lettres de Henri IV*. Il commandait en Poitou une compagnie de cent chevau-légers, dont le rôle, daté du 20 novembre 1588, est conservé dans le vol. 4556, f. 94, du fonds français.

3. L'île d'Elle (Vendée), au nord-est de Marans.

4. Cette escarmouche eut lieu le 2 août 1586 (Relation du temps dans les *Mémoires de la Ligue,* t. II, p. 57).

5. Le roi de Navarre et le maréchal de Biron signèrent, le 5 août 1586, une convention au sujet de Marans, aux termes de laquelle la place restait aux réformés sous le gouvernement de Frontenac, avec promesse de liberté des cultes en faveur des catholiques (Copie du temps, f. fr., vol. 3974, f. 242).

gendre[1] du mareschal, donna à discourir aux courtisans sur les intentions du roi. Mais, ce qui les fit encores plus blasmer, ce fut quand ils sçeurent que le canon du mareschal avoit pris passeport pour se retirer à Poictiers.

Avant quitter la Xainctonge, j'ai encores à vous dire comment Sainct-Luc, ayant sçeu que trois cents hommes d'Oléron estoyent passez vers Sainct-Jean pour une entreprise sur Xainctes, trouva moyen de faire couler près de quatre cents hommes, par les intelligences des habitans, dans les caves et tonnelles des jardins du bourg du chasteau; et puis donna une amorce de quarante à cinquante au village d'Ors[2], où, peu de jours auparavant, soixante des siens avoyent esté desfaits par la garnison. Il arriva qu'un des batteaux, qui avoyent passé la troupe, fut assablé et ne put estre ramené delà le courant comme les autres.

Aubigné, mesurant ce qui pouvoit estre descendu en l'isle, selon le port du vaisseau, mordist à l'appast, et, de quatre-vingts hommes qui lui restoyent, n'en laissa que sept dans le fort, fit donner par La Limaille avec trente en Ors, et lui, attendant à Sainct-Nicolas le reste pour le mener, vid quand et quand deux grosses troupes entre lui et son fort; lequel voulant conserver ou mourir, il donna lui sixiesme, en chemise, à la troupe qui estoit en la rue[3]. Là il se fit faire

1. Le duc de la Force avait épousé, le 5 février 1577, Charlotte de Gontaud, fille du maréchal de Biron.
2. Ors, dans l'île d'Oléron.
3. Var. de l'édit. de 1620 : « ... *en la rue* : là il fut arresté et abatu. Il se démesla et se fit faire place pour gagner le bord de la mer, mais il y trouva une troupe encore plus forte, où il donna, n'aiant plus qu'un soldat. *Son désespoir...* »

place en combattant d'un espieu, abbatit le capitaine de Chapitet, naguères son prisonnier, et puis, esgarant le reste, se démesla et gagna le bord de la mer, mais il y trouva une troupe encore plus gaillarde. Il avoit dit à ses soldats en partant : « Que nul ne tire que je ne l'aye dit. » Mais la presse où il se trouva l'ayant empesché de parler aux siens, les cinq tirèrent et se sauvèrent. Ne lui restant qu'un nommé Pariolo, il lui dit : « Tu n'a pas tiré ! » Le soldat respond : « Vous ne me l'avez commandé. » Il répliqua : « Donne à bout touchant à qui je donnerai. » Là-dessus, il va contraste avec le capitaine La Fleur, qui lui perça la chemise de son halebarde, et Aubigné lui coupa la moitié de la main de son espieu. Pariolo appuya son mousquet contre la cuisse de La Fleur, le tire et lui passe le ventre, et puis se jette en la mer. Son capitaine, ayant abbatu un sergent près de La Fleur, passoit par-dessus lui ; mais l'autre, en tombant, le saisit et le fist cheoir. Son désespoir donna envie à ses ennemis de le sauver. Et ainsi fut fait prisonnier de Sainct-Luc, qui l'asseura de sa vie, pourveu qu'il n'eust point lettres du roi et de la roine pour le mettre en d'autres mains. Le maistre, ayant fait amitié avec son prisonnier, lui donna congé sur sa foi d'aller à la Rochelle, à la charge qu'il seroit, le dimanche prochain, à cinq heures du soir, de retour en Brouage, si mort ou prison ne l'empeschoit. Le dimanche matin, Sainct-Luc le fit avertir par Luché qu'il ne retournast pas à l'heure jurée, pource que les vaisseaux de guerre de Bourdeaux, par commandement du roi, l'estoyent venu quérir, pour l'emmener mourir, avec lettres à Sainct-Luc pour le menacer de ruine, lui et les siens, s'il manquoit. Le captif, n'ayant point sa foi relachée de la main où il avoit touché, et ses amis le voulans mettre prisonnier pour subtiliser sur la promesse, il se desrobba de la Rochelle, comme il eût fait de Brouage, pour aller à la mort. En arrivant, il vit les galères prestes, et fut receu de Sainct-Luc, avec pleurs. Mais, la nuict mesme qu'il faloit s'embarquer, ses gens prirent Guiteaux, lieutenant de roi aux isles. Et, ayant mandé qu'il couroit fortune en toutes choses, comme leur chef, Sainct-Luc retint son prisonnier, renvoya les vaisseaux, se monstrant en secret joyeux de l'accident [1].

Mes lecteurs, ne me soupçonnez pas d'avoir fait ce compte pour ma délectation ; j'y perdis trop. C'est pour vous que je l'ai fait. Ne vous arrestez pas tant à la louange de la fidélité qu'à l'exemple et à l'espérance du secours de Dieu, duquel vous devez estre certains, quand vous ferez litière de vostre vie pour garder la foi inviolablement.

Chapitre VII.

Conférence de Sainct-Bris [2]. Deffaitte de deux régiments à Maillezais.

A la fin de cest esté les affaires demeurèrent en

---

1. D'Aubigné, dans le *Journal de sa vie*, ne parle pas de sa captivité et n'en donne pas la date. Voyez dans ses poésies la pièce intitulée : *Prière de l'auteur, prisonnier de guerre et condamné à mort*. Plusieurs historiens ont confondu la prise du capitaine Aubigné avec la prise du château d'Aubigné, seigneurie catholique près de Saint-Maixent, qui fut tentée et manquée par les réformés dans la nuit du 19 au 20 février 1586 (*Journal de Le Riche*, p. 436).

2. Saint-Brice, château sur les bords de la Charente, à cinq kilomètres de Cognac, à neuf de Jarnac (Charente).

suspens, et n'y eut que quelques petites courses par les garnisons peu cognues et peu utiles. Les divisions de la cour s'empiroyent, desquelles le péril fit désirer au roi[1] un acheminement de la roine[2], sa mère, vers le roi de Navarre; ce qui, pour le mauvais temps, ne put s'exécuter qu'au commencement de mars[3]. L'ouverture s'en fit à Sainct-Bris, près Congnac[4]; elle accompagnée des ducs de Nevers, de Rets et plusieurs

---

1. Les négociations préparatoires de la conférence de Saint-Brice furent menées par le duc de Montpensier. La reine proposait alors au Béarnais une entrevue à Champigny qui fut refusée (Instruction du roi au s. de Chemerault en date du 11 juin 1586; f. fr., vol. 3406, f. 20). A la suite de cette lettre, Montpensier envoya les s. de Caravas et de Bray, et successivement plusieurs autres messagers au Béarnais (Instruction du 18 juin 1586; ibid., f. 15).

2. Catherine de Médicis arriva à Saint-Maixent le 11 novembre 1586 pour être plus rapprochée du roi de Navarre (*Journal de Le Riche*, p. 463).

3. D'Aubigné se trompe. L'ouverture de la conférence de Saint-Brice eut lieu le 14 décembre 1586, d'après une relation anonyme très importante reproduite dans les *Mémoires de la Ligue*, t. II, p. 80. Presque tous les historiens, d'après de Thou, ont écrit que l'ouverture avait eu lieu le 13. Mais une lettre de la reine au secrétaire Bruslart, en date du 13 décembre (Orig.; V^c de Colbert, vol. 10, f. 159), prouve qu'elle était le 13 à Cognac. La date du 14 décembre est donc la plus vraisemblable.

4. Le château de Saint-Brice appartenait à Daniel Poussard, maître d'hôtel et panetier ordinaire du roi de France et du roi et de la reine de Navarre, ce qui donne à penser qu'il appartenait au tiers parti, dit des *Politiques*. Il est aujourd'hui la propriété du général marquis de Brémond d'Ars. On y remarque un beau salon, du style de la Renaissance, où la tradition rapporte qu'eurent lieu les entrevues de Catherine de Médicis et du roi de Navarre (Étude de M. Guy de Brémond d'Ars sur la conférence de Saint-Brice, publiée dans la *Revue des Questions historiques*, 1884, p. 506).

[1586] LIVRE ONZIÈME, CHAP. VII. 61

seigneurs et dames de marque[1]. Le roi de Navarre[2] fut assisté du prince de Condé et des principaux de son parti avec quatre régiments, desquels il en entroit en garde un à chaque séance, si bien que la seureté et les vies des conférans demeuroyent aux mains des réformez.

Tout le printemps se passa pour la suite de la roine à Congnac, à Fontenai ou à Sainct-Maixant. Aux premiers abouchements, on commença par les contes de familiarité, et puis par les protestations et exemples de charité. De là on vint aux déplorations des misères et aux menaces de la ruine du royaume[3]. Le roi de Navarre respondit aux premiers discours en racontant ce qu'il avoit souffert, et aux prévoyances de

---

1. Parmi les assistants à la conférence de Saint-Brice, il en est un dont la présence, croyons-nous, n'a jamais été signalée : c'est Montaigne. Le 31 décembre 1586, la reine signa un mandement pour payer cent cinquante écus à Montaigne, qu'elle avait convoqué avec sa femme auprès d'elle, à Cognac (Copie du temps; f. fr., vol. 3301, f. 40). L'ordonnance ne porte pas le prénom de l'auteur des *Essais;* mais, comme Michel Montaigne était alors à Montaigne (Grün, *la Vie publique de Montaigne,* p. 360), à peu de distance de Cognac, nous lui appliquons la convocation de la reine mère.

2. Le roi de Navarre se rendit à Jarnac le 11 décembre 1586 (*Mémoires de la Ligue,* t. II, p. 80). Le même jour la reine mère était à Cognac (Lettre de cette date au s. de Gourgues; copie du temps, f. fr., vol. 3301, f. 37).

3. Il existe, de l'entrevue du roi de Navarre et de Catherine de Médicis, un récit dialogué qui serait fort piquant s'il était prouvé qu'il fût authentique. Ce récit a été connu et admis par Pierre Mathieu (t. I, p. 518). Il s'en trouve des copies dans plusieurs fonds de la Bibl. nationale. L'une d'elles (f. fr., vol. 3958, f. 270) l'attribue à Jean de Vivonne, s. de Saint-Gouard et marquis de Pisani. Ce récit a été imprimé dans le tome VII de la *Revue rétrospective,* p. 86 à 91.

l'avenir, le peu de part que devoit avoir aux craintes celui à qui on ostoit les espérances ; que le royaume lui estoit beaucoup, mais que sa charité commençoit par la vie et l'honneur de ses amis et de lui : « Ce seroit grand cas, dit-il, Madame, que l'Estat fust rétabli par un proscrit et la patrie par un banni. »

La tresve[1] estant accordée pour les seuretez du parlement, quelqu'un fit une ouverture qui esbranla aucuns des conseillers réformez. Il y avoit deux mois que le prince de Genevois[2] avoit surpris Vouvans[3] par une escalade à la grosse tour du chasteau. Le capitaine La Beste vinst demander congé d'attirer, par une intelligence où il avoit part, ceux de Fontenai, à la reprise de cette bicocque[4]. On disoit : « Voici entre nos mains 4,000,000 de rançon[5], aux despens de ceux que nous

1. Le 19 décembre 1586, la trêve fut conclue jusqu'au 6 janvier 1587 par les négociations de François de la Rochefoucauld, s. de Montguyon, et de Jacques Nompar de Caumont, s. de la Force (De Thou, liv. LXXXVI; *Mémoires de la Ligue*, t. II, p. 189 et suiv.).

2. Jacques de Savoie, fils du duc de Nemours et de Françoise de Rohan.

3. La ville de Vouvant (Vendée) appartenait à la duchesse de Longueville et fut surprise par les réformés et pillée, au mépris des lettres de sauvegarde du roi. Catherine de Médicis s'en plaignit au roi de Navarre par une lettre datée de Saint-Maixent et du 21 novembre 1586. Cette lettre nous donne la date approximative de la prise de Vouvant (f. fr., vol. 3301, f. 29; copie du temps).

4. Le mot *bicoque* désigne Fontenay-le-Comte, puisque Vouvans avait été surpris par le prince de Genevois.

5. Ce passage et ce chiffre demandent une explication. En quittant le château de Saint-Brice, la reine mère s'établit successivement à Fontenay-le-Comte, à Saint-Maixent et à Niort. Pendant son séjour à Fontenay, vers le mois de janvier ou de février 1587, ses officiers surprirent les intelligences du capitaine

pouvons convaincre de plusieurs perfidies, notamment de la Sainct-Barthélemy. La tresve sera rompue par eux, en prenant une de nos places. Nostre parti languit de pauvreté. Nous pouvons relever ses bresches sans en faire aucune à nostre foi ni à nostre honneur. » Ce prince, appuyé de fort peu des siens, empescha ce coup, de quoi il s'est peut-estre repenti depuis.

Quant, aux dernières conférences[1], la roine, qui lui avoit parlé de changer de religion comme par bienséance, commença, en excusant les Lorrains sur les justes craintes de voir la couronne entre les mains d'un hérétique, à presser sur le fait de la religion, sans le changement de laquelle son gendre[2] ne pouvoit

Beaulieu, commandant de la place, avec les réformés, pour livrer la ville au roi de Navarre. Catherine serait ainsi devenue prisonnière du Béarnais, avec toute sa suite, et le chiffre de 4,000,000 est la somme à laquelle d'Aubigné estime la rançon de la reine et de sa cour. Cette conjuration, qui n'échoua, dit notre historien, que par la bonne foi du roi de Navarre, est un fait nouveau et nous est révélée par une commission de Catherine de Médicis, sans date, mais datée de Niort (février 1587), pour instruire le procès du capitaine Beaulieu (copie du temps, f. fr., vol. 3301, f. 48).

1. Par ce mot *dernières conférences,* il faut entendre les dernières réunions de la reine mère et du roi de Navarre. Elles eurent lieu au mois de décembre. Depuis cette date, la négociation ne fut conduite que par Turenne jusqu'au retour de la reine à Paris. Voyez les notes suivantes et la relation contenue dans les *Mémoires de la Ligue,* t. II, p. 79.

2. Davila (t. I, p. 336, in-fol.) prétend que Catherine offrit au roi de Navarre de faire casser son mariage avec Marguerite et de lui faire épouser la princesse Christine de Lorraine, fille de Charles III de Lorraine et de Claude de Valois. Rien de plus invraisemblable que cette affirmation, qui est en contradiction absolue avec les instructions officielles du roi à sa mère. Voyez l'étude de M. de Brémond d'Ars.

espérer ni amitié avec le roi ni avec l'Estat, lequel il troubloit, ni paix ni seureté à sa vie et à ses conditions, sa response fut : « Madame, le respect du roi et ses commandemens m'ont fait demeurer foible et donner aux ennemis avec la force, l'audace, qui est la fièvre de l'Estat. Vostre accusation est comme celle du loup à l'agneau, car mes ennemis boivent à la source des grandeurs. Vous ne me pouvez accuser que de trop de fidélité, mais moi je me puis plaindre de vostre mémoire, qui a fait tort à vostre foi. » Et, comme elle répliqua sur la nécessité de changer de religion : « Comment, dit-il, ayant tant d'entendement, estes-vous venue de si loin pour me proposer une chose tant détestée, et de laquelle je ne puis délibérer avec conscience et honneur que par un légitime concile, auquel nous nous soubmettrons, moy et les miens? » Alors elle paya de la bonne grâce du roi et de la misérable condition où il estoit. Et, comme quelques-uns des siens s'amutoyent, le duc de Nevers osa dire : « Sire, vous seriez mieux à faire la cour au roi qu'au maire de la Rochelle[1], où vous n'avez pas le crédit d'imposer un sol en vos nécessitez[2]. » La response

---

[1]. Voici le fait auquel fait allusion d'Aubigné. Le roi de Navarre était entré à la Rochelle le 1er juin 1586, et, pour entretenir sa popularité, il imposait à ses troupes une discipline rigoureuse. Plus tard, le 5 avril 1587, il assista aux élections du maire de la Rochelle et désigna lui-même Jean Guiton. Il présida plusieurs banquets avec les gens de la ville et refusa de laisser essayer sous ses yeux les mets qui lui étaient offerts. Tout enfin dans son langage et dans son attitude révélait la politique d'un prince qui cherche des amis (Delayant, *Hist. des Rochelois*, t. I, p. 320).

[2]. Pierre Mathieu (*Histoire des troubles de France*) s'accorde

fut : « Nous n'entendons rien aux impositions, car il n'y a pas un Italien parmi nous. Je fai à la Rochelle ce que je veux, en n'y voulant que ce que je dois. »

Aux derniers traictez[1], après avoir long temps débatu sur une tresve[2], par laquelle les réformez avoyent pour but l'asseurance de paix et d'un libre concile, la roine pressa plus violemment le changement du roi de Navarre et la rupture de l'armée qui se dressoit en Allemagne, comme il paroistra. Les derniers discours, qui furent avec le vicomte de Turenne à Fontenai[3], ne tendirent plus qu'à menacer de deux

---

avec d'Aubigné sur les réponses du roi de Navarre à la reine mère, mais il n'attribue au duc de Nevers que la remarque sur les impôts, et à Catherine de Médicis l'observation relative au maire de la Rochelle.

1. Pendant les mois de janvier et de février 1587, la reine mère ne quitta pas le Poitou, attendant vainement l'acte de soumission du roi de Navarre. Le 1er janvier elle est à Cognac (Lettre de la reine de cette date au roi de Navarre ; copie, f. fr., vol. 3301, f. 41), le 29 à Niort (ibid., f. 44), le 12 février à Niort (ibid., f. 50), le 21 et le 27 février à Fontenay-le-Comte (ibid., f. 54 et 56), le 7 mars à Niort (ibid., f. 58).

2. Le traité de la trêve conclue entre la reine mère et le roi de Navarre est imprimé dans les *Mémoires de la Ligue* (t. II, p. 189 et suiv.) sous la date du 19 décembre 1586. Il y eut un nouveau traité, trois jours après, et une ordonnance pour la prolongation de la trêve (Actes du 22 décembre, datés de Cognac; coll. Brienne, vol. 214, f. 130). Plus tard, la trêve fut prolongée jusqu'au 21 février (Lettre de Catherine à Malicorne, du 9 février 1587 ; copie, f. fr., vol. 3301, f. 43), puis jusqu'à la fin du mois (ibid., f. 49).

3. Les conférences de Catherine avec le vicomte de Turenne eurent lieu pendant le séjour de la reine à Fontenay-le-Comte. La dernière, celle qui ne laissait plus d'espoir de paix, eut lieu peu avant le 7 mars 1587. Catherine en rend compte à Matignon dans une très belle lettre en date du 7 mars (Copie du temps; f. fr., vol. 3301, f. 58).

armées terrestres et du retour de celle de Chattes[1], qui se resquippoit en Normandie, meilleure qu'auparavant. La roine finit le pourparler, hastée de s'en retourner pour les advis qu'elle recevoit que la Ligue n'estoit plus en maillot et se préparoit à quelque insolence dans peu de temps[2].

Les tresves ne furent pas plustost finies[3] que Laverdin, ayant ramassé les mesmes bandes que nous avons contées ci-devant en Poictou, fit une entreprise sur cinq compagnies de Neuvi et[4] cinq de Sorlu, logées dans l'isle de Maillezais[5]. L'ouverture de ce

---

1. Aymar de Chaste, quatrième fils du baron de Chaste et de Paule de Joyeuse, cousin germain du duc de Joyeuse, était chevalier de Malte et grand maitre de l'ordre de Saint-Lazare depuis 1582. Il mourut en 1603 (*Pièces fugit.* du Mis d'Aubais, t. II, p. 9). Chaste avait été envoyé avec une armée navale sur les côtes du Portugal. Voyez le tome précédent.

2. L'entrevue de Saint-Brice a donné lieu à une foule de relations, de lettres et de récits que nous ne pouvons énumérer. Nous citerons seulement les documents contenus dans les *Mémoires de la Ligue*, t. II, p. 76, 189 et 191; le *Journal de L'Estoile*, 1744, p. 294; la *Revue rétrospective*, p. 86; l'*Hist. de France* de P. Mathieu, t. II, p. 518; *Mémoires de Nevers*, t. II, p. 588; Brantôme, t. VII, p. 354; enfin et surtout un savant mémoire publié par M. Guy de Brémond d'Ars dans la *Revue des Questions historiques* du 1er octobre 1884.

3. Les catholiques et les réformés n'attendirent pas la fin de la trêve pour recommencer la guerre. La correspondance de Catherine avec le roi de Navarre et avec les officiers du roi est pleine de récriminations. Voyez ses lettres de février, 12 et 21 février 1587, etc. (Copies du temps; f. fr., vol. 3301, f. 48, 50 et 54).

4. Var. de l'édit. de 1620 : « ... *de Neuvi et* quatre *de Sorlu...* »

5. Les réformés s'étaient emparés de Maillezais vers la fin de novembre 1586 (*Journal de Le Riche*, p. 465). Les capitaines du roi, unis aux ligueurs, reprirent la ville avant le 20 mars 1587, d'après une lettre du roi de Navarre à Sainte-Colombe (*Lettres de Henri IV*, t. II, p. 278).

dessein et la conduite se fit par Sainct-Pompoint[1], qui, ayant fait couler par le village de Sainct-Sigismond[2], après ses gens, ceux du régiment, et puis les garnisons de Nyort et de Fontenai, ne fut apperceu qu'en remplissant le bourg Sainct-Nicolas. Rien ne se mit en défense que le logis de Neuvi, où estoit lors Sorlu, lequel fut tué d'abordée par les arquebusiers, qui avoyent gagné les maisons d'alentour. L'Estelle[3] donna à la barricade, où il perdit un œil d'un coup de picque. Et cependant, le logis estant gagné par derrière, tout fut emporté avec perte de quatre-vingts réformez sur la place. Il restoit deux compagnies. Celle de Lamet, logée à la porte de l'isle, se retrancha de façon, en une vieille masure, sur le bord du ruisseau, qu'elle obtint capitulation ; l'autre, logée à Maillé, ayant arresté les premiers arrivez pour l'attaquer et[4] receu les fuyards de toutes les parts de l'isle, gagna la rivière et les batteaux. La nuit d'après[5], un nouveau mareschal de camp[6], avec quelque choix de chevaux légers, s'alla embusquer à la garenne de Miseré pour guetter ceux qu'on envoyoit à Sainct-Maixant porter à la roine les drapeaux. Ceux-ci, voyans venir quelque quarante chevaux, rompirent l'embuscade pour les charger, en

---

1. La seigneurie de Saint-Pompain est située dans l'arrondissement de Niort (Deux-Sèvres).

2. Saint-Sigismond (Vendée).

3. Louis de Brunet, seigneur de Lestelle, devint plus tard conseiller et chambellan du roi de Navarre, gentilhomme ordinaire de sa chambre. Il est plusieurs fois cité dans les *Lettres de Henri IV.*

4. Ce membre de phrase manque à l'édition de 1620.

5. Var. de l'édit. de 1620 : « *La nuit d'après*, quelque capitaine *s'alla embusquer...* »

6. D'Aubigné lui-même.

tuèrent et prirent prisonniers. Mais ce n'estoyent que gentilshommes et soldats ramassez, et cela sauva Malicorne, qui marchoit un quart d'heure après, pour faire lui-mesme à la roine le présent. Sur ceste bonne bouche, la roine prit le chemin de Paris[1]. Le voyage de ceste princesse fut interprété bien diversement, car les plus subtils ont estimé que lors elle avoit perdu la balance et s'estoit faite entièrement partisane des Lorrains, non pas qu'elle eust perdu la crainte de leur ambition, mais elle voyoit les trois parts de la France bandée à porter un roi nouveau sur les boucliers; et, par ainsi, tenant pour juste le nécessaire, elle servit en ce voyage les liguez fidellement en son infidélité, ne présentant rien au roi de Navarre qui sentist la paix, mais le portant aux extrémitez et au désespoir, et c'estoit ce que vouloyent ses ennemis.

Chapitre VIII.

Siège de Monségur[2].

Monségur se présentoit comme place de seureté

---

1. Les conférences de Saint-Brice prirent fin au mois de mars 1587. Dès le 18 janvier, Catherine de Médicis, découragée, avait demandé une escorte (Lettre à Rechignevoisin de Guron dans le *Journal de Le Riche*, p. 469). Cependant elle ne quitta Niort que vers le 7 mars, passa à Saint-Maixent, s'arrêta à Poitiers, et ne revint à Paris que le 26 mars (*Journal de Le Riche*, p. 469). On conserve dans le fonds français (vol. 3301, f. 21 et suiv.) le registre du secrétaire d'État Bruslart, qui contient la copie d'un grand nombre de lettres de Catherine, écrites, du 12 septembre 1586 au 7 mars 1587, au roi de Navarre ou à divers personnages touchant les diverses phases de la conférence.

2. Le duc de Mayenne commença les approches du siège de Monségur le 26 avril 1586. Voyez les notes du chapitre iv.

telle que nous vous l'avons dépeinte. Il fascha en quelque façon au duc de s'y attacher, pource que les Guisarts faisoyent à la cour de grandes instances pour leur faire rendre Aussonne[1], pris quelques mois auparavant sur le vicomte de Tavanes[2], confident de la Ligue, par Pluviaut[3], voisin de ceste frontière très importante. Le duc de Guise, ayant arresté son frère pour ne quitter point la besogne principale, à cause des accessoires, le fit engager au siège duquel nous parlons, et lequel nous n'approcherons point, puisque nous avons parlé d'Aussonne, que la manière de sa prise ne soit déduite, pource qu'il y a en elle quelque chose de nouveau.

Le vicomte de Tavanes, tel que nous l'avons dit, commandoit assez rudement en ceste ville, ostant aux principaux toute administration. Pluviaut, gentilhomme de créance et royal, ayant jetté de l'huile sur ce feu, encouragea ceux qu'il connoissoit les plus capables à mettre les mains sur le collet de leur gouverneur, estant à la messe. Et, sur le point qu'il se faisoit relever par ses deux Suisses, ils saisirent les deux halebardes, cependant qu'elles n'estoyent tenues que d'un bras, l'autre estant employé à ceste vaine civilité. Et

1. Auxonne (Côte-d'Or) avait été pris le 25 avril 1585 par le gouverneur du château, Jean de Saulx-Tavannes, fougueux ligueur, qui cherchait à se rendre maître de la ville pour la livrer aux Espagnols. Les habitants, mécontents de ses exactions, se soulevèrent et se débarrassèrent de lui en le jetant en prison.

2. Jean de Saulx-Tavannes, fils cadet du maréchal de Tavannes, né à Paris en 1555, mort au château de Sully en octobre 1629. Il a laissé des Mémoires qui ont été réimprimés dans toutes les grandes collections sur l'histoire de France.

3. Joachim de Rochefort, baron de Pluviault, capitaine protestant.

puis Pluviaut, que la chasse avoit amené près des fauxbourgs, oyant la ville en guerre, vinst pour mettre la paix et s'en fist dépositaire, n'estant au commencement qu'amiable compositeur[1].

Le duc, sur ces choses, ayant desjà attaqué et pris deux places, sur cet affaire despêcha Sesseval[2] et puis un autre, mais, ne pouvant rien obtenir, les plus prudents conseillers de la Ligue le retardèrent et empeschèrent de laisser Matignon seul, tant pour l'authorité qu'il eût prise que pour l'avantage qu'en eussent receu les réformez. Le voilà donc résolu au siège de Monségur.

L'armée qui l'assiégea estoit composée de tout ce qu'avoyent le duc et le mareschal[3], qui faisoit vingt-huict mille hommes, esquippée de vingt-deux canons, desquels les assiégeans firent trois batteries, sans avoir à se couvrir que des moindres harquebusades, n'ayant aucune contrescarpe à gagner, ni rempart derrière la muraille. Le second jour[4], fut tiré quinze cents coups de canon, et ses soldats, trouvans la bresche trop raisonnable[5], donnèrent un assaut, duquel le régiment

---

1. Emprisonnement de Jean de Saulx-Tavannes à Auxonne et surprise de la ville par Pluviault (1er novembre 1585). La suite des aventures de Jean de Saulx-Tavannes et des événements dont Auxonne fut le théâtre n'a pas été racontée par d'Aubigné.

2. Le s. de Sesseval était un commissaire des guerres chargé successivement ou à la fois du paiement des troupes, de la collecte des vivres et de missions à la cour (Lettres de Henri III; copies, f. fr., nouv. acquis., vol. 1249).

3. *Le duc* désigne Mayenne; *le maréchal* est Matignon.

4. Assaut de Monségur par le duc de Mayenne, 6 mai 1586 (De Thou, liv. LXXXV).

5. Var. de l'édit. de 1620 : « ... *trop raisonnable,* sous feinte d'une reconnaissance, *donnèrent un assaut...* »

de Sacremore[1] eut la poincte, et le maistre de camp y demeura. Là parut, du costé des assiégeans, une grande émulation entre les royaux et liguez. Mesmes à ce siège, la distinction, nuisible comme elle avoit esté ailleurs, apporta un grand avantage aux réformez. Après six jours de batterie, il se trouva manquement de poudres et autres munitions de guerre, dont il fallust avoir recours à Bourdeaux. A ce renfort de batterie, les premières canonnades, qui furent tirées vers la porte de la Réole, ayans abbatu le mur de leur costé, les secondes faisoyent bresche à la muraille de l'autre costé de la ville, si bien qu'en peu de temps il y eut trois cents pas d'esplanade.

Et ainsi, en trois sepmaines, presque toute la ville mise en ruine, les meilleurs hommes qui y fussent estans blessez, entre ceux-là Salignac[2] et Cases, on offrit capitulation non espérée, qui estoit à sortir armes et bagage, la mesche esteinte et sans drapeaux, laquelle fut acceptée de bon cœur[3]; mesmement ne restant plus aucune espérance de secours, pource que le roi de Navarre estoit deslogé de Bergerac pour gagner la Rochelle, n'ayant avec soi que cinquante chevaux, suivant nostre premier propos, adverti que le duc le vouloit boucler en quelque lieu qu'il fust. La capitulation estant signée par les officiers, et le duc de Mayenne s'estant fait porter malade à Bordeaux[4],

1. Charles de Birague, dit le capitaine Sacremore, bâtard du chancelier de Birague.
2. Jean de Gontaut-Biron de Salignac.
3. Prise de Monségur par le duc de Mayenne, 15 mai 1586 (De Thou, liv. LXXXV).
4. Touchant la maladie du duc de Mayenne, voyez le récit de de Thou (liv. LXXXV).

sa foi, si bien observée à Saincte-Bazile et autres lieux, rendit ceux de la ville nonchalans à la garde de leur bresche; dont advint, comme ils démaçonnoyent la porte du Drot pour sortir, Le Cluzeau, qui avoit en garde la bresche, et ses soldats se jettèrent dedans par l'exhortation d'un Jésuite, qui demanda pour sa part qu'on lui mist le ministre entre mains pour le faire mourir à sa mode. Au mesme temps, un gentilhomme de l'armée avertit les habitans que leur massacre estoit résolu, car ils pensoyent encore demeurer en leurs maisons selon la capitulation. Le Jésuite ne tarda guères à estre au logis du ministre, qu'il trouva vestu de chamois, et, lui ayant demandé où estoit le maistre du logis, le ministre, nommé Poinot, fit response qu'il l'estoit hier, et eut aussitost la main sur le collet. Quelques mots de dispute entre eux, et, après avoir veu les livres, le Jésuite le voulut mener où estoyent ses gens, ce qui lui fut aisé, le prisonnier ne refusant point. Comme ils approchèrent de la porte, ils trouvent les Suisses entrez dans la ville, commençans le meurtre, qui fut de quelque cent cinquante hommes. Il avint que le prisonnier et son maistre, se trouvans à l'endroit de quelques caves qu'on avoit ouvertes durant ce siège, pour la retraicte des soldats, Poinot donne un si grand choc d'espaule à son meneur, qui tenoit le haut bout de la rue, qu'il le jette dans la cave, et en mesme temps cria : « Au ministre! au ministre! » Les Suisses voyent cet homme vestu de noir, qu'ils croyent s'estre précipité pour se sauver, se jettent après et le massacrent. Le condamné passe à travers eux ; lequel sert, lorsque j'escris, encor de pasteur à Montségur. Tout cela achevé dans le mois de may 1586.

Chapitre IX.

Siège de Castillon[1]. *Combat de trois frères.*
Reprise de Castillon.

L'armée marche pour le siège de Chastillon, passe à Blagnac[2] sur un pont de batteaux, et, ayant fait reveue vis-à-vis de Brane[3], elle se trouva encore de vingt-cinq mille hommes. Et puis de la revue en hors marcha droit vers Castillon, où commandoit lors Salignac, fils de celui qui se sauva sur ses jambes[4], ne s'y estant appuyé de dix ans à la deffaite que nous avons conté au second tome. De plus, le roi de Navarre y avoit fait entrer Alins[5], un des meilleurs hommes de pied et de siège qui fût de son temps. Il s'y enferma neuf cents soldats. Les gens de pied, ayans partagé les fauxbourgs, y marchèrent comme à leur logis. Mais ils trouvèrent une opiniastreté non encores essayée, car il n'y eut hayes, ni murs de jardins où il ne falust venir aux mains, si bien qu'après un grand et long combat, les mareschaux de camp furent contraints de les retirer et changer le quartier de Tran-

1. Siège de Castillon (Gironde) par le duc de Mayenne, 10 juillet 1586 (De Thou, liv. LXXXV).
2. Blaignac (Gironde).
3. Branne (Gironde).
4. Armand de Gontaut-Biron, seigneur de Salignac.
5. Jehan de Reynaud, s. d'Allein, gentilhomme provençal (Montre du 30 janv. 1574; f. fr., vol. 21534), ancien gouverneur d'Orange, très estimé du roi de Navarre (*Lettres de Henri IV*, t. VIII, p. 266). Il s'était signalé, dit de Thou, dans les guerres de Flandre (liv. LXXXV).

chart et tout ce qui estoit à l'entour pour leur infanterie. Ayant laissé sur la place près de six-vingts hommes, entre ceux-là quarante de commandement et huict prisonniers, pour monstrer qu'on estoit venu aux mains à bon escient, les assaillis n'eurent que trois morts, vingt blessés, et entre ceux-là Alins et le capitaine Sainct-Ouin, qui ne leur fut pas peu d'incommodité.

Ces fauxbourgs ainsi essayés sans estre emportez, il falut que le canon s'en meslast et fist une batterie à un reste de masures des Carmes, près des fossez anglois, et falut batre encores une maison hors des fauxbourgs, où le capitaine Sérillac[1], et avec lui quelques soldats, s'opiniastrèrent et ramenèrent battant les plus volontaires, qui donnèrent avant que la muraille fust toute cheute. Estans aux coups d'espée entre ces ruines, il arriva que Sérillac demanda à un capitaine : « Et bien, les huguenots sont-ils bons compagnons ? » ce que l'autre avoua. A ceste deffense de fauxbourgs, Cazi, lieutenant de Sérillac, eut d'une balle de canon, qui avoit fait son coup ailleurs, dans sa cuirasse, dans laquelle se fit un rond sans le tuer[2].

Les fauxbourgs ainsi quittez le quatriesme jour, les assiégeans gagnèrent les vieux fossez anglois, et sur leur bord firent deux cavaliers eslevez de dix-huict pieds ; l'un au cœur du convent, l'autre au bout du jardin, vers la rivière. De la batterie qui fut logée

---

1. François de Faudoas, seigneur de Sérillac.
2. Escarmouche aux fauxbourgs de Castillon, 15 juillet 1586 (De Thou, liv. LXXXV). On conserve dans le fonds français (vol. 15572, f. 351) une lettre du secrétaire Forget de Fresne, qui paraît se rapporter à ce combat.

dessus, ils ouvrirent la tour, la porte qui regarde aux fauxbourgs et la muraille qui est du mesme costé, jusques à la tour du moulin, laquelle fut aussi battue d'autres pièces qui avoyent esté logées sur le terrier de Voupart; et ceste batterie fournit à desloger un corps de garde, que le capitaine Comte, avec les siens, maintinst longtemps sur le terrier de Touquin, qui est hors les fossez de la ville. Ce terrier estant gagné avec grand'peine, on y plaça trois canons, et en mesme temps commença la tranchée qui vinst percer la contrescarpe et boire dans le fossé. Mais encor, pour avoir meilleur marché du fossé, on donna à Duras[1] trois canons, pour les loger au delà de la rivière, en un retranchement fort eslevé, duquel on pouvoit enfiler tout le long du fossé, et mesmes voyoit-on la contrescarpe partie à flanc, partie à dos, ce qui fut ruineux aux assiégez, qui la voulurent opiniastrer. A tout cela fut employé peu moins que le mois. Il fallut percer le fossé et y couler deux canons pour desgarnir des casemates, qui eussent trop cousté autrement. Le fossé gagné, fut commencé une mine sous la tour du moulin. Le jour qu'on y mit le feu, ce qui restoit de la tour ayant sauté, se donna un assaut[2], auquel les assiégeans gagnèrent autant que leur canon favorisoit, et, repoussez du dedans, se logèrent en la place de la tour, non sans combat, auquel ceux de dedans perdirent huict hommes, entre ceux-là le vicomte de Paulin[3]. Quelques jours après cet assaut,

1. Jean de Durfort, seigneur de Duras, commandait un régiment suisse (De Thou, liv. LXXXV).
2. Premier assaut de Castillon par l'armée du duc de Mayenne, 4 août 1586 (De Thou, liv. LXXXV).
3. Bertrand de Rabasteins, vicomte de Paulin, l'un des quatre

les assiégeans firent un autre cavalier entre les fauxbourgs et la porte, pour faire batterie à son bastion, qui n'avoit pour parapet qu'une rangée de gabions. Cela fut en poudre dans deux heures, et lors, tout estant desgarni, se présente l'assaut. Ceux de dedans, descouverts jusques à l'escarpin, le deffendent avec tel contraste qu'il ne demeura aux assiégeans que la pointe pour partage[1]. Mais cette gloire cousta aux deffendans vingt-cinq hommes, tous dignes de commandement, et entre ceux-là Cazi. De là en hors falust avoir recours à miner le bastion pour en faire sauter la part que tenoyent les assiégez.

Durant[2] ce siège, la cavalerie légère de l'armée, estant allée à la guerre vers Monflanquin[3], rencontra Béthune[4], qui en estoit gouverneur, accompagné de trente maistres et environ autant d'arquebusiers à cheval. Quelque foibles que fussent les réformez, comme ayans à faire à deux cents lances, tant François qu'Albanois, ils choquèrent teste pour teste[5]. Et, pource que c'estoit en lieu estroit, le péril fut pour les chefs. Il y

vicomtes qu'on appelait les *petits rois de Montauban*. Les trois autres étaient les vicomtes de Bruniquel, de Gourdon et de Monclar.

1. Le second assaut de Castillon, pendant lequel fut tué le capitaine Quasy, fut donné le 22 août 1586, d'après une lettre du roi de Navarre à la comtesse de Gramont (*Lettres de Henri IV*, t. II, p. 237).

2. Cet alinéa manque à l'édition de 1620.

3. Montflanquin (Lot-et-Garonne).

4. Florestan de Béthune, seigneur de Congy, fils d'Oger de Béthune et de Jeanne Jouvenel des Ursins, gouverneur d'Éause et de Montflanquin pour le roi de Navarre (*Lettres de Henri IV*, t. I, p. 311).

5. Rencontre des catholiques et des protestants sous les murs de Castillon, fin juillet 1586 (De Thou, liv. LXXXV).

demeura six ou sept hommes de marque de chaque costé. Béthune y demeura et Malagni auprès de lui. Sa troupe s'opiniastra de telle façon que, mettant pied à terre dans le milieu du combat, plusieurs armez gagnèrent et emportèrent les morts à coups d'espée, et avec eux Birague et Grimaldi prisonniers.

Le duc averti que le vicomte de Turenne ramassoit de toutes parts pour le secours de Castillon, et mesmes qu'il y vouloit faire dériver par la rivière quelques batteaux, le maréchal de Matignon s'offrit à faire dresser un pont entre la Mote-Monravel[1] et la ville, avec deux retranchements aux deux bouts ; dans l'un desquels il se logea et emplit de Suisses l'autre costé ; tout cela sans y oublier quatre canons, qui servirent à garentir le pont, quand Favas, dépesché par le vicomte, arma quelques bateaux, et poussoit devant eux un moulin d'eau plein d'artifices de feu. Hercules, qui estoit ingénieux[2] à ce siège, avoit bien à propos mis au-devant du pont une palissade assez loin, à celle fin que le feu ne se communiquast point aux vaisseaux. Tout cela et les canonnades mirent le secours à rien[3].

D'autre costé y avoit un grand manquement de poudres. Monségur ayant espuisé Bourdeaux de six mille coups de canon, ceux de Thoulouze et d'Agen y contribuèrent. Mais les munitionnaires, n'ayans osé hasarder la rivière à cause des places qui tenoyent contre eux, se relaissèrent à Aiguillon[4], ville et chas-

---

1. La Mothe-Montravel (Dordogne).
2. *Ingénieux*, ingénieur.
3. Dernier assaut des catholiques à Castillon, 26 août 1586 (De Thou, liv. LXXXV).
4. Aiguillon (Lot-et-Garonne).

teau du duc de Mayenne, qui les pressa de façon qu'ils en hazardèrent une partie et faillirent à perdre hommes et vaisseaux à Caumont, tant à coups de canon, harquebusades que par les bateaux, qui venoyent aux mains sans une grande deffense, et le secours des Marmandois.

Toutes ces incommoditez, et sur toutes la peste de l'armée, eussent contraint le duc de lever le siège, sans les violences de la duchesse[1] et la vengeance qu'elle avoit à cœur contre ses tenanciers, et d'ailleurs le secours de poudres que les assiégeans tirèrent de la Rochelle; ce que je dis forcé par celle que je sers, et à aussi grand regret qu'estant prisonnier en Brouage, je vis passer un tel négoce devant mes yeux avec les risées de mes maistres et les mauvais noms qu'ils donnoyent aux premiers de la ville. Ils m'aprirent donc que la moitié du siège n'avoit usé que des poudres tirées de ceste part.

Ceux de Clérac choisirent tous leurs meilleurs hommes, et les mères menoyent leurs enfans par la main pour aller périr avec ceux de Castillon. Ce secours de cent hommes, donné à quatre capitaines qui obéyssoyent à L'Esparre[2], fut tellement conduit qu'arrivant sur le chantier au point du jour, tout cela passa la rivière, quelques-uns en bateaux, les autres en l'eau. Et cela heureusement conduit n'acheva pas de mesmes, pource que, dans dix jours, les trois parts de ceste bande, qui venoit d'un bon air, ayans respiré l'air

---

1. Henriette de Savoie, marquise de Villars, duchesse de Mayenne depuis 1576.
2. La seigneurie de Lesparre (Gironde) appartenait alors à la maison de Madaillan.

corrompu, mourut, et leur chef des premiers. Ceste peste estoit si mortelle que les frénétiques qui en estoyent frappez alloyent, en chemise et demi-morts, tuer leurs compagnons en faction. Et falust poser des sentinelles le visage vers la ville pour remédier à tels accidens; desquels le récit estendit son dommage au loin, pource que le vicomte de Turenne, ayant assemblé de cinq à six mille hommes pour conduire une troupe de secours au dedans de la place, de tant d'hasardeux hommes qu'il avoit, n'en trouva aucun pour subir ce péril.

Les assiégez, se voyant pressez de toutes façons, surtout de la peste, et n'avoir plus que sept-vingts hommes en estat de combat, privez non seulement de secours, mais de nouvelles, au grand souhait du roi de Navarre et du vicomte de Turenne, Sérignac et Alains, avec le consentement des capitaines, mais au desceu et contre la volonté des habitans, qui n'espéroyent point de miséricorde et vouloyent périr le fer à la main, entrèrent en capitulation[1], à la charge que les gens de guerre estrangers sortiroyent avec leurs armes et bagage, la mesche esteinte et sans drapeaux, et que les habitans seroyent traittez suivant l'édict de janvier. Et, pour chose non accoustumée aux compositions, pource que ceux de Saincte-Foy avoyent pris quelques seigneurs de l'armée, fut dit qu'ils seroient rendus par le marché et que Sérignac et autres prin-

---

1. Prise de Castillon (Gironde) par le duc de Mayenne et par le maréchal de Matignon, 30 août 1586. L'acte de capitulation est conservé en copie du temps dans le vol. 3974 du fonds français, f. 245. Il a été analysé avec détails par de Thou, liv. LXXXV.

cipaux de la garnison demeureroyent entre les mains du duc jusqu'à la restitution des prisonniers.

Le duc de Mayenne entra dans la ville le premier de septembre, fit recercher et mettre prisonniers les habitans qui se peurent trouver, au nombre de vingt-deux, et, les ayant tenus quelques jours enfermez dans l'église de Sainct-Magne[1], pour essayer à appaiser la duchesse, les fit pendre tous vingt-deux, avec blasme de plusieurs et deffense des autres, qui, outre qu'ils maintenoient un juste courroux contre les tenanciers, alléguoyent que, du temps de l'édict de janvier, selon les termes de la capitulation, il n'y avoit point de parti ni forme de guerre par laquelle le subject peust impunément porter les armes contre son supérieur. Le duc laissa dans la place Sainct-Ferriol[2], avec deux compagnies de gens de pied.

De mesme temps, en nostre chemin, nous trouvons le combat des trois frères, comme on l'appelle en Gascongne: c'est de trois enfans[3] du marquis de Tran[4]; desquels l'aisné, général du pays, averti que les catholiques avoyent surpris la tour de Moncraveau[5], amassa ce qu'il put pour l'investir. Ce fut de sept à

---

1. Saint-Magne (Gironde), près de Castillon.
2. Le capitaine Saint-Ferréol appartenait à la maison du Renc et était originaire de l'Albigeois.
3. Louis de Foix, comte de Gurson, l'ainé, Gaston de Foix, comte de Fleix, et François-Phébus de Foix, chevalier de Malte, tous trois fils de Germain-Gaston de Foix, marquis de Trans, et de Marguerite Bertrand, dame de Mirebeau.
4. Germain-Gaston de Foix, marquis de Trans, parent du roi de Navarre et chef de la Ligue en Guyenne, mort en 1591. (Notice dans les *Lettres de Henri IV*, t. I, p. 326, note.)
5. Moncrabeau (Lot-et-Garonne).

huict cents arquebusiers et quelques quarante salades, pource que le roi de Navarre n'avoit guères laissé de gens de cheval. Dès le lendemain de son siège[1], de grand matin, il eut advis que le secours paroissoit. Il monte à cheval, s'esloigne mal à propos de ses gens de pied, et s'avança tant, pour recognoistre, qu'il vit ses ennemis à costé gauche, et mesmes capables de lui couper chemin. Toutesfois, n'ayant encores affaire qu'aux coureurs, il se mit au trot devers ses gens de pied, mais loin d'eux. Il avoit sur les bras Gondrin[2] et tous les plus mauvais garçons du païs, faisant deux cents chevaux et bien autant d'arquebusiers à cheval. Le comte de Gurson, ayant un peu fait retirer les coureurs, laisse quinze des siens à son second frère pour la retraite. Ce jeune homme, ayant ouy parler des desmeslemens qui se faisoyent autresfois à coups de main, creut qu'ils se pouvoyent faire semblables à coups de pistolet, voulut faire l'honneur de la maison. En donnant le coup d'espée à la passade, vid son cheval abattu et quant et quant sa mort, à quoi deux des siens l'accompagnèrent, le reste battu et poussé. Le plus jeune des Gursons, qui voyoit ce combat, se desrobbe de la troupe et se vint faire assommer sur le corps de son frère. Le comte, perdant le sens pour le sang, vint faire de mesmes, et ce qui le voulut suivre demeura enfermé entre six ou sept-vingts hommes armez, si bien que les trois frères et six autres, pour

---

1. Siège de Moncrabeau par les catholiques, 26 juillet 1580 (De Thou, liv. LXXII).

2. Hector de Pardaillan, s. de Gondrin, fils d'Antoine de Pardaillan, né en 1531, capitaine de cinquante hommes d'armes, chevalier des ordres en 1585, mort en 1611.

l'amour d'eux, demeurèrent en un monceau[1]. Ceux de la tour, voyans que leur secours n'avoit peu enfoncer ceux qui les assiégeoyent, se desrobèrent la nuict.

Avant que quitter la Gascongne, il faut vous dire comment le vicomte de Turenne, ayant fait recognoistre plusieurs fois comment Castillon estoit gardée, et[2] puis, en ayant appris plusieurs particularitez par Alains et le baron de Salignac, prisonniers, que le duc du Mayne avoit congédiés, il fit faire une eschelle seule à Monrouveau[3]. Et, ayant fait marcher trois cents hommes choisis, par une nuict si noire que nul ne voyoit où appuyer son pied, exécuta, le dixiesme de mars, son entreprise[4] par escalade posée devant jour, au plus haut de la Motte, sur[5] le penchant de la rivière[6], entre le corps de garde et une guarite, lieu[7] à l'endroit duquel on ne posoit point de sentinelle,

---

1. D'Aubigné raconte l'attaque de la tour de Moncrabeau, la mort des trois frères de Trans, et donne à ce combat la date de 1587. Or, ce combat eut lieu le 26 juillet 1580 d'après de Thou (t. VI, p. 14, édit. de 1740). Cette date est confirmée par un portrait original du temps que possède M. le baron de Prinsac (château de Sadeillan, par Mielan, Gers). Un Prinsac fut tué à ce combat. Son portrait porte au dos : « Bertrand de Taulamesse, « seigneur de Prinsac, fut tué dans un combat près de Moncra- « bel en voulant sauver les fils du marquis de Trans, proches « parents du roy de Navarre, en l'an M D LXXX. »

2. Cette partie de phrase, jusqu'à ces mots : *exécuta le dixième...*, manque à l'édit. de 1620.

3. La Mothe-Montravel (Dordogne), à une lieue de Castillon.

4. Reprise de la ville de Castillon par les réformés, avril 1587 (*Chroniques de Jean Tarde,* p. 287).

5. Ce membre de phrase manque à l'édit. de 1620.

6. La Dordogne.

7. Ce membre de phrase manque à l'édit. de 1620.

pour estre estimé inaccessible de jour. Les premiers estans entrez, le corps de garde se mit sur les armes ; une partie se deffendit ; l'autre sauta sur les barricades qu'on avoit fait aux bresches. Le capitaine Goujon, entré des premiers, y fut seul tué, et, comme l'on soupçonne, par l'un des siens. Les prisonniers, présentez au vicomte de Turenne, receurent toute courtoisie et furent congédiez sans rançon. Après qu'Alains fut achevé de guérir[1], le roi de Navarre l'appelant pour s'en servir, la place fut mise entre les mains du vieux Pressac[2], et puis laissée au capitaine Sainct-Ouin. Et, pource que l'eschelle ne cousta que quatre francs et que le siège avoit cousté plus de huict cents mille escus, on disoit que les huguenots estoyent meilleurs mesnagers que le roi.

Chapitre X.

Des pays méridionaux jusques au fait de Montélimar.

Encor que l'entreprise sur Salusses[3] par le duc de Savoye soit de ce département, nous la garderons pour ne faire point à deux fois du succès, en arrestant ce chapitre aux affaires du dedans : premièrement de Marseille, où, au commencement d'avril[4] 1585, Daries,

1. Ce membre de phrase, jusqu'à *la place fut mise,* manque à l'édition de 1620.
2. Prix de Preissac, s. de Cadeillan, était devenu en 1563, par son mariage avec Anne de Lussé, seigneur de Maravat.
3. Saluces, capitale du marquisat de Saluces (Piémont).
4. D'Aubigné raconte ici pour la seconde fois des faits qui appartiennent à l'année 1585. Voyez, dans le volume précédent, le liv. X, chap. VII, et les notes.

second consul, et le capitaine Boniface, dit Cabanes, esmeurent le peuple; commencèrent par le meurtre du gouverneur des finances, nommé Boniface, frère du capitaine, qui lui présenta un pacquet du grand[1] prieur[2]. Cettui-ci, l'ayant receu de la main de son frère, le baisa et, à ce baiser, receut le premier coup de poignard. De là, estans engagez par ce meurtre, courent les rues, crient l'Église, mettent tous les refformez qu'ils peurent empoigner en la tour Sainct-Jean. Le lendemain, en tirèrent cinq; deux desquels s'appelloyent Chiousse[3] et l'autre L'Ambassadeur[4]. Ayans refusé d'aller à la messe, furent traînez par les rues et massacrez[5] de divers coups, la pluspart donnez par deux jeunes garçons. Et ainsi languirent longtemps, et puis leurs corps furent jettez par-dessus les murailles, auprès de la tour et à la veue des prisonniers, pour les faire penser à eux.

Les mutinez, ayans la ville en leur disposition, au moins comme ils estimoyent, escrivent à Vins[6], comme

1. Var. de l'édit. de 1620 : « ... *Grand Prieur,* le premier coup de poignard donné, comme le général le baisoit; de là, en criant l'Église, ils *mettent...* »

2. Henri d'Angoulême, fils naturel de Henri II et de la dame Flamin, de la maison écossaise de Leviston, grand prieur de France, gouverneur de Provence et amiral des mers du Levant.

3. Chiousse, bourgeois huguenot de Marseille, qui faisait le métier de revendeur (*Mémoires de la Ligue,* t. I, p. 74, note).

4. L'édition de 1620 porte *l'ambaleur;* les *Mémoires de la Ligue* (t. I, p. 74, note) portent *Antoine l'emballeur.*

5. Var. de l'édit. de 1620 : « ... *massacrez* par la canaille, et leurs corps jetez par dessus les murailles à la veuë des autres prisonniers, afin qu'ils pensassent à eux. »

6. Hubert de la Garde, s. de Vins, fils d'Honorat de la Garde, président au parlement d'Aix. Voyez sur ce personnage une notice dans de Thou (liv. LXXXI).

à leur chef, pour lui donner le gouvernement[1]. Il y avoit dans la ville un nommé Bouquiers[2], homme très rude aux refformez et de peur duquel, comme ses actions estoyent couvertes, ceux qui ne favorisoyent pas la Ligue s'estoyent sauvez dans Sainct-Victor. Cettui-ci les va trouver, touche à la main des refformez, leur promet amitié, se met à leur teste avec ses amis et se servit de ses ennemis pour mettre la main sur les conjurez, qui avoyent irrité les habitans par quelque pillage. Bouquiers aussi avoit envoyé quérir le Grand Prieur, à l'arrivée duquel les principaux mutinez furent pendus et ceux qu'ils avoyent mis prisonniers délivrez.

Quelque temps après, le gouvernement de Provence changea ès mains de La Valette[3] par la mort de ce prince, bastard du roi Henri second, tué[4] de la main

---

1. Les séditieux de Marseille écrivirent au s. de Vins le 11 avril 1585 (*Mémoires de la Ligue*, t. I, p. 74).

2. D'après de Thou, François Bousquier était un ancien bourgeois de Marseille, « que son âge et son crédit rendaient respectable » (liv. LXXXI).

3. Le récit de d'Aubigné est ici confus et inexact. Après la mort de Henri d'Angoulême, Jean-Louis de Nogaret de la Valette, duc d'Épernon, obtint le gouvernement de Provence par lettres du roi du 26 juin 1586. Il prit possession de son gouvernement à la tête d'une armée dont la composition est établie par une pièce authentique (copie, s. d., f. fr., vol. 3974, f. 276) et entra à Aix le 21 septembre 1586 (*Mémoires de Piémond,* p. 194, note). Les minutes de sa correspondance pendant la durée de son administration sont conservées dans le vol. 25 des V^c de Colbert. D'Épernon séjourna peu de temps en Provence et traversa Romans en retournant à la cour le 15 mars 1587 (*Mémoires de Piémond,* p. 201). C'est alors que le gouvernement de Provence fut donné par le roi au s. de la Valette, frère du duc d'Épernon.

4. Le 2 juin 1586, Henri d'Angoulême et Philippe Altoviti, depuis longtemps ennemis l'un de l'autre, se rencontrèrent fortuitement dans une hôtellerie d'Aix et se battirent. Henri d'An-

d'Altiviti[1], comme il le vouloit poignarder. C'estoit un capitaine de galères, homme[2] de courage eslevé et qui résistoit à son général, devenu orgueilleux pour avoir enlevé à Nantes et emmené en sa galère Chasteauneuf[3], princesse de Bretagne, tellement aimée du roi Henri troisiesme qu'elle avoit longtemps espéré devenir roine par lui.

Nous n'avons rien pour rompre la pause qui se fist au changement du gouvernement, sinon[4] que, après les exécutions déduites à la fin du tome précédent, L'Esdiguières[5] laissa toutes ses bandes en grand repos jusques au commencement de l'an 1587; plusieurs choses lui liant les mains, comme ne voulant travailler pour autrui, se sentant desfavorisé pour la religion et

---

goulême passa son épée au travers du corps de son adversaire, et Altoviti, blessé à mort, le frappa d'un coup de poignard à l'aine. Tous deux moururent sur le coup. Voyez le récit du *Journal de L'Estoile* sous la date précitée.

1. Philippe Altoviti, gentilhomme florentin, baron de Castellane depuis 1577.

2. Ces membres de phrase, jusqu'à ces mots *et emmené...*, manquent à l'édit. de 1620.

3. Renée de Rieux de Châteauneuf, née en Bretagne vers 1550. Ancienne fille d'honneur de la reine mère et maîtresse du duc d'Anjou, elle fut exilée pour son insolence vis-à-vis de la reine Louise de Vaudémont. Elle épousa Antinotti, gentilhomme florentin, qu'elle surprit « paillardant » et qu'elle poignarda de sa propre main. Plus tard elle se remaria à Philippe Altoviti.

4. Var. de l'édit. de 1620 : « ... *gouvernement,* que la prinse de Sorges à la fin de l'année suivante; et, pour ce que le siège fut long et que les deux armées ruinèrent le païs, L'Esdiguières laissa reposer les compagnons jusques au commencement de l'an 1587, et se *mit aux champs...* »

5. François de Bonne, s. de Lesdiguières, né le 1er avril 1543, mort connétable de France, le 28 septembre 1626.

gardant ce qu'il avoit à l'employer pour elle et pour soi-mesme.

Enfin il se mit aux champs à la fin de mars[1] et, le premier avril, alla pétarder le chasteau de Champer[2], à deux lieues de Grenoble. Le premier coup du pétard fut inutile, n'estant pas appliqué en lieu de résistance, et pour cela mesmes ne se rompit point ; fut rechargé et appliqué sur la barre d'un portail, fit son effet, et, la place estant prise, l'armée marcha au siège de Veteral[3], avec trois canons mal munis. A ce commencement de ce qu'il leur falloit, la place se rendit[4] à une favorable capitulation.

Au commencement de mai, Polignon[5] et Le Rosset[6], l'un commandant la compagnie de L'Esdiguières et l'autre la sienne, allèrent à la guerre à Saut[7], attirèrent la garnison à l'escarmouche, tuèrent six-vingts hommes sur la place, parmi ceux-là vingt de commande-

---

1. Le 10 mars 1587, Lesdiguières s'empara du Villars de Briançon, au pied du mont Genèvre (De Thou, liv. LXXXVIII).

2. Champs, sur l'Isère, à deux lieues de Grenoble. — Prise de la place, 1er avril 1587 (De Thou, liv. LXXXVIII).

3. Venterol (Basses-Alpes). — Prise de la ville, 19 avril 1587 (De Thou, liv. LXXXVIII).

4. Var. de l'édit. de 1620 : « ... *se rendit* avant voir la batrie. *Au commencement...* »

5. Jacques de Poligny, lieutenant de la compagnie d'hommes d'armes de Lesdiguières, gouverneur de Gap en 1591 (*Mémoires de Piemond,* table).

6. Louis de Rousset, fils d'Albert de Rousset et de Louise de Grimaldi, cité dans la vie du connétable de Lesdiguières par le capitaine Arabin (*Actes et corresp. de Lesdiguières,* t. III, p. 18 et table). Il épousa en secondes noces une demoiselle de Castellane et devint ainsi allié de Lesdiguières (ibid., p. 34, note).

7. Siège et prise de Sault (Vaucluse) par les protestants, 7 mai 1587 (*Mémoires de la Ligue,* t. II, p. 201).

ment, et conduirent le reste si doucement dans le tapecul qu'ils faillirent à enlever la place. Et, La Valette ayant pris sur eux le pont de Coingnet[1], L'Esdiguières l'emporta par le moyen d'un soldat, qui, en plein jour, porta le pétard sur le haut d'une eschelle de six toises et le fit jouer à la porte du fort, où il n'y avoit point d'autre accès[2]. Le huictiesme de juin, il assiégea Ménestrier[3] et l'eut au bout de quatorze jours, à composition qu'il seroit razé. Le Quinzieur en Mérindol, Bénivai, Pierre-Longue, Galières[4], Joignières, Gigondas[5] et le Poët-Laval furent emportez avant la fin de juillet. Et, cependant que L'Esdiguières[6] fortifioit Oste[7], La Valette reprit Pierre-Longue[8], qui cousta plus de coups de canon que tout ce que nous avons dit.

1. Cognet (Isère), sur le Drac.
2. Siège de Cognet, 26 mai 1587; prise de la place, 31 mai (De Thou, liv. LXXXVIII). En écrivant ce chapitre, d'Aubigné a surtout suivi, de même que de Thou, une relation anonyme très importante que les *Mémoires de la Ligue* nous ont conservée, t. II, p. 200 et suiv.
3. Siège du Monestier (Isère), 26 mai 1587; prise de la ville, 1er juin (De Thou, liv. LXXXVIII). Les *Mémoires de la Ligue* (t. II, p. 201) placent la prise du Monestier à la même date que d'Aubigné.
4. Prises de Mérindol, Benivay, Pierre-Longue et d'Eygaliers (Drôme) par les protestants, 15 et 16 juin 1587 (De Thou, liv. LXXXVIII); 18 du même mois, d'après les *Mémoires de la Ligue* (t. II, p. 201).
5. Prise de Jonquières et Gigondas (Vaucluse), 21 juin 1587.
6. Siège de Poët-Laval (Drôme) par Lesdiguières, 23 juin 1587; prise de la place, 29 juin.
7. Arrivée de Lesdiguières à Aoste (Isère), 18 juillet 1587 (*Mémoires de la Ligue*, t. II, p. 202).
8. Reprise de Pierrelongue par La Valette, 13 juillet 1587 (*Mémoires de la Ligue*, t. II, p. 202).

Quand[1] l'armée d'Allemagne commença d'estre amassée pour les refformez, en mesme temps, Chastillon[2] fit aussi ses levées, non sans grande difficulté, pour aller joindre l'armée. Et pour remplacer les gens de guerre qu'il devoit tirer du Daulphiné et de Languedoc, fut envoyé Cuzi[3] faire levée d'un régiment dans le pays de Vaux[4]. La nuict que il mit ensemble, et, par la faveur de Genève, s'avança en Savoye, pardessous Nicy[5], La Valette[6], adverti par les Savoyards, accompagné d'Alphonse Corse[7], vinst guetter ceste troupe au passage de l'Isère, et, avec 600 salades, les descouvrit un matin, avant soleil levé, auprès d'Uriague[8], où ils avoyent fait monstre de 2,500, desquels les deux tiers estoyent de picques sèches. Il y avoit deux jours que cette troupe estoit harcelée des Savoyards, à travers desquels, comme n'estant que

1. Les deux alinéas qui suivent et les douze premiers alinéas du chapitre suivant manquent à l'édit. de 1620.
2. François de Chastillon avait été nommé par lettres du roi de Navarre, en date du 28 avril 1586, lieutenant général de ce prince en Rouergue (*Mémoires de Chastillon*, réimprimés par le comte Delaborde dans *François de Chastillon*, 1886, in-8°, p. 458). Les lettres du roi de Navarre ont été publiées par du Bouchet, *Hist. de la maison de Coligny*, p. 636.
3. Aimé de Glane, seigneur de Cugie, capitaine protestant, gouverneur de Livron (Drôme) en 1598, mort en 1600.
4. Le canton de Vaud.
5. Négy (Haute-Savoie), arrondissement de Bonneville, commune de Thyez.
6. Bernard de Nogaret, s. de la Valette, père du duc d'Épernon, lieutenant général en Dauphiné en 1583, gouverneur de Provence en 1587, amiral de France en 1589, tué en 1592.
7. Alphonse d'Ornano, dit Corso, comme son père, colonel général des Corses et gouverneur de Valence.
8. Uriage (Isère).

populace, elle s'estoit fait le chemin; et encores, à la veue de La Valette, ils eschappoyent en Daulphiné par faveur de ceux qui sçavoyent des secrets du roi et non pas par faute de courage, comme on a voulu dire. Mais Alphonse Corse, qui n'entendoit rien aux dissimulations, les engagea si bien, avec une charge de 40 chevaux, que le reste leur passa sur le ventre. La Valette y apporta telle modération qu'il ne mourust sur la place qu'environ quatre-vingts hommes seulement[1].

De mesme temps, l'aisné de Grignan[2] apporta au parti refformé Clausures et Montségur[3]. Blacons pilla Suze[4]. Et, le premier de septembre, L'Esdiguières battit de quatre moyennes Guillestre[5], qui eut, au bout de 900 coups, les soldats de Gascongne rendus au baston blanc, ceux du pays à discrétion. Et, les mesmes pièces ayans passé les montagnes avec un dur labeur, L'Esdiguières emporta le chasteau de Queiras[6]. Briquemaut[7] força une fortification que faisoyent les

1. Défaite de l'armée allemande en Dauphiné par La Valette, 19 août 1587 (De Thou, liv. LXXXVIII).
2. Giraud-Adhémar de Monteil, fils du comte de Grignan.
3. Prise de Clansayes et de Monségur (Drôme), 31 août 1587.
4. Prise de Suze par Hector de la Forest, s. de Blacons, 31 août 1587.
5. Guillestre (Hautes-Alpes). D'Aubigné s'accorde avec de Thou et avec la relation des *Mémoires de la Ligue* pour la date de la prise de cette ville, 1er septembre 1587.
6. Prise du château de Queyras (Hautes-Alpes) par Lesdiguières, 10 octobre 1587. Le siège avait commencé dans la nuit du 24 au 25 septembre précédent.
7. M. de Noyan-Briquemaut est porté dans l'état de la maison du roi de Navarre, pour l'année 1585, comme gentilhomme de sa chambre (*Lettres de Henri IV*, t. II, p. 328, note).

Savoyards à Sainct-Pierre[1] et tua tout. Blacons s'y présenta avec six-vingt chevaux. L'effroi de Montélimar fit que les preneurs, qui estoyent plus de cinq cents, quittèrent tout.

Chapitre XI.

Des prises et reprises de Montélimar, et quelques autres exploits aux Séveines et en Vivarets.

Ayans voulu dépescher jusques à Joncarte[2], qui estoit après le fait de Montélimar, cela nous oblige à vous rendre conte de la première et seconde prise, et des combats qui s'y sont rendus.

Il faut donc reprendre comment L'Esdiguières, dès l'année 1585, le 24ᵉ jour d'aoust[3], dit la Sainct-Barthélemi, ayant fait recognoistre Montélimar deux heures avant jour, fist planter un pétard à la porte Sainct-Martin par Jentillot, lequel, estant tué par les esclats à cause qu'il n'y avoit point de place à couvrir le pétardier, la trouppe ne laissa pas de donner facilement, comme en un lieu sans fossé ni pont-levis.

La ville prise, Boulati[4], qui commandoit au chasteau, ne fut pas paresseux à dépescher vers Maugiron[5],

1. Prise de Saint-Pierre-Aves (Hautes-Alpes) par les réformés, 14 octobre 1587.
2. Jonquières (Vaucluse). Tentative inutile des catholiques sur la ville, peu après le 20 octobre 1587 (De Thou, liv. LXXXVIII).
3. Le 25 août 1585, d'après de Thou (liv. LXXXII).
4. Boulati ou Bolati, capitaine catholique, cité avec éloges dans le journal de Lesdiguières (*Actes et corresp. de Lesdiguières*, t. III, p. 25, 36 et 37).
5. Laurent de Maugiron, lieutenant général en Dauphiné.

lieutenant de roi en Daulphiné, qui fut très diligent d'appeler à soi toute la noblesse du pays, les légionaires et gentilshommes de Provence, qui se rallièrent au comte de Saut[1]. Encor, avec l'amas du Lyonnois, vinst prendre quatre canons à Valence, donna rendez-vous aux troupes, qui venoyent du dessus et du dessous de la rivière, à demi-lieue de Montélimar, pour se présenter au-devant environ les huict heures du matin.

L'Esdiguières se vit assiégeant et assiégé, despourveu de ce qu'il falloit pour le premier mestier, receut l'armée avec apparence de beaucoup de gayeté et l'entretinst huict jours en diverses escarmouches, gardant tousjours quelques petits avantages outre les contr'escarpes; et à ce passetemps se perdirent plusieurs gentilshommes d'une part et d'autre.

Au bout des huict jours, Maugiron avoit trouvé moyen de loger ses quatre canons devant la porte Sainct-Gauché et d'en tirer quelques volées, mais n'avoit pas de quoi maintenir son canon en sa place et assiéger tout le reste, si bien que L'Esdiguières, ayant communion avec les siens, en estoit tous les jours rafraischi et augmenté. D'ailleurs, l'amas de Maugiron ne s'estoit peu faire qu'il ne fust composé de royaux et de liguez, ce qui remplit son armée de partialitez et par elles de mesfiance. La crainte de quelques accidens fit décamper Maugiron.

Boulati, voyant son chasteau mis hors de la ville par les retranchemens du dedans, et dedans la ville par les retranchemens du dehors, parlementa et sortit

---

1. François d'Agoult de Montauban et de Montlaur, comte de Sault, ancien gouverneur de Lyon, capitaine catholique. Voyez Brantôme (t. V, p. 41 et 46).

armes et bagues sauves[1]. A ce siège se trouvèrent Gouvernet, Le Poët, Blacons, Bachères et Comps[2], qui fut tué d'une arquebusade. Le Poët y fut laissé, qui, sans perdre temps, se jetta à bon escient aux fortifications.

L'an 1587, dans lequel nous travaillons maintenant, L'Esdiguières, ayant employé les forces et campé ce qu'il avoit sur le Drac, où il sceust des nouvelles de la deffaite de Cuzi, Sérillac-Monréal[3], fit une entreprise sur Montélimar[4], laquelle il communiqua au comte de Suze[5] père et fils, et ceux-là en firent part à L'Estrange[6], Logères[7] et autres principaux capitaines catholiques. Le moyen qu'il avoit en main et qui lui succéda fut qu'il fit saisir la porte de Sainct-Martin par une troupe de paysans habitans en la ville, lesquels, commandez par le bourreau et par un prestre,

1. Lesdiguières s'était emparé de Montélimart le 11 septembre 1585 (De Thou, liv. LXXXII).

2. René de la Tour-du-Pin, s. de Gouvernet. — Louis de Blain, s. du Pouët, gouverneur de Montélimart. — Hector de la Forest, s. de Blacons, gouverneur d'Orange. — Jacques de Gramont, s. de Vachères, protestant, capitaine d'une compagnie de chevau-légers du roi de Navarre. — Mary de Vesc, s. de Comps et de Dieulefit, sixième fils de Sébastien de Vesc.

3. Serillac et Monréal ne sont qu'un seul et même personnage. Il s'agit ici de Guillaume de Balazuc, s. de Montréal, Senilhac, Chazeaux et Lanas, gouverneur de Vivarais (*Mémoires d'Eustache Piemond*, table).

4. Surprise de Montélimart par Montréal, capitaine catholique, 16 août 1587 (*Histoire du Languedoc*, t. V, p. 420).

5. François de la Baume, comte de Suze, et Rostaing de la Baume, comte de Suze.

6. René d'Hautefort, s. de l'Estrange, de la maison de Gontaut.

7. François de Borne, s. de Laugère, baron de Balazuc.

coupèrent la gorge au corps de garde de la porte Sainct-Martin, et, s'en estans rendus maistres, donnèrent la ville au comte de Suze, que son fils y vint trouver; comme aussi Sainct-Genis[1], L'Estrange, Logères et en foule toute la noblesse et soldats catholiques du Daulphiné et de Vivarets, et bien tost après de Provence et de Lyonnois.

Lors n'y avoit dedans la citadelle ni Le Poët ni Sainct-Genis, son lieutenant, qui pour lors estoyent allez pour favoriser le passage des Suisses. Le premier qui fit troupe et se jetta dedans la citadelle fut Vachières[2], sans grande peine, pour ce que ce fut au troisiesme jour de la prise[3], comme Sales[4] avec sa compagnie, et les arquebusiers à cheval de Gouvernet. Mais Le Poët, Sainct-Genis et les autres, qui n'y entrèrent que deux jours après, coururent plus de risque; et ceux-là, estans assez forts pour garder quelque dehors, receurent plusieurs autres, comme Blacons et Souberoche[5], si bien qu'en peu de temps ils se virent deux cents hommes couverts et neuf cents bons arquebusiers.

1. Jacques de Marsanne, s. de Saint-Genis.
2. Jean de Grammont, s. de Vachères, capitaine d'ordonnance, mort vers 1592. Sa veuve, Jeanne de Budos, épousa l'année suivante le duc de Montmorency (*Mémoires d'Eustache Piemond*, table). L'édition de l'*Histoire universelle* de 1626 porte *Bachères*, mais la faute est corrigée à l'errata.
3. L'assaut de la citadelle de Montélimart fut donné le 19 août 1587 (*Mémoires de la Ligue*, t. II, p. 203).
4. Étienne de Bar, s. de Salles, cité dans le Journal de Lesdiguières par Colignon (*Actes et corresp. de Lesdiguières*, t. III, p. 35 et table).
5. Jacques Faure de Chypre, s. de Soubreroche, tué au siège de Briqueras, en 1592 (*Mémoires d'Eustache Piemond*, table).

De l'autre costé, les comtes de Suze, ayans receu du canon, assisté du baron Ramfort[1], parent du duc d'Espernon, qui mena cinq vieilles compagnies avec la sienne, toutes qui estoyent dans la ville et aux retranchemens de dehors, se montoit à quatre cents chevaux et près de quatre mille hommes de pied, tout cela travailla le long de la sepmaine, nuict et jour, à mettre la citadelle dehors et puis à la rendre inaccessible par leurs tranchées.

Ceux de la citadelle se touchèrent à la main pour mourir ou fondre dans la ville et la racheter, et, comme ils estoyent en dispute à qui donneroit le premier, ils firent leur arbitre le ministre du lieu, duquel ayans receu l'ordre et s'étant mis en prières pour harangue, Le Poët mit les gens de guerre en bataille dans la grande basse-cour, qui est entre le chasteau ou citadelle et la ville.

Vachères fut ordonné pour donner à la main gauche avec cinquante armez et deux cents arquebusiers, suivi de Souberoche avec deux cents autres. Cela avoit à faire à Logères et aux bandes de Vivarets, qui se montoit à sept ou huit cents soldats. Le Poët donnoit à la main droite avec cinq cents hommes, n'ayans laissé dans le chasteau que quatre-vingts hommes et fait lever le pont-levis pour lever toute opinion de le lever aux attaquades et ne leur laisser espoir qu'à la victoire.

Vachères commença le jeu, donnant aux gabions et barricades avec force flancs desrobbez des maisons

---

1. Onufre d'Espagne, baron de Ramefort, colonel de gens de pied, tué sous les murs de Lambesc en 1590, était un gentilhomme d'origine commingeoise (*Mémoires d'Eustache Piemond*, table).

d'alentour, arresté sur le cul du premier effort, et puis, ayant franchi une barricade, en trouve une seconde qui le mit en peine. Le Poët, soustenu de Blacons, fut aussi arresté du premier effort. Le comte de Suze, lors du premier salve, estoit assis sur une boutique, accompagné de Ancone[1], du Teil[2] et de Sainct-Martin[3], et dit à la première alarme que c'estoit la garnison qui se venoit rendre à lui. Ceux de la main gauche et de la droite, se voyans repoussez et n'avoir rien à choisir que la mort ou de donner, se ranimèrent l'un l'autre. Vachères trouva par un coin quelque inesgalité où il fit donner un sergent que les compagnons enlevèrent, et eux, se faisans pousser par les suivans, firent impression et furent veus par les défendans de la main droite, qui, d'ailleurs, pressez rudement par Le Poët, prindrent parti de sauve qui peut. Le comte de Suze, qui estoit monté à cheval, fit quelque contenance de charger les premiers avancez, mais en fin il fut abbatu d'une arquebusade, et moururent à ce combat Ancones, Logères, Le Teil[4] et Sainct-Martin. Les refformés y gagnèrent trois canons, desquels ils avoyent essuyé la volée de cinquante pas en donnant au retranchement[5].

1. Antoine de Pracontal, s. d'Ancone.
2. Guillaume de Vèse, s. du Teil, et Laurent de Vèse, son fils, prirent part au siège de Montélimart (De Thou, liv. LXXXVIII).
3. Peut-être Antoine d'Urre de Cornillan d'Oncien, chevalier de l'ordre et ambassadeur en Savoie, connu du vivant de son père sous le nom de des Portes de Saint-Martin (*Mémoires d'Eustache Piemond*, table).
4. Laurent de Vèse du Teil. Son père fut fait seulement prisonnier (De Thou, liv. LXXXVIII).
5. Défaite des catholiques à Montélimart et prise de la ville par les réformés, 22 août 1587 (*Lettres de Henri IV*, t. II, p. 300, note).

Les mémoires du Daulphiné et de Vivarets me contraignent d'apposer ici, à mon long refus[1] et contre ma coustume, deux comtes merveilleux, que j'ai esté contraint d'accepter par l'authorité de ceux qui les ont assertenez. Le premier est que, Chambaut[2] estant parti pour le secours de Montélimar, Mercier, ministre de Chasteauneuf[3], retiré à Chambaut[4], consolant la dame du lieu pour le péril du secours, et s'estans mis en prières à part, où il fondoit en larmes, une voix lui dit ces mots : « Pourquoi pries-tu? elle est délivrée. » Mercier, après la pose de l'estonnement, reprit la parole, disant : « Seigneur, mon Dieu, si ceste voix procède de l'esprit abuseur pour me destourner de prier, fai ceste grâce à ton serviteur qu'elle ne soit plus ouye de moi; mais, si tu as envoyé ton bon ange pour ma consolation, fai-moi aussi ceste grâce qu'elle me soit réitérée. » Continuant donc ses prières pour la délivrance de son Église, il ouït derechef ceste voix, disant : « Pourquoi pries-tu? rends grâce; elle est délivrée. » Sur cela, la dame du lieu et ceux de l'Église commencèrent à rendre grâces à Dieu d'une chose inespérée, ne révoquant point en doute ce que Mercier leur asseuroit pour avoir veu d'autres œuvres de lui, comme ayant chassé l'esprit immonde des corps d'une femme nommée Blandine et d'un homme nommé Le Picart. Certes, avant coucher telle

1. Var. de l'édit. de 1620 : « ... à mon long refus aux premiers, et sur la foi de ceux qui ont redoublé et acertainé cet article. C'est que Chambaut... »
2. Jacques de Chambaud, vicomte de Privas, s. de Vacherolles.
3. Châteauneuf (Drôme), sur l'Isère.
4. Chambaud, dans la commune de Saint-Marcel, près de Valence (Drôme).

chose en histoire, j'ai remonstré à ceux desquels je la tiens le grand péril qu'il y a de resemer la bigotterie entre ceux qui font profession de s'en estre repurgez, mais les tesmoignages constans de personnes signalées en probité m'ont fait ici passer par-dessus toutes mes circonspections.

Voilà la reprise de Montélimar, qui releva les affaires des refformés, tant pour l'approche du Rhosne et autres conséquences de la place que pour l'action hautaine qui mit en une avantageuse réputation les refformés et rendit les autres plus respectueux [1].

Nous ne quitterons point ceste contrée que nous n'ayons recueilli, dans les précipices de Vivarets, ce qui a esté mis au passé depuis la prise, perte et accident [2] de Saincte-Grève [3], car Chambaut, qui commandoit au pays, continuant de faire la guerre à sa fantaisie et d'une façon non accoustumée, se vint loger en deux maisons de laboureurs, à un quart de lieue de Dezaigne [4]; et y eut tant d'escarmouches entre la garnison des deux maisons et celle de la ville qu'il fallut renouveller la dernière deux fois en un an, mais aussi ceux des maisons furent chastiez par la garnison de Valence.

Chambaut, voulant fournir de ce costé-là, force quelques arquebusiers catholiques logez au bourg de

1. C'est ici que l'édition de 1620 a placé le dernier alinéa du chapitre précédent.
2. Var. de l'édit. de 1620 : « ... *accident de Saincte-Grève*, fortifiée, comme aussi de Saigue, pour faire la guerre aux villes du Rhosne et contre Annonai, que vous avez veue prise à nostre dernier tome. Car *Chambaut qui...* »
3. Saint-Agrève (Ardèche).
4. Desaignes (Ardèche). — Escarmouches aux environs de Desaignes, février 1587 (*Histoire du Languedoc*, t. V, p. 420).

Charmes[1], se retranche dedans. Ceux de Valence, ne pouvans souffrir ce voisinage d'une lieue et voir souvent les refformez en bataille sur leur grève, assemblent deux mille hommes, attaquent ceux de Charmes en absence de Chambaut, qui, retourné de la guerre, fait démordre les Valençois et les meine en confusion jusqu'à la veue de leur ville, et défaisoit leur infanterie, sans la résolution de la cavalerie du Daulphiné, qui ramena Chambaut battant jusques à ses barricades, d'où encores il repartit, entretenant le combat jusqu'à la nuict[2]. Mais, sachant que plus grandes troupes venoyent du Lionnois, sous couleur d'une sortie, il bat aux champs le matin, se retire à Chalançon[3], tousjours en combattant; c'est une villette démantelée qu'il refit de pierre sèche; dix-huit heures aux mains, bien souvent le soldat estant contraint de jetter à la teste de l'ennemi la pierre qu'il avoit prise pour bastir.

Quelque peu auparavant, Chastillon avoit entrepris sur le Puy[4] et fait jouer deux pétards; le second desquels n'ayant pas bien fait au pont-levis, il se falut retirer. Les refformés, au retour de là, dressèrent un fort au bois Sainct-Voy[5], et encores surprenent Pouli-

---

1. Charmes (Ardèche), sur les bords du Rhône. — Prise de Charmes par les réformés, février 1587. — Reprise de Charmes par les catholiques sous les ordres du s. d'Ilières, octobre 1587 (*Hist. du Languedoc*, t. V, p. 420).

2. Chambaut met en déroute les catholiques de Valence, février 1587 (*Hist. du Languedoc*, t. V, p. 420).

3. Chalançon (Ardèche).

4. Surprise manquée du Puy par François de Châtillon, 3 décembre 1585.

5. Saint-Voy (Haute-Loire).

gnan[1], assiégé après par ceux de Pui, qui les emportèrent par la soif et les eurent par capitulation.

En mesme quartier, le marquis de Monlor[2] applique une saucisse à Aubenas[3], dans une maison qui fait muraille. Une femme, abandonnée de médecins et jugée de tous pour estre au rumeau[4], se lève, et par deux fois avertit le corps de garde que l'on prenoit la ville par une telle maison; mais elle n'est creue et prise pour un fantosme. La saucisse joua. Ceste femme passa par la bresche qui venoit d'estre faite, et, depuis, a vescu plusieurs ans. Et c'est la seconde merveille pour laquelle j'ai demandé congé. Le peuple de la ville, retiré au chasteau, se rend puis après au marquis de Monlor[5].

Chambaut fit entreprise dessus la veille de Pasques[6], et ceste entreprise fut rompue par un tel froid que plusieurs soldats moururent transis. Mais, bien tost après, le mesme, ayant surpris la ville par escalade, serre si bien le chasteau et une citadelle dedans et dehors que Monlor et Monréal, estans venus à leur secours, furent arrestez avec perte des leurs, et, à leur veue, les assiégez sortirent par composition.

1. Surprise de Polignac (Haute-Loire).
2. Louis, s. de Montlaur et d'Aubenas en Vivarais.
3. Prise d'Aubenas par Montlaur, 24 février 1587 (*Chroniques du Languedoc*, 1875, publ. par M. de la Pijardière, p. 297). Le rédacteur de cette relation de la prise d'Aubenas attribue au comte de Tournon le commandement de l'armée catholique.
4. *Être au rumeau*, être à toute extrémité.
5. Cette phrase manque à l'édition de 1620.
6. Entreprise de Chambaud sur Aubenas, 28 mars 1587 (*Hist. du Languedoc*, t. V, p. 420).

Chapitre XII[1].

Despesche du duc de Joyeuse et ses exploits vers le voisinage de Languedoc. Voyage du roi à Lyon.

En toutes ces guerres se présente un tableau perpétuel des émulations ou plustost envies qu'exerçoyent les uns contre les autres, tant les royaux que les liguez, le tout aux despens de la peau et des gorges huguenottes; telle division en quelques occasions onéreuse, et en quelques leur donnant soulas et des intervalles dilucides.

Il n'estoit pas à propos pour le roi que ses partisans chommassent durant l'emploi des Guisarts, tant pour les murmures du peuple et concions des prescheurs que pour avoir et retenir la créance des gens de guerre, qui ont en cela du naturel des chiens courans, lesquels ne connoissent que peu ou point celui qui leur baille du pain, mais se donnent à qui les meine à la chasse. Ce fut pourquoi le roi despêcha les deux personnes qu'il avoit en ses délices, asçavoir : le duc de Joyeuse[2] vers le gouvernement de son père[3]

---

1. Ce chapitre manque à l'édition de 1620.
2. Anne, duc de Joyeuse, beau-frère du roi par son mariage avec Marguerite de Lorraine, sœur de la reine Louise, amiral de France, né en 1561, mort à Coutras le 20 octobre 1587.
3. Une lettre du roi (probablement une circulaire), du 3 juin 1586, nous donne la date exacte de la mise en campagne de Joyeuse. Le roi y annonce la prochaine arrivée du duc de Joyeuse en Auvergne, Rouergue, Gévaudan et Velay, en place du s. d'Aumont malade, et commande à ses officiers de l'assister (Orig., f. fr., nouv. acq., vol. 3532, f. 33).

et le duc d'Espernon[1] vers celui de son frère aisné.

Le roi, pour favoriser l'un et l'autre, et de finances et d'authorité, s'avance à Lion[2], où il donna plusieurs subjets de penser, dire, prescher et escrire contre ses mœurs. Il lui prit un goust excessif d'amasser et de nourrir une telle quantité de petis chiens de Lyon qu'en une grande stérilité et destruction de finances, il en fit un estat, qui montoit plus de cent mille escus par an. Ceux qui en ont escrit, et mesmes aux histoires universelles, doublent ma dose, et, certes, il est constant qu'on lui en a veu plus d'un millier, desquels il en faisoit porter plus de deux cents avec lui. Chaque huictaine, ayant une gouvernante et une femme pour la servir et un cheval de bagage, si bien que ces deux cents chiens faisoyent six cents chevaux, et aussi la despence ordinaire estoit de huit cent francs par jour, sur quoi il faut déduire que le nombre n'estoit pas tousjours complet.

Ceste despense fut suivie d'une autre, asçavoir des enlumineurs qu'il faisoit couper par les livres du temps passé et les achetoit au pris du vendeur, et puis on fit une grande recerche des enlumineurs par les mains desquels le roi faisoit enluminer ses heures de portraits des personnes qu'il aimoit violemment, et les-

---

1. Bernard de Nogaret, s. de la Valette, n'était encore que gouverneur du Dauphiné. Voyez la note du chapitre x.

2. Le 23 juillet 1586, le roi quitta Paris et se rendit en Bourbonnais; quelques jours après il était à Lyon. De Thou, dans la composition de son livre LXXXV, et d'Aubigné, dans celle du présent chapitre, ont suivi une relation du temps, toute à l'honneur de Joyeuse, que le marquis d'Aubais a reproduite dans le tome II de ses *Pièces fugitives*, et Cimber et Danjou dans le tome XI de leurs *Archives curieuses pour servir à l'histoire de France*.

quelles, estans peintes au naturel, il faisoit drapper et habiller en saincts et en sainctes, les plus favorisez en Crucifix et les plus aimées en Nostre-Dame. Je vous donne pour pleiges de si rares pièces les plus sérieux catholiques qui en ont escrit. De là nous vismes toute la cour pleine de ses présens. Entre ceux-là, nous avons veu des plus excellens jeunes capitaines de nostre aage peints en saint Hiérosme et en cordeliers dès le premier désir de leur fréquentation [1].

La saison nous donne bien d'autres besongnes. Joyeuse, ayant fait son rendez-vous général à Bourbon-Archambaut [2], avec une armée gaillarde, despêcha Laverdin, son mareschal de camp, pour donner une strette [3] à Chastillon, qui avoit lors deux mille hommes de pied et trois cents chevaux et minutoit quelque petit siège [4], et puis s'estoit engagé de promesse pour l'armée des reistres, où nous le conduirons ci-après. Il ne faut pourtant pas nier que, à l'odeur de l'armée royalle, il ne fut bien aise d'avoir ailleurs quelque commission [5].

1. Sur la passion du roi pour les chiens et pour les miniatures, voyez le récit de de Thou (liv. LXXXV).
2. Bourbon-l'Archambault (Allier). — Le duc de Joyeuse y était encore à la fin de juillet 1586 (De Thou, liv. LXXXV).
3. *Strette*, surprise, défaite, de l'italien *stretta*.
4. La ville de Compeyre (Aveyron) fut assiégée par François de Chastillon le 5 juillet 1586 (Aubaïs, *Pièces fugitives*, t. II, p. 9).
5. Le 19 juillet 1586, Chastillon livra, sous les murs de Compeyre, un combat assez vif, où le s. de Roquelaure, capitaine catholique, fut tué. Ce combat est raconté, d'un style touchant, dans une lettre de Chastillon à sa femme (lettre publiée par du Bouchet, *Hist. de la maison de Coligny*, p. 677). Le 29 juillet, Chastillon, informé de l'approche du duc de Joyeuse, leva le siège de Compeyre (Aubaïs, *Pièces fugitives*, t. II, p. 9, note).

La première besogne de Joyeuse fut à Malziou[1], place de laquelle les maisons font les murailles. Là, irrité des injures que les soldats disoyent sur les nouvelles de la cour, et la bicocque estant hors de toute défense, il ne la voulut recevoir qu'à discrétion, dont il fit pendre les capitaines et tuer autant d'autres qu'il pleut à ses soldats.

Ceste besogne faite, ayant feint quelque siège ailleurs, il tire de longue à Marieuges[2], que Laverdin investit de nuict avec deux régimens. Les soldats de ceste ville ne se trouvoyent guères mieux couverts au dedans des murailles que par les hayes des jardinages, les deffendirent longuement; c'estoyent sorties continuelles ausquelles tout estoit opiniastré. Ce fut à quoi le duc perdit plus de capitaines et de soldats qu'au reste du siège.

Si tost que les assiégeans furent suivis de quatre canons, se fit la première batterie[3] du costé de Mande. Ceux de dedans se mirent à remparer et à partager, ne pouvans pourtant rien faire qui ne fût veu en courtine, et pourtant, quand ils virent la batterie augmentée jusqu'à quatorze canons, La Roche[4], qui commandoit dedans, monstra la serviete blanche. La

---

1. Arrivée du duc de Joyeuse à Malzieu (Lozère), 6 août 1586; prise de la place, 8 août (De Thou, liv. LXXXV, et relation contenue dans les *Pièces fugitives*).

2. Marvejols (Lozère). — Investissement de la ville par Jean de Beaumanoir, s. de Lavardin, 13 août 1586 (*Hist. du Languedoc*, t. V, p. 416).

3. Cette batterie fut dressée le 18 août 1586 (Relation dans les *Pièces fugitives*, t. II, p. 16).

4. Balthazar de Flotte, baron de la Roche, colonel de gens de pied.

capitulation fut bien faite et bien signée à toutes armes pour les capitaines et à l'espée pour le soldat[1]. Tous ceux de la garnison, mis en ordre, furent donnez à conduire au marquis de Canillac[2], qui ne la mena guères loin sans trouver des gros de cavallerie et d'infanterie, surtout les lansquenets, qui mirent tout en pièces; et, pource qu'on leur avoit reproché qu'ils avoyent esté trop piteux au dernier siège, ils ne laissèrent comme rien sauver[3].

Ceux de la ville avoyent un voisin, nommé Sainct-Vital[4], qui estoit leur ennemi mortel et contre lequel ils avoyent assez heureusement fait la guerre. Joyeuse le choisit pour leur gouverneur. Dès qu'il fut dedans, par un ban public, il abandonna tout au plaisir des gens de guerre. Outre les meurtres et les violemens des femmes, plusieurs de ceste armée, voulans monstrer qu'ils avoyent appris des leçons nouvelles, violèrent la pluspart des enfans et puis mirent le feu aux quatre coins de la ville et au milieu, réduisant la mieux bastie ville du pays en un amas de cendre et en masures qui ont fait horreur aux passans.

1. Prise de Marvejols par le duc de Joyeuse, 22 août 1586 (*Hist. du Languedoc*, t. V, p. 416). Saint-Auban donne, dans ses *Mémoires*, d'assez nombreux détails sur les crimes, viols et pillages dont l'armée catholique se rendit coupable à la prise de Marvejols (Coll. Petitot, t. XLIII, p. 466 et suiv.).
2. Jean-Timoléon de Beaufort-Montboissier, marquis de Canillac, un des amants de Marguerite de Navarre.
3. Jacques Pape de Saint-Auban, dans ses *Mémoires* (Du Bouchet, *Hist. de la maison de Coligny*, p. 642), accuse le capitaine La Roche d'avoir très mal défendu la ville de Marvejols.
4. Antoine de la Tour, baron de Saint-Vidal, gouverneur du Gévaudan en 1583 et sénéchal du Velay en 1585 (*Mémoires de Piemond*, table).

Après, l'armée s'attaqua à Peyre[1]. L'asseurance des habitans estoit en la difficulté de mener le canon en place de batterie. Mais, l'artifice des habiles commissaires ayant vaincu la nature, mille cinq cents coups de canons mirent la bicocque en poudre et contraignit ceux de dedans de se rendre aussi à discrétion ; laquelle fut que ceux que les soldats n'auroyent pas voulu tuer fussent liez à des arbres et exposez aux communes du pays, que les prestres amenèrent après leur avoir remonstré que quiconque sauveroit une vie perdroit bien tost la sienne et sa part de l'éternelle. Aussi fut fait présent du capitaine[2] à ceux de Mande, qui le firent cruellement mourir.

Joyeuse voulut s'approcher de Thoulouze, et, pour avoir leur bonne grâce, les délivrer de Salvagnac[3] en Rouargue, où commandoit Laverney, comme en sa maison, car il avoit espousé la vicomtesse de Monclar[4]. Laverdin les alla investir de fort loin[5]. Il fut receu avec une assez gaillarde escarmouche, à laquelle il fit le téméraire en pourpoint, et alla tuer un soldat sur la contr'escarpe. Il y avoit à l'entour des fossez grande quantité de pailliers, pour ce que le peuple du païs, aux premières nouvelles de la guerre,

1. Peyre (Lozère), commune de Saint-Sauveur-de-Peyre. — Siège du château, 4 septembre 1586 ; prise de Peyre, 7 septembre (*Hist. du Languedoc*, t. V, p. 417).

2. Ce capitaine, d'après de Thou, se nommait La Peyre.

3. Salvagnac, dans le Tarn, et non en Rouergue, comme le dit d'Aubigné. Voyez l'*Hist. du Languedoc* (t. V, p. 418).

4. La vicomtesse de Montclar était veuve depuis le mois de février 1570.

5. Siège de Salvagnac par Lavardin, 23 novembre 1586 (*Hist. du Languedoc*, t. V, p. 418).

estoyent venu battre ses bleds, à l'abri des courtines. Ceux du dedans, ne pouvans plus en emporter dans la ville, se mirent à les brusler, et les assiégeans à les défendre, pour en tirer les commoditez. A ce jeu se perdirent trois ou quatre cens hommes, et plusieurs qui, cachez derrière les palliers, estoyent descouverts par le feu.

Il y eut pour leçon et pour chose remarquable en ce siège que la vicomtesse, ayant esté refusée par les siens de venir aux capitulations, quelque soin que prinst son mari, mettoit et faisoit mettre le feu aux munitions, jettoit les farines dedans les fossés, mouilla toutes les poudres et empoisonna les puits, mesme vouloit, si elle l'eust peu faire, couper la gorge à son mari. Par là il fut contraint de se rendre[1], et se fit la composition, durant que le duc estoit allé à Thoulouze[2] et Laverdin emporté blessé. Les autres chefs d'armée gardèrent la capitulation avec les armes et firent allumer la mesche aux compagnons.

Le reste du voyage fut inutile et court, pour le désir que le roi prit d'envoyer le duc en Poictou, comme nous verrons en son lieu, et puis ce que devint l'autre compagnon du cabinet, qui bientost après s'achemina en Provence.

1. Prise de Salvagnac par les catholiques, 4 décembre 1586 (*Hist. du Languedoc*, t. V, p. 418).

2. Arrivée du duc de Joyeuse à Toulouse, 24 novembre 1586. Le 25, les capitouls vinrent le complimenter à l'archevêché (*Hist. du Languedoc*, t. V, p. 418).

Chapitre XIII.

Les refformés eslargissent leurs coudées en Poictou.

Se voyans les refformés délivrez des deux armées, l'une de la Ligue et l'autre royale, il leur prit envie de reprendre quelque pied en Poictou, irritez outre leurs nécessitez des reproches qu'ils recevoient ordinairement par les envoyez du roi; car sans cesse ils voyoyent venir l'abbé de Gadagne[1] et Bor; d'une autre bande, Chemeraut, Pont-Carré et le petit La Roche; à une autre fois le mareschal de Biron et Brulart-Sileri[2], enfin, le duc de Montpensier. Tous ceux-là, outre le mestier de négociateurs, faisoyent celui d'espions et de corrupteurs, pour pescher ce que le voyage de la roine mère avoit endormi. Le roi de Navarre et les siens cachoyent leur extrême disette par des festins, pour lesquels les petits contribuoyent avec les grands, et là ils couvroyent leurs craintes et pauvretez, et manquement de tout, d'artificieuses gayetez.

Pour estendre leurs longes, ils avoyent à combattre leur paucité, et l'estonnement des chefs et des soldats, et plus encores celui des Rochelois, lesquels, ayans esté, mesmes en l'abondance, ennemis de tous desseins hors leur contr'escarpe, sourioyent avec desdain au

1. Jean-Baptiste Gadagne, dit l'abbé de Gadagne, un des agents de Catherine de Médicis.
2. Nicolas Brûlart, marquis de Sillery, né en 1544, successivement conseiller au Parlement (1573), maître des requêtes et ambassadeur en Suisse (1589), garde des sceaux (1604) et chancelier de France (1607), mort le 1er octobre 1624.

nez de ceux qui parloyent d'hazarder leur canon à quelque siège, et savoyent bien dire que toutes les forces des refformés n'estoyent pas suffisantes pour munir leur ville contre un siège.

Pourtant ceste mesme crainte les fit tomber d'accord avec le roi de Navarre de deux capitaines, asçavoir Fouqueroles et un sien compagnon[1], sur le rapport desquels ils presteroyent leurs pièces pour Talemont-sur-Jar, place qu'ils choisissoyent, tant pour la facilité d'y porter leur artillerie par eau que pour celle du retour. Les recognoissans[2] ayans rapporté que la place se prendroit en quatre jours, le roi de Navarre y hazarda sa personne par mer[3] et faillit à s'y perdre. Il n'y avoit dedans que quatrevingts hommes, et, parmi cela, trente gentilshommes qui s'y renfermèrent en faveur de Maronnière. Sainct-Estienne avoit escorté la recognoissance avec quatre cens hommes, et, pour ce qu'elle s'estoit faite à jeu descouvert et avec quelque vanité du temps, ceux de dedans avoyent bien jugé qu'on leur en vouloit et, de fait, s'estoyent préparez. Nonobstant, il y eut dans vingt-quatre heures trois approches faites sur le bord du fossé; l'une desquelles le passa dans le second jour; le troisième, les assiégez, voyans trois canons en batterie, eurent telle capitulation qu'il leur plût, horsmis d'emmener les prisonniers[4].

1. Le compagnon de Fouquerolles n'est autre que d'Aubigné lui-même.
2. *Les recognoissans,* ceux qui avaient fait la reconnaissance.
3. Le roi de Navarre partit de la Rochelle et se mit en campagne à la fin d'avril 1587 (De Thou, liv. LXXXVII; *Mémoires de la Ligue,* t. II, p. 62).
4. Talmont, une des seigneuries du duc de la Trémoille, un

Les Rochelois, ayant retiré leur canon, avec bien peu de difficulté, le prestèrent pour entreprendre sur Chizé[1], place fortifiée à l'antique, démantelée aux troisièmes guerres, rebastie par le comte du Lude, et mise en tel estat qu'on lui donna en garde un assez bon magazin, et, entr'autre chose, une coulevrine royale. On trouva dedans le capitaine de Faiolle[2] avec près de cent hommes, qui, après quelque petite contre-batterie, se rendirent aux premières volées[3].

Les Rochelois prièrent qu'en ramenant leur canon on leur ostast le chasteau de Sazai[4], planté au passage des vivres, et qui servoit de logis aux Albanois. Après quelques cérémonies d'approches et une volée, les soldats, las de prendre leurs ennemis par composition, se jettèrent à un ravelin fait à la haste, de sorte

---

des quatre T de cette illustre maison. Les trois autres étaient La Trémoille, Thouars et Tarente.

1. Prise de Chizé-sur-Boutonne (Deux-Sèvres) par le prince de Condé, assisté plus tard du roi de Navarre, avant le 21 mai 1587 (*Lettres de Henri IV*, t. II, p. 286).

2. Jean de Fayolle, seigneur de Vernode et de la Jarthe, gentilhomme périgourdin (Saint-Allais, t. X, p. 294).

3. Sully raconte que pendant le siège de Chizé un capitaine allemand, chargé d'un message verbal, arriva au camp du roi de Navarre. « Sire, lui dit-il, Messieurs de Clervant et de Quitry m'ont despêché de Heydelberg vers Vostre Majesté pour luy faire entendre... » En ce moment, une harquebuzade l'étendit raide mort, si bien que le prince ne put connaître l'objet de la mission. Plus tard, on apprit que le messager avait charge de consulter le roi de Navarre touchant la route que l'armée allemande devait suivre (*OEconomies royales*, chap. xxi).

4. Prise de Sanzai (Deux-Sèvres), par le roi de Navarre, avant le 21 mai 1587, d'après une lettre du Béarnais de ce jour (*Lettres de Henri IV*, t. II, p. 286). Tout ce récit de l'*Histoire universelle* est presque littéralement reproduit dans les *OEconomies royales*, liv. I, chap. xxi.

que les fascines, dénuées de gazon, passoyent la terre de demi-pied. En quelques endroits, ce furent les eschelles, par où les compagnons, se poussans les uns les autres, entrèrent au ravelin, et de là, pesle-mesle avec ceux qui le défendoyent, dans la place.

Tifardière, voisin de Sainct-Maixant, rapporta la foiblesse de la garnison, et Sainct-Gelais en sollicita le siège, si bien que la petite armée, qu'on estimoit, selon sa coustume, de retour à la Rochelle, arriva dans les fauxbourgs avant jour. L'artillerie n'eust pas loisir de se placer que ceste ville, réquippée en marchandise et non en guerre, capitula, et les troupes receurent, de plusieurs endroits, augmentation, soit des soldats, qui s'estoient relaissez en leurs pays, ou qui avoyent cerché leur seureté sous le drapeau de leurs ennemis[1].

Lors, la noblesse du bas Poictou, et sur tous La Boulaye, qui avoit crédit avec le roi de Navarre, lui remonstrèrent tous ensemble et la conséquence et la foiblesse de Fontenai-le-Comte; et d'ailleurs que la retraite de l'armée et mesme du canon estoit bien plus seure, par les avantages du marais, que non pas par les plaines qu'il avoit fallu passer pour aller à Sainct-Maixant. L'appétit leur estant donc venu en mangeant, et la résolution prise, on s'en va la teste baissée à Fontenai[2], où commandoit Roussière-Cul-de-Braye, ayant pour gens de pied les compagnies de

---

1. Prise de Saint-Maixent par le roi de Navarre, 12 mai 1587. — Saint-Maixent fut repris par le duc de Joyeuse vers le mois de juillet de la même année.

2. Le roi de Navarre et son armée assiégèrent Fontenay-le-Comte (Vendée) à la fin d'avril 1587 (*Chroniques fontenaisiennes*, p. 420).

Plessis, du jeune Mondesir, toutes deux du régiment de Virluisant; de trois à quatre cents bons soldats de la ville, et, entre ceux-là, les archers du prévost, et puis quelques quarante gentilshommes ou capitaines, Aleran, Albanois et sa compagnie de quarante-cinq lances, outre cela quelques capitaines, qui avoyent des soldats, comme L'Alouette, qui y fut tué, Piles et La Franche. Une partie de cela fut voué à la garde des Loges, fauxbourg duquel la fortification estoit nouvelle et imparfaicte. Le comte de la Rochefoucaut[1], arrivé avant minuit à Charsai[2], avec les compagnies d'arquebusiers à cheval et autres, tirez de l'infanterie, de laquelle il estoit colonel, les partagea en cinq, pour donner les deux meilleures troupes par la prée, les autres deux de l'autre costé, et la cinquiesme par la teste devers les Jacobins.

Le comte, ayant présupposé ses gens placez et avoir pris haleine, fait sçavoir sa volonté par les trompettes et tambours. Tout donne à la fois. Cherbonnière, qui attaquoit par le costé des Ors, guidé par La Roche-Giraudeau au plus près de la ville, entra sans combat opiniastré, pource que chacun pensoit à la retraite, ne s'asseurant pas à la garde de son compagnon; d'autre costé, devers la prée estoyent guidez par le capitaine Jamonneau, Fequières, les deux La Croix, Puidival et La Barre. Cela vinst passer sur le pont de

1. François IV de la Rochefoucauld avait succédé à Lavardin dans la charge de colonel des gens de pied du roi de Navarre (Brantôme, t. VI, p. 200).
2. Charzais (Vendée), près de Fontenay-le-Comte, fut pris par le comte de la Rochefoucauld dans la nuit du 23 au 24 mai 1587 (Fillon, *Recherches hist. et archéol. sur Fontenay*, t. I, p. 191).

la prée, et, ayans filé le long des jardins, jettèrent un madrier au fossé et entrèrent les premiers par le logis qui fut celui du roi de Navarre. Dans le fauxbourg y avoit quatre barricades, l'une desquelles estoit du costé des Jacobins, au pont du Barril, l'autre à la porte Sainct-Nicolas, l'autre à la rue Saincte-Katherine, et la dernière à cinquante pas de la porte. A celle-là commandoit Le Plessis, où se retirèrent ceux qui quittèrent les autres d'effroi. Le corps de garde qui portoit le nom de Sainct-André fut attaqué sans marchander, premièrement par Feuquières. Le premier qui sauta dedans fut le capitaine Béarnois, qui y mourut avec sept de ses compagnons. Le Plessis, se retirant, mit le feu en une maison du bout du pont, soit pour faire esplanade, soit pour se desmesler.

Le second jour du siège, Aleran fit une sortie à cheval, qui fut inutile pour ce que La Roche-Giraudeau le congna jusques dans le tapecul, si follement qu'il y fut blessé d'un coup duquel il mourut, cinq soldats tuez et huit de blessez en l'emportant. Le lendemain, le capitaine La Croix fit une tranchée de pièces légères[1], par laquelle il s'attacha au fort de la Grosse-Tour, et le fit quitter assez légèrement. Tout cela fut fait par l'arquebuserie à cheval, avant que le canon fut arrivé. On départit le lendemain cinq pièces au quartier du prince de Condé et une autre au Marchou, où estoit le régiment de Borie[2]. La batterie s'es-

---

1. La batterie de Fontenay-le-Comte commença le 28 et dura jusqu'au 31 mai 1587 (Fillon, *Recherches hist. et archéol. sur Fontenay*, t. I, p. 191).

2. Jean de Saint-Astier, seigneur des Bories, fils aîné de Jacques de Saint-Astier, seigneur des Bories, ancien lieutenant

tant faite au fort des Dames de Sainct-Michel, aux défenses seulement, d'Espeuilles emporta celui des Dames et s'y logea, avec perte de son lieutenant et de six soldats. L'autre, approché par tranchée et demi-battu, fut attaqué de gayeté de cœur par les capitaines des Litres et Loumeau. Un soldat du dernier, oyant la voix du prince de Condé, qui avoit passé le fossé, monta seul et en pourpoint, et mesla si brusquement tout ce qui estoit dessus, qu'il leur fit quitter la défense, et encor, estant assisté de dix compagnons, descendit dans le fossé de la ville; se précipite dans une casematte que, ne pouvant garder, il mit en feu, surtout pour ce que la batterie, qui s'attaquoit à la courtine de la ville, l'eust accablé. Ceste batterie demie-faite et l'assaut préparé, Roussière, après quelque refus de parlementer, fit sortir le lieutenant, qui trouva, pour capituler, le roi de Navarre, dans le trou du fossé. Là, les harangues furent courtes et la capitulation faite sans tresve, avec armes et bagage, bonnes conditions pour les habitans, le tout bien observé[1].

Maillezais, qui lors n'estoit gardé que par un moine et par les habitans de l'Isle, estant quitté[2], le roi de

de la compagnie d'ordonnance de Henri de Béarn sous Charles IX. Jean, quoique catholique, ou peut-être après avoir embrassé la Réforme, se mit au service du roi de Navarre en 1586 et commanda un régiment de gens de pied à la bataille de Coutras. Il fut assassiné à Angers en 1588 (*Nobiliaire universel* de Courcelles, v° *Saint-Astier*).

1. Prise de Fontenay-le-Comte par le roi de Navarre, 1er juin 1587. L'acte de capitulation est conservé en copie du temps dans le vol. 3975 du fonds français, f. 60.

2. La ville de Maillezais (Vendée) fut prise par le roi de Navarre après le 5 juin 1587.

Navarre y mit Chastillon d'Availle[1] et lui donna le capitaine La Plenne, avec sa compagnie, et commença d'y fortifier.

De mesme bransle fut assiégé et emporté, mais sans peine, Moléon[2], où le prince de Condé prit sa tâche; vieille place, d'assiette avantageuse et presque précipiteuse par tout, hormis par une teste, et qui eust esté fortifiée pour ces raisons, joint à elles que c'est une élection et tablier, si la stérilité du pays n'eust fait desdaigner les avantages qu'elle reçoit de nature. Je compte parmi la stérilité du pays celle des capitaines et des esprits entreprenans.

La bonne humeur où estoyent lors les soldats refformés fut telle que le prince de Condé vid emporter la ville, par les eschelles trouvées aux villages. Et, aux lieux où elles furent courtes, les soldats empoignèrent les branches de lierre, et, par elles ayant gagné le haut de la muraille, se jettèrent en bas dans les jardins, sans cercher les descentes. Quelques gentilshommes et soldats ramassez, qui, à la sollicitation de Blandinière, s'estoyent jettez dedans, gagnèrent le chasteau et y receurent une assés favorable capitulation.

Encor pour vous monstrer par quelle voye les refformés partagèrent le Poictou, bien qu'il y ait quelque intervalle, il faut adjouster que la dame de la Gar-

---

1. Chastillon d'Availles, que Sully nomme simplement d'Availles, était parent de La Boulaye (*OEconomies royales*, liv. I, chap. xxi).

2. Le château de Mauléon (Charente), aujourd'hui nommé Châtillon-sur-Sèvre, appartenait à la maison de La Trémoille (Marchegay, *Lettres orig. du XVIe siècle*, 1881, p. 303). Mauléon fut pris par le prince de Condé avant le 12 juin 1587 (*Lettres de Henri IV*, t. II, p. 598; *Mémoires de la Ligue*, t. II, p. 62).

nache[1], sœur du duc de Rohan[2], tenoit la ville de la Garnache et le chasteau de Beauvois-sur-Mer[3] en neutralité, se garentissant avec les soubmissions et artifices qui ne peuvent estre blasmez à son sexe et à sa condition. Son fils, nommé le prince de Genevois, pour la prétention du mariage de sa mère avec le duc de Nemours[4], s'estant saisi de la Garnache[5] par l'intelligence des domestiques qui espéroyent de lui, espéroit en faire la guerre pour son parti et ses nécessitez. Il entreprit aussi sur Beauvois par intelligence. Mais, elle estant double, il se trouva prisonnier de sa mère[6]. La cadence de tout cela fut que le roi de Navarre, se meslant de sa liberté, l'obtint, et par mesme moyen la place[7]; quand la dame du lieu, qui aussi s'appeloit

1. Françoise de Rohan, dame de la Garnache, fille d'Isabeau d'Albret, était la cousine germaine de Jeanne d'Albret.
2. René de Rohan, capitaine protestant, mort à la Rochelle (1586).
3. La Garnache et Beauvoir-sur-Mer (Vendée). Quant au château de la Garnache, voyez les notes du chapitre xii du livre suivant. Quant au château de Beauvoir-sur-Mer, le roi de Navarre le décrit dans deux lettres du 21 et du 24 octobre 1588 (*Lettres de Henri IV*, t. II, p. 395).
4. Le duc de Nemours avait séduit Françoise de Rohan en lui promettant de l'épouser. Nous avons raconté cette histoire galante dans *Jacques de Savoie, duc de Nemours, et Françoise de Rohan*.
5. Le prince de Genevois s'était emparé de la Garnache avant le 19 février 1587, comme le prouve une lettre de Catherine de Médicis à Françoise de Rohan, écrite en réponse aux plaintes que la dame de Rohan avait portées à la reine contre son fils (copie du temps ; f. fr., vol. 3301, f. 58).
6. Le prince de Genevois s'empara de Beauvoir-sur-Mer le 4 janvier 1588, et, le même jour, le capitaine Jehan, qui avait feint de lui livrer la place, la reprit et le fit prisonnier. On conserve à la Bibliothèque nationale (Lb. 34, n° 438) une relation curieuse de cet événement.
7. Le roi de Navarre visita la Garnache et laissa le comman-

la duchesse de Loudunois, vid les affaires du pays assez favorables pour la religion dont elle faisoit profession, pour ce que dès lors on y pouvoit compter huict places partisanes des refformés.

Chapitre XIV.

Premier voyage du duc de Joyeuse en Poictou.

De tels progrès la cour s'estant resveillée, le roi délibéra de dépescher une armée nouvelle en Poictou. Et, comme il bransloit au choix d'un chef pour elle, le duc de Joyeuse[1], par lui advancé jusques à espouser la fille aisnée[2] de Vaudémont, sœur de la roine, briguant lors pour estre dépesché avec quelque charge en Languedoc, où les affaires dormoyent depuis son dernier voyage, le roi ne voulant pas les resveiller, et d'ailleurs désirant que les siens fissent quelque chose à l'envie des liguez contre la quaintaine commune à tous les catholiques, asçavoir, le parti des refformés, tourna l'ambition de ce jeune homme aux affaires principales et pour aller affronter les deux princes du sang. A quoi les liguez ne formant aucune opposition, on dépesche une armée plus foible que les premières, et, chascun trouvant estrange qu'on ne la

---

dement du château à Mathurin de Brunetière, s. du Plessis-Gesté. A ce séjour se rapporte une anecdote qu'on lira plus loin (liv. XIII, chap. xxiii).

1. Var. de l'édit. de 1620 : « ... *de Joyeuse,* auparavant nommé Arques, second entre les délices du roi, par elles et *par lui avancé...* »

2. Marguerite de Lorraine, fille de Nicolas de Lorraine, duc de Mercœur et comte de Vaudémont, et de Marguerite d'Egmont.

faisoit meilleure, mesmement pour une personne si chère, on alléguoit pour excuse la despence non commune qui venoit d'estre faite au mariage que nous avons dit.

Durant les entreprises de balets et autres galanteries, où j'ai dit que nous nous employions, la roine mère, voulant estonner les estrangers de la magnificence françoise, eut, entre d'autres progrès, celui d'une Circé, que je vous conterois, si je n'avois honte quand je trouve une histoire dégénérant à marquer les couleurs des robes et employer les parties de l'argenterie. J'en dirai autant qu'il faut pour monstrer le luxe du règne et ce qui sert à l'instruction. C'est donc que ceste Circé, présentée à la roine par un mémoire bien ample, accompagné des stances, des odes et cartels, que l'inventeur emporta avec le roi de Navarre, le tout plut merveilleusement à la roine et au roi, horsmis que la roine de Navarre estoit idée d'un tel poème et le but de l'invention[1]. Mais, quand la roine apprit qu'il faloit trois cens mille[2] escus pour l'exécution, cela lui fit peur, et se contenta de ce qui se fit aux Tuilleries[3]. Mais le roi, mémoratif de ce qu'il avoit ouy, fit recercher en Gascongne des personnes qu'il n'aimoit pas et multiplia tellement les despences que l'on escrivit au roi de Navarre que les musiques et ce qui les accompagnoit

1. Au sujet du *Ballet de Circé*, voyez une note à l'*Appendice* de ce volume.
2. L'édition de 1620 porte 30,000 écus.
3. D'Aubigné fait sans doute allusion aux fêtes que la roine mère donna aux Tuileries en 1573 pour fêter l'arrivée des ambassadeurs chargés d'offrir au duc d'Anjou la couronne de Pologne. Ces fêtes sont décrites par Brantôme (t. VII, p. 370).

avoit passé quatre cens mille[1] escus en despenses. Nonobstant, il falut resaigner les finances pour dépescher le duc de Joyeuse en Poictou.

Quatre gros régimens de gens de pied, faisans de six à sept mille hommes, vingt-quatre compagnies de gens d'armes, six de chevaux-légers françois et deux d'albanois, furent données au duc de Joyeuse, avec sept canons, et, outre la plus volontaire noblesse de la cour qui le suivoit, celle des pays où il passoit. Tout cela faisoit une armée de six mille arquebusiers et de deux mille chevaux. Ce jeune seigneur, bien aise d'avoir la clef des champs et de pouvoir mettre en évidence le courage qu'il sentoit, ou mieux, de se rendre par ce moyen pièce utile et de recerche, sur le partage qu'il espéroit de la France, enflé de se voir beau-frère du roi et de l'alliance de Lorraine, pour laquelle quelques-uns ont voulu que, dès lors, il eust le mot à l'oreille avec le duc de Guise; ce que vous ne jugerez pas par le dialogue qui vous sera bientost représenté.

Ceste armée donc s'avança à grandes journées, partie par les désirs du chef, partie par les diligences de Laverdin, mareschal de camp, qui vouloit, par quelque violente action, tesmoigner son changement estre sans regret[2], et avoir à bon escient foulé aux pieds le souvenir de la mort de son père[3], de sa nour-

---

1. L'édition de 1620 porte 300,000 écus.
2. Lavardin avait été « couronnel » (colonel de gens de pied) du roi de Navarre, qui l'avait comblé de faveurs. Brantôme excuse l'ingratitude de ce personnage vis-à-vis de son bienfaiteur sur ce qu'il était « plus garny de vaillantise que de conduite » (Brantôme, t. VI, p. 194 et suiv.).
3. Charles de Beaumanoir, s. de Lavardin, père du maréchal

riture, de la tendre amitié du roi de Navarre et des faveurs et honneurs sans mesure receus de lui. Cestui-ci avoit envoyé en Poictou aux nouvelles, principalement vers Sainct-Pompoint, qui, l'estant venu trouver avant passer la Vienne, lui apprit comment les réformés tenoient, à la Motte-Sainct-Éloi[1], les régimens de Cherbonnière et des Bories, pour estre prests à se jetter dans Sainct-Maixant, où il sembloit que le premier siège s'adonnoit, tant pour la foiblesse de la place que pour son avancement.

Le duc, ayant averti Malicorne et donné jour et heure pour se trouver avec ses forces en la garenne de la Motte, fait marcher tout ce qu'il avoit à cheval, Laverdin à leur teste, qui, avec quarante chevaux, fut avant soleil levé dans les rues de la bourgade. Comme il porta l'alarme et l'estonnement, les régimens, courans aux armes sans ordre, et ne s'estans voulu saisir ni du temple, très avantageux, ni d'aucune maison qui eust sortie par le dehors, furent incontinent réduits en six ou sept maisons, environnées d'autres, battues et approchées de plus hautes, si bien qu'en une heure ils furent cinturez de retranchemens[2]. Cependant, la résolution de ces hommes fut telle, pour réparer leur négligence, que toutes les forces du duc, et celles de Poictou, qui, toutes frais-

---

de Lavardin, avait été tué à la Saint-Barthélemy (Brantôme, t. VI, p. 193).

1. La Motte-Saint-Éloi était un château fort, à deux lieues de Saint-Maixent, qui appartenait au s. de Lansac.

2. Une relation imprimée dans les *Mémoires de la Ligue* (t. II, p. 62) raconte que les régiments de Charbonnière et de des Bories eurent l'imprudence de s'enfermer à la Motte-Saint-Éloi sans s'assurer du château.

ches et connoissans les lieux, pressoyent le plus, et encores ceux du chasteau, qui avoyent tiré leurs moyennes, ne purent les forcer qu'après deux jours de défense, que la faim aida à les faire rendre, sous quelques promesses spécieuses et pleines d'honestetez; mais au fonds leur capitulation fut au terme de la discrétion, si bien qu'on peut appeler cruauté ce qui se passa, mais non pas perfidie, comme quelques-uns ont voulu. Estans pris et saisis, le duc commanda qu'ils fussent mis en pièces. Quelques soldats me dirent le mesme jour que Laverdin, portant ce commandement, avoit passé l'espée à travers le corps d'un prisonnier, en disant : « Voilà comment Monsieur veut qu'on face; » chose que je ne dois ni croire ni cacher. Il en fut donc de sang-froid esgorgé deux cents, et quelque peu davantage, la pluspart par les soldats de Picardie, qui faisoyent despouiller le pourpoint pour s'en servir. Les troupes de Malicorne, qui les avoyent forcez, sauvèrent ceux qu'ils peurent, et les capitaines principalement[1].

Sainct-Gelais, lieutenant de roi pour les refformés au pays, rallia comme il put deux ou trois cens reschappez, blessez et sans armes, et avec cela les compagnies de Tifardière et de Michelière, se jetta dans Sainct-Maixant pour le siège. Encor ceux-là qui avoyent assez à faire à leurs ennemis estoyent divisez;

1. La prise de Saint-Éloi, près Saint-Maixent, par le duc de Joyeuse, et le massacre général des prisonniers eurent lieu le 21 juin 1587. Les partisans de Joyeuse transformèrent ce coup de main en exploit et publièrent un récit qui a été réimprimé dans les *Variétés historiques et littéraires* de la Bibliothèque elzévirienne, t. VII, p. 211. Le roi de Navarre rend compte de ce désastre dans une lettre à M. de Lardière (*Lettres de Henri IV*, t. VIII, p. 318).

Sainct-Gelais imputant à Tifardière qu'ayant refusé la ville aux régimens d'assez bonne heure, il avoit causé leur malheur; l'autre respondant, et avec vérité, que, leur logis estant bien fait et leurs vedettes bien posées, ils pouvoyent se retirer à la veue des ennemis. Il fallut s'accorder pour recevoir l'armée, et dès le lendemain une batterie de sept canons, en une place qui n'avoit jamais enduré un coup de canon, comme nous avons monstré. La première journée de batterie fut de 1,160 coups, qui est une grande diligence à ceux qui s'y connoissent. La muraille estoit si mauvaise que cela fit 120 pas de toute bresche, avec quelques mauvais retranchemens de pierre sèche ou de barriquades, tous affrontez et embouchez du canon. Les assiégez, le soir auparavant, et durant la batterie mesme, estoient venus aux mains à deux sorties, où l'opiniastreté de Michelière et de la Motte-Jarrie à la retraitte avoit acquis réputation parmi les ennemis. Encor se souvenoyent les assiégeans des résolutions de la Motte. Ce respect servit de quelque chose comme le duc de Joieuse m'avoua aux propos que nous dirons; mais plus que tout cela Givri, cousin de Sainct-Gelais, sans les violences duquel le conseil ne vouloit entendre à aucune capitulation, laquelle ils obtindrent avec les armes, bien gardées, horsmis pour Jarriette[1], ministre du lieu et gentilhomme, qui fut pendu par les sollicitations du comte de Torigné, au grand regret de Givri et des principaux de l'armée, tant pour la conséquence que pour la résolution qui parut en ses derniers propos.

1. Antoine Hilaret de la Jarriette, ministre à Saint-Maixent.

De Sainct-Maixant cette armée, ayant reçeu ce qui n'avoit peu suivre sa diligence et autres forces de divers endroits, se para pour aller assiéger Maran, que le roi de Navarre fit mine de défendre, pourtant, à cause de la sécheresse, résolu à le quitter. Mais Saint-Luc fit rompre ce dessein pour aller assiéger Tonnai-Charante. La garnison, n'ayant ni hommes ni provision pour le siège, tint à gain la vie reçeue par composition[1].

Cependant Sainct-Pompoint destourna la compagnie d'arquebusiers à cheval d'Espeuille logée à Croix-Chapeau[2], deux lieues de la Rochelle. Ceux-ci furent investis et engagez par Laverdin comme ceux de la Motte, et en demie heure emportez comme gens mal logez, qui laissoient tout leur derrière sans flanc. Leur principal logis fut acablé de fagots, où quelques-uns furent bruslez en se deffendant, les autres poignardez de sang-froid et traînez dans le feu avec les blessez. La perte fut de 80 hommes, plus notable en ce qu'elle avoit les Rochelois pour spectateurs.

Le mesme jour de cette action, le prince de Condé fit reprendre Tonnai-Charante par ceux qui en estoyent sortis, et qui dès lors avoyent défiguré le lieu de l'escalade, qui fut à l'endroit où le duc avoit batu. Et lui, sachant cette reprise, et qu'en l'asseurance de son esloignement on n'y avoit mis qu'un sergent et 15 sol-

---

1. De Thou et d'Aubigné, dans la composition de ce chapitre, ont suivi une relation imprimée dans les *Mémoires de la Ligue*, t. II, p. 62. Malheureusement cette relation ne donne aucune date. Nous savons seulement que ces événements sont postérieurs à la prise de la Motte-Saint-Éloi (21 juin 1587) et antérieurs au départ de Joyeuse pour la cour (15 août 1587).

2. Croix-Chapeaux (Charente-Inférieure).

dats, retourna court sur ses pas, et le sergent et ses compagnons se firent forcer et tuer sans demander composition.

Desjà cette armée, n'ayant esté que deux mois et demi sur pied, aux grandes chaleurs, estoit tellement ruinée que ceux qui la suivoyent, pour faire quelque dommage, n'avoyent besoin d'autres guides que des morts, desquels les chemins estoyent couverts. Mais encores Sainct-Pompoint ayant donné avis que le roi de Navarre avoit tiré La Plenne et sa compagnie de la garnison de Maillezais, le duc, qui s'estoit bien trouvé d'autres avertissemens de mesme lieu, fit investir en ceste place Chastillon d'Availle, n'ayant que 27 soldats, battit de 7 canons les défenses premièrement. Cependant Sainct-Pompoint, avec ceux du païs, qui connoissoit le marais et la sécheresse de cette année, ayant fait un logis dans le derrière des assiégez, eux accablez sur tout des veilles, capitulèrent et reçeurent une composition plus honneste que le droit de la guerre ne portoit, pour la probité que le peuple de l'Isle avoit trouvé au gouverneur. Malicorne y reçeut une grande harquebusade dans le corps.

Durant cette guerre, 20 gentilshommes escossois, que d'Oims[1] avoit amenez pour cueillir de l'honneur en France, avoyent, en absence de leur chef, demandé un capitaine françois au roi de Navarre pour les mener à la guerre, et avec lui fait quelques petits traits hazardeux, que je ne tiens pas dignes de ces cayers, et desquels pourtant on disoit : « Les Albanois ne l'eussent osé faire. » Mercure, jaloux de cela, envoya

---

1. Jacques Colvill de Wemys, capitaine écossais.

par un trompette un cartel aux Escossois, les deffiant avec 20 des siens, contre pareil nombre, à un combat d'outrance, commençant par le coup de lance en chemise. Cela accepté par les Escossois, ils dépeschent quérir leur chef, et cependant demandent pour parrin au roi de Navarre le capitaine qu'il leur avoit donné. Cette affaire fut tellement menée, qu'après un grand contract pour les lances, chascun voulant user des siennes, le privilège des appelez finit ceste difficulté. Le champ pris auprès de Nuaillé, les Albanois envoyent quérir le parrin des Escossois avec deux trompettes du roi, pour les venir mener au combat. Il y vient, les trouve en estat d'estonnement. Les deux parrins se touchent à la main pour devenir Escossois-Albanois. Mais Mercure, pris au mot de toute chose et pressé sans refuge, en vint aux larmes devant 300 gentilshommes; non que lui manquast de résolution pour sa personne, mais, ayant trouvé les siens bas d'aloi[1] pour une telle preuve, il avoit prié le duc de laisser l'affaire rompue par son département, comme ce seigneur avoua privément au commissaire du combat; avec lequel aiant quelque cause de privauté, estant pressé sur les estranges actes de la Motte et Croi-Chapeau, il confessa d'y avoir consenti en ces termes : « Le but de tant que nous sommes, qui voulons avoir part au débris du royaume, est surtout d'estre preschez par les chaires de Paris et autres notables, dans lesquelles le duc de Guise fait les affaires. Or cet acte que je vous avoue m'avoir fait mal au cœur est plus au goust de nos prescheurs qu'une

1. *Bas d'aloi*, médiocre, peu courageux.

bataille gagnée avec beaucoup de péril, où l'on auroit usé de quelque douceur. »

Je me suis estendu jusques à ce propos pour dire que l'alliance de Lorraine n'avoit pas encores rendu ce duc tout guisard, ou que l'envie naissoit desjà entre ceux de mesme parti.

Il faut tirer encores un fruict du voiage de ce gentilhomme, qui, aiant reconnu que l'armée estoit sur le débris, renvoia le trompette du roi, qui le conduisoit, pour ce que vous apprendrez au chapitre suivant.

Chapitre XV.

Deffaitte de la cornette blanche et compagnie de gens d'armes du duc de Joieuse ; conjonction du comte de Soissons ; nouvelle des reistres.

Un trompette du prince de Condé raconta au bois de l'Espau[1] au gentilhomme[2], de qui nous avons parlé, comment le roi de Navarre, sur un avis incertain que le duc de Joieuse s'en alloit à la cour[3], avoit passé le marais avec 250 chevaux et 400 arquebusiers à cheval. Le compagnon à cette nouvelle prend le chemin

---

1. La forêt de Leppo ou de la Chaussère (Maine-et-Loire).
2. Ce gentilhomme est d'Aubigné lui-même.
3. Le duc de Joyeuse partit pour Paris le 15 août 1587 (*Mémoires de la Ligue*, t. II, p. 66), sur les nouvelles, disent les documents du temps, qu'il avait reçues de la cour. Ces nouvelles nous sont révélées, en tout ou en partie, par une lettre curieuse interceptée par le parti réformé et publiée dans les *Mémoires de du Plessis-Mornay*, 1826, t. III, p. 512. Cette lettre est réimprimée dans les *Archives historiques du Poitou*, t. II, p. 337, et attribuée à Desportes. De Thou, dans ses Mémoires (1740, p. 86), certifie la liaison de Desportes avec Joyeuse.

de Fontenai, d'où son maistre estoit desjà parti et avancé jusques à la Chastaignerais[1]. Là il le trouva montant à cheval pour s'en retourner. Mais lui aiant fait part du profit de ses yeux et de ses oreilles, ce prince reprend le chemin d'Ervaut[2], et n'est pas plustost à la plaine que ses coureurs lui envoient des prisonniers de la cornette blanche. Aiant apris par eux comment leur troupe et les gardes de leur chef marchoient devant eux, pour le logis d'Antoigni[3], voilà Arambure[4] despesché avec la troupe qu'il commandoit[5], et Cherbonnière avec ce qu'il avoit d'harquebusiers à cheval. Cela suivi de loin alla fondre dans la bourgade sur le débrider, Arambure dans le logis du marquis de Reinel[6] qu'il prit prisonnier. Rien ne se défendit que dix-huict des gardes du duc de Joieuse, dans une maison hors de feu; mais voians ce qu'ils

1. La Châtaigneraie (Vendée). — Le Béarnais, parti de la Rochelle le lundi 24 août, « avec tout ce qu'il peut promptement assembler de bons chevaux que d'arquebusiers à cheval pour se mettre à la queue de M. de Joyeuse » (avis de guerre, s. l. n. d., f. fr., vol. 704, f. 79), passa à Marans, à Fontenay, et était à la Châtaigneraie le 26 août 1587 (*Lettres de Henri IV*, t. II, p. 600).
2. Airvault (Deux-Sèvres). — Le 26 août 1587, le roi de Navarre partit de la Châtaigneraie, passa, le 27, à Amaillon, à Airvault, et se rendit à Tourtenay le 28 (*Lettres de Henri IV*, t. II, p. 600).
3. Antoigny (Indre-et-Loire), sur la Vienne.
4. Jean d'Harambure, baron de Picassary, s. de Ramefort, capitaine protestant, gentilhomme ordinaire de la chambre du roi de Navarre, capitaine de sa compagnie de chevau-légers, gouverneur de Vendôme et d'Aigues-Mortes, mort après 1824 (*Lettres de Henri IV*, t. II, p. 245, note).
5. Harambure commandait une compagnie de chevau-légers qui appartenait au roi de Navarre (*Mémoires de La Force*, t. I, p. 56).
6. Louis de Clermont-d'Amboise, marquis de Renel, dont le père avait été assassiné la nuit de la Saint-Barthélemy par le célèbre Bussy.

avoient sur les bras, se rendirent et furent bien traitez. Le butin fut grand, pource que, sur le débris de l'armée, plusieurs, qui voyoyent plier leurs drapeaux, s'estoyent jettez sous les principales cornettes, pour aller passer Loire[1].

Comme il parut encores à la compagnie de gens d'armes, sous laquelle 120 gentilshommes passèrent la Vienne et allèrent loger à Ussai[2], cette troupe destournée par des capitaines loudunois du régiment de Cherbonnière. Sur le raport le roi de Navarre donna à La Boulaie, qui estoit moins harassé, comme n'estant parti que de Fontenai, tous ceux qui purent repartir, et lui, demeurant à Sainct-Marsault[3], fit guider cette troupe par le gentilhomme du lieu, qui, ayant fait passer la rivière la nuict, les mena dans le milieu du logement, avant l'alarme. Il n'y eut moien qu'aucun des membres pût sauter à cheval, pour r'allier; et Maillé[4] qui commandoit fut le premier pris[5].

Ces deux deffaites donnèrent quelque espoir au roi de Navarre et désir de taster l'infanterie, que Laver-

---

[1]. Le récit des faits contenus dans ce chapitre est confirmé, peut-être même imité, par les *OEconomies royales* de Sully et par les *Mémoires du duc de la Force*. Mais aucun d'eux ne donne de date. Nous observerons seulement que tous les faits sont compris entre le 15 août 1587, date du départ de Joyeuse pour la cour, et le 10 octobre, date du retour du roi de Navarre à la Rochelle.

[2]. Usseau (Vienne).

[3]. Saint-Marsault (Deux-Sèvres). — Le roi de Navarre était à Saint-Marsault le 30 août 1587 (*Lettres de Henri IV*, t. II, p. 600).

[4]. Claude de Maillé-Brezé, s. de Cérisay et de la Flocelière, portait la cornette du duc de Joyeuse. Il fut tué à la bataille de Coutras.

[5]. Ce combat est raconté avec plus de détails dans les *Mémoires de La Force*, t. I, p. 57.

din, averti de ce qui estoit avenu, mena passer la Creuse à la Haie[1] en Tourenne. Ceux-là, qui estoyent encores 2,500 harquebusiers, eurent loisir de se rasseurer, tant pour le repos qu'il falut prendre aux réformez que pour l'attente du reste de leurs forces; les premières conduites par le vicomte de Turenne, les autres par le prince de Condé. Les régimens catholiques, après la résolution de garder le logis, recouvrèrent, comme il avient, la gaieté, quand le roi de Navarre, au lieu de passer l'eau et d'escaler la Haie, comme plusieurs vouloient, vint taster par escarmouches ses ennemis. Il fut donc deux jours mal logé à leur veue, et cela se passa en harquebusades d'une part et d'autre, sans charge ni effect qui soit digne de raconter. Et puis tout se sépara avec la perte d'Alains, qui, en Hollande et depuis peu à Castillon, avoit fait preuve d'un des bons hommes de pied de son temps.

Là vindrent nouvelles du comte de Soissons[2], lequel, ne pouvant supporter la florissante authorité des Lorrains, tesmoigna à quelques-uns des siens son désir d'aller joindre le roi de Navarre[3], ou soit qu'il fust mescontent du roi mesmes, ou que par quelque pro-

1. La Haye-Descartes (Indre-et-Loire).
2. Charles de Bourbon, comte de Soissons, frère de Henri de Bourbon, prince de Condé, né le 3 novembre 1566, mort le 16 novembre 1612. Ce prince, bien que catholique, suivait le parti du roi de Navarre.
3. En rejoignant le roi de Navarre, le comte de Soissons publia une *Déclaration des causes qui ont meu monseigneur le comte de Soissons de prendre les armes, avecques la copie des lettres dud. s. comte, tant au Roy qu'au cardinal de Bourbon et autres*, s. l., 1587, in-8°. Cette pièce est de la composition de du Plessis-Mornay et a été recueillie dans ses œuvres (édit. Auguis, t. III, p. 523 et suiv.).

pos il eust estimé ne l'offenser point, de se monstrer partisan des Bourbons. Tant y a qu'après avoir donné mesme inclination au prince de Conti[1], et fait savoir des nouvelles de l'un et de l'autre à la Rochelle, le comte, plustost prest, ayant sceu comment il y avoit deux cents gentilshommes de Beauce et de Normandie préparez pour se joindre à leurs confrères, il leur fit sçavoir de ses nouvelles et eux ensemble des leurs au roi de Navarre, qui, pour les joindre, prit son logis à Monsoreau[2], et puis avec quelques bateaux gagnez fit loger des harquebusiers dans les petites isles pour favoriser le passage à l'autre bord, que le peuple du païs défendoit[3].

La première cavallerie qui passa fut le vicomte de Turenne, n'ayant pour lors autre dessein que d'aller donner la main au comte de Soissons vers Bourgueuil[4].

1. François de Bourbon, prince de Conti, né le 19 août 1558, mort le 3 août 1614. Il suivit tour à tour le parti du roi et celui du roi de Navarre pendant le règne de Henri III. Après l'avènement de Henri IV, il fut le premier à le reconnaître et fut nommé gouverneur de Paris.

2. Arrivée du roi de Navarre à Montsoreau (Maine-et-Loire), 14 septembre 1587. — Le 15, il signa une instruction, datée de Montsoreau, qui est imprimée dans les *Mémoires de du Plessis-Mornay*, t. III, p. 515. Il séjourna à Montsoreau jusqu'au 26 septembre (*Lettres de Henri IV*, t. II, p. 600, itinéraire de ce prince).

3. Le mécontentement des princes du sang contre les chefs de la Ligue est certifié par les *Mémoires du duc de la Force* (t. I, p. 58). Mais Villegomblain attribue à un autre motif le changement du comte de Soissons. Il assure qu'il ne s'était donné au roi de Navarre que parce que celui-ci lui avait promis la main de sa sœur Catherine de Bourbon (*Mémoires de Villegomblain*, t. I, p. 410).

4. Bourgueil (Indre-et-Loire). — C'est pendant le séjour du roi de Navarre à Montsoreau (14 au 26 septembre 1587) que le comte de Soissons rejoignit le chef de sa maison (Relation dans les *Mémoires de la Ligue*, t. II, p. 239).

Mais, ayant trouvé sur la levée une grande file de bagage et apris que le duc de Mercœur[1] marchoit après pour gagner Tours, le vicomte donne trente salades à Savignac pour coureurs, et le suit, ayant entre deux le capitaine Comte, qui menoit ses gardes. De l'autre costé, le duc de Mercœur avoit avancé Saulais-haut-Bois[2] avec autant de lances ou environ que Savignac de salades. Ces deux troupes se rencontrent sur la levée, tous préparez d'un costé et d'autre, comme estans avertis. Savignac, bien qu'il vist des croix, eut soupçon au commencement que le comte de Soissons en fist porter. Mais quand au *Qui vive* on eut respondu l'*Union*, cela se mesla si vivement que la moitié des uns et des autres furent culbutez de la levée en bas. Pourtant l'opiniastreté des réformez vainquit, et Saulais, gentil caval-léger, estant mort d'un coup de pistolet par la teste, quelques-uns des siens, se demeslans dans le bagage, donnèrent à leur chef le chemin de Saumur. Le bagage n'estant pas si juste à la passade paya, qui ne fut pas un petit gain. Le mesme jour se joignit le comte et le lendemain passa Loire[3], recueilli avec joye des princes de son nom.

1. Philippe-Emmanuel de Lorraine, duc de Mercœur. — A la suite du traité de Nemours, le duc de Mercœur avait obtenu le gouvernement des villes de Dinan et du Conquet en Bretagne (Lettre du roi du 25 juillet 1585; copie; f. fr., vol. 15570, f. 128). Il prit rapidement une telle prépondérance dans la Bretagne entière que les officiers du roi ne pouvaient lui tenir tête (Lettre sans date de La Hunauldaye au roi; V° de Colbert, vol. 10, f. 20).

2. Le capitaine Saulais-Haut-Bois, que les *Mémoires de La Force* nomment seulement le s. de Hautbois, commandait une compagnie de chevau-légers.

3. Le comte de Soissons rejoignit le roi de Navarre à Condé, sur la Loire, d'après les *Mémoires du duc de la Force* (t. I, p. 59).

Par lui on sçeut nouvelles plus expresses de l'armée des reistres[1], qui dès lors avoit receu l'Harikelt[2] à la frontière, reconnu pour chef le duc de Bouillon[3], et pour son lieutenant le baron d'Othna[4]. Ils sçeurent encores comment les colomnels et seigneurs françois, joints à elle, estoyent partialisez en diverses opinions. Les uns vouloyent piller la Lorraine[5], les autres donner jusques dans le cœur de la France, les autres faire la guerre en Picardie. Le duc de Bouillon tendoit à ravitailler ses places[6]. Les chefs estrangers demandoyent à leur teste un prince du sang. Les François vouloyent, comme il fut fait, gagner la rivière de Loire. La crainte de ces différents avoit fait que le

---

1. D'Aubigné ne dit pas pour expliquer son récit que le roi de Navarre avait passé un traité avec Casimir de Bavière pour être secouru (Acte du 11 janvier 1587; *Mémoires et corresp. de du Plessis-Mornay*, t. IV, p. 56), que cet acte, ratifié par le Béarnais en personne le 9 mars, avait été signé par les capitaines allemands le 27 avril (7 mai) 1587 (Copie du temps; f. fr., vol. 3396, f. 49, et 3975, f. 46).

2. *Wartgeld*, arrhes, indemnité d'entrée en campagne. L'acte de ratification du roi de Navarre porte que cette indemnité serait de dix florins par cheval (Copie du temps; f. fr., vol. 3396, f. 49).

3. Guillaume-Robert de la Mark, duc de Bouillon, prince de Sedan, né en janvier 1563, mort à Genève au commencement de l'année 1588.

4. Fabian, burgrave de Dhona, seigneur de Karwinden, capitaine allemand, originaire de la Silésie, très dévoué au service du roi de Navarre, commandant en chef des reitres de l'armée d'invasion.

5. Le tome III des *Mémoires de La Huguerye* reproduit les longues délibérations du conseil de l'armée allemande sur la direction à donner à l'armée envahissante. Voyez le chap. XIX.

6. Les principales places du duché de Bouillon, Sedan, Jamets, Rocroy, étaient assiégées ou menacées par les ducs de Guise et de Lorraine. Voy. le chapitre XVIII.

comte de Soissons, qui d'ailleurs voyoit le prince de Conti mal paré pour prendre l'occasion promptement, avoit esté bien aise de le laisser en délibération de se jetter en l'armée estrangère quand il pourroit.

Sur ces avis, les premiers conseils de ces princes eurent pour résultat de s'aller préparer en Poictou, et appeler de tous costez leurs troupes, pour marcher à la rivière de Loire, joindre leurs forces et se faire voir encor une bonne fois devant Paris. En s'acheminant en Poictou, Savignac, entretenant ses prisonniers plus privément, et leur demandant que devenoit leur chef, apprit d'eux qu'il[1] alloit à Tours[2], pour là voir le duc de Joyeuse, son beau-frère, et concerter avec lui pour une correspondance sur le second voyage qu'il falloit faire en Poictou, avec une grande fleur de noblesse meslée de liguez et d'autres, pource qu'à ceste fois l'alliance de Lorraine avoit de tout poinct vaincu les bienfaits du roi. Le prisonnier qui disoit ces choses ne faisoit qu'arriver de la cour, et contoit comment le duc de Joyeuse, ayant esté presché par toutes les chaires de Paris, selon son désir, et adoré du peuple pour ses rudes exploits, courtisé des Jésuites et visité de nuict par les Guisards, estoit pour ces mesmes causes desfavorisé du roi, qui nonobstant lui avoit commis l'armée avec un absolu commandement de combattre le roi de Navarre en quelque lieu et à quelque prix que ce fût. Ce discoureur en savoit

1. *Il,* le duc de Mercœur, dont d'Aubigné n'a plus reparlé depuis l'avant-dernier paragraphe.
2. Le duc de Joyeuse était à Tours le 16 septembre 1587, ainsi que le prouve une lettre qu'il écrivit au chancelier de Cheverny pour le prier de demander au roi des munitions, des vivres et de l'argent (Orig.; V^c de Colbert, vol. 10, f. 218).

jusques-là de faire vouloir au roi de deux choses l'une :
ou effacer les exploits des liguez par son créat[1] auparavant qu'on eût connu la disgrace du maistre et la défection de son mignon, ou, si la victoire tournoit en faveur des réformez, se voir défait d'un ingrat trop eslevé.

Ces propos estans r'apportez au roi de Navarre, lors empesché à la Rochelle[2] à faire bien équipper deux canons et à faire les cartes du Limousin et du Berri, pour le dessein des reistres, comme nous avons dit, il falut prendre nouvelles pensées. Mesmement ce rapport estant suivi des nouvelles du duc et de son armée, laquelle, précipitée par toutes sortes de commandements, avoit desjà passé Poictiers et donné rendez-vous aux forces de Limousin, Périgort, Poictou, Xainctonge et Angoulmois pour se trouver à Ruffec.

Chapitre XVI.

Second voyage du duc de Joyeuse; approches de la bataille de Coutras.

Tout s'estant assemblé par une merveilleuse correspondance, le maréchal de Matignon envoya au duc de Joyeuse son conseil, selon les mandements qu'il en avoit du roi : c'estoit d'approcher son armée des rivières de l'Isle et de Drongne, pour saisir les passages et empescher que le roi de Navarre ne se des-

---

1. *Créat*, créature, favori.
2. Le roi de Navarre était à la Rochelle le 10 et le 11 octobre 1587 (*Lettres de Henri IV*, t. II, p. 604). Voyez les *Mémoires de la Ligue* (t. II, p. 66).

robast en Gascongne. Le prince de Condé, ayant nouvelles à Sainct-Jean que le vicomte de Turenne, qui avoit toutes les forces entre ses mains, horsmis les compagnies des princes, s'advançoit, résolu de donner à l'armée, outré de jalousie, se va jetter et faire voir dans les troupes, pour oster au roi de Navarre ce que le vicomte lui vouloit desrober. Mais le troisiesme, averti de ce que faisoyent les deux premiers, ayant desjà envoyé les deux canons à son armée, la va rencontrer à Monlieu[1], celle du roi estant lors logée à Chalais[2].

Le lendemain, qui fut le dix-neufiesme d'octobre[3], les deux armées partent en ordonnance de combat pour gagner le logis de Coutras[4]. Les mareschaux de camp du duc, avec six-vingts chevaux seulement et autant d'harquebusiers à cheval, arrivent les premiers. Mais Laverdin, premier mareschal avancé pour le gain du logis, voyant descendre du costau le duc de la Trimouille[5] avec deux cents[6] chevaux, se résolut de n'opiniastrer point le bourg, si les réformez osoyent enfoncer le gué. Et pourtant il jetta seulement quelques harquebusiers aux chaussées du moulin, pour esprouver la résolution des coureurs des ennemis, et par elle connoistre comme quoi ils sentoyent leurs

1. Monthieu (Charente-Inférieure). — Le roi de Navarre coucha à Monthieu le 18 octobre 1587 et y passa la matinée du 19 (*Lettres de Henri IV*, t. II, p. 601).

2. Chalais (Charente).

3. Cette date est confirmée par une relation de la bataille de Coutras reproduite dans les *Mémoires de la Ligue*, t. II, p. 239.

4. Coutras (Gironde).

5. Claude de la Trémoille, duc de Thouars, né en 1566, mort le 25 octobre 1604.

6. L'édition de 1620 porte 250 chevaux.

forces près d'eux, car le soleil estant couché, on ne pouvoit plus juger à l'œil ce qui suivoit. Puis, voyant qu'ils ne marchandoyent point, jugea qu'ils avoyent leur armée à leurs trousses; et pourtant lui, qui s'estoit avancé trop foible, prit parti de quitter et d'aller gagner pour ce soir le logis de Chalais.

Il[1] est pourtant certain qu'il avoit assez de quoi se servir de l'avantage du passage, La Trimouille n'ayant point de quoi le forcer, et le reste de l'armée ne pouvant fournir d'harquebusiers à temps. Or, ce qui avoit rendu La Trimouille si foible, c'estoit que Sainct-Estienne, son lieutenant, avec la moitié de sa troupe et quelques chevaux-légers des autres, se trouvèrent à Taillebourg avec Aubigné, qui menoit aussi quelques douze gentilshommes de la cornette blanche. Ils receurent ensemble un avis de Xainctes de trois compagnies que l'avertisseur avoit veu partir à porte fermant pour s'embusquer à demi lieue de Taillebourg en un bois fort espais. L'advis estoit vrai, horsmis que les compagnies n'estoyent pas entières, mais quelque trente hommes choisis de chascune.

Les gentilshommes du bas Poictou arrestèrent par importunité Sainct-Estienne, qui s'en retourna à grand regret à Sainct-Jean, avec ceux qui voulurent prendre ce parti. Le reste enfonça son chapeau pour passer, et leur chef en disposa ainsi : c'est qu'il fit[2] ce qu'il avoit d'harquebusiers, ses coureurs, et laissa eschaper au-devant quelque gougeataille[3]. Tout cela trouve en

1. Les deux alinéas suivants manquent à l'édition de 1620.
2. Il y a ici un mot oublié, probablement *avancer*.
3. *Quelque gougeataille*, quelque bande de goujats (valets d'armée).

son chemin l'embuscade en trois troupes. La première laissa passer, la seconde tire, la troisiesme se joint. A ces deux dernières donnèrent si follement douze cavaliers que les deux premiers, ne pouvant estre davantage de front pour l'estroit du chemin, tuèrent les deux capitaines, quoique bien armez, de deux coups d'espée dans le visage et à la gorge, sur quoi les embusqués prirent effroi et les autres leur chemin. Il y a quelque chose en ce petit effect, qui m'a convié à ne le laisser pas.

Ce fut à Chalais que le duc, ayant assemblé son conseil, proposa pour toutes raisons le mespris des forces huguenottes, l'heur de ses premiers succès, et puis l'absolu commandement du roi. A telles propositions il n'y eut que responses pareilles, mutuels encouragemens, et, chascun r'enchérissant de vaillantes opinions, ils s'eschauffèrent jusqu'au serment de ne prendre aucuns prisonniers, faire mourir quiconque en voudroit sauver un, fust-ce le roi de Navarre, avec autres furieuses résolutions, qui furent escrites dès ce soir par le vieux Neuvi, catholique, à son jeune frère[1], maistre de camp en l'armée des réformez, qu'il aimoit uniquement, cuidant le faire penser à sa vie aux despens de son honneur. Encor fut telle l'impatience et le mespris des ennemis que le duc fit battre aux champs dès les onze heures du soir, ayant fait partir sa cavalerie une heure auparavant.

Aussi de son costé le roi de Navarre tient conseil, propose le péril qu'il y avoit de passer les rivières

1. Magdeleine de Melet de Fayolles, s. de Neufvy, capitaine périgourdin. — Bertrand de Melet de Fayolles, s. de Neufvy, son frère.

ayant des ennemis à l'eschine, si gaillards qu'ils viennent à la guerre comme à la chasse, et aprendre à l'armée, qui se retire, qu'elle est incapable du combat. Là-dessus les avis, pris meurement, furent tous au séjour du lendemain, durant lequel ils rejoindroyent leur canon, demeuré avec trois régiments près d'une lieue au delà de la rivière ; chacun se reposeroit et prépareroit au combat, lequel, si leurs ennemis séjournoyent, ils iroyent présenter à une lieue de Chalais. Dès ce soir, les réformez passèrent le temps à charger leurs pistolets avec cire, liège et carreaux d'acier, et tels artifices, dont les valets de chambre du roi de Navarre acommodèrent presque tous ceux de la cornette blanche ; et cela servit au combat de ce que vous verrez.

Toute l'armée des réformez fut demi logée, demi campée dans Coutras, et aux villages de dessous, horsmis la cavalerie légère, avancée d'une lieue et demie aux Pointures, moitié chemin de la Roche-Chalais[1], et La Boulaye avec quatre-vingts salades demie lieue arrière.

Deux heures avant jour la troupe de Saint-Amant trouva d'Evaux[2], lieutenant d'Aleran. Après trois ou quatre pistolades, les deux troupes s'arrestèrent en crainte l'une de l'autre. Un soldat de Saint-Amant porte la nouvelle au duc de la Trimouille, qui estoit la bride à l'arçon. Vivans[3], maistre de camp de la cava-

---

1. Les Peintures (Gironde). — La Roche-Chalais (Dordogne).
2. Jean de Montalembert, s. de Vaux.
3. Geoffroy de Vivant, seigneur de Dayssac en Sarladois, né le 18 novembre 1543, capitaine protestant, gouverneur du Périgord et du Limousin, tué au siège de Villandreau, le 21 août

lerie légère, part de la main et jette aux avenues deux cents harquebusiers, qui logeoyent avec lui. Souvré[1], qui commandoit à la teste de l'armée royale, pour la lassitude et indisposition de Laverdin, que l'armée avoit rencontré en partant, et avoit avec lui de trié quatre cents lances et bien autant d'harquebusiers à cheval, se voyant arrêté par l'harquebuserie des réformez, fit place à la sienne, en faisant fendre la cavalerie; cela avec tant de peine et de confusion qu'avant pouvoir desloger les ennemis de leur avantage ils eurent près de deux heures pour regagner leurs chevaux et prendre derrière le village une petite plaine pour champ de bataille.

Le village gagné par les catholiques, leurs harquebusiers s'avancent vers cette plaine. Sainct-Surin fait une charge avec vingt-cinq salades, passe de bout en autre ces soldats sans picques, et ainsi leur fit crier *cavallerie*. Il y eut encor de la peine, mais un peu moindre, à faire couler et mettre en ordre de combat deux cents chevaux. Ce fut le temps qu'il fallut aux autres. Les Albanois, qui avoyent la pointe, trouvans quelque bagage quitté, s'eschauffèrent merveilleusement; mais Lorges[2], avec trente salades, les mesla et congna trois cents pas en arrière, ce qui apporta tel

1592. Il a laissé d'intéressants mémoires qui ont été publiés par M. Magen, *Faits d'armes de Geoffroy de Vivant*, petit in-8°, 1887.

1. Gilles de Souvré, marquis de Courtenvaux, gouverneur de Louis XIII, maréchal de France en 1613, mort en 1626. C'est à lui qu'écrivait le roi de Navarre lorsqu'on lui apprit l'attentat de Jacques Clément. Cette intéressante lettre, interrompue par un si grand événement, a été publiée dans *Lettres de Henri IV*, t. II, p. 503.

2. Jacques, comte de Lorges et de Mongonmery, capitaine protestant, mort en 1609.

désordre aux poursuivans qu'ils ne peurent joindre ceux qui se retiroyent qu'ils n'eussent fait trois quarts de lieue, et que le jour ne fust fort grand.

A soleil levant, l'avant-garde du duc ayant joint ses coureurs, et lors avec eux premièrement jugé n'avoir affaire qu'aux chevaux-légers de leurs ennemis, la résolution fut prise à charger à tout, sans reconnoistre. La Boulaye, qui, estant long à monter à cheval, avoit nécessité le duc de la Trimouille de faire ferme plus qu'il n'eust voulu, et mesmes ayant fait jetter pied à terre soixante harquebusiers des Litres, La Roche-Galet, qui les commandoit, se jetta, et non sans besoin, dans l'embouchure du chemin avec la moitié, et se perdoit pour sauver les autres sans une bonne charge d'Arambure. Cettui-là engagé contraignit toutes les troupes à prendre le combat pour lui. Voilà donc tous les chevaux-légers des deux costez aux mains, et, comme ils se démesloyent, la troupe de La Boulaye, qui avoit tourné visage sur le bruit, apporta cet effect, que les catholiques furent recongnez 500 pas. La Trimouille, trouvant le baron de Sainct-Léger[1], qui pour l'estroit chemin estoit demeuré au cul de ses compagnons, tire sa cornette à part et s'en servit par quelques fausses charges à faire remonter son harquebuserie, laquelle on ne vid plus jusqu'au champ, qui fut depuis celui de la bataille. A cette affaire fut porté par terre Souvré, et peu de perte d'ailleurs.

Durant la retraite, le roi de Navarre, ayant quelque

---

1. Jacques de Saint-Légier, de Pons, capitaine protestant, fidèle serviteur de Henri IV, cité dans les *Lettres* de ce prince (t. II, p. 338).

avertissement avant jour, fait sonner à cheval, et, demie
heure avant soleil levé, avec quarante seigneurs ou
gentilshommes, sort de la bourgade, et dès sa sortie
vid naistre la cavallerie ennemie, qui, par les deux
costez, faisoit filer les gens de pied pour prendre
place. Partant ne se promettant pas beaucoup de loisir, fortifié du prince de Condé, et se voyant bientost
jusques à 200 chevaux, fait son estat de maintenir le
combat à la faveur de ses gens de pied, qui en foule
se jettoyent dans la garenne; et La Trimouille, ayant
pris place à leur soustien, vient parler au chef et
rendre son compte. A son raport, le roi considérant
qu'il demeuroit un grand chemin garni de buissons
entre les chevaux-légers et le reste, de plus, que l'estroit du lieu aporteroit de la confusion, on fut d'avis
de reconnoistre un meilleur champ. Pour cet effect,
le roi, laissant le prince à la teste des forces, et ayant
appelé le vicomte de Turenne, Favas et deux autres
par delà le chemin, trouva un champ avantageux.
Favas remontra le péril de desplacer à veue d'ennemi,
et en lui parant le costé. Le roi de Navarre et le
vicomte respondirent que l'ennemi ne feroit pas une
charge, son armée n'estant pas arrivée et la carrière
un peu hors de mesure. Telles résolutions prises, le
comte de Soissons arrivé, on fait paroistre l'infanterie
hors du bois, et de mesme temps on passe le chemin.
Comme il falut commencer l'assiette du champ, le
vicomte pria le roi de Navarre qu'il lui servît de sergent de bataille[1] en cette journée. La response fut :

1. Le sergent de bataille avait une grande partie des attribu-
tions d'un chef d'état-major (Note du duc d'Aumale, *Hist. des
Condé*, t. I, p. 164).

« Je le veux bien, mon œil par dessus. » Voici la disposition des réformez.

La petite plaine qui avoit à sa gauche la rivière de Drongne pouvoit avoir en diamètre de six à sept cents pas, à l'eschine le bourg, et la garenne de Coutras à main droite, un taillis qui paroissoit fort peu pour n'avoir qu'une année; et encor par delà gauchissoit dans le champ un bouquet retranché d'une haye, avancé plus près de l'armée catholique que les autres, mais le fossé entre deux. Toute l'infanterie, qui s'estoit, plus par alarme que par dessein, jettée dans la garenne, fut commandée de s'estendre à droite jusques à la couverture du petit fossé. Ces premiers, faisans deux mille, donnoyent loisir au reste de l'armée; et les régimens qui survenoyent sans forme de bataillons, mais à rangs doublez seulement, remplissoyent au cul des premiers.

Quant à la cavalerie, la main droite fut pour La Trimouille, avec deux cents chevaux-légers, ayant à sa corne de mesme main Vignoles[1] et six vingts harquebusiers pour enfans perdus. A soixante pas entre deux, en faisant le ventre du croissant, estoit le vicomte de Turenne avec la pluspart de la cavalerie de Gascongne, plus fort que son cousin de vingt chevaux, et cet escadron faisoit la moitié du champ. De là en venant à gauche estoit le prince de Condé, et, en suivant de mesme jusques au bord du grand chemin, estoit le roi de Navarre. Ces deux gros avoyent chas-

---

1. Benjamin de Vignolles, s. de Vignolles, fils de Paris, s. de Vignolles, et de Jacqueline de Constant, chevalier de l'ordre du roi, maître d'hôtel du comte de Soissons, plusieurs fois cité dans les *Lettres de Henri IV*.

cun cinquante chevaux de front et six de file, approchant de six cents chevaux. Il y avoit quelque diversité de face. Le prince ployoit vers le chef, estant retiré de quinze pas au coin de la troupe royale, tirant à gauche, et plus avancé que n'estoit le prince. Le comte de Soissons avoit 200 chevaux seulement. Tous les escadrons, horsmis les deux plus grands, estoyent plus estroits, et avoyent forme de quarré oblong, à leur derrière tous leurs lieutenans. D'ailleurs, on tria cent cinquante harquebusiers, que des gardes des chefs qu'autres, choisis pour garnir les estriers des escadrons; en chaque lieu cinq de front et autant de file; les premiers le ventre à terre, les seconds le genouil, les tiers panchez de ceinture, et les derniers seuls debout; cela résolu à ne tirer que de vingt pas et n'avoit espérance de leur vie qu'en la victoire; ce qui ne fut pas de petit effet.

C'est chose digne de marque, que cet ordre estoit presqu'achevé, que l'artillerie estoit encores delà la rivière, et les régimens de Cherbonnière, La Borie et Neuvi, qui la conduisoyent, passoyent à la veue des deux armées. On demande pourquoi le duc ne chargea, ou en voyant ses ennemis changer de pied et lui parer le costé, ou ces trois régimens, qui avoyent plus de demie lieue à faire pour aller passer la rivière et revenir à l'endroit où ils avoyent paru, et mesmes sur l'absence de l'artillerie, qui lui fit du mal après. La raison est que, si les réformez avoyent des incommoditez, lui n'en manquoit pas, les estant venu cercher par trois lieues de chemins estroits, ne pouvant et n'osant faire qu'une file à cause de la nuict. Ce lui fut assez de gain de pouvoir partager le champ de bataille, sur la contenance des premiers arrivez; car si les réformez, dès qu'ils eurent ensemble les trois cents premiers chevaux et leur cavalerie légère, eussent bourré la teste ennemie, comme elle prenoit le large au sortir des chemins, eux ayans de bonne infanterie pour succéder ou pour soustenir, il en fust pour le moins arrivé que le duc eût débatu le païs couvert avec ses gens de pied, et ce jour se fust passé sans bataille. La cavalerie des réformez maistresse du large, mais ne sachant l'ost que faisoit l'ost[1], le mutuel respect donna loisir au duc d'avancer à sa gauche, pour afronter le bois que nous avons descrit, un bataillon fait des régimens de Picardie et de Tiercelin, couvert d'environ mille corcelets, et plein de dix-huict cents mousquetaires ou harquebusiers. A droite, en venant vers le général, estoyent les 400 lances qui avoyent combatu la nuict, et cela pour les autres chevaux-légers. En tirant encores vers le général estoit un gros de cinq cents lances, pour rendre compte du vicomte de Turenne; et puis, en aprochant la rivière, la cornette blanche du duc, et dix des plus belles compagnies. Il y avoit en ce gros plus de six vingts seigneurs ou gentilshommes, suivis d'autres à leurs despens, si bien que ce corps n'avoit guère moins de quatorze cents[2] lances; et tout son premier rang estoit de comtes, marquis, barons ou seigneurs. Entre la rivière et la cornette blanche, la corne de main droite estoit fermée par un bataillon composé du régiment des Clu-

---

1. Dicton en usage au xvie siècle et qui indique l'incertitude où se trouvent deux chefs d'armée sur leurs projets respectifs. *Ost,* armée.

2. L'édition de 1620 porte 1,200 lances.

seaux[1], de compagnies desbandées et de sept cornettes d'harquebusiers à cheval; et cela faisoit près de 2,500 hommes. L'artillerie, qui n'estoit que de deux canons, un peu avancée entre le duc et les 500 chevaux remarquez. Ainsi paroissoit la cavallerie la plus couverte de clinquant et d'or battu qu'autre qui ait esté veue en France. Le mareschal de camp, en la place de Souvré, blessé de sa cheute, alla pour mener la cavallerie légère; Montigni[2] pour la seconde troupe. Comme cet ordre s'achevoit, arriva l'artillerie des réformez, et se vint placer à la main droite du comte de Soissons, sur une petite élévation de sable, qui aporta deux grands mouvemens à cette journée; l'un pource qu'elle ostoit mire à l'artillerie contraire, l'autre que nous ferons voir à la charge du duc.

Il restoit un grand manquement à l'arme des réformez, c'est qu'ils n'avoyent à leur gauche aucune infanterie, pour faire passer le temps au Cluseau. Or estoit-il dangereux de faire marcher une foule d'infanterie au nez d'une armée placée, et trop long de les faire tourner par derrière. Le roi de Navarre[3], par le conseil opiniastré d'un des siens[4], y remédia ainsi : il fit trier des régimens de Valiraux, du jeune Mongommeri[5], des Bories, de Bellesonse[6] et Salignac, de chas-

---

1. Des Cluseaux, colonel des gens de pied, plus tard gouverneur de Noyon et fidèle serviteur de Henri IV, souvent nommé dans les *Lettres de Henri IV*.
2. François de la Grange, s. de Montigny.
3. La fin de ce membre de phrase manque à l'édition de 1620.
4. *D'un des siens*, de d'Aubigné.
5. Gabriel de Lorges de Mongonmery, capitaine huguenot, mort en 1635.
6. Jean, vicomte de Belzunce, conseiller et chambellan du roi

cun soixante harquebusiers, qui passèrent à part au nez de leurs escadrons; et sans faire monstre se formèrent à la gauche, cent cinquante pas, près de deux cents harquebusiers desbandez en enfans perdus, pour les recevoir. De l'autre main, ceux qui avoyent conduit l'artillerie voulurent gagner le petit bois auprès de Vignoles, et jetter de leur costé quelques enfans perdus, où aussi le régiment de Picardie destacha de sa gauche un peloton.

Chapitre XVII.

Bataille de Coutras[1].

Des deux artilleries, la dernière arrivée fut la première preste, par la diligence de Clermont d'Amboise, et commença à jouer avant neuf heures. Le premier boulet donna dans le drapeau blanc du duc, que portoit Milli[2]. L'autre abbattit un chesne, qui servoit de mire, et tua un capitaine derrière. Toutes les autres volées firent coup dans la cavalerie ou dans le régiment de Picardie, duquel elle emportoit les rangs tous entiers, à dix-huict et vingt presque frappez en mesme endroit. Les canonniers de l'autre costé s'amusèrent à remuer leurs pièces, pour estre du commencement logées trop bas, et ainsi respondirent fort tard

de Navarre, gouverneur de Puymirol et du pays de Soulle (*Lettres de Henri IV, passim*).

1. Bataille de Coutras, 20 octobre 1587.
2. Frédéric de Foix-Candale, vicomte de Meille et comte de Guyon, fils ainé de Louis de Foix, comte de Gurson, et de Charlotte-Diane de Foix.

six volées seulement avec peu d'effect. Nous avons dit que Tiercelin avoit envoyé garnir le fossé du petit bois au-devant de Cherbonnière et des autres, qui ne voulurent pas se placer au cul de leurs compagnons. Comme l'esmorse commençoit à brusler de ce costé, Laverdin, voyant le dommage que Clermont faisoit, pique vers son général et lui crie d'assez loin : « Monsieur, nous perdons pour attendre, il faut jouer. » La response fut : « Monsieur le mareschal dit vrai[1]. » Il retourne au galop prendre son rang, fait sonner et prend la charge.

Là-dessus, le roi de Navarre ayant fait faire la prière partout, et[2] à sa teste par La Roche-Chandieu[3], quelques-uns[4] firent chanter, du Psaume 118 : « La voici, l'heureuse journée, etc.[5] » Plusieurs catholiques de

1. Cette réponse ne peut être qu'une ironie de Joyeuse à l'adresse de Laverdin, qui était alors maréchal de camp.
2. Ce membre de phrase manque à l'édition de 1620.
3. Antoine de la Roche-Chandieu, dit *Sadeel* et *Zamariel* (traduction hébraïque de Champ-Dieu), ministre protestant, originaire du Dauphiné, né en 1534, mort en 1591. On lui attribue la composition d'un *Cantique pour le roi de Navarre* au sujet de la bataille de Coutras, qui est imprimé dans les *Mémoires de la Ligue*, t. II, p. 246.
4. D'Aubigné lui-même.
5. Le chant de ce psaume, qui se lie au souvenir du plus grand fait de guerre de d'Aubigné, revint au souvenir de l'auteur de l'*Histoire universelle* au moment de sa mort. Le touchant récit que Renée Burlamachi, dame d'Aubigné, a laissé de la dernière maladie de son mari se termine par ces mots : « ..... Devant sa fin, il me dit d'une fasse joyeuse et un esprit paisible et contant :

> La voici l'heureuse journée
> Que Dieu a faite à plein désir,
> Par nous soit joye démenée
> Et prenons en elle plaisir. »

la cornette blanche crièrent, assez haut, pour se faire entendre : « Par la mort, ils tremblent, les poltrons, ils se confessent. » Vaux, lieutenant de Bellegarde[1], qui avoit plus souvent frotté ses genoux avec ces gens-là que les courtisans, et qui seul rallia au dernier combat, dit au duc : « Monsieur, quand les huguenots font cette mine, ils sont prests de se bien battre[2]. »

Laverdin, qui estoit à la charge sur la cavalerie légère, trouve, quinze pas devant leur gros, La Trimouille et Arambure. Lui donne au dernier. Mercure, albanois, rompt sa lance sur les armes dorées de l'autre. Tous ces catholiques, qui avoyent bien fait la nuict, firent encores mieux de jour, tellement qu'ils rompent l'escadron et l'emportent avec eux, ne demeurant sur le champ que La Trimouille et Arambure, et à trente pas d'eux dix-huict Escossois, la pluspart percés de coups[3], comme n'ayans pour armes que des halecrets d'Escosse de lames clouées entre deux cuirs. Tout le reste, meslé d'escharpes et de croix blanches, coulent le long de la garenne, comme pour gagner le bourg de Coutras.

Montigni meine son gros au vicomte de Turenne, le rompt, l'emporte avec aussi peu de peine que Laverdin avoit fait les chevaux-légers, ne demeurant sur la place que lui, Choupes[4] et un autre gentilhomme. A eux se vinst jetter La Trimouille, qui avoit encor pris

1. César de Saint-Lary, s. de Bellegarde.
2. Pierre Mathieu attribue ce mot à Laverdin (*Hist. de France*, t. I, p. 53).
3. Cette partie de phrase, jusqu'à *tout le reste meslé...*, manque à l'édition de 1620.
4. Pierre de Chouppes, seigneur de Chouppes et Availles.

sa part de ce choc. Puis après les deux cousins et ceux que nous avons dit allèrent combattre avec le prince de Condé. Tout ce qui estoit rompu et meslé contrefit la cavalerie légère. Les deux partis firent une foule confuse, qui alloit au trot derrière le gros des princes, laissant[1] parfois aller quelque coup de pistolet de loin à loin.

J'ai à vous donner la plus belle pièce de la bataille, supprimée et non connue par tous les escrivains, et[2] qui ne s'est point racontée aux tables de nos grands. C'est que ces trois cents harquebusiers, qu'on avoit envoyez par files amuser Le Cluseau et son bataillon, receurent, avec six-vingts de leurs compagnons, menez par Sainct-Jean-de-Ligoure, accompagné[3] de Caravez[4], les deux cents enfants perdus destachez du bataillon et les recongnerent jusqu'au bout des picques. Là, tous les trois cents virent le désordre des premiers combats et aussitost entendirent le cri de victoire en l'armée catholique. Les capitaines[5], comme Mongommeri, Bellefonse et autres, tenans la bataille pour perdue, s'escrièrent : « Il faut aller mourir dans le bataillon. » Aussitost entrepris que dit, ils vont faire beau feu dans le bout des picques, jettèrent l'harquebouze à la main gauche, et l'espée au poing battent sur le bois. Quel-

1. La fin de l'alinéa manque à l'édition de 1620.
2. Cette fin de phrase, jusqu'à ces mots : *c'est que ces trois cents...*, manque à l'édition de 1620.
3. Ces mots, jusqu'à *les deux cents enfans...*, manquent à l'édition de 1620.
4. Le s. de Caravaz avait été employé par le duc de Montpensier aux négociations préparatoires de la conférence de Saint-Bris. Voyez les notes du chap. VII.
5. L'édition de 1620 ne nomme point ces deux capitaines.

ques-uns[1] empoignent les picques de ceux qui cotoyent par terre, entrent et se précipitent dans leurs ennemis, les percent et mettent en désordre ce bataillon avant le combat des grands escadrons. Celui qui avoit fait passer les trois cents toucha de l'espée sur la salade royale, disant : « Sire, pardonnez leurs picorées. » De l'autre costé, en mesme temps, Cherbonnière attaque et enfonce le fossé qu'avoit rempli Tiercelin. Parabère[2], Castelnau et Salignac[3] font jouer sur eux le régiment de Picardie et de près.

Ce fut lors que le duc, paré d'armes couvertes d'argent et d'esmail, se jette devant sa troupe, la convie de l'espée et la meine, comme à la victoire et non au combat, à toute bride quatre cents pas, jusqu'à l'élévation de sable que nous avons marquée. Et là cette grosse troupe, avec les lances si pleines de taffetas qu'elles portoyent ombre, se vid avoir affaire à trois gros et non à un, si bien que, pour fournir aux diverses faces, chascun prit parti à ce qu'il devoit affronter. Cela fit faire une clair-voye entre ce qui donnoit aux deux cousins. La droite du duc n'eust pas ce désavantage, en choquant le comte de Soissons, à la teste duquel il y eut quelque désordre. Et, pource que telles bresches ne se réparent que de bonnes pièces, Favas s'obligea Dadou, Blachon, Mesme et Roli, et, les autres essayez, s'escria en chargeant et choquant la teste du cornette qui tournoit : « C'est

1. Le commencement de la phrase, jusqu'à *entrent et se précipitent...*, manque à l'édition de 1620.
2. Jean de Beaudéan, s. de Parabère, plus tard lieutenant général au gouvernement de Poitou.
3. Jean de Gontaut-Biron, s. de Salignac.

par ici. » Et puis cet estonnement, réparé par tel coup, ne laissa plus longtemps en branle la victoire.

Pource que le roi de Navarre ayant dit : « Mes compagnons, il y va de la gloire de Dieu, de l'honneur et des vies, soit pour se sauver ou pour vaincre. Le chemin en est devant nous. Allons au nom de Dieu, pour qui nous combattons, » il prend la salade, paré, comme les siens, d'armes grises, ayant devant lui huit gentilshommes, avec des lances courtes, son premier rang de 50, desquels les 40 eussent mené chascun cent chevaux au combat. Il avoit résolu d'attendre en sa place sans desmarcher [1]. La Valière, de la gauche, où estoyent les compagnies de La Boulaye et du Plessis, s'escria : « Il faut dix pas. » Il fut creu, et, les lances des ennemis baissées de trois longueurs, les harquebusiers de l'estrier tirent et apportent un merveilleux désordre au premier rang du duc, desjà fort inesgal, pource qu'en courant de loin, les plus glorieux gagnoyent la longueur de leurs chevaux, les plus retenus la perdoyent, et tous ensemble, ayans pris trop longue carrière, ne donnèrent coup de lance qui valût. Les pistolets chargez à plaisir firent tomber du nez sur la crénière [2] près de la moitié. Partie du reste choquant ceux qui venoyent de dix pas fut renversé. Le prince de Condé fut porté par terre [3], et Sainct-Luc,

---

1. Jean le Blanc, s. de la Vallière, successivement maître d'hôtel ordinaire du roi, de la reine mère et du duc d'Alençon, capitaine du château de Plessis-lès-Tours en 1578, mort après 1597.

2. *Crenière,* crinière.

3. Le prince de Condé fut renversé de cheval et blessé d'un coup de lance par Saint-Luc, qui, malgré son succès, se rendit à lui.

à qui ceste gloire apartient, le reconoissant, prit l'occasion bien à propos de lui présenter son gantelet, obligeant à courtoisie celui qu'il avoit le plus offensé.

A la personne du roi de Navarre se rencontrèrent le baron de Fumel[1] et Chasteau-Renard, portant la cornette de Sansac. Fumel, faisant quelque signe pour se rendre, reccut un coup d'espée au travers la teste par Frontenac[2]. Le roi de Navarre, ayant tiré son pistolet à un autre, embrasse Chasteau-Renard, disant : « Rends-toi, Philistin. » Un gendarme de Sansac, pour défendre son cornette, frappoit de son tronçon de lance sur la salade de ce prince. Constant[3] l'en délivra. Rives, escuyer, estoit renversé devant son maistre. Au-devant de lui se jetta Fons-le-Bon[4]. La gauche, où estoyent Le Plessis et La Boulaye, bien servie de ses harquebusiers, fit impression.

Ceux de main droite du roi de Navarre et de la gauche du prince gagnèrent les costez par la clairvoye que nous avons dite; pour à quoy remédier[5], Vaux fit r'aliment de deux cornettes et amena Vitré, qui portoit celle de Mortemar au combat. Fouqueroles tua Vitré et prit son drapeau. Vaux renversa sur la

---

1. Charles de Belleville, s. de Fumel, capitaine catholique.
2. François de Buade, s. de Frontenac, écuyer ordinaire de la petite écurie du roi de Navarre, souvent cité dans les *Lettres de Henri IV*.
3. Augustin de Constant, gentilhomme ordinaire de la chambre du roi de Navarre (*Lettres de Henri IV*, t. 1, p. 349, note).
4. Charles de Fontlebon, premier écuyer de la grande écurie du roi de Navarre, époux de Charlotte de Saint-Gelais, mort sans enfants.
5. Var. de l'édit. de 1620 : « ... *remédier,* Vaux ralia Vitré, cornette de Mortemar. *Fouquerolles...* »

croupe de son cheval un compagnon de Fouqueroles[1]. Ces deux ayans eu à faire ensemble quatre fois avec leurs troupes, le renversé, en se relevant, passa l'espée en la visière de Vaux[2]. Après ce combat, trente chevaux des deux troupes gagnent les costez et le derrière, y ayant encor plus de deux cents lances hautes, où les chefs combatoyent, faute de place pour les baisser. Par tous ces accidens, la cavalerie catholique se renversa. Les régiments, sur l'avantage des leurs, enfoncèrent à bon escient le bataillon de Picardie; quelques-uns faisans crier La Motte et Croi-Chapeau[3], plus pour faire que les compagnons n'espérassent aucune miséricorde que pour leur faire venger la cruauté. A ces mots, le meurtre commença.

Les Albanois avoyent desjà gagné le bourg de Coutras, et devant eux force refformez avoyent passé l'eau à toute bride. Et parmi ceux-là plus de vingt gentilshommes signalez en d'autres occasions, qui ne prirent haleine de leur fuite que quand leurs chevaux la perdirent, notamment quelque cornette, qui avoit très bien fait le matin, à la retraite des chevaux-légers ; quelqu'un qui porta jusqu'à Pons la fausse et mauvaise

---

1. Le compagnon de Fouqueroles n'est autre que d'Aubigné lui-même.

2. C'est presque dans ces mêmes termes que d'Aubigné, dans le *Journal de sa vie*, raconte la mort du s. de Vaux.

3. Rappel des massacres de prisonniers que le duc de Joyeuse avait fait faire, quelques mois auparavant, à la Motte Saint-Éloi et à Croix-Chapeau. Un capitaine catholique, le s. de la Ville, qui s'était distingué par sa générosité au massacre de la Motte Saint-Éloi avec son régiment, fut épargné ainsi que ses soldats en souvenir de sa clémence (Relation de Piedefer publiée dans le t. VII de la *Revue rétrospective*, p. 290).

nouvelle et en mourut de desplaisir. Ceux-là ont rendu pour cause de leur estonnement une opinion posée en l'esprit de plusieurs ; que, pour les combats particuliers, les refformez faisans merveilles estoyent incapables pourtant de gagner les batailles. Voilà de quel poids sont les préjugez, qui ne se relèvent que par des testes bien ferrées, comme il s'en trouva ce jour auprès des Bourbons. Car, quand toutes ces premières troupes passoyent en confusion derrière les autres, on oyoit gronder dans les salades : « Si n'est-ce pas fait, car il faut parler à nous. » Or, comme il y a de la jalousie entre les nations, les Xainctongeois et Poictevins irritez des fréquentes louanges que le roi de Navarre donnoit à tous propos à sa nation, Montausier[1] et Vaudoré[2], voyans en route la troupe du vicomte, s'escrièrent tout haut : « Ce ne sont là ni Poictevins ni Xainctongeois. » Nulle autre harangue ne pouvoit valoir celle-là, car, au lieu que c'estoit un exemple pour la fuite, il le fut d'émulation. Ceste noblesse serra les dents et le poing, et y en eut des deux troupes, entre autres Longchamp, qui entamèrent le gasteau, douze pas avant leurs compagnons. Les Ageaux[3] fit un trait de capitaine. Pource que le prince de Condé vouloit fondre sur ceux qui avoyent rompu les premiers escadrons, ce vieillard lui prit la renne en disant : « Ce n'est pas là vostre gibier ; le voici

1. François de Sainte-Maure, baron de Montausier, mort à Saint-Jean-d'Angeli en 1588.
2. Le s. de Vaudoré, seigneur poitevin, est cité dans les *Lettres de Henri IV* (t. III, p. 511) comme gouverneur de Parthenay et pays de Gastine.
3. François des Ageols.

venir. » De l'autre costé, furent à estimer la pluspart de ceux que vous verrez prisonniers et morts. Il n'est pas possible de croire combien peu du gros du duc pensèrent à la fuite, n'ayant point esté dix gentilshommes ou tuez ou prisonniers hors le champ du combat. Montigni fut pris à l'entrée du bourg.

Le duc, voyant sa troupe percée et rompu de toutes parts, print à gauche seul, et, ayant fait cent pas vers son artillerie, fut reconnu par Sainct-Christofle et La Vignole, devant lesquels il donna un petit coup sur la teste à un grand page nommé Mansious; et puis il laisse tomber ou jette par terre son espée. Ces deux l'accostent, et, comme il leur disoit : « Il y a 100,000 escus à gagner, » arrivent les capitaines Bourdeaux et des Sentiers; l'un des deux le connoissant bien. De la Motte Sainct-Hérai lui donna un coup de pistolet dans la courroye de la salade. De ce coup, il tombe mort. Son frère Sainct-Sauveur[1] fut tué d'une harquebusade des premiers. Laverdin, ayant fait sa charge heureusement et ne pouvant rallier sa troupe qu'il n'eust veu le gros en mauvais estat, s'en revient passer au coin du régiment de Picardie[2], empoigne un drapeau des siens et l'emporta, ayant ce jour souffert beaucoup de maux pour deux apostumes qu'il avoit sous les deux cuisses et la fièvre qui les accompagnoit. Et, pource que plusieurs ont voulu charger d'opprobre le capitaine Mercure, albanois (comme aux désastres les grands se deschargent sur les moindres), je lui dois

---

1. Claude de Joyeuse, s. de Saint-Sauveur, frère du duc de Joyeuse.
2. Le régiment des gens de pied de Picardie était l'exécuteur des massacres de la Motte Saint-Éloi et de Croix-Chapeau.

ce tesmoignage véritable qu'ayant rallié cinq de ses compagnons et non plus, il trouva Sainct-Luc, que Hautcourt emmenoit prisonnier sur sa foi. Il le voulut délivrer, lui demandant s'il n'y avoit plus de place où un homme d'honneur pût servir. Sainct-Luc, refusant sa liberté au prix de la perfidie, dit à l'Albanois : « Ce que tu pourras mieux faire est de te sauver. » Tiercelin, voyant son régiment dissipé, se couche sur l'arbre que le canon avoit abatu, fut tué assis se bouchant les yeux, ce qui n'eust pas esté si on l'eust connu, car il estoit vain et courtois ; mais tout passoit pour Picardie. Ceux qui firent la poursuite donnèrent jusques à un quart de lieue de Chalais, où ils furent arrestez par quatre cents[1] chevaux ralliez[2].

Le baron de Lesignan[3], menant une autre petite troupe après les premiers, rencontre, à deux lieues de la bataille, Bonnes[4], de Périgort, qui, venant avec quarante salades trouver le duc, faisoit sauver derrière lui ce qu'il ne pouvoit arrester. Il enfile le chemin de la poursuite à contre-poil, charge le baron et l'emmène prisonnier. Les trois princes de Bourbon ne s'avancèrent que d'un quart de lieue, puis retournèrent dans le champ plein de morts, où se célébra

---

1. L'édition de 1620 porte 200 chevaux.
2. Tous les historiens certifient que la bataille, commencée à huit heures du matin, était terminée à dix. Voyez notamment Pierre Mathieu, in-fol., t. I, p. 534.
3. Henri de Lusignan, baron de Lusignan, fils de Jean de Lusignan, capitaine agenais, souvent cité dans les *Lettres de Henri IV*. Voyez une note de M. Tamizey de Larroque dans *Documents inédits relatifs à l'histoire de l'Agenais*, p. 178.
4. Bonnes, capitaine périgourdin catholique, cité dans la *Chronique de Jean Tarde*, p. 300.

l'action de grâces[1] par d'Amours[2], ministre et gentilhomme, qui, avec la teste et les bras désarmez, avoit meslé des premiers et tiré l'espée en achevant la prière à la main gauche.

Les corps des deux frères furent portez en la chambre basse du logis du général. Tout ce jour se passa en présentation de prisonniers, à la pluspart desquels ce prince courtois, ou pour les privautez du passé, ou pour l'espoir de l'avenir, donna la rançon.

Quelqu'un lui demanda quelles conditions de paix il voudroit avoir après une telle victoire : « Les mesmes, dit-il, que je voudrois avoir après la bataille perdue, qui est l'édict de 1577. » Parole qui des uns fut attribuée à une grande æquanimité, mais les plus fins dirent qu'il avoit d'autres affaires que celles de son parti et[3] qu'il vouloit laisser entier l'héritage qu'il espéroit. Lui, sentant telles interprétations, s'expliqua sur ce que la justice de ses armes estoit fondée par la rupture de l'édict.

Il ne sera point mal à propos, pour monstrer les différentes pensées des courtisans et des soldats, de vous dire que Cherbonnière, menant Piene[4] prisonnier, lui demanda quel jugement il faisoit de cette journée : « C'est, dit le jeune homme, que vous n'avez rien fait pour vous, car vous avez irrité le roi. »

1. Voyez dans les *Mémoires de la Ligue* (t. II, p. 146 et suiv.) le cantique d'actions de grâces, composé à cette occasion par le ministre Chandieu.

2. Louis d'Amours, ministre protestant.

3. La fin de la phrase, jusqu'à *lui sentant...*, manque à l'édition de 1620.

4. Robert de Halwin, s. du Roussoi, puîné du marquis de Piennes (Florimond d'Halwin), guidon du duc de Joyeuse.

L'autre, se mocquant de lui avec paroles fort desdaigneuses, pria Dieu qu'ils le peussent souvent irriter de cette façon.

Plusieurs ont trouvé et descrit le gain de cette bataille comme miraculeux. Je n'en juge pas ainsi, pource que, du parti catholique, il n'y avoit qu'environ 5,000 hommes de pied, à la vérité mieux couverts. Les autres n'estoyent que 500 moins, et, en récompense de ce que c'estoyent presque tous harquebusiers à cheval, et par conséquent escoupetaires[1]. Aussi estoit-ce la fleur de huict régimens, entre lesquels il y avoit quantité de capitaines et officiers, surtout entre les Gascons, qui avoyent laissé le gros de leurs troupes en leur pays. Pour la cavallerie, bien que le roi de Navarre n'eust que douze à treize cents chevaux, et le duc deux fois autant, ou bien près, j'estime la qualité plus que la quantité. Mais, ce qu'on peut trouver estrange, c'est que les victorieux n'eurent de perte que cinq gentilshommes et vingt soldats. Les vaincus y laissèrent plus de quatre cents gentilshommes, ou personnes qui tenoyent ce rang, plus de trois mille hommes de pied; telle quantité de noblesse ne s'estant perdue aux trois plus sanglantes batailles de ce siècle; et parmi ceux-là gens de si haute condition que vous verrez ici au rolle des morts et prisonniers.

Les morts furent le duc de Joyeuse[2], Sainct-Sauveur,

---

1. *Escoupetaire,* porteur d'escopette.
2. Les ligueurs firent de très belles funérailles au duc de Joyeuse. Voir le récit contenu dans le vol. 4317, f. 270, du fonds français. Le 11 décembre 1587, la duchesse de Joyeuse fit célébrer en l'honneur de son mari, à l'église des Cordeliers, à Paris, un service solennel (ibid., f. 285).

le jeune Piennes, le marquis de Braizé[1], le comte d'Obigeou, le comte de la Suze, le comte de Gaulo, Pluviaut[2], Neuvi, Fumel, Rochefort, La Croisette[3], de Vaux, lieutenant de Bellegarde, de la Brangelie[4], Gurat, Sainct-Fort, Tiercelin, maistre de camp, et sept ou huict guidons ou cornettes.

Il y eut, de prisonniers, Sainct-Luc, Bellegarde, qui mourut depuis, Cipierre[5], Montigni, le marquis de Pienes, le comte de Monsoreau, Chasteau-Vieux, Chatelus, Villegombelin, Maumont, Chasteau-Renaud, pris de la main du roi, Sautré et Sansac.

Le premier de ces deux derniers avoit esté gouverneur du roi de Navarre[6], et s'estoit depuis rendu fort

---

1. Claude de Maillé, marquis de Brézé. — Jacques d'Amboise, comte d'Aubigeoux. — Louis de Champagne, comte de la Suze. — François de Bretagne, comte de Goello, fils puîné d'Odet d'Avaugour, comte de Vertus.

2. H. de Rochefort, s. de Pluviaut.

3. René de Rochefort, s. de la Croisette, baron de Frolais, troisième fils de Jean de Rochefort, s. de Pleuvant, et d'Antoinette de Châteauneuf.

4. Le s. de la Brangerie. — Le s. de Gurat, cornette de Maumont. — Le s. de Saint-Fort, guidon de Saint-Luc. — Tiercelin, s. de la Roche-du-Maine.

5. Imbert de Marsilly, s. de Cypierre. — Florimond de Halwin, marquis de Pienne, frère du s. de Roussoi. — Charles de Chambes, comte de Montsoreau. — Joachim, s. de Chasteauvieux, capitaine des gardes du corps. — Le s. de Chastelus, qu'il ne faut pas confondre avec Olivier de Chastelus, s. d'Avallon, chambellan du prince de Condé. — Le capitaine Villegomblain, qu'il ne faut pas confondre avec François Racine, s. de Villegomblain, l'auteur des *Mémoires*. — Le s. de Maumont, capitaine des chevau-légers. — François de Daillon, s. de Sautray, de la maison de Lude. — Jean Prévost de Sansac.

6. Le s. de Sautray est mentionné dans les *Lettres de Henri IV* (t. VIII, p. 76) comme gentilhomme de ce prince, non comme gouverneur.

ennemi de la maison de Bourbon. Son avarice extrême l'avoit fait un des plus pécunieux gentilshommes de France; et Sansac, par sa libéralité, s'estoit appauvri. Et, se voyant couplé avec l'autre, il dit au roi de Navarre, en lui faisant la révérence : « Sire, voici deux évangiles. » Ce prince, pensant qu'il voulust discourir sur les maux qu'aportent deux religions, rabroua ce discours; mais l'autre s'expliqua : « J'entends, dit-il, que voici les deux évangiles, du mauvais riche et de l'enfant prodigue tout à la fois. » Sautré fut seul qui ne print point de plaisir à la raillerie et qui, pour quelques respects, fut envoyé sans rançon, au grand mescontentement de Dangeau[1] et autres maistres de camp refformez.

Chapitre XVIII.

De ce qui suivit la bataille, soit au pays, soit à la cour, et quelles nouvelles y couroyent.

Voilà une bataille avec ses petites oyes[2]. Si quelqu'un les trouve trop recerchées, après lui avoir dit qu'il n'y a rien qui ne porte leçon, je le renvoye à ceux qui emplissent leurs livres de registres de procès, qui partagent les habillemens d'un exécuté, marquent ce qu'a emporté le valet du bourreau et autres choses de mesme valeur. En suivant donc ce qui est du mestier,

---

1. Jacques de Courcillon, s. de Dangeau, capitaine de gens de pied, mort avant 1620, grand-père du marquis de Dangeau, l'auteur du *Journal*.
2. *Oyes*, récits (Ducange, v° *Oya*).

au lieu que nous avons marqué ailleurs l'usage des victoires, nous devons à la vérité l'abus de cette-ci.

Ce fut un grand mescontentement à tous les capitaines refformez, quand le roi de Navarre, n'ayant donné que le lendemain à voir son gain, mesprisant les villes de Xainctonge et de Poictou, qui ne lui pouvoyent manquer, ou, selon le désir de plusieurs, d'aller tendre la main à son armée estrangère, qui dès lors approchoit la rivière de Loire, il donna toutes ces paroles au vent et sa victoire à l'amour; car, avec une troupe de cavalerie, il perça toute la Gascogne pour aller porter vingt-deux drapeaux d'ordonnance et quelques autres à la comtesse de Grandmont, lors en Béarn. Il avoit bien pour couverture quelques affaires du pays, mais indignes d'estre considérez et trop foibles pour l'excuse et pour arrester ma liberté, en privilège de laquelle je lui fais dire ce que prononça Othon[1] en mourant. C'est qu'il pardonnoit ou remettoit au royaume son dernier accez. Après lui avoir dit les mesmes choses, et reproché le mal que les espérances du royaume, longues et incertaines, aportoyent à sa condition présente et pressante, nous pouvons dire cela mesme au lecteur[2]. A qui je ne conterai

1. D'Aubigné fait sans doute allusion aux adieux désintéressés que l'empereur Othon adressa à ses troupes afin de leur expliquer pour quels motifs il refusait de continuer la guerre civile. Voyez Tacite, *Histoires*, liv. II, cap. 47.

2. Tous les historiens ont blâmé le roi de Navarre de sa course en Béarn sans observer que, après chaque grande rencontre, il avait besoin de se ravitailler, au milieu de ses fidèles Gascons, d'hommes, d'armes et d'argent, sans compter le danger de compromettre son prestige en s'associant à l'armée allemande qui, à la date de la bataille de Coutras, était déjà en pleine déroute. Le prince envoya aux Allemands successivement le s. de Chevroche

point les temples et les moulins que quelqu'un de nos domestiques a escrit pour fruicts de telle victoire[1].

J'aime mieux dire comment l'opiniastreté des Gascons et leur valeur particulière pour les sièges, non estonnez du bruit, fit perdre à l'armée victorieuse, à une lieue de ses trophées, assavoir à Guitres[2], qui n'est que le temple d'un prieuré, quatre fois autant d'hommes que la bataille; celui du Palais[3] endura 80 coups de canon, et, avec la mort de deux capitaines et quatorze soldats, celles de 140 hommes opiniastres et courageux. Puiseguin, Lussac et Sourzac[4] rendirent leur prise plus chère que n'eussent fait Xainctes, Congnac et Niort, selon ce qui fut connu à leur estonnement. Ainsi fut inutile la partie de l'armée qui prit le chemin de la Dordongne et du Périgort[5].

De l'autre costé, le prince de Condé, ayant fait corps de ce qu'il put et sur les promesses du roi de Navarre, perça l'Angoumois et, ayant attendu longtemps à Monmoreau[6], et en vain, nouvelles, voulut entrer en Berri

et de Monglas avec deux instructions qui sont imprimées dans les *Mémoires de Du Plessis-Mornay*, 1824, t. IV, p. 39 et 43.

1. Le récit des faits d'armes de l'armée protestante, que d'Aubigné traite si dédaigneusement, est réimprimé dans les *Mémoires de la Ligue*, t. II, p. 249.

2. Guitres (Gironde), près de Coutras. C'était une abbaye de l'ordre de Saint-Benoît.

3. Le Petit-Palais (Gironde) fut pris d'assaut après avoir été bombardé. Les vainqueurs y pendirent trente-deux soldats « pour les grands excès qu'ils avoyent commis » (*Mémoires de la Ligue*, t. II, p. 249).

4. Puysseguin et Lussac, villages de la Gironde. — Souzac, village de la Dordogne.

5. L'armée huguenote partit de Souzac le 10 décembre 1587 pour aller assiéger la ville de Saint-Astier en Périgord (Relation dans les *Mémoires de la Ligue*, t. II, p. 250).

6. Montmoreau (Charente).

pour prendre le chemin de la Charité¹. Mais la pluspart de sa suite lui coupa la queue, et on sceut bientost de mauvaises nouvelles de l'armée qui les attendoit.

Avant vous faire description de ce qui en avint, il eschet à dire de la cour comme quoi on s'y prépara contre la venue des estrangers. Mais premièrement il faut sçavoir de son estat que, la ligue agissant par des négociateurs, près des seigneurs de marque, dans les villes, et surtout entre les gouverneurs des places importantes par escrits publics, et retenus plus violemment par les prescheurs, tout estoit merveilleusement confirmé en la haine des refformez, mais plus à descouvert qu'ailleurs dans les villes, où s'estoyent fait les massacres, pource qu'en leur faisant espérer la ruine des huguenots à l'avenir, on les faisoit souvenir du passé, pour fourrer leur espérance de peur. Ainsi pensoyent les liguez, et les ligueurs le prenoyent plus haut; c'est que les refformez leur paroissoyent bien aisez à exterminer; mais, le dessein estant à la royauté et les prétextes estans péris avec la guerre des réformez, le dernier jour de leur ruine estoit la veille de la leur. Ce fut pourquoi il faloit dès ce temps-là diminuer le roi et la royauté, et, durant que les prétextes estoyent en vigueur, il faloit de tous costez se renforcer et affoiblir les ennemis.

De là nasquit la guerre, qui, dès l'an auparavant, estoit commencée contre le duc de Bouillon. Au commencement de laquelle Chelandre², gouverneur de

1. La Charité (Nièvre).
2. Robert de Thin, baron de Schelandre, seigneur de Soumazan, gouverneur de la ville et du château de Jametz. La Noue le considérait comme un des meilleurs capitaines du parti protestant (Amyraut, *Vie de La Noue*, p. 321).

Jamets[1], favorisé de quelques forces du roi, osa attaquer Verdun. A l'ombre de cette guerre, le duc de Guise s'estoit rendu maistre de Douzi[2] sans peine, comme par intelligence de ceux qui y commandoyent, de Roqueroye[3], avec plus d'artifice et qui vaut la peine d'estre conté.

Il y avoit deux compagnies dans Roqueroye, l'une entre les mains de Monmarin, nourri en la maison de Bouillon, et tenu partout pour en estre serviteur, l'autre commandée par des officiers, qui, en l'absence du chef, firent ce que voulut le guisart; du mestier duquel je vous veux donner un plat, à fin que la profondeur et souplesse que l'on attribuoit à son esprit ne soyent pas mis au rang des erreurs populaires. C'est donc qu'ayant trouvé un esprit propre à butiner en celui de Monmarin, il lui fit sentir la mesprisable et encores la ruineuse condition de ceux qui servoyent le roi, lequel, estant devenu insensible au bien et au mal, méritoit d'estre servi à commodité; cela suivi de grandes promesses, et la pluspart de choses que les compagnons touchoyent par leurs mains. Cet homme, lassé du mespris, promet service au duc de Guise et demande de lui aller prester serment, mais on se tint content de lui par procureur, pour lui apprendre une leçon digne des guerres civiles; c'est qu'on lui demande

1. Jametz (Meuse).
2. Douzi (Nièvre). — Prise de la ville par Antoine de Saint-Paul, lieutenant du duc de Guise, 25 février 1586 (Herelle, *la Réforme et la Ligue en Champagne*, t. II, p. 160). Le 19 avril 1587, le duc de Guise fut battu à Douzi par le duc de Bouillon (De Thou, liv. LXXXVII).
3. Rocroy (Ardennes) avait été surpris par les protestants de Sedan dans la nuit du 17 au 18 novembre 1586 (Herelle, ibid.).

qu'il prenne la ville comme serviteur du duc de Bouillon, et mesmes huguenot. Pour cet effect, il n'avoit que faire de corrompre les officiers de l'autre compagnie, gagnez et asseurez depuis deux mois.

Un soir donc, selon son instruction, Monmarin appelle à son logis les officiers de sa compagnie, ceux de l'autre, et quatre ou cinq autres soldats de confiance. Et, pource qu'aux alarmes la garnison, qui estoit petite, saisissoit les portaux et les tours, laissant au peuple le reste de la courtine, on ordonna ceux qui estoyent instruits pour se jetter dans les tours de plus de défense, et ceux-là, avec des tire-bourres, desrobèrent les bales de ceux qui estoyent ignorans du fait. La nuict venue et les portaux saisis, on crie : « Vive Bouillon. » On attaque à un clair de lune les portaux, qui se rendent après quelques harquebusades chargées de papier. Les habitans de la ville, horsmis quelques-uns qui sautèrent les murailles, se trouvent pris, et, selon la permission du duc, ceux qui avoyent du moyen rançonnez au profit du nouveau gouverneur, pour ne sçavoir pas le petit catéchisme. La vérité est qu'ils estoyent haïs pour avoir parlé trop haut de leur fidélité envers le roi contre les liguez.

Voilà une nouvelle aggréable à Sedan, d'une place acquise[1] pour les seconder. Et, si le duc de Bouillon n'eut esté à la guerre vers Jamets[2], il s'en venoit aux

---

1. Le duc de Guise assiégea Sedan après la prise de Rocroy, et tint la ville investie jusqu'au 19 avril 1587 (Calmet, *Hist. de Lorraine*, t. V, col. 796 et suiv.). Le 17 avril, il signa une trêve qui devait se prolonger jusqu'au 15 mai et qui fut plusieurs fois renouvelée jusqu'au 31 décembre. L'acte de cette trêve est conservé en copie du temps dans le fonds français, vol. 3398, f. 137.

2. Le duc de Guise bloqua Jametz peu de temps après. Le

ambrassades de Monmarin. Mais à son retour il trouve une seconde nouvelle, que le duc, avec huict mil hommes, avoit assiégé Roqueroye. Aussitost on fait descendre deux messagers l'un après l'autre, par lesquels Monmarin remonstroit la pauvreté de la maison, comme n'ayant que cinquante-six hommes en tout, demande secours, sans lequel il estoit résolu de se faire crever dans les tours, comme n'espérant aucune courtoisie des ennemis. A peine fut retenu le duc de Bouillon, qui ne s'y perdist. Et les assiégez n'en pouvans tirer autre chose, gagnèrent ce point, qu'ils capitulèrent[1] par son commandement, et que pour leur seureté on envoyast des ostages dans Sedan; et ces ostages estoyent gens qui mesnageoyent une entreprise dans la ville. Et enfin Monmarin et son lieutenant Ramisson y furent receus en bonne chère, et travailloyent à une intelligence, quand quelques soldats, blasmez d'avoir laissé perdre Roqueroye, descouvrirent qu'on les avoit fait tirer sans bale. Si tost que les deux compagnons ouyrent parler de ceste rumeur, ils prirent l'air sous couleur d'aller à la guerre, et depuis on a sceu leurs projets[2].

La cour, battue de plusieurs telles nouvelles, sceut[3]

24 mai 1587, on surprit une conspiration dont le but était de livrer la ville aux catholiques (Dom Calmet, *Hist. de Lorraine*, t. V, col. 796).

1. Reprise de Rocroy par le duc de Guise, 24 décembre 1586, d'après de Thou (liv. LXXXVI) et Dom Calmet (*Hist. de Lorraine*, t. V, col. 796 et suiv.). Cependant deux copies de l'acte de capitulation de la ville portent la date du 15 décembre (f. fr., vol. 3902, f. 317; Arch. nat., K 1566, n° 3).

2. Dom Calmet raconte cette petite guerre avec détails (*Hist. de Lorraine*, t. V, col. 796 et suiv.).

3. La nouvelle de la bataille de Coutras arriva au roi à Gien.

[1587] LIVRE ONZIÈME, CHAP. XVIII. 167

le succès de Coutras, où il parut tristesse entre ceux-là de la roine. Le roi et les siens en firent des risées. S. M. disant à ses confidens : « Il en a de la ligue le desloyal et l'ingrat[1]. » Et le mareschal de Biron disoit, et d'assez bonne grâce : « Voilà un grand malheur arrivé par faute de passeport, » se[2] souvenant que Joyeuse s'estoit mocqué du sauf-conduit impétré pour ramener l'artillerie du siège de Marans.

Tels discours furent interrompus par les nouvelles de l'armée estrangère, qui s'estoit renforcée par l'achèvement de trois régiments françois et par l'arrivée de Chastillon à Grézille[3] avec quatorze cents harquebusiers[4] et cent soixante chevaux[5], ce que nous déduirons au chapitre suivant.

La cour crut d'abord à une petite rencontre où le roi de Navarre « avoit eu du pire. » La vérité ne fut connue qu'au bout de quelques jours (Relation dans les *Mémoires de la Ligue*, t. II, p. 246).

1. Ce mot est reproduit avec quelques variantes dans la *Chronique bourdeloise* de Gauffreteau, t. I, p. 267.
2. La fin de l'alinéa manque à l'édition de 1620.
3. Griselles (Côte-d'Or), village près de Chastillon, appartenant au s. de Brouvillers. — Arrivée de François de Coligny, s. de Chastillon, à Griselles, 21 septembre 1587. La jonction de son armée avec l'armée allemande eut lieu le lendemain. Voyez les *Mémoires de Chastillon*, imprimés dans *François de Chastillon* par le comte Delaborde, in-8°, 1886, et les *Mémoires de Saint-Auban* que nous avons déjà cités. Dans une lettre du 23 septembre, le duc de Lorraine exprime à la reine mère son déplaisir de la jonction de Chastillon avec l'armée allemande (V° de Colbert, vol. 10, f. 225). La marche de Chastillon est encore racontée dans un avis envoyé du camp du duc de Guise à l'ambassadeur Bernardino de Mendoça (Arch. nat., K 1565, n° 57). Voyez plus loin.
4. Chaumont Guitry, dans une lettre du 26 décembre 1587, dit que Chastillon n'avait amené au camp que sept ou huit cents hommes, « lesquels encore n'ont de beaucoup servy qu'à désobéir et à fuir » (Orig., f. fr., vol. 4142, f. 657).
5. Var. de l'édit. de 1620 : « ... *chevaux. Cette armée donc,*

Avant entrer, il faut que vous sçachiez comment le duc de Guise, ayant laissé Jamets bloqué et accusé d'une entreprise faillie sur Mets, ne laissa pas de venir trouver le roi à Meaux[1], où il s'estoit avancé sur les nouvelles que nous avons dites[2]. On estimoit qu'il auroit à compter avec le roi de plusieurs choses mal aisées à digérer, comme de Dourlans et de Pont-Dormi[3] surpris par le duc d'Aumale, au moyen d'une

faisant près de 3,000 hommes, réunit ses divers avis au plus mauvais de tous, qui estoit de venir gagner Loire en chevaux-légers, ne laissans de plusieurs petites villes qu'ils bransquetoient, aucune garnie et fortifiée, pour retraite ou pour magasins. Entr'autres Guitry, qui estouffoit de vanité les bonnes parties qu'il avoit, fut principale cause de cet estourdissement, et surtout, pour contredire à Chastillon, empescha le duc de Guise d'estre combattu, demi-passé, au pont du Saint-Vincent. *Le duc de Guise...* »

1. Au mois de mai 1587, le duc de Guise avait eu une conférence avec la reine mère (Relation dans le *Journal de L'Estoile*, 1744, t. III, p. 312). Deux mois après, le 4 juillet, le duc vint voir le roi à Meaux sous prétexte d'arrêter les mesures à prendre contre l'armée allemande. Sur ces négociations et sur ces intrigues, voyez les pièces conservées dans le f. fr., vol. 3975, f. 56, et coll. Dupuy, vol. 844, f. 467.

2. Le 23 juin 1587, Henri III, par un édit donné à Meaux, convoqua toutes les compagnies d'ordonnance à Chaumont en Bassigny pour le 20 juillet suivant. Cet édit a été réimprimé dans les *Mémoires de la Ligue*, t. II, p. 196.

3. Surprise de Dourlens et de Pont-de-Rémy par le duc d'Aumale, avril 1587. Le *Journal de L'Estoile* (1744, t. III, p. 312) contient une pièce du temps sur la prise d'armes du duc d'Aumale : c'est le récit d'une entrevue de la reine mère avec le duc de Guise à Fère-en-Tardenois (24 mai 1587). Cette guerre au profit exclusif du duc d'Aumale continua en 1588 (*Journal de L'Estoile*, mars 1588), quoique le duc, feignant de céder aux intercessions du roi, eût abandonné nominalement le gouvernement de la Picardie (Duchesne, *Histoire de la maison de Chasteigner*, p. 338) et que le roi, par lettres du 8 avril 1588, eût nommé le

intelligence, et partant sans combat; du bastiment d'une citadelle à Vitri, où il avoit mis un gouverneur italien; qu'un gouverneur envoyé par le roi dans Roqueroye n'avoit esté receu qu'après avoir presté serment solemnel à la ligue; que, le roi ayant voulu bastir une citadelle à Verdun, à cause que ceux du lieu estoyent Lorrains, le duc de Guise avoit empesché le bastiment et mis en sa bourse cent mille escus ordonnez pour cela. Le duc, au lieu de s'excuser de ces choses, vient reprocher les laschetez de la cour, et, quand le roi l'exhorta à quelque paix, il fit profession ouverte de se bander contre ceux qui la voudroyent. Il parle donc si haut que le roi, pleurant de laisser ses secrets et estranges plaisirs au bois de Vincenne, est contraint, par les braveries de son ennemi, de faire le mestier que plus il avoit en horreur.

Incontinent après le partement du duc de Joyeuse, toutes les forces de France s'estoyent approchées du roi. Elles furent partagées en trois. On donne au duc de Guise les bandes qu'il voulut choisir, comme s'asseurant d'elles, qui furent les régimens de Cluseau et de Gié[1], qui devoyent estre de vingt compagnies, sans les dix du Cluseau, qui tenoyent la place du régiment à Coutras, avec autres régimens nouveaux, desquels il emportoit les commissions; vingt-quatre compagnies de gens d'armes. Et puis, sans l'avoir communiqué au roi, il receut du duc de Parme[2] quatre

duc de Longueville lieutenant général en Picardie (copie; f. fr., vol. 3976, f. 197).

1. François de Blanchard, s. du Cluseau. — César de Balsac, s. de Gié.

2. Alexandre Farnèse, duc de Parme, époux de Marie de Portugal, né en 1544, mort le 11 décembre 1592.

cents lances wallonnes et deux mille fantassins italiens.

Le duc de Montpensier eut la seconde. Son rendez-vous fut auprès de Troye. On lui donna quinze cents hommes d'armes et dix mil hommes de pied françois.

Le roi en fit rendre autant près de sa personne à Gian[1], et de plus douze cents[2] Suisses, quatre mille reistres, et encores une foule de seigneurs et gentils-hommes[3], sous sa cornette blanche, qui valoit bien le reste de sa cavallerie. Encor avoit à craindre, l'armée estrangère[4], le duc de Lorraine, qui avoit sur la frontière quatre mille Lorrains fantassins, douze cents lances du païs, six mille landsquenets et deux mille reistres, sans les forces dont il avoit serré Jamets[5].

1. D'après l'édit du roi du 23 juin 1587, le reste de la cavalerie devait se trouver à Gien (Loiret) le 1er août suivant (*Mémoires de la Ligue*, t. II, p. 196).

2. L'édition de 1620 porte 12,000 Suisses.

3. On conserve deux états de l'armée commandée par le roi et dirigée contre les envahisseurs allemands : l'un, sans date (vers le 22 août 1587), de Chaumont-en-Bassigny, énumère toutes les compagnies de gens d'armes qui faisaient partie de l'armée du roi et de celle du duc de Guise (copie du temps ; Vᶜ de Colbert, vol. 10, f. 277) ; l'autre, daté du 30 septembre 1587 et de Saint-Agnan, est une pièce de finances relative à la solde de l'armée royale (copie du temps ; f. fr., vol. 3975, f. 95).

4. Cette armée étrangère était l'armée allemande dont d'Aubigné va raconter les exploits. Le duc de Lorraine avait tout fait pour l'empêcher de traverser ses États. Voyez les *Mémoires de La Huguerye*, t. III, p. 13 et suivantes. Voyez aussi l'*Éphéméride de l'invasion de 1587*, ouvrage inédit de La Huguerye, que M. le comte de Laubespin vient de publier avec la collaboration de M. Marlet et qu'il a gracieusement offert à la Société de l'histoire de France.

5. On conserve dans le vol. 3975 du fonds français, f. 81, un état officiel de l'armée du duc de Lorraine, daté du 12 juillet 1587 et de Nancy, qui élève le chiffre des troupes lorraines à 16,340 soldats, et, dans le vol. 2069 du même fonds, un recueil d'ordon-

Chapitre XIX.

Démarche de l'armée[1], son progrès; Chastillon joint; divers accidens; combat de Vimaury; mutinerie des Alemans; celle des Suisses; accidens aux troupes et leur déclin.

Cette[2] armée, qui espouvantoit la cour, ayant mis le nez en Lorraine[3], tourna ses premières pensées à joindre Chastillon, qui, ayant levé en Languedoc environ deux mil hommes à grande difficulté, pour les peines que le mareschal de Montmorenci lui donnoit, assiégea Remoulins[4], qu'il ne peut prendre, parce qu'il fut ravitaillé par Alfonse Corce[5], presque d'autant d'hommes qu'en avoyent les assiégeans. Ce fut de là qu'il tira dix-sept cents hommes, ausquels il fit

---

nances militaires édictées par le même prince pour l'administration et la discipline de cette armée.

1. On conserve dans le fonds français, vol. 15892, f. 114, un état détaillé de l'armée allemande, corps par corps, avec le nom des chefs et le nombre des soldats. Cette pièce importante, datée du 19 juin 1587, est écrite en entier de la main de Bellièvre. Les V^c de Colbert (vol. 30, non paginé) contiennent un second état de l'armée allemande daté du 29 août 1587.

2. Les six alinéas suivants manquent à l'édition de 1620.

3. L'armée allemande était sous les murs de Blamont le 21 août 1587 et à Bayon sur la Moselle le 26 août (*Mémoires de La Huguerye*, t. III, p. 98 et 125).

4. Remoulins (Gard). — Le duc de Montmorency assiégea la ville vers les premiers jours de juillet, et laissa la continuation du siège à Chastillon, vers le 8 juillet 1587 (*Hist. du Languedoc*, t. V, p. 421).

5. Alphonse d'Ornano, colonel général des Corses, ravitailla Remoulins le 22 juillet 1587 (*Hist. du Languedoc*, t. V, p. 421).

passer le Rhosne par batteaux, rendus à une lieue au-dessous de Lyvron[1], et puis l'Isère, auprès de Vezille[2], sur le poinct qu'Alfonse, avec les forces du pays et les populaces amassées, avoyent défait les trois mille Suisses[3] menez par Cuzi[4]; lesquels, ne s'estans comme point défendus à la veue de ceux qui vouloyent passer, amolirent grandement le courage des gens de Chastillon, qui voyoient deux fois autant d'hommes qu'ils estoyent défaits tant facilement, et que ceux qui avoyent fait cette besongne n'en demandoyent qu'un autre. Sur tel effroy se desrobèrent quelque deux cents. Mais leur chef, qui, outre toutes ces choses, savoit la milice de Savoye, de sept à huict mille hommes, estre à son front, comme Alfonse à ses costez, se mit à la teste des siens et la pluspart de ses capitaines à la queue, et se résolut, comme il fit, de gagner Seisel[5].

Comme donc il menoit ses coureurs, il trouve un chef commandant à l'armée de Savoye. Il envoye vers lui le secrétaire Sarrazin[6] demander passage, cepen-

1. Livron (Drôme).
2. Vizille (Isère).
3. Déroute des Suisses marchant au secours de François de Chastillon, au passage de la Romanche en Dauphiné, par le duc de la Valette, 19 août 1587. La *Revue du Dauphiné* (t. IV, p. 251, 1838) a publié une relation de ce combat, écrite par Robelin, bourguignon, et le *Bulletin d'archéologie de la Drôme* (t. XII, p. 373, 1878) une note inédite d'Expilly sur le même sujet. La relation de Robelin avait déjà été imprimée, mais très imparfaitement et seulement par extraits, dans les *Mémoires de la Ligue*, t. II, p. 206.
4. Aimé de Glane, s. de Cugie.
5. Seyssel (Ain).
6. Théophile Sarrazin, s. de Salneuve, secrétaire du prince de Condé, conseiller à la Cour des comptes de Montpellier, d'une famille protestante du Charolais, qui s'était réfugiée à Genève

dant qu'il le prenoit. Le chef savoyard ayant demandé *qui vive* à la première troupe, Chastillon respondit son nom. Enquis où estoit le chef, respondit qu'il le suivoit après. Là-dessus force protestations qu'on ne passoit point ainsi les terres de Son Altesse[1] sans passeport. Et, comme le gros parut, Chastillon, monstrant les compagnons, dit que c'estoit son passeport, et ainsi se fit faire place[2] et passa[3].

Les bandes s'estant diminuées d'une grande partie, les seigneurs de Genève[4] et La Noue[5] avec eux, lui ayants fait de grandes remonstrances du péril où il se précipitoit, après avoir puni quelques fuyards et fait peur aux autres, il enfile le pays de Vaux, passe sous Montbéliard, entre en la Franche-Comté, chemine deux jours aux harquebusades des Comtois, en défait quelques-uns en tournant sur eux. Il lui arrive une grande commodité, ce fut que Sainct-Auban[6] et un

---

au commencement du règne de Henri II. Les *Mémoires* du duc de Bouillon (p. 424) nous le représentent comme un intrigant et un mauvais conseiller.

1. Charles-Emmanuel, duc de Savoie.

2. François de Chastillon traversa un coin de la Savoie avant le 23 août 1587, date de son emprunt à Berne. L'acte d'emprunt a été reproduit par M. le comte Delaborde, *François de Chastillon*, in-8º, p. 268.

3. Deux lettres de Chastillon à sa femme, dont l'une du 10 septembre 1587, contiennent d'intéressants détails sur la marche de ce capitaine jusqu'à sa jonction avec les Allemands (J. du Bouchet, *Preuves de l'histoire de la maison de Coligny*, 1662, in-fol., p. 685; *Mémoires de Saint-Auban*).

4. Chastillon était à Genève le 23 août 1587 (Pièce publiée dans *François de Chastillon*, p. 268).

5. François de la Noue, dit Bras-de-Fer.

6. Jacques Pape, s. de Saint-Auban, lieutenant de François de Chastillon, a écrit sur cette campagne un important mémoire

autre, estans entrez dans la basse-court de Grezille, pour demander à boire, comme courans à la Lande du pays, gagnèrent la porte à l'arrivée de quelques-uns des leurs et se saisirent de ce chasteau, qui a une grande bourgade, à une mousquetade de lui, dans laquelle les troupes logèrent assez commodément et où il falut attendre[1] huict ou neuf messagers inutilement envoyez.

Cependant ces troupes, estans attaquées par le marquis de Varembon[2], ne se sentans pas, débiffées[3] qu'elles estoyent, capables de garder la grande bourgade, s'accommodèrent dans les ais d'alentour du chasteau[4], et là receurent les Lorrains à une si rude et grande escarmouche qu'ils les firent contenter de camper à veue en attendant le gros des Guisarts[5].

qui a été imprimé par du Bouchet (*Preuves pour servir à l'histoire de la maison de Coligny,* in-fol.) en partie dans les *Mémoires de la Ligue* (t. II, p. 20), et enfin dans la *Collection de mémoires sur l'histoire de France* de Petitot et Monmerqué, t. XLIII, et dans les autres collections. La partie la plus détaillée des *Mémoires de Saint-Auban* a trait à la campagne de 1587 (*ibid.*, p. 472).

1. Chastillon passa quelques jours à Griselles pour rafraîchir sa petite armée. Voyez les *Mémoires de Saint-Auban*. Sur son arrivée à Griselles, voyez le chapitre précédent.

2. Marc de Prye, marquis de Varambon, gouverneur de Gueldre, avait été envoyé de Toul contre Chastillon avec le régiment de gens de pied wallons que le prince de Parme prêtait au duc de Lorraine (Claude de la Châtre, *Discours sur les faits de 1587,* p. 71).

3. *Débiffé,* biffer (Oudin), au figuré repoussé.

4. Chastillon, avec son armée, attendit au château de Griselles le secours du comte de la Marck. Voyez les *Mémoires de Saint-Auban*, p. 402. Une lettre de Gaspard de Schomberg au roi, datée du 20 septembre 1587, donne quelques détails stratégiques sur la situation de Chastillon à Griselles (V° de Colbert, vol. 9, f. 42).

5. Suivant la relation de Claude de la Chastre, Chastillon fut

Mais au lieu d'eux un messager de Montbéliard ayant fait son devoir, les coureurs de l'armée estrangère firent desloger le marquis et donnèrent la main aux compagnons[1].

Ces affaires mirent les armées en telle lassitude qu'il leur falut un grand repos, durant lequel ils prindrent résolument de leurs affaires, et de tous les advis le plus pernicieux, c'étoit de venir gagner Loire en chevaux-légers, ne laissans de plusieurs petites villes qu'ils bransquetoyent aucune garnie ni fortifiée pour retraite ou pour magazins. Le principal en cette opinion estoit Guitri[2], estouffant de vanité les bonnes parties qu'il avoit. Il estourdit le conseil de cette armée, et le plaisir qu'il avoit de contredire à Chastillon empescha le duc de Guise d'estre combattu[3].

---

battu à Griselles par le marquis de Varambon (*Discours sur les faits de 1587*, p. 71). Suivant les *Mémoires de Saint-Auban* (*Panth. litt.*, p. 401), d'accord avec La Huguerye (*Mémoires*, t. III, p. 164), Chastillon fut vainqueur et ne se résigna à la défensive que pour ne pas compromettre ses ressources dans une lutte inutile. La vérité doit être de ce côté, puisque Chastillon ne put être chassé de Griselles.

1. Ces combats, qui eurent lieu entre le 18 et le 22 septembre 1587 (De Thou, liv. LXXXVII), sont racontés avec détails dans les *Mémoires de Saint-Auban*. Une lettre du duc de Lorraine à la reine, du 23 septembre 1587 (Vᶜ de Colbert, vol. 10, f. 225), et deux lettres du duc de Guise, du 24 et du 26 septembre (f. fr., vol. 4734, f. 310 et 314), racontent le hardi passage de Chastillon et la jonction de ce capitaine avec l'armée allemande. Voyez la note 3 de la page 167.

2. Jean de Chaumont, s. de Guitry, conseiller et chambellan du duc d'Alençon, plus tard au service du roi de Navarre, dont il fut le négociateur favori auprès des princes allemands, mort en 1592.

3. Guitry se regardait comme le seul homme capable de tenir tête au duc de Guise. Il raconte lui-même que, après la

Nous avons parlé des lassitudes des armées; elles ne furent point pareilles au dommage, car la catholicité avoit toutes les villes et passages pour ses vivres et rafraîchissemens, mais l'estrangère de trente mille hommes sentit bien tost les pluyes[1] et mauvais chemins et la faim, et partant commença à se débiter.

La première entreprise du baron d'Othna fut d'assiéger Clervaux[2] avec cinq petites pièces à boîtes[3], qui sont maintenant à Sedan, faites d'un excellent artifice, et qui, bien qu'elles ne soyent que de calibre de demie-bastarde, peuvent faire bresche de cinquante pas, mais non de longue volée, cela avec quelques fauconneaux. Ne faisant rien, il falut quitter Clervaux[4]. De là on marche à l'entreprise de Chau-

déroute des Allemands, le duc de Guise mit sa tête à prix et promit mille écus à celui qui le lui amènerait mort ou vif (Lettre de Guitry à Ligny, datée du 26 décembre 1587; f. fr., vol. 4142, f. 657).

1. Les pluies continuelles, qui engendrèrent une épidémie parmi les troupes allemandes, sont décrites dans une lettre du duc de Guise au roi, du 26 septembre 1587. A cette date, le duc de Bouillon avait perdu 6,000 lansquenets et 1,200 reîtres (f. fr., vol. 4734, f. 314). M. Tuetey, dans un savant ouvrage, justement couronné par l'Académie, *les Allemands en France et l'invasion du comté de Montbéliard*, a réuni un grand nombre de témoignages sur les calamités qui frappèrent les Allemands pendant la campagne.

2. Clairvaux (Aube), abbaye célèbre.

3. Siège de l'abbaye de Clairvaux par le baron de Dhona, 28 septembre 1587 (Tuetey, *les Allemands en France*, t. I, p. 92).

4. L'armée allemande espérait s'emparer de l'abbaye de Clairvaux ou en tirer une grosse rançon. Claude de la Chastre défendit l'abbaye. Enfin l'abbé capitula avec les reîtres moyennant une livraison de vivres, mais le duc de Guise empêcha l'exécution de la capitulation (Claude de la Chastre, *Discours sur les faits de 1587*, p. 77). Le duc de Guise raconte ce fait d'armes au

mont¹; elle ne fut pas trouvée raisonnable au desploi des eschelles. Cette armée, mal énoizelée² de ses premiers coups, trouva du rafraîchissement à Chasteau-Vilain³, où les coureurs amenèrent un courrier du duc de Lorraine, nommé Viliers⁴, qui venoit de Rome pour presser le pape⁵ de quelque secours. Il fut trouvé chargé de double dépesche. Celle⁶ qui estoit la plus aisée à trouver ne portoit que remonstrances du pape pour la paix de ses voisins. Mais le désir de cercher autre chose que du papier fit trouver la seconde⁷, escrite de la main de l'altesse⁸, mère du duc, qui pro-

---

roi dans une lettre du 29 septembre (f. fr., vol. 4734, f. 316). Suivant la lettre d'un capitaine allemand, Dietrich Clot, l'abbaye de Clairvaux renfermait 60 moines, tous gentilshommes. L'abbé, pour éviter le pillage, donna 8,000 écus, cent tonneaux de vin, mille pains et douze chevaux (Lettre du 26 octobre; copie; f. fr., vol. 4685, f. 84).

1. Chaumont en Bassigny (Haute-Marne). La Huguerye raconte cette entreprise, qui échoua misérablement (*Mémoires*, III, 171).
2. *Énoizelée*, encouragée.
3. Châteauvillain (Haute-Marne). — L'armée d'invasion était à Châteauvillain le 27 septembre 1587 (n. st.). Voyez l'*Éphéméride de La Huguerye*, t. I, p. 232.
4. Regnault de Gournay, s. de Villers, bailli de Nancy (1577), mestre de camp d'infanterie (1585), conseiller d'État et chambellan du duc de Lorraine (1586). Le messager du duc fut arrêté près de Mirecourt le 30 août 1587 (*Mémoires de La Huguerye*, t. III, p. 142 et note).
5. Sixte-Quint.
6. La lettre du pape, datée du 27 août 1587, est analysée dans les *Mémoires de La Huguerye*, t. III, p. 147.
7. La lettre de la duchesse de Lorraine est imprimée dans les *Mémoires de La Huguerye*, t. III, p. 148.
8. Christine de Danemark, fille de Christiern II, roi de Danemark, et d'Élizabeth d'Autriche, née en 1523, secrète négociatrice du traité de Cateau-Cambrésis en 1559, morte en 1590. Elle avait épousé, en 1540, François, duc de Lorraine et de Bar.

mettoit tout secours d'Italie et induisoit les Lorrains de s'attaquer tout ouvertement à la couronne de France[1].

Du séjour de Chasteau-Vilain, l'armée en quatre jours passa la Seine au-dessus de Chastillon[2], où le duc de Mayenne avoit jetté La Chastre avec trente mille hommes de pied et quatre cents chevaux. Cette troupe gaillarde ne voulut pas voir passer si près la mouée sans en avoir des plumes de la queue. Le pacquet s'adressa au colomnel Belpestoph[3], qui estoit enfermé entre cent vingt lances que La Chastre faisoit donner devant lui et huict cents arquebusiers. Mais Chastillon, qui avoit la charge de cette retraitte, donna aux entrepreneurs sans les taster, avec trois cornettes de chevaux-légers françois, suivis de cinq de reistres. La Chastre, ayant fait quelque perte à la charge, se voulut démesler à la faveur des arquebusiers logez entre deux collines; mais il perdit cela et ses gardes parmi eux.

Le comte de la Mark[4], jeune seigneur de bonne espérance, mourut au logis de L'Aigne[5]; et l'avant-

1. L'authenticité de cette lettre a été justement discutée par M. Lepage (*Lettres et instructions de Charles III*, p. 8, note) comme une invention du parti réformé contre la Ligue. Voyez les *Mémoires de La Huguerye*, t. III, p. 148, et la note de la page 150.
2. Châtillon-sur-Seine (Côte-d'Or). — L'armée allemande essaya de passer la Seine au gué d'Étruchet, près Châtillon; mais elle y trouva Claude de la Chastre. Elle remonta alors le cours de la rivière et, le 5 octobre 1587, passa près de Chameçon (Lettre du duc de Guise au roi du 5 octobre; f. fr., vol. 4734, f. 324).
3. Le colonel allemand Berbistroph, d'après de Thou (liv. LXXXVII); Berndorf, d'après les *Mémoires de La Huguerye*.
4. Jean, comte de la Marck, né en 1564.
5. Leynes (Saône-et-Loire). — Jean de la Marck y mourut le

garde qu'il commandoit fut donnée à Chastillon. A Ansi-le-Franc[1] commença le murmure pour manquement des vivres. La rivière d'Yonne se passa à Mailli-la-Ville[2], où arriva Monglas[3] de la part du roi de Navarre[4], chargé d'excuses pour sa longueur, demandant qu'on vînt cercher Loire plus près de la source. Cette résolution ayant été prise et laissée plusieurs fois, branles qui sentent le désastre, ils vouloyent taster une entreprise sur la Charité; mais ils n'essayèrent rien pour les grandes forces que le roi y avoit fait entrer le jour auparavant. Cependant, le quartier de Chastillon estant desgarni des meilleurs hommes, le duc d'Espernon y donna et les trouva si parez qu'il se retira à Cosne avec quelque perte des siens. Le lendemain, le roi, logé à Luzai[5], fit travailler à retran-

8 octobre 1587 à sept heures du soir (Lettre du duc de Guise au roi du 9 octobre 1587; Orig., f. fr., vol. 4734, f. 328).

1. Ancy-le-Franc (Yonne). — Ce désordre dans l'armée des alliés eut lieu à Leynes, et non à Ancy-le-Franc. Voyez de Thou (liv. LXXXVII) et les *Mémoires de Chastillon* dans les *Mémoires de la Ligue* (t. II, p. 214).

2. Mailly-la-Ville (Yonne).

3. Robert de Harlay, baron de Monglas, troisième fils de Robert de Harlay, s. de Sancy, fidèle serviteur du roi de Navarre, mort en 1607.

4. Le baron de Monglas rejoignit les Allemands à Arcy-sur-Cure, non loin de Mailly (De Thou, liv. LXXXVII). Il était porteur d'une instruction du roi de Navarre, datée du 15 septembre, et publiée dans les *Mémoires et Correspondance de Du Plessis-Mornay*, 1824, t. II, p. 515. Monglas avait pour mission de déterminer les Allemands à remonter le cours de la Loire (*Mémoires de Chastillon* dans les *Mémoires de la Ligue*, t. II, p. 215). Le secret de la mission de Monglas fut pénétré par le duc de Guise, qui le révéla au roi (Lettre sans date; V^c de Colbert, vol. 10, f. 256).

5. Probablement Léré (Cher). — Le roi se tenait avec son armée sur la rive gauche de la Loire pour empêcher la jonction des

cher tous les guez de la rivière, de l'autre costé de laquelle parurent les Alemans, logez à Neuvi[1]. Ce fut là où les estrangers se plaignoyent de tout, et sur tout de ce qu'ils ne trouvoyent maison ennemie qui ne fût garnie de sauvegardes, au profit du secrétaire La Huguerie[2] et de ses compagnons. On leur jura que cela ne se feroit plus; et, pour leur oster l'espoir du retour, on leur fit feste de les mener en Beausse[3], où les vivres ne manqueroyent point; remède pire que le mal.

Les Suisses n'avoyent point encores grondé comme les Alemans. Mais, estant mort le colonel Tileman[4], les trois régimens firent escrire Bouchet[5] son lieute-

Allemands et du roi de Navarre (Claude de la Chastre, *Discours sur les faits de 1587*, p. 97).

1. Neuvy-sur-Loire (Nièvre). — Arrivée des Allemands à Neuvy, 22 octobre (12 octobre 1587 suivant l'ancien calendrier) (*Mémoires de La Huguerye*, t. III, p. 198).

2. Michel de la Huguerye, agent huguenot, mêlé aux négociations du parti réformé depuis 1572 jusqu'à la Ligue, époque où, par haine pour le roi de Navarre, il se mit au service du duc de Lorraine. La Huguerye a laissé des *Mémoires* que M. le comte de Laubespin a trouvés et que nous avons publiés pour la Société de l'histoire de France. Il a aussi laissé un journal de la campagne de 1587, que M. de Laubespin a publié avec l'aide de M. Marlet, et qu'il a généreusement offert à la Société de l'histoire de France.

3. Les ambassadeurs du Béarnais auraient voulu que les Allemands passassent la Loire et marchassent à l'encontre du roi, mais Michel de la Huguerye leur fit prendre le chemin de la Beauce (*Recueil A-Z*, lettre G, p. 209). Voyez de Thou (liv. LXXXVII).

4. Bernard Thielmann, colonel des Suisses de Berne, mort à la fin de septembre 1587.

5. D'après de Thou (liv. LXXXVII) et les documents originaux que nous citons plus loin, le lieutenant de Thielmann était Ulrich de Bonstetten.

nant, et prièrent Clervant[1] d'avertir le conseil comment ils vouloyent dépescher vers le roi de France[2], sur les causes de leur levée et voyage[3]. Cependant l'armée royale pilloit Chastillon. Le baron d'Othna en faisoit de mesme à Bléneau[4]. Les ducs de Guise et de Mayenne, en passant pour aller joindre le Roi, viennent baiser les logemens de l'armée estrangère. Tous les esprits tendus à leurs partialitez perdent cette occasion. Chastillon va à la guerre, aprend de plusieurs prisonniers la facilité d'enlever les principaux logis; mais tous ces gens, abatus par leurs incommoditez, n'estoyent point sensibles aux desseins.

Les marais d'autour de Vimauri[5] arrestèrent les estrangers au logis. Là les ducs de Guise, de Mayenne, d'Aumale, d'Elbœuf, et presque tous les princes et chefs de la Ligue, avec dix-huit cents chevaux et cinq mille cinq cents harquebusiers, marchent le long du marais et portent eux-mesmes l'alarme[6] dans le quar-

1. Le colonel Thielmann, représentant de l'État de Berne, avait auparavant signé avec Claude-Antoine de Vienne, s. de Clervant, représentant du roi de Navarre, un accord en vertu duquel il promettait de faire une levée de troupes (Orig., f. fr., vol. 3975, f. 50).
2. Ouverture des négociations des Suisses de l'armée allemande avec le roi de France, 25 octobre 1587. Voyez la note suivante.
3. Les Suisses envoyèrent au roi Ulrich de Bonstetten, lieutenant-colonel, Michel Belcy, au nom du régiment de Berne, Ulrich Brével, au nom du régiment de Zurich, et Conrad Martin, au nom du régiment de Bade, avec une instruction, datée du 25 octobre 1587, qui est conservée dans le fonds français, vol. 3975, f. 131.
4. Bléneau (Yonne).
5. Vimory (Loiret), près de Montargis.
6. Surprise des Allemands à Vimory par le duc de Guise, 26 octobre 1587 (Claude de la Chastre, *Discours sur les faits de 1587*, p. 102).

tier du baron d'Othna. Sainct-Paul[1], qui menoit la teste des harquebusiers, donna dans le logis de quatre cornettes, et son malheur fut qu'il s'attaqua à celle des valets, qui portent l'estrille à leur drapeau. Cependant qu'il s'y eschaufe et les emporte, le baron se jette à la place de ralliement, marquée dès l'arrivée, et se vid aussitost cinq cornettes près de lui; desquelles il charge celle du duc de Mayenne, emporte d'abordée son drapeau, celui de Bourdesière[2] et un tiers. Le duc de Mayenne reçoit fort bien le combat, deux coups de pistolets dans le casque, l'un de la main du baron; perd à la charge et à la retraite quarante gentilshommes, parmi eux le marquis d'Arques[3]. Tout ce que nous avons dit se ralie à leur reste près de Montargis, où les reistres vindrent demander bataille[4]. Mais comme souvent touz succez tournent au mal des misérables, les reistres avares, ne pouvans compenser la perte de leur bagage par l'honneur gagné à Vimauri[5], firent une sédition plus aspre que

1. Sur ce capitaine, voyez la note 5 de la page 187.

2. L'un des deux frères, Georges ou Jean Babou de la Bourdaisière, successivement comte de Sagonne, fils du célèbre Jean Babou, grand maître de l'artillerie, négociateur, capitaine, gouverneur des enfants de France.

3. Anne de Vienne de Baufremont, marquis d'Arques, fils unique d'Antoine, baron de Listenay, dans le duché de Bar.

4. Les *Mémoires de Chastillon*, que d'Aubigné paraît avoir connus avant d'écrire son *Histoire universelle*, racontent que, deux jours après le combat de Vimory, le 28 octobre 1587, les reitres redemandèrent à combattre (*Mémoires de la Ligue*, t. II, p. 220).

5. Le combat de Vimory est raconté avec détails par Claude de la Chastre (*Discours sur les faits de 1587*, p. 102), par les *Mémoires de Cheverny*, dans la collection Petitot, p. 98, par le duc de Guise, dans une lettre à Mendoça, du 30 octobre 1587 (Arch. nat., K 1565, n° 91), dont une partie a été publiée dans

de coustume, pour ce coup appaisée par les Suisses, qui leur remonstrèrent un serment presté à Chasteau-Vilain, et le grand gain qu'ils avoyent eu des villes bransquetées ; et puis les François s'obligèrent de boursiller pour la récompense de ceux qui avoyent perdu.

Sur ce poinct se trama l'entreprise de Montargis, par la menée d'un soldat nommé Le Pau[1] ; et cela sous l'industrie de Cluscau. Chastillon et Clervant y donnèrent avec quatre ou cinq cents harquebusiers, soustenus d'un corps de reistres. Le Pau les vint trouver, leur fait loger cinquante arquebusiers dans un portail[2]. Chastillon commençoit à monter quand un soldat, du courage duquel il ne doutoit point, le tira par les chausses ; et comme, sur cet avis, on cessa de filer, ceux de la ville, voyans la poudre esventée, mettent le feu aux traînées qui estoyent sous le pont, le font sauter, emplissent le fossé de grenades, la contr'escarpe de coups de canon. Les entrepreneurs se retirèrent avec soixante hommes perdus[3].

l'*Histoire des Guises,* de Bouillé, t. III, p. 235, et enfin dans les plaquettes conservées à la Bibl. nat. Voyez le *Catalogue des Imprimés,* t. I, p. 315. L'une de ces relations nous apprend que le village de Vimory appartenait à la duchesse de Nemours.

1. Il s'agit d'un s. Despau, gentilhomme normand huguenot, traître à tous les partis, à peine âgé de vingt-deux ans, alors au service du roi de Navarre (Lettre de Du Tillet au roi, du 31 octobre 1587, autographe ; f. fr., vol. 3396, f. 43).

2. Despau avait attiré Chastillon à Montargis en lui promettant de lui livrer la ville. Chastillon faillit tomber dans le piège. Cette affaire est racontée avec beaucoup de détails par les *Mémoires de Saint-Auban,* par La Chastre et par de Thou (liv. LXXXVII), et enfin par la lettre d'un témoin oculaire, le s. du Tillet, au roi (Orig., f. fr., vol. 3396, f. 43).

3. Trahison de Despau vis-à-vis de François de Chastillon à Montargis, 31 octobre 1587.

Cependant le reste de l'armée avoit assiégé Chasteau-Landon[1], qui se rendit sur la présentation de l'assaut à la vie sauve seulement[2]. Les reistres demandèrent le pillage de si bonne grâce qu'on ne leur put refuser, car ils ostèrent les prisonniers des mains des François. Durant ces insolences, Boucher et les ambassadeurs des Suisses[3] arrivèrent vers le roi, qui les receut avec visage courroucé et majestueux[4]; les fit traiter par le duc de Nevers, qui les mesnagea de menaces et de promesses comme il faloit. Eux alléguèrent force distinctions des intérêts du roi et de ceux de la Ligue. Tout cela servoit pour donner couleur à leur nécessité, et au roi pour en donner aux promesses de quelques payes et passeports. Les reistres voulurent à leur rang remettre les Suisses en devoir; mais ces gens, prenans tousjours leur résolution dans leur sein, et jamais en celui d'autrui, n'apportent à leurs premières pensées qu'un envoi vers le roi de

1. Siège de Château-Landon (Seine-et-Marne) par l'armée des alliés, 30 octobre 1587 (*Mémoires de la Ligue*, t. II, p. 221). L'artillerie des Allemands était si mauvaise que, au siège de Château-Landon, deux des quatre pièces qui restaient aux envahisseurs crevèrent et que les deux autres « n'en valoient guères mieux » (Lettre de Quitry à Ligny, datée du 26 décembre 1587; f. fr., vol. 4142, f. 657).
2. La ville de Château-Landon était défendue par le capitaine L'Amour. La Chastre observe que, si la ville eût voulu accepter une garnison, elle n'aurait pu être prise (Claude de la Chastre, *Discours sur les faits de 1587*, p. 116).
3. Les ambassadeurs suisses furent envoyés vers le roi le 13 novembre 1587 (Instruction de cette date, f. fr., vol. 3975, f. 158).
4. Le roi répondit aux capitaines suisses le 19 novembre 1587, les menaçant de les traiter de « capitaux ennemis » s'ils n'acceptaient pas ses propositions (Lettre du roi, copie; f. fr., vol. 3975, f. 156).

Navarre pour lui mal faire par son consentement. Le duc d'Espernon, ayant fait donner dans le quartier de Cormont[1], se servit du maistre de camp, puis, lui troisième, pour négocier dans l'armée ; et cela fut cause qu'au second envoi des Suisses[2], ce duc fut mis en la place de celui de Nevers[3]. Et les Suisses, interprétans toutes choses à leur besoin, firent mine d'un contentement nouveau, ayant, comme ils disoyent, affaire à un privé serviteur du roi, non à un prince soupçonné de la Ligue, et Italien, pour le moins de nation[4].

Le vingtiesme de novembre, le prince de Conti, fort peu accompagné, ayant auparavant averti les chefs des estrangers, fut receu à Prunai[5] par Chastillon. Mais sa venue ni la nouvelle de Coutras n'arrestèrent point les Suisses de conclure[6]. Et, lors qu'on disputoit en l'armée des divers chemins qu'il faloit tenir pour aller trouver le roi de Navarre, les uns remonstrans

1. Le s. de Cormont de Villeneuve, fils du maréchal de camp Antoine de Cormont, s. des Bordes, commandait un régiment de mille arquebusiers français (Estat de l'armée des reistres, f. fr., vol. 704, f. 69).

2. Cette nouvelle députation des Suisses fut envoyée au roi peu après le 29 novembre 1587. Voy. de Thou (liv. LXXXVII).

3. Sur les négociations du duc d'Épernon avec les reitres, voyez les *Mémoires de La Huguerye*, t. III, p. 200.

4. Sur les phases diverses des négociations des Suisses avec le roi, voyez une note établie d'après de nouveaux documents dans les *Mémoires de La Huguerye*, t. III, p. 200.

5. François de Bourbon, prince de Conti, joignit l'armée allemande à Prunay-le-Gillon (Eure-et-Loir) le 20 novembre 1587 (De Thou, liv. LXXXVII). Sur la prise de commandement par le prince de Conti, voyez une relation publiée dans le *Recueil A-Z* (lettre G, p. 213).

6. Capitulation des Suisses avec promesse de ne plus porter les armes contre le roi, 22 novembre 1587.

que ce gros corps de Suisses estoit bien pesant pour une telle expédition, ils s'en virent délivrez, quand ils vindrent faire signer leurs rolles au conseil[1].

Je dirai pourtant, à la descharge de cette nation, qu'ayant ouy alléguer leurs raisons dans le conseil des princes, estant bien cognu combien ils estoyent mal conduits, jamais les Suisses n'ont fait capitulation[2] à part, comme il leur est arrivé quelquesfois, de laquelle ils puissent monstrer plus justifiantes raisons[3].

Chapitre XX.

Deffaite d'Auneau et ce qui ensuivit.

De longtemps le duc de Guise avoit résolu d'enlever le général des reistres en son logis. Voyant donc, en mesme temps, les Suisses défectueux, le reste divisé, il prit tout d'un coup l'occasion des affaires, et celles du logis d'Auneau[4], petite ville murée, comme sont

1. Le roi accepta la soumission des Suisses le 27 novembre 1587, leur fit remettre des vivres et de l'argent et écrivit aux trois cantons protestants, Zurich, Berne et Bâle (f. fr., vol. 3975, f. 65, 66, 158; voyez aussi Zurlauben, *Histoire militaire des Suisses*, t. V, p. 202).

2. Bonstetten, lieutenant du colonel Thielmann, avait été le promoteur de cette capitulation (*Mémoires de Chastillon*, dans *François de Chastillon*, par le comte Delaborde).

3. Les divers incidents de la capitulation des Suisses sont racontés dans une pièce ligueuse à l'honneur du duc de Guise, *la Reddition et protestation de 12,000 Suisses qui s'estoient acheminés contre Sa Magesté avec un sommaire de tout ce qui s'est passé despuis l'advènement des reistres en France jusqu'à présent*. Paris, Linocier, 1587. In-8° de 16 pages.

4. Auneau (Eure-et-Loir). — Retraite des Allemands à Au-

celles de la Beausse, pour empescher de loger ceux du mesme parti. Il y a un chasteau assez bon, voire contre quelque canon mal équipé. Le peuple du pays, retiré en ceste place comme craignant le feu, avoit fait capitulation pour les vivres avec le baron d'Othna, qui tenoit ce logis avec sept cornettes d'Alemans. Le capitaine de ce chasteau[1] se servit dextrement de ce commerce pour aprendre toutes les particularitez du logement et des gardes, et en tenir le duc de Guise averti; lequel ayant trié son eslite de gens de pied et de cavalerie preste, il fit couler dès le soir quatre cents arquebusiers[2], entr'autres ses gardes, dans le chasteau, et dans les aubarées[3] plaça de nuict cinq mille hommes de pied et près de deux mille chevaux. Là dedans il attend le boute-selle, à cheval et l'esbranlement des chariots de bagage des reistres; et, sur le poinct que les maistres estoyent après le morgue-soupe[4], fait donner, par la porte la plus près du chasteau, Sainct-Paul[5] avec quinze cents hommes. Ces-

neau, sur le soir du 23 novembre 1587 (La Chastre, *Discours sur les faits de 1587*, p. 128 et suiv.).

1. Le s. de Chollant, capitaine gascon. Henri de Joyeuse, comte du Bouchage, lui avait donné le gouvernement du château d'Auneau (De Thou, liv. LXXXVII).

2. Surprise des Allemands à Auneau par le duc de Guise, 24 novembre 1587 (De Thou, liv. LXXXVII).

3. *Aubarée,* bas-fonds plantés de saules.

4. *Morgue-soupe,* la soupe du matin.

5. Le capitaine Saint-Paul, nommé maréchal de France au service de la Ligue par le duc de Mayenne, n'était pas un officier de fortune sans naissance, comme l'ont écrit, après de Thou, presque tous les historiens. Il était fils d'Antoine de Saint-Paul, seigneur de Villers-Templon, gouverneur de Mézières (Not. biog. écrite par le comte de Gourjault dans la *Revue de Champagne,* juin 1882, p. 433). Il fut tué par le duc de Guise, le 25 avril 1594,

tui-ci, ayant fait partir vingt hommes armez, à chasque main un lieutenant de compagnie avec trente hommes, lui encores parmi vingt officiers, ne dit en partant de la main que : « Allons, Sainct-Paul ! » Cela bien suivi enfila les rues. Avant l'alarme, les quatre cents du chasteau furent dans les maisons aussitost qu'eux. Le baron d'Othna, avec dix des plus diligens, perça la foule qui estoit dans les rues, et avec grand'peine l'estroit de la porte. Celui qui portoit la cornette générale essaya de rallier, mais le bagage et les arquebusades, qui pleuvoyent, lui en ostèrent le moyen. Enfin, n'ayant peu mieux, trente gentilshommes qui se joignirent à lui, après avoir couru les murailles, firent marchepied de leurs chevaux pour les sauter, et deux autres drapeaux se sauvèrent avec eux. Les autres quatre furent pris avec tous les reistres, plus de la moitié tuez. Le baron d'Othna, avec ce qui se jetta de divers endroits des murailles, firent un ralliement à demie lieue d'Auneau, auquel Chastillon, Clervant et puis les Suisses se rendirent.

Il reste de savoir comment le duc de Guise, ayant fait fermer les portes sur les siens qui estoyent entrez, se mit en ordre de combat pour attendre de pied quoi[1] le secours. Ceux qui s'estoyent ralliez, comme nous avons dit, envoyèrent cercher le reste de l'armée avec l'artillerie, pour enfoncer les victorieux dans Auneau ; mais ils eurent pour response force mescontentemens, qui là tenoyent place de la peur. Après le duc se retira à Estampes, avec huit cents cha-

à la suite d'une querelle (*Journalier de Jean Pussot*, publié par MM. Henri et Loriquet, p. 53).

1. *Quoi*, coi.

riots[1], sur lesquels, ou sur les chevaux des reistres, entra son infanterie en triomphe ou, pour le moins, en ovation. Les reistres, refusez de secours, vont cercher leurs Suisses et les ramenèrent au rendez-vous que nous avons dit, partie par honte, partie par crainte que la capitulation leur fust desniée après un tel eschec[2].

Ceste deffaite[3] fut perte aux réformez de douze cents hommes, que maistres, que valets ; le reste prisonnier, mais traitté assez courtoisement[4]. Le roi fit lors tenter toutes les parties de l'armée par le moyen de Cormont prisonnier, mesme s'adresse à Chastillon, qui ne fit rien sans le communiquer à tous. Les reistres demandent de voir tous les François ensemble. On leur manda de la cour que les reistres vouloyent prendre les François leurs prisonniers, pour en faire leur capitulation ; cela estant mesnagé par des principaux prisonniers, congédiez par le duc de Guise. Telle

---

1. L'édition de 1620 porte 80 chariots.
2. La bataille d'Auneau et la victoire du duc de Guise ont été l'objet de plusieurs relations de la part du parti ligueur, toutes à l'honneur de Henri de Lorraine. Outre le *Discours sur les faits de 1587* de Claude de la Chastre, nous citerons les *Mémoires de Cheverny* et surtout les nombreuses pièces conservées aux Imprimés de la Bibliothèque nationale (*Catal.*, t. I, p. 315 et suiv.). M. Gustave Baguenault de Puchesse, dans une savante étude imprimée par la Société historique et archéologique de l'Orléanais, 1885, a analysé et critiqué toutes ces pièces et plusieurs autres, que ses recherches personnelles lui ont fait trouver dans différents dépôts scientifiques.
3. Les deux phrases suivantes manquent à l'édition de 1620.
4. Le combat d'Auneau mit l'armée allemande presque en déroute. Elle y perdit 2,000 hommes morts ou prisonniers (*Recueil A-Z,* lettre G, p. 215). Le duc de Guise ne perdit que quatre soldats (Lettre à Mendoça, ambassadeur d'Espagne, du 5 décembre 1587 ; Arch. nat., K 1565, n° 129).

estoit l'envie de la cour contre cette excellente action.

L'armée ayant marché jusques à Landon[1], près de Montargis, et quelques esgarez, ayant veu des forces du roi, donnèrent tel effroi parmi les lansquenets qu'un régiment, qui menoit quatre petites pièces, à la veue d'une compagnie d'arquebusiers à cheval, leur firent reconnoistre qu'ils estoyent rendus, pour preuve de quoi ils leur quittèrent leurs armes et leurs pièces. Tout le reste estoit prest d'en faire autant sans Chastillon, qui leur porta les casaques de livrée d'une troupe qu'il avoit chargée, et ainsi les renvoya auprès de Boni[2]. Dès lors, l'armée qui se retiroit marcha tousjours à veue de la poursuivante, de laquelle les plus avancez vindrent aux discours avec ceux de la retraitte. Chastillon, pour rompre ces honnestetez, fit faire une charge par Monlouet[3], après le passage d'un ruisseau. Il en demeura quinze ou seize sur la place; c'estoyent les coureurs des ducs de Nemours et de Mercœur, dans le gros desquels Chastillon alloit mesler, sans un mauvais avis que le duc de Bouillon lui envoya[4].

Au logis du lendemain arriva Cormont, qui apportoit offre de capitulation[5], pareille au passé, pour tous les estrangers, quelque peu moindres conditions aux

---

1. Arrivée de l'armée allemande à Château-Landon (Seine-et-Marne), 26 novembre 1587 (De Thou, liv. LXXXVII).

2. Bonny-sur-Loire (Loiret).

3. François d'Angennes, s. de Monlouet et de Lisy, un des fils de Jacques d'Angennes, s. de Rambouillet, se retira auprès du roi de Navarre après la campagne de 1587 (*Lettres de Henri IV*, t. II, p. 317 et 322).

4. Chastillon raconte cet incident dans ses *Mémoires* (Delaborde, *François de Chastillon*, p. 485).

5. De Thou analyse les négociations de Villeneuve de Cormont auprès des reîtres (liv. LXXXVII).

François, et encores différentes entre les catholiques et refformez de l'armée. Cette composition ne fut rejettée d'aucun, pour toutes sortes de misères que les bandes souffroyent. Il ne restoit en débat que la reddition des drapeaux. Durant la dispute l'armée chemina huict jours, talonnée par le duc d'Espernon[1] avec cent cinquante gens d'armes et quelques troupes de carabins, devant lesquels les troupes effrayées gagnèrent quatre lieues, tant enfin qu'ils arrivèrent à Lanci[2]. Là, les conditions offertes par le roi furent rendues plus dures ; car, n'ayant demandé au commencement que les cornettes des François, il les voulut toutes avoir. Ce fut où Chastillon, par grandes raisons, et n'oubliant rien à promettre, fit condescendre une partie des reistres à se retirer dans le Vivarets. Mais les billets qu'on faisoit courir d'une armée de Mandelot[3] au-devant des chemins, et des neiges qui rendoyent le passage impossible, estant lors le sixiesme de décembre, les François, particulièrement les régimens de Mouy[4] et Clermont[5], commencèrent à

1. Sur la fin de novembre 1587, le duc d'Épernon était campé en face de l'armée allemande. Il refusa de l'attaquer et de consommer sa défaite, malgré les instances de ses capitaines (Lettre du duc de Guise à Mendoça du 11 décembre ; Arch. nat., K 1565, n° 134).
2. Arrivée des Allemands et des Français à Lency, dans le Mâconnais, 6 décembre 1587.
3. François de Mandelot, gouverneur de Lyon, né le 20 octobre 1529, mort le 24 novembre 1588.
4. De Vaudray, s. de Mouy, capitaine protestant, maréchal de camp de Henri IV en 1590, commandait un régiment de 2,000 arquebusiers français en 1587 (Estat des reistres ; f. fr., vol. 704, f. 69).
5. Georges de Clermont d'Amboise, marquis de Gallerande,

se desrober. Les uns se jettèrent aux ennemis, quittes pour estre desmontez et désarmez. Ceux qui tombèrent ès mains des païsans, assommez. La consternation fut telle que Chastillon, ne pouvant plus leur faire part de conseil ni de retraitte, fit sauver le prince de Conti, avec vingt gentilshommes, dans des maisons nobles, qui furent bien aises de le retirer. Lui déclara aux reistres qu'avec cent vingt chevaux et cent cinquante harquebusiers à cheval, il estoit résolu de percer les dangers, dont on leur avoit fait si grand peur. Cela leur donna un honneste à Dieu, mais non courage de le suivre. Au contraire, ils prindrent conseil de l'arrester prisonnier pour leur payement, ne considérant point sa pauvreté, et qu'ils n'eussent rien peu tirer de lui, qu'en vendant sa teste aux ennemis. Quelques gens de bien et principaux des reistres, comme il estoit parmi eux, lui dirent tout bas qu'il se sauvast; ce qu'il fit, feignant, au commencement, d'aller quérir le duc de Bouillon, pour s'obliger avec lui; et puis monstrant qu'il chocqueroit le premier qui essayeroit de l'arrester.

Cela dit, ayant appelé qui le vouloit suivre, il se sépare quelques-uns des siens[1], qui, pour faire leur paix, emportèrent l'avis au camp du roi. De là Mandelot et le comte de Tournon[2], commandez de le

---

capitaine protestant, maréchal de camp en 1591. Jusqu'à sa mort, arrivée au milieu du règne de Henri IV, il resta fidèle à la réforme.

1. Chastillon ne donne aucun détail sur sa retraite héroïque, mais son lieutenant, le s. de Saint-Auban, l'a racontée dans ses *Mémoires*. Brantôme a ajouté quelques traits au récit (t. VII, p. 292).

2. Just-Louis de Tournon, seigneur de Tournon, bailli de Viva-

suivre, l'abbayèrent cinq jours entiers sans le mordre, et ne meslèrent dans la retraitte des siens qu'une fois[1]. Mais lui, ayant tourné teste, les remena batant et mit en telle peine le gros qu'avec plus de patience, demimort de lassitude et de toute sorte de misères, il se traîna jusqu'à un chasteau de Vivarets, nommé Retortou[2], tenu par ses partisans; mais[3] avec tant de labeurs et de périls que le discours en seroit ennuyeux.

Le reste des reistres, qui avoyent fermé de tout point la capitulation[4], et de laquelle le duc d'Espernon s'attribuoit l'honneur[5], en fit les cérémonies à Marsigni[6], où le duc festina les capitaines; tout le gros s'acheminant vers Montbéliard[7].

rais et sénéchal d'Auvergne, second fils de Just de Tournon, comte de Roussillon, et de Claudine de la Tour, cousin germain de Turenne, cité dans les *Lettres de Henri IV, passim.*

1. François de Chastillon passa, le 12 décembre 1587, près de Saint-Bonnet en Forez et y fut attaqué par François de Mandelot. Ce combat est raconté dans une relation du temps fort rare, dont il existe un exemplaire parmi les Imprimés de la Bibliothèque nationale (L. b. 34, n° 404).

2. Retourtour (Ardèche), arrondissement de Tournon, commune de la Mastre.

3. La fin de l'alinéa manque à l'édition de 1620.

4. La capitulation de l'armée allemande fut signée par le prince de Conti, le duc de Bouillon et le baron de Dhona le 8 décembre 1587, suivant la plupart des historiens (*Mémoires de la Ligue*, t. II, p. 237; de Thou; copie, f. fr., vol. 17990, f. 122; Haag, t. X, p. 200; etc.). Cependant, cet acte est daté du 5 décembre dans deux copies du temps (f. fr., vol. 704, f. 86, et 3977, f. 406).

5. Le duc d'Épernon avait eu beaucoup de ménagements pour l'armée allemande. Voyez une lettre du duc de Guise à Mendoça, du 11 décembre 1587 (Arch. nat., K 1565, n° 136).

6. Marcigny-sur-Loire (Saône-et-Loire).

7. L'armée allemande commit toutes sortes de désordres et de

Là, s'estans raffraîchis, ils regagnèrent dedans les bords de la Lorraine, destruisant le pays en haine de ce que le marquis du Pont[1] fit destrousser leur bagage et leur tuer quelques malades, le tout contre la foi donnée[2] par les François, à laquelle les Lorrains maintenoyent n'estre pas attachez. Le duc de Bouillon, général, se retira à Genève pour se reposer[3]; se reposa de tous ses travaux, car il mourut l'onziesme de janvier, qui estoit le jour de sa nativité, âgé de vingt-cinq ans[4]. Il estoit prince de piété et de courage, aimant ses subjects comme ses enfans, et eux lui comme père. Il ordonna pour son héritière sa sœur Charlotte de la Mark[5]; institua après elle le duc de Montpensier[6], pourveu qu'il ne changeast rien, ni en la religion ni en la police. Et, au cas du moindre chan-

pillages dans le comté de Montbéliard. Voyez une relation du temps réimprimée dans les *Mémoires de la Ligue*, t. III, p. 667, et surtout l'excellent travail de M. Tuetey, *les Allemands en France et l'invasion du comté de Montbéliard*, 2 vol. in-8°, 1883.

1. Après la capitulation de l'armée allemande, le marquis de Pont-à-Mousson, secondé par le duc de Guise, avait poursuivi l'armée allemande jusques aux environs de Montbéliard (Lettre du 23 décembre; Arch. nat., K 1567, n° 4).

2. La fin de la phrase manque à l'édition de 1620.

3. Le duc de Bouillon, accompagné de trois serviteurs, se retira malade à Genève le 20 décembre 1587 (30, suivant le calendrier grégorien) (Spon, *Histoire de Genève*, t. I, p. 331).

4. D'Aubigné est en accord avec de Thou, pour la date de la mort du duc de Bouillon (De Thou, liv. XC). Les *Mémoires de la Ligue* (t. II, p. 261) et Spon (*Histoire de Genève*, t. I, p. 331) la datent d'après l'ancien calendrier, 1er janvier 1588.

5. Le duc de Bouillon fit son testament deux jours avant sa mort, en présence de sept seigneurs du conseil de la ville, en faveur de sa sœur unique (Spon, *Histoire de Genève*, t. I, p. 331).

6. François de Bourbon, duc de Montpensier, était l'oncle de Charlotte de la Marck.

gement, substitua le roi de Navarre et, après lui, le prince de Condé; nommant sur tous La Noue, pour exécuteur de son testament.

Ceste pupile nous oblige à vous rendre compte que devint l'estat de ce prince mort. Le duc de Guise, s'estant fait maistre de Roqueroye[1], par les voyes que nous avons dites, avoit, toute l'année passée, 1587, empli le Sedanois de forces, pour le destruire; et voulant, en la présente, presser davantage la ville, il s'y présenta le 25 de janvier. Mais les Sedanois le reccurent de loin, opiniastrant tous les avantages, et notamment une vigne, où le duc ne les jugea pas aisez à entamer; surtout le lendemain, que s'estant avancé à la reconnoissance, il fut mené si rudement par les gens de pied et de cheval que lui et le prince de Ginville[2], son fils, furent contraints de gagner un bois, avec perte sur leur retraite de vingt-huit de leurs lanciers.

Or, l'armée d'Alemagne avoit séparé tout cela et presté l'espaule au duc de Bouillon, pour tirer trois canons de Sedan, desquels il battit et prit Frainoi; avec les mesmes pièces força Glaires, et prit à coups de pétard le fort d'Élon[3]. Les Lorrains firent la seconde entreprise sur Jamets, mais elle n'eut point d'effet. Sur la mort du prince de Sedan, il y eut plusieurs projets. Le duc de Lorraine, tantost vouloit

1. Voyez plus haut, chapitre xviii.
2. Charles de Lorraine, prince de Joinville, pair et grand maitre de France, amiral des mers du Levant, gouverneur de Champagne et de Provence, époux de Henriette-Catherine de Joyeuse, veuve du duc de Montpensier, né le 20 août 1571, mort le 30 septembre 1640.
3. Fresnois, Glaire, Floing (Ardennes), près de Sedan.

prendre les intérests du comte de Maulevrier[1], tantost marier la pupile avec le comte de Vaudémont[2]. Ces négociations estant inutiles, il va assiéger Jamets[3]. Et, cependant qu'une partie de son armée investissoit la place, le reste brusloit tout jusques dans les portes de Sedan; le duc de Guise sous main prattiquant aussi ce mariage pour son fils. Pour toutes ces affaires, le roi[4] dépescha des Réauts[5], tant en Lorraine qu'à Sedan, pour couvrir l'orfeline de sa protection, oster la commodité de ce mariage aux rivaux de son Estat

1. Charles-Robert de la Marck, comte de Maulevrier, oncle de Guillaume-Robert de la Marck, duc de Bouillon.
2. François de Lorraine, comte de Vaudémont, né le 27 février 1572, époux de Christine de Salm, duc de Lorraine en 1625 sous le nom de François II, mort en 1632.
3. Ouverture du siège de Jamets par les Lorrains, 19 janvier 1588 (Herelle, *la Réforme et la Ligue en Champagne*, t. II, p. 192).
4. D'Aubigné et tous les historiens, même le grand de Thou, ont commis ici une confusion grave. Ce ne fut pas des Réaux que le roi (c'est-à-dire *le roi de France*) envoya en Lorraine et à Sedan pour sauvegarder les droits de la jeune princesse de Bouillon. Des Réaux était un négociateur au service du roi de Navarre, alors en Suisse, comme on le verra dans la note suivante. Ce fut le s. de Rieux (François de la Jugie, s. de Rieux), gouverneur de Narbonne, qui fut l'ambassadeur du roi. Une relation réimprimée dans les *Mémoires de la Ligue* (t. II, p. 267) et surtout l'importante correspondance du roi et du s. de Rieux (Orig., f. fr., vol. 3395) nous permettent de rectifier l'erreur générale.
5. Antoine de Moret, s. des Réaux, un des conseillers et des négociateurs ordinaires du roi de Navarre. Le Béarnais venait de l'envoyer en Suisse avec une instruction, qui est imprimée dans *Mémoires et Correspondances de Du Plessis-Mornay*, t. IV, p. 47. Des Réaux, au nom du roi de Navarre, remit au prince Casimir de Bavière, à Heidelberg, le 25 décembre 1587, un mémoire justificatif fort curieux. Cette pièce importante est conservée dans les V^c de Colbert, vol. 401, f. 136.

et donner, ou pour le moins monstrer, une récompense à quelqu'un de ses confidens.

Chapitre XXI.

Articles de Nanci[1]. Guerre à la frontière de Lorraine.

Nanci fut choisi par les liguez pour une assemblée, par laquelle ils vouloyent avoir correspondance avec leurs amis, Italiens, Suisses et Alemans; ils y furent peu de jours pour former et publier le résultat qui s'ensuit :

1. Le roi sera sommé de prendre plus ouvertement et à bon escient le parti de la Ligue, et d'oster d'autour de soi et des places et offices importans ceux qui lui seront nommez;

2. De faire publier le concile de Trente en tous ses pays, sauf à surseoir l'exécution pour quelque temps, en ce qui concerne la révocation des exemptions de quelques chapitres, abbayes et autres églises, de leurs évesques diocæsins, selon qu'il sera avisé;

3. D'establir la saincte inquisition, au moins ès bonnes villes, comme estant le plus prompt moyen pour se desfaire des hérétiques et suspects, pourveu que les officiers en soyent estrangers, ou du moins ne soyent natifs des lieux, et n'y ayent parens ni alliez;

4. D'accorder aux ecclésiastiques de racheter à per-

---

1. Vers le milieu de janvier 1588, le duc de Lorraine convoqua à Nancy le duc de Guise et la plupart des chefs de la Ligue. On arrêta dans cette conférence une série de résolutions dont on va lire le texte. La conférence dura jusqu'au milieu de février (*Mémoires de la Ligue,* t. II, p. 269).

pétuité les biens ci-devant aliénez de leur église ou qui le seront ci après, de quelque qualité que soyent lesdits biens ou ceux qui les auront achetez ; contraindre les bénéficiers de racheter dans certain temps, qui leur sera préfix, ce qui leur sera vendu de leurs bénéfices, selon les moyens qu'ils seront trouvez avoir, par les commissaires qu'on députera au plustost ;

5. Sera prié de mettre ès mains d'aucuns chefs les places d'importance qui lui seront nommées, ausquelles ils pourront faire forteresses, et mettre gens de guerre, selon qu'ils aviseront, aux despens des villes et du plat païs, et ainsi de celles qu'ils tiennent à présent ;

6. De fournir la solde des gens de guerre qu'il est nécessaire d'entretenir en Lorraine et aux environs, pour obvier à une invasion des estrangers. Et à cette fin, pour continuer tousjours la guerre encommencée, faire vendre au plustost, et sans autres sollennitez, tous les biens des hérétiques et de leurs associez ;

7. Et outre, que ceux qui autrefois ont esté hérétiques, ou tenus pour tels, depuis l'an 1560, de quelque qualité ou condition qu'ils puissent estre, soyent taxez et cottisez au tiers ou du moins au quart de leur bien, tant que la guerre durera ;

8. Et les autres catholiques au dixiesme de leur revenu, par chacun an seulement, sauf à les rembourser ci-après, selon la recepte et despense qui sera faite ; commissaires députez pour faire leurs ventes et taxes, tant des ecclésiastiques que séculiers ; exempts les officiers des cours souveraines, à ce que cela soit exécuté plus promptement ;

9. Que les parens des hérétiques ou associez

soyent contraints par toute voye d'acheter leur bien, en leur remettant la quarte partie du juste prix ; et où ils seront vendus à d'autres après leur refus, ils ne seront plus receus à le demander par retrait ni autrement ;

10. Que les premiers deniers provenans de ce que dit est, seront employez à l'acquit des dettes que les chefs ont esté contraints de faire ci-devant, et le surplus sera, pour l'avenir, à cette fin, mis ès mains de ceux qui seront nommez, sans pouvoir estre convertis ni employez ailleurs ;

11. Que la vie ne sera donnée à aucun prisonnier ennemi, sinon en jurant et baillant bonne asseurance de vivre catholiquement et payer contant la valeur de ses biens, s'ils n'ont jà esté vendus, et, au cas qu'ils l'ayent esté, en renonçant à tous droits qu'ils y pourroyent prétendre, et s'obligeant de servir trois ans et plus à ce qu'on les voudra employer, sans aucune solde.

Ces articles furent présentez au roi, qui au commencement les leut en souspirant et puis corrigea sa contenance à l'approbation[1].

1. Ces articles furent publiés en plaquette et sont certifiés, quant à leur authenticité, par de Thou. Ils ont été réimprimés avec un commentaire dans les *Mémoires de la Ligue*, t. II, p. 269. Du Plessis-Mornay y répondit par un factum curieux (*Mémoires et correspondances*, t. IV, p. 168). Les copies de cet acte sont nombreuses (f. fr., vol. 3958, 3961, 4003, coll. Dupuy, vol. 844) et contiennent des variantes.

Chapitre XXII.

Suite[1] *du siège de Jamets. Exploits de Sedan. La Noue à Sedan. Deffense de son action. Mort du prince de Condé.*

Alors, le siège de Jamets ayant changé de condition, au lieu des blocus, les aproches s'y firent de tous costez[2], avec plusieurs sorties et inventions des assiégez, qui voudroyent bien un discours à part. Entre une infinité de ruses qui s'exécutoyent tous les jours, pour eschantillon des autres, j'en dirai une seulement. Il y avoit un moulin à vent rompu qui fut deux fois pris et repris[3], où les assiégez deffirent les premières gardes, ce qui fut cause que l'on y mit plus de deux cents hommes, pressez merveilleusement. Un des assiégez, après avoir fait entendre au capitaine son projet et convenu des signes qu'ils devoient faire, se coula la nuict par un canal, et le lendemain, ayant acheté en l'armée ce qui lui faisoit besoin pour son affaire, s'en vint, à deux heures après-midi[4], chargé

---

1. L'énoncé de ce chapitre ne se trouve pas dans l'édition de 1620.
2. Au mois de janvier 1588, le duc de Lorraine mit le siège devant Jametz et commença à battre la ville (Lettre du duc de Montpensier au secrétaire d'État Bruslart, du 22 janvier 1588; orig., f. fr., vol. 3400, f. 20). Le bombardement commença le 16 avril (Herelle, t. II, p. 192).
3. Prise du moulin à vent de Jametz par le duc de Lorraine, 19 janvier 1588.
4. Stratagème des assiégés de Jametz contre le moulin des assiégeants, 6 mars 1588 (Herelle, *la Réforme et la Ligue en Champagne*, t. II, p. 192).

d'une grand'hote, le dessus de laquelle estoit couvert de fruicts et de poulets. En cet équipage il vint aux plus proches maisons de ce gros corps de garde ; et là, y ayant soixante pas à descouvert, il fit toutes les mines de craintes qu'il avoit veu faire aux autres vivandiers. Ceux de la maison, après avoir bien ri de ses singeries, le pressèrent d'injures. Le galand se résolut donc à passer, et, en arrivant dans le corps de garde, se laisse tomber et quitte sa hotte pour aller avaler ses chausses derrière la maison. Aussitost un soldat coupe la ficelle qui attachoit les poulets ; un rouet qui estoit dans la hotte eschape ; de tout ce qui estoit à l'entour[1] en fut tué quarante-cinq.

Durant cet exercice, ceux de Sedan levoyent souvent des logis aux troupes les plus esloignées, comme ils firent à Vaudelincour et à Balan[2]. Pour les brider, on dépescha de l'armée un petit camp volant, commandé par Rosne[3], qui se vint loger à Remilli, poussant ses compagnies à Auchecourt et à Raucourt[4] ; cela d'un costé de la rivière. De l'autre le baron d'Arzimbourg[5] avec quatre compagnies, la sienne, une autre de Lorrains, une de François et une d'Italiens. Et encores on avança devant eux deux compagnies d'Albanois.

1. Var. de l'édit. de 1620 : « ... à l'entour ne s'en sauva que cinq ou six, et encores estropiez et bruslez. *Durant...* »
2. Wadelincourt, Balan (Ardennes), près de Sedan.
3. Chrétien de Savigny, s. de Rosne, capitaine de cinquante hommes d'armes, grand ligueur. Exilé sous le règne de Henri IV, il passa au service de l'Espagne et fut tué, en 1596, dans une expédition aux Pays-Bas.
4. Remilly, Angecourt et Raucourt (Ardennes).
5. Gauthier de Schwartzenbourg, un des quatre comtes de l'Empire, seigneur de la Thuringe, époux de Catherine de Nassau.

Rosne trouva Raucourt meublé de ce qu'il lui faloit, c'est-à-dire d'hommes et de toutes sortes de munitions. Et mesme Nué[1] y aporta ce qui manquoit à la veue des ennemis. Rosne, ayant eu commandement de fortifier Douzi[2], l'environnoit de retranchemens et faisoit un fort à part, au bout du pont. Un mecredi, treziesme de mai[3], les Sedanois, ayans marché la nuict, donnèrent au poinct du jour à Douzi, en deux troupes, les uns au retranchement et les autres au pont. Ceux-ci emportèrent d'emblée et tuèrent ce qu'ils purent empoigner. Les autres, ayans trouvé une sentinelle perdue, donnèrent loisir de mettre la mesche à son poinct, et furent repoussez. Lors, dom Juan Rumero[4], qui s'estoit trouvé là bien à propos, comme ayant sa troupe preste pour aller à la guerre, eschaufé de sa première besongne, met ensemble ses lanciers ; et, croyant que les repoussez avoyent quelque effroi, fait une furieuse sortie. Le baron d'Arzimbourg en voulut faire autant. Le premier fut receu dans les picques par des gens si fermes qu'estans meslez avec lui, ils ne le desmordirent plus, et entrèrent pesle-mesle et gagnèrent le retranchement. La charge de l'autre servit à le faire sauver ; car tout le reste fut pris, tué et

---

1. Le s. de Nueil, capitaine protestant au service du duc de Bouillon, gouverneur de Jametz, est cité dans les *Mémoires de La Huguerye,* t. II, p. 351.

2. Douzy (Ardennes).

3. D'Aubigné se trompe. La défaite des troupes du duc de Lorraine à Douzy par le s. de Nueil eut lieu le 13 avril 1588, non le 13 mai (De Thou, liv. XC).

4. Don Juan Romero, capitaine espagnol envoyé au duc de Lorraine par le duc de Parme, commandait une compagnie de chevau-légers (*Mémoires de la Ligue,* t. II, p. 284).

noyé. Vizes¹, capitaine de cavallerie, et son lieutenant se firent mettre en pièces. Quelques-uns se rallièrent dans un petit fort plus avancé que le reste. Entre ceux-là, les capitaines Carles², Rumero et Marville³. Mais, à la veue de deux pièces, ils se rendirent à la discrétion de l'orfeline, qui leur donna la vie en recevant leur drapeaux. Quelques jours auparavant, Rosne avoit pris Lamecourt⁴ à coups de canon. Nué, en s'en retournant, pensoit l'investir dedans; mais il lui quitta la place pour se sauver avec effroi au gros de l'armée, qui, cependant, avoit pressé Jamets et mis en batterie son canon⁵.

Sur le despit de ces pertes, les assiégeans employèrent quatre jours à battre des défenses, horsmis le dernier, qui commença la bresche. Et le cinquiesme, après qu'elle eut receu deux cents coups de canon, se donna un assaut général avec les escalades et tout ce que ce mot emporte. La bresche fut tastée avec trois rafraîchissemens, et puis tout y donna en foule avec grande opiniastreté, et, partant, la perte de mesmes,

1. Antoine de Vizes, gentilhomme français du parti du duc de Guise.
2. Le capitaine Carlo, Italien, commandait une compagnie de gens de pied.
3. Le capitaine Marville commandait une compagnie de gens de pied.
4. Lamecourt (Ardennes), commune de Rubécourt, canton de Sedan. La prise de Lamecourt est racontée dans les *Mémoires de la Ligue*, t. II, p. 285.
5. Retraite et défaite du s. de Nueil, lieutenant de Mlle de Bouillon, 2 juillet 1588. Ce combat donna lieu à une relation en l'honneur du duc de Lorraine, dont il existe un exemplaire aux Imprimés de la Bibliothèque nationale, coll. Fontanieu, vol. 267, f. 232.

qui fut de six cents hommes et plus. La résolution des défendans fit perdre aux autres celle d'attaquer, tellement que le siège se continua de la froideur d'auparavant, et pourtant avec de grandes extrémitez aux assiégez jusques à l'arrivée de La Noue[1]; lequel, prenant occasion des accidens de la France, vint à la défense de la pupile, amenant fort peu de forces. Mais les premiers préparatifs et son nom firent envie au duc de Lorraine de désassiéger Jamets[2].

Il n'y eut pas faute de blasme contre l'action de ce preud'homme. Les livres de la Ligue le descrioyent partout, comme ayant faussé la foi promise pour sa liberté[3], et mesmes faisant tort à ceux qui s'estoyent rendus pleiges de son serment. Lui fut contraint de se défendre par escrit imprimé, plein de raisons, en stile de chevalier d'honneur[4]. Je me contenterai d'en donner à mon lecteur une, qui est la plus forte à mon avis, tirée des paroles conceues et exprimées en la promesse du prisonnier. En voici les termes : « Qu'il ne porteroit les armes contre le roi d'Espagne, ni son Estat, en cas que cela ne contreviendroit point à ce

1. François de la Noue, fait prisonnier à Ingelmunster par les Espagnols, était retenu au château de Limbourg depuis 1580.

2. Le siège de Jamets fut levé par le duc de Lorraine à la fin d'avril 1588 (Lettre au duc de Nevers du 29 avril 1588; f. fr., vol. 3976, f. 62).

3. Avant de rendre la liberté à La Noue, Philippe II obligea ce capitaine, le 26 juin 1585, à signer un engagement de ne plus porter les armes contre lui et contre ses alliés. Cet engagement, qui porte le titre de *Points et articles pour la délivrance de M. de La Noue,* est publié par Amiraut, *Vie de La Noue,* p. 295.

4. La déclaration de François de la Noue justifiant sa prise d'armes pour la défense de Sedan et de Jametz est imprimée dans les *Mémoires de la Ligue* (t. II, p. 290 et suiv.).

qu'il devoit d'obéyssance et de fidélité à la couronne de France, et au roi son souverain. » Or, est-il que, dès l'arrivée de La Noue à la cour[1], il fut sommé par son roi d'entreprendre la défense de la pupile.

L'apologie[2] qui en fut faite vaut bien la peine d'un lecteur curieux, s'il a cest affaire à cœur.

Nous allons voir la journée des Barricades, où nous trouverons d'assez tristes matières et de confusions, sans y mesler la mort du prince de Condé, avenue le cinquiesme de mars par poison[3]. Sur le soupçon de quoi la princesse[4], nouvellement accouchée d'Henri de Bourbon[5], aujourd'hui prince de Condé, fut emprisonnée, ensemble quelques officiers de la maison; et, sur le constant rapport des médecins[6], le pro-

1. François de la Noue vint à la cour pour prier le roi de France de prendre la défense des droits de Mlle de Bouillon et obtint du roi l'autorisation de prendre les armes en faveur de la princesse (*Déclaration* de ce capitaine; *Mémoires de la Ligue*, t. II, p. 290).
2. C'est la *Déclaration* que nous avons citée dans les notes précédentes. De son côté, le roi de Navarre adressa au s. de la Noue une instruction, datée du mois d'octobre 1588, pour lui commander, au nom du parti réformé, de rester à Sedan et de défendre contre le duc de Lorraine les villes et les États de Mlle de Bouillon. Cette pièce, due à la plume de Du Plessis-Mornay, est réimprimée dans ses œuvres (édit. Auguis, t. IV, p. 264).
3. Mort du prince de Condé à Saint-Jean-d'Angély, 5 mars 1588. La date donnée par d'Aubigné est confirmée par tous les historiens.
4. Charlotte-Catherine de la Trémoille, cinquième enfant de Louis III de la Trémoille, premier duc de Thouars, et de Jeanne de Montmorency, avait épousé le prince de Condé le 16 mars 1586.
5. D'Aubigné se trompe. Henri II de Bourbon, prince de Condé, naquit le 1er septembre 1588.
6. Le rapport des médecins, daté du 6 mars 1588, est imprimé

cès[1] fut examiné à toute rigueur. Breillaut[2], contrerolleur[3], sur des confessions pleines de désespoir[4], fut tiré à quatre chevaux; et la princesse[5], ne se pouvant trouver assez convaincue ou par discrétion d'Estat, fut remise en sa liberté[6]. Longtemps après le parti des

dans les *Mémoires de la Ligue*, t. II, p. 304, et dans les *Archives curieuses* de Cimber et Danjou, t. XI, p. 277.

1. L'instruction du procès de la princesse Catherine commença le 13 juillet 1588.
2. Jean-Ancelin Brillaud, ancien avocat au parlement de Bordeaux et attaché à la maison de Condé, fut jugé, condamné et écartelé le 11 juillet 1588.
3. Var. de l'édit. de 1620 : « ... *contrerolleur* de la maison, *sur des confessions...* »
4. Brillaud avoua que la princesse, grosse des œuvres d'un de ses pages, nommé Belcastel, et ne pouvant plus cacher sa grossesse, avait empoisonné le prince avec l'aide de quelques serviteurs. Cette déposition, arrachée par la torture, n'est pas une preuve certaine, bien qu'elle ait été admise par les contemporains, même par le roi de Navarre (*Lettres de Henri IV*, t. II, p. 365). Le duc d'Aumale propose quelques réserves sur la culpabilité de la princesse (*Histoire des Condé*, t. II, p. 182).
5. La mort du prince de Condé reste un des plus profonds secrets de l'histoire du XVIe siècle. Voyez les pièces publiées dans les *Mémoires de la Ligue*, t. II, p. 303 et suiv., dans les *Archives curieuses* de Cimber et Danjou, t. XI, p. 277, dans le *Journal de L'Estoile*, 1744, t. III, p. 320, dans le *Cabinet historique*, t. VII, p. 117, dans le *Bulletin de la Société de l'histoire de France*, 1834, 2e partie, p. 73, dans l'*Histoire des princes de Condé*, par le duc d'Aumale, t. II, aux Pièces justificatives, dans le *Véritable discours de la naissance et vie du prince de Condé* de Fiefbrun, publié en 1861 par M. Halphen. La question a été elle-même l'objet de savantes études par M. Desormeaux (*Mémoires de l'Académie des inscriptions*, vol. L, p. 665), par le Père Griffet (*Histoire de France* de Daniel, t. XI, p. 448), par M. de Barthélemy (*Revue des Questions historiques*, 1er juillet 1887).
6. La princesse de Condé fut retenue en prison à Saint-Jean-d'Angéli jusqu'en 1595, époque où elle fut remise en liberté. Le

refformez sentit cette perte, comme d'un prince pieux, de bon naturel, libéral, d'un courage eslevé, imployable partisan et qui eust esté excellent capitaine, pour les armées reiglées et florissantes ; car ce qui lui manquoit aux guerres civiles estoit qu'estimant les probitez de ses gens à la sienne, il pensoit les choses faites quand elles estoyent commandées et n'avoit pas cette rare partie, principale au roi de Navarre, d'estre présent à tout[1].

Chapitre XXIII.

Des Barricades de Paris et de leur suite.

C'est trop laisser en repos le duc de Guise[2], qui n'y estoit pas. Car, cependant que toute la cour n'avoit propos, et fort peu d'autres pensées que d'aller en Poictou, en Daulphiné ou à d'autres armées dépeschées, comme on disoit, pour sacrifier les huguenots, gages et victimes à la publique réconciliation, le duc

---

24 juillet 1596, elle fut acquittée par un arrêt du parlement, qui est imprimé dans le *Journal de L'Estoile,* 1744, t. III, p. 349.

1. Cette apologie du prince de Condé est d'accord avec les jugements de de Thou (liv. XC). Nous rappellerons qu'un historien qui ne mérite pas, il est vrai, d'être comparé à de Thou ou à d'Aubigné, Michel de la Huguerye, trace dans ses *Mémoires* un portrait bien plus élogieux du prince de Condé.

2. Le duc de Guise passa les premiers mois de l'année 1588 à Châlons. Pendant ce délai, le roi, se sentant menacé dans son autorité, lui envoya plusieurs fois Pomponne de Bellièvre. Ces négociations, qui n'avaient d'autre but réel que de paralyser les intrigues du chef de la Ligue, sont exposées dans la correspondance de Bellièvre de janvier à mars 1588 (Orig., f. fr., vol. 3403 ; copies, f. fr., vol. 15892).

de Guise, bien averti que les soupçons de ses desseins estoyent passez en connoissance, se résolut à se sauver dedans l'audace, et, ayant passé le Rubicom, se faire voir dedans Romme, qui estoit Paris. Et pourtant il y fit couler, par diverses manières, toutes sortes d'esprits puissants aux séditions, pour réchaufer ses partisans et, par leur bruit et nombre, gagner les neutres, en mettant la crainte et le silence sur le front des royaux. En peu de temps les caquets des émissaires des autres, les gazettes du palais, les livrets et chansons, les paquets des hostes, les violences des prescheurs redoublées, tout cela mit le feu à l'insolence des Parisiens; et les menaces qu'on présupposoit sortir du cabinet du roi[1] firent trouver pour lors que la voix du peuple estoit celle de Dieu. Les craintes du roi paroissoyent à sa contenance et aux lettres qu'il escrivoit à ses confidens, pour s'en renforcer aux sollicitations et pratiques que d'O[2], gouverneur de l'Isle-de-France, faisoit dans la ville pour obliger et astreindre, par sermens secrets, quelques capitaines des quartiers au roi, qui, par ce moyen, en gagna quatre à sa dévotion. La crainte de ces choses, jointe au desplaisir de voir le duc d'Espernon[3] amiral de France

---

1. Le roi était à Chartres et y reçut une députation et une supplique de la ville de Paris qui le décida à revenir à Paris. Cette supplique, datée du mois de mars 1588, est conservée en copie du temps dans le volume 6619 du fonds français, f. 235.

2. François, marquis d'O, seigneur de Fresne et de Maillebois, favori de Henri III, surintendant des finances, gouverneur de Paris et de l'Ile-de-France, cité par L'Estoile pour sa rapacité et ses concussions, né en 1535, mort le 24 octobre 1594.

3. Le duc d'Épernon avait été nommé amiral de France par lettres du roi en date du 7 novembre 1587 et reçu au parlement le 11 janvier suivant.

par la mort de Joyeuse, et joint à cela les sollicitations des Jésuites et de Romme, et encor quelques eschaufaisons de l'ambassadeur d'Espagne[1], firent résoudre le duc de Guise à partir de Soissons[2], pour venir rafraîchir le courage des Parisiens partisans. Il fait demeurer derrière le cardinal son frère[3] et son fils, venir après lui l'archevesque de Lyon[4], lors irrité contre le roi, pour des vers qu'il avoit faits et fait faire, en récriminant et, sous les noms de Philon et d'Aurore, reprochant à l'archevesque son inceste[5] avec sa sœur[6].

1. Don Bernardino de Mendoça, aussi grand capitaine qu'éloquent écrivain, l'auteur des *Commentaires* que nous avons si souvent cités dans le récit des affaires des Pays-Bas de 1567 à 1577. Son immense correspondance pendant la Ligue, conservée aux Archives nationales, attend encore un éditeur.

2. Le duc de Guise partit de Soissons à cheval à neuf heures du soir avec neuf gentilshommes, le 8 mai 1588, et arriva à Paris le lendemain à midi (*Journal de L'Estoile*).

3. Louis de Lorraine, cardinal de Guise, né le 6 juillet 1555, archevêque de Reims en 1583, président de l'ordre du clergé aux États de Blois en 1588, assassiné le 24 décembre 1588.

4. Pierre d'Espinac, archevêque de Lyon (1573-9 janvier 1599).

5. L'archevêque de Lyon avait écrit ou fait écrire la traduction de l'*Histoire tragique de Gaverston* par Walsingham, avec une préface qui désignait ouvertement le duc d'Épernon au supplice qu'avait subi l'ancien favori d'Édouard II d'Angleterre. Le duc riposta par un libelle, l'*Anti-Gaverston*, dédié à Henri de Vaudemont (le duc de Guise). C'est là que l'accusation d'inceste contre l'archevêque de Lyon est pour la première fois exposée. Dupleix raconte que l'archevêque de Lyon, un jour à la cour, ayant dit que le pape pouvait relever les sujets du roi du devoir de fidélité, le duc d'Épernon « repartit qu'il le pouvoit tout autant que dispenser un prélat d'entretenir sa sœur pour concubine. » (Dupleix, *Histoire de Henri III*, p. 164.)

6. D'après le *Catalogue de la bibliothèque de M*^{me} *de Montpensier*, pasquil du temps attribué à Henri III lui-même, et publié à

Sur le poinct du partement arriva Belièvre[1] à Soissons, qui, avec des discours d'espoir et de menaces, arrestoit le duc[2], sans l'encouragement des siens[3]. Desquels ayant laissé grand'quantité par les chemins, le lundi, 9 may[4], entrèrent dans Paris à midi, par la porte Sainct-Antoine, persa toute la ville pour aller descendre aux Filles-Repenties[5], logis de la roine mère. Elle, toute effrayée[6], le mena au Louvre, accompagné de huit gentilshommes seulement. Comme il entroit en la chambre, on contoit au roi que, par les

la suite du *Journal de L'Estoile*, la sœur de l'archevêque de Lyon se nommait Mlle de Grisolles.

1. Pendant que le duc de Guise était à Soissons, le roi, dans la prévision de ce qui pouvait se passer, lui envoya Pomponne de Bellièvre pour le décider à ne pas venir à Paris. Bellièvre était porteur d'une instruction du roi, datée du 14 avril, à l'adresse du duc de Guise. Cette pièce importante est conservée en original dans le volume 3402 du fonds français.

2. La mission de Bellièvre à Soissons donna lieu à une importante correspondance qui touche aux plus grands événements de la Ligue et qui est actuellement conservée dans le volume 3402 du fonds français. Ce recueil renferme huit lettres de Bellièvre depuis le 20 avril 1588, cinq du duc de Guise pendant la même période, et deux du cardinal de Bourbon.

3. Bellièvre revint de Soissons à Paris le 5 mai avec des promesses ambiguës de la part du duc de Guise (*Journal de L'Estoile*).

4. Le duc de Guise entra à Paris le 9 mai 1588 à midi, le visage caché sous son manteau. Bientôt reconnu malgré son déguisement, il fut acclamé comme un sauveur. Voyez l'intéressant récit anonyme d'un bourgeois de Paris dans les *Archives curieuses*, t. XI, p. 365.

5. Le couvent des Filles repenties devint plus tard l'hôtel de Soissons. C'est là que Catherine avait fait élever une tour pour l'étude de l'astrologie. L'hôtel de Soissons a servi de nos jours d'emplacement à la halle au blé.

6. Le *Journal de L'Estoile* dit que la reine mère était malade, ce qui ne l'empêcha pas de se rendre au Louvre avec le duc de Guise.

rues où avoit passé le duc, le peuple quittoit les maisons pour crier en foule : « Vive Henri, vive Guise, le pilier de l'Église; » et particulièrement que Vitri[1], qui estoit à la roine, montée sur une boutique de la rue Sainct-Honoré, ayant baissé le masque devant le duc, avoit crié tout haut : « Bon prince, puisque tu es ici, nous sommes tous sauvez[2]. » D'autres ajoustoyent : « Ne mourrai-je point après t'avoir veu roi[3]? » On lui disoit encores comment les ecclésiastiques amassoyent le peuple par les paroisses et les menoyent à dévotions nouvelles, pour la seureté de leur chef. Il entra donc en la chambre, où le roi, plein de ces propos, couvrit son estonnement de froideur, et bientost de silence, à quoi servit que le disné estoit prest. Le duc, qui de son costé alla cercher le sien, suivi de ses huit seulement, le fit court, pour retourner au jardin de la roine, où le roi se trouva; la grâce du premier composée à plus d'asseurance, et de l'autre à plus de courtoisie. L'un vouloit appuyer son droit, l'autre cacher la connoissance du tort. Le lendemain, au mesme jardin, se trouva l'archevesque de Lyon. Les propos du roi et de lui furent esloignez des offenses

---

1. Louise de l'Hospital-Vitry, fille d'honneur de la reine, épousa plus tard Jacques de Simiers, ancien maître de la garde-robe du duc d'Anjou. La demoiselle de Vitry passait pour être amoureuse du duc de Guise (*Journal de L'Estoile*, 1744, t. III, p. 58, note).

2. Le texte du *Journal de L'Estoile* ne nomme pas la demoiselle à laquelle il attribue cette exclamation.

3. Estienne Pasquier, dans une lettre détaillée qui est peut-être le meilleur récit que nous ayons de la journée des Barricades, trace un saisissant tableau de l'enthousiasme des Parisiens pour le duc de Guise (*Œuvres*, 1723, t. II, col. 331, lettre du 20 mai 1588).

mutuelles, et trop discrets pour estre d'une bonne foi. Ces deux jours se passèrent en entreveues, les soirées et les nuicts en menées d'une et d'autre part.

Le troisiesme jour, le mareschal de Biron fit entrer, par commandement du roi, quatre mille Suisses[1] et deux mille hommes de pied françois; et, en mesme temps, Grillon[2], avec la fleur des gardes, se place au pont Sainct-Michel; le capitaine Gas[3], avec quatre compagnies, au bout du pont au Change, défendant sa teste de quelques arquebusiers au Chastelet. Le mareschal d'Aumont[4], ayant fait passer la moitié des Suisses à la place Maubert, l'autre à Sainct-Jean-en-Grève, met une troupe de gens de pied qu'il avoit amenez à part au bout du pont Nostre-Dame, une autre et quelque reste de Suisses dans le cloistre Sainct-Innocent. Lui et le mareschal de Biron, avec grosse troupe de cavalerie, battent le pavé. Les courtisans remplissoyent le quay qui va vers les ponts.

Le peuple, ayant presque partout fermé les boutiques et appuyé les portes, en mesme temps les plus esloignez du Louvre furent les plus prests à livrer de chance. Le comte de Brissac[5], trouvant à l'Université

1. Le *Journal de L'Estoile* dit que les 4,000 Suisses avaient été appelés quelques jours auparavant, le 24 avril 1588, de Lagny à Paris, sur le bruit d'une conjuration de la Ligue.

2. Louis des Balbes de Berton, seigneur de Crillon, maître de camp du régiment des gardes du maréchal de Biron, né en 1541, mort le 2 décembre 1615.

3. Olphan de Gast, qu'il ne faut pas confondre avec Louis Bérenger du Guast, favori de Henri III, assassiné par le s. de Viteaux. Sur Olphan de Gast, voyez une note du chapitre xiv du livre suivant.

4. Jean d'Aumont, né en 1522, maréchal de France depuis 1579.

5. Charles de Cossé, comte, puis premier duc de Brissac, gou-

quelques escoliers les premiers en rue, leur fit commencer une barricade, et de là, ce nom courant partout, chascun voulut monstrer qu'il en avoit veu faire. L'effect suivit le nom par tout ce vaste corps, et celles qui affrontoyent les Suisses furent les plus hautes. Les Parisiens, une fois logez, respondirent aux remonstrances des capitaines suisses : premièrement, des menaces pour les faire retirer, et puis des mousquetades. Lors, chascun voulut monstrer qu'il sçavoit tirer, et, bien que la pluspart le fissent à coup perdu, toute la ville creut que les royaux estoyent enfoncez ; et mesmes cela donna occasion au comte de Brissac de mettre l'espée à la main, et faire tirer à bon escient à ceux du pont Sainct-Michel. Et, pour ce que le roi avoit dit de lui qu'il n'estoit bon ni sur terre ni sur mer, cela pour ce qui avint à la bataille des Açores[1], ce comte, en commençant le jeu, dit aux compagnons : « Pour le moins saura le roi que j'ai trouvé mon élément, et que je suis bon sur un pavé. » Les harquebusades des barricades furent accompagnées de celles des fenestres, avec une gresle de carreaux, qu'ils appellent grez. Et cela empescha quelques soldats des gardes de pouvoir enfoncer des portes ; car ils furent escrasez. De l'autre costé, les Suisses de la place Maubert, ne pouvans trouver lieu de seureté, commencèrent les premiers, après estre fort endommagez, à se jetter dans les rues estroites ; et c'est là où ils perdoyent le plus. Toutefois, une partie eut moyen de gagner vers le pont Sainct-Michel, pour ce

verneur de Paris pendant la Ligue, pair et maréchal de France en 1594, mort en juin 1621.

1. Voyez le tome précédent, liv. X, chap. xxi.

que deux des capitaines pratiquez par le roi empeschèrent une partie du mal; joint que le peuple eut quelque pitié, les voyans à genoux, testes nues et mains jointes, crier au commencement *miséricorde*, et puis *vive Guise*. Le comte de Brissac leur apprit cette chanson en les menant désarmer à la boucherie du Marché-Neuf. D'autre costé, Sainct-Paul, avec les soldats qu'on avoit fait couler dans Paris, s'estans mis à la teste de la rue Sainct-Anthoine et du peuple qui en sortoit, et ayans enfermé quatre compagnies des gardes du roi aux deux bouts des ponts, les fit retirer l'arquebouse renversée, et le chapeau en une main.

Durant ces exercices, la roine mère fit deux voyages à l'hostel de Guise[1], pour, à jointes mains, prier le duc d'aller faire le holà; mais jamais il ne voulut quitter le logis, s'excusant qu'il ne pouvoit tirer la bride à ces bestes sans raison. A cela connut la roine que le duc ne vouloit monter à cheval, que, sachant le Louvre investi[2], elle s'y retira donc[3] pour apprendre cette leçon à son fils; lequel, conseillé par elle, par les avis de quelques Guisards modérez, de sa nécessité, des craintes des siens et de sa peur ordinaire, se desroba par les Tuileries. Et, ce que seurent faire

1. D'Aubigné se trompe. La reine mère n'alla qu'une fois à l'hôtel de Guise dans la journée du 13 mai pour essayer d'une négociation *in extremis*. Voyez les notes suivantes.
2. D'Aubigné se trompe. Le Louvre n'était point investi, puisque le roi put sortir librement du côté des Tuileries. Voyez les notes suivantes.
3. D'Aubigné se trompe encore. La reine mère ne se rendit pas au Louvre, mais elle y envoya le secrétaire d'État Pinard, qui n'y arriva que lorsque le roi était déjà parti.

de mieux les mareschaux et les meilleurs capitaines qu'il eust fut de partager la rue Sainct-Honoré et le quay du Louvre aux François et aux Suisses, avec le choix des meilleurs, pour la fin ; et, par les portes Neuve et Sainct-Honoré, quitter Paris[1]. Le roi, prenant son chemin à gauche de Montmartre, de dessus le haut tourna le visage vers la ville, avec jurement qu'il n'entreroit jamais dans Paris que par la bresche et pour sa destruction[2].

Voilà au parti des catholiques une subdivision qui

---

[1]. Le roi sortit du Louvre à pied par la porte neuve (du côté des Tuileries), vers quatre heures après midi, et s'arrêta aux Tuileries, où étaient les écuries de la cour. A cinq heures, il reçut le message de la reine porté par Pinard. Aussitôt, il monta à cheval et se mit en route. Le soir il fit collation à Trapes et alla coucher à Rambouillet. Le lendemain il dina et coucha à Chartres.

[2]. Les documents sur l'histoire de la journée des Barricades et de la fuite du roi sont tellement nombreux que nous ne pouvons les énumérer en totalité. Citons seulement, outre de Thou qui tient le premier rang dans l'étude de toutes les questions de l'histoire du XVIe siècle, le *Journal de L'Estoile*, les *Mémoires de Cheverny*, la *Chronologie Novenaire*, de Palma Cayet, les *Mémoires d'Estat de Villeroy*, l'*Histoire des troubles de France*, de Pierre Mathieu, que d'Aubigné a particulièrement utilisée après de Thou, l'*Histoire de ce qui est arrivé à Paris depuis le 7 mai...*, attribuée au bourgeois Saint-Yon, et l'*Ampliation des particularités...*, relations écrites par des témoins oculaires et réimprimées dans l'édition de la *Satyre Ménippée*, 1752, t. III, p. 39 et 64, le *Procès-verbal de Poulain*, imprimé dans le *Journal de L'Estoile*, 1744, t. II, p. 228, le *Journal d'un curé ligueur* (Jehan de la Fosse), publié par M. Édouard de Barthélemy, in-8°, 1865, l'*Audacieuse entreprise de M. de Guise*, réimprimée avec d'autres récits dans les *Mémoires de la Ligue*, t. II, p. 308, la *Relation de Miron*, réimprimée avec plusieurs autres pièces dans les *Archives curieuses*, de Cimber et Danjou, t. XII, p. 113, l'*Histoire de la journée des Barricades par un bourgeois de Paris*, reproduite dans la *Revue rétrospective*, t. IV, p. 391.

mi-partit le royaume, la cour, toute province, toute ville, toute famille, et bien souvent la cervelle d'un chacun. Aussitost le duc de Guise change à Paris le prévost des marchands[1], les eschevins et tous les officiers qui sentoyent le royal. D'ailleurs une grand' troupe de capitaines espagnols arriva à propos, et sous leur conduite six cent mille escus, qui furent deschargez à l'hostel de Guise. Le roi[2] receut nouvelles que le duc de Mayenne avoit failli Lyon[3], et divers billets surpris, soubsignez d'un chifre inconnu, qui portoyent ce discours : « Avertissez nos amis de nous venir trouver en la plus grand'diligence qu'ils pourront, avec armes, chevaux et sans bagage ; ce qu'ils pourront faire aisément, car je crois que les chemins sont libres, d'ici à vous. J'ai deffait les tailleurs en pierre, une partie des gardes du roi, et tiens le Louvre investi de si près que je rendrai bien compte de ce qui est dedans. Cette victoire est si grande qu'il en sera mémoire à jamais[4]. » Autres billets furent surpris, par l'un desquels le gouverneur d'Orléans[5] con-

---

1. Nicolas-Hector de Perreuse, prévôt des marchands de Paris, fut arrêté et conduit à la Bastille par les ligueurs, le 15 mai 1588, et déposé de sa charge le 18. Il fut mis en liberté le 4 juin et emprisonné de nouveau le 6 du même mois (*Journal de L'Estoile*).

2. Le 13 mai 1588, le roi avait fait son entrée à Chartres, et y avait été reçu en triomphe par l'évêque, Nicolas de Thou, par le clergé et le peuple (De Thou, liv. XC).

3. Le 12 mai 1588, le duc de Mayenne essaya d'entrer en force à Lyon, mais il fut repoussé par les habitants (*Mémoires de la Ligue*, t. II, p. 312).

4. Cette lettre du duc de Guise au gouverneur d'Orléans, datée de Paris et du 13 mai 1588, est imprimée dans les *Mémoires de la Ligue* (t. II, p. 313). Le 14 mai, copies de cette lettre furent envoyées aux ligueurs d'Orléans et de Blois (*ibid.*).

5. La lettre du gouverneur d'Orléans aux ligueurs d'Orléans et

tremandoit quelques gentilshommes, sur ce que le roi estoit eschapé; autres de quelques ecclésiastiques, avec des termes infâmes contre le roi, qui, en son estonnement, escrit lettres à tous les gouverneurs de son royaume, villes et communautez[1], desduisant au long ce qui estoit arrivé à Paris. L'humilité de son style, qui ne respiroit ni la grandeur ni la royauté, refroidit ceux qu'on vouloit réchauffer. Ses secrétaires ayans oublié comme lui que la pitié est mauvaise solde pour le secours, que, quand on le mandie, il est demi-refusé, que les hautes promesses et rudes menaces sont les lieux communs pour se faire servir.

Autre estoit la rhétorique du duc de Guise, qui escrit[2] à ses partisans d'un style doux et triomphant, et de qui la modestie descouvrit la gloire de ses actions. Il met la plume à la main des Parisiens[3], pour les faire coulpables du conseil aussi bien que de l'exemple. Par quelques escrits on voyoit adoucir le fait des barricades, avec toutes couleurs de justice; par d'autres ils préparoyent leurs amis à faire qu'une folie bien suivie tînt place d'un sage conseil, comme les crimes par leur grandeur dégénèrent en vertus. Encores le duc de Guise ne faillit pas à escrire des

de Blois est imprimée dans les *Mémoires de la Ligue* (t. II, p. 313) sous la date du 15 mai 1588.

1. La circulaire du roi aux gouverneurs des provinces, datée de Chartres et du 17 mai 1588, est imprimée dans les *Mémoires de la Ligue* (t. II, p. 324 et suiv.). Voyez de Thou (liv. XC).

2. Le duc de Guise adressa à ses partisans, le 17 mai 1588, une lettre circulaire qui est imprimée dans les *Mémoires de la Ligue* (t. II, p. 337 et suiv.) et dans de Thou (liv. XC).

3. La lettre de la ville de Paris aux autres villes de France, 18 mai 1588, est imprimée dans les *Mémoires de la Ligue*, t. II, p. 339.

deux mains, comme font les bons maistres. Lui et ses partisans font présenter au roi leurs lettres[1]. En elles ils rejettent l'accident sur un malentendu, demandent sa miséricorde, la main sur la garde de l'espée.

A cela fut ajousté une invocation de frère Ange, autrefois Le Bouchage[2], compagnon du cabinet secret, et qu'on disoit l'avoir quitté pour les choses qu'il y avoit veues et souffertes à regret. Cettui-ci fit partie avec tous les capussins et autres qui en voulurent estre pour aller à Chartres[3], sans rien oublier de toutes les pièces desquelles on se sert pour jouer la Passion. Lui donc, suivi des siens, tenant à peine une croix de bois, deux de ses compagnons le fouettant, un autre sonnant devant lui d'un cornet de terre, qu'ils avoyent pris au fournier de Paleseau, trouva le roi à vespres, et toute la troupe se mit à crier *Miserere*. Eux-mesmes ont expliqué la moralité de ceste entreprise, voulans que, comme Jésus-Christ avoit pardonné à ceux qui l'avoyent maltraité, ainsi le roi pardonnast aux Parisiens[4]. Cela fut receu diversement; car quelques aumosniers du roi et prestres se mirent à pleurer avec eux ; quelques courtisans à rire. A ceux-là, qui estoit contre son humeur, se joignit le duc de Montpensier.

1. La lettre du duc de Guise au roi est datée de Paris, du 17 mai 1588, et reproduite dans les *Mémoires de la Ligue*, t. II, p. 331 et suiv.

2. Henri de Joyeuse, comte du Bouchage, frère d'Anne de Joyeuse, né en 1567, suivit la carrière des armes jusqu'en 1587 et se fit capucin. Il reprit les armes après la mort de son frère, Antoine-Scipion, en octobre 1592, et devint maréchal de France en 1596. Il mourut le 27 septembre 1608.

3. Le *Journal de L'Estoile* raconte d'un ton moqueur cette procession qui partit de Paris pour Chartres le 17 mai 1588.

4. D'Aubigné a emprunté ces détails à de Thou (liv. XC).

Et, comme Biron en disoit son avis, ce duc ajousta : « Tout iroit encore bien, n'estoit que la musique est un peu aigre et que l'on fait semblant de fouetter. » C'est pour faire voir que les plus pieux et bigots, entre lesquels ce prince estoit le plus estimé, ne pouvoyent endurer l'amertume des Barricades à la sausse de ces dévotions.

Peu de jours après arriva la requeste[1], présentée au roi par le cardinal de Bourbon, nommé à part, et puis les autres cardinaux, princes, pairs de France, seigneurs, et les députez de la ville de Paris, et autres associez pour la défense de la religion catholique, apostolique et romaine. Sous ce titre, les confédérez remonstrent au roi comment le seul zèle de la religion, et non celui de l'Estat, avoit esmeu les accidens passez; le tout fondé sur la crainte que la susdite religion fust esteinte en France, et que l'hérésie se relevast, par les menées du duc d'Espernon avec le roi de Navarre, et par les gouvernemens, que lui et son frère avoyent empiétez. Et là-dessus, ayant touché un peu de la mauvaise administration de l'Estat, ils viennent aux remèdes; qui sont, d'abattre la grandeur du duc d'Espernon, oster les finances à d'O et faire la guerre sans merci aux huguenots.

A cette requeste, signée Henri de Lorraine et Charles de Bourbon, le roi fait response[2] qu'ils ont

1. La requête présentée au roi par les princes catholiques est imprimée dans les *Mémoires de la Ligue* (t. II, p. 342 et suiv.). Elle ne porte pas de date, mais elle fut présentée au roi le 24 mai 1588.

2. La réponse du roi à la requête des princes catholiques, datée de Chartres et du 29 mai 1588, est imprimée dans les *Mémoires de la Ligue* (t. II, p. 350 et suiv.). Elle figure aussi dans les

raison, leur aide à le monstrer; et, après avoir protesté de mesme zèle qu'eux, pour l'exécution de tous les poincts qu'ils demandent, les met à une tenue d'Estats, qu'il promet convoquer à Blois, au 15 d'aoust[1].

Le duc d'Espernon met aussi la main à la plume[2], n'oublie rien à dire de ses actions honorables, et principalement des grands maux faits aux refformez, reproche le testament de Salcede, conclud que lui et son frère[3] sont tous prests de quitter leurs gouvernemens, et que ceux de Guise en facent autant, afin que le roi, pour se faire obéyr en son royaume, n'employe qu'un huissier avec la verge blanche à la main.

La cour de parlement dépescha aussi ses députez à part[4], ausquels le roi parla comme il escrivoit : le pardon qu'on lui demandoit lui faisoit grand plaisir s'il eust esté sans queue. Ces esbranlemens du dehors trouvèrent un conseil, duquel les deux tiers tiroyent

Mémoires et correspondance de du Plessis-Mornay (t. IV, p. 189), sous la date du 28 mai, avec beaucoup d'autres pièces rédigées par ce négociateur du Béarnais.

1. Le roi, dans sa réponse au manifeste des ligueurs, promettait de convoquer les états généraux pour le 15 août 1588 (*Mémoires de la Ligue*, t. II, p. 352). Cependant la convocation fut retardée jusqu'au 15 septembre et la séance d'ouverture n'eut lieu que le 16 octobre.

2. D'Aubigné désigne ici un factum en l'honneur de d'Épernon, sans date, qui a été réimprimé dans les *Mémoires de la Ligue*, t. II, p. 354, et qui est en effet attribué par Nicolas Goulard au duc d'Épernon lui-même.

3. Bernard de Nogaret, marquis de la Valette, amiral de France, gouverneur de Provence.

4. Le roi reçut à Chartres les députés du parlement de Paris le 16 mai 1588. Le récit de cette audience fut publié et a été réimprimé dans les *Mémoires de la Ligue*, t. II, p. 362 et suiv. Le 19 mai les députés du parlement revinrent à Paris (*Journal de L'Estoile*).

pension de l'autre parti; si bien qu'ils n'eurent pas beaucoup de peine de faire entrer le roi en traité. Les premières demandes furent des articles de Nanci[1], en ostant les restrictions alléguées pour le concile de Trente. Ils ajoustoyent pour six ans les villes accordées à la première composition; que le roi rompist alliance avec tous princes et nations qui ne seroyent de leur union; que l'argent des confiscations, et à son défaut celui de l'espargne, seroit surtout employé à l'entretien de deux principales armées, l'une en Poictou, commandée par le duc de Guise, l'autre par le duc de Mayenne en Daulphiné. Cela se convertira en un édict de pacification, que nous coucherons en sa place, pour ce qu'il est d'intérest et de stile nouveau[2].

Chapitre XXIV.

Affaires unies avec les quatre voisins.

Toute l'Alemagne estoit de ce temps divertie de ses affaires pour tourner la teste vers nous remplie d'un parti et d'autre[3]. Les refformez à cette fois avoyent apporté des noms spécieux et des titres nouveaux à leurs affaires; car, en si peu d'espace que le roi les avoit appellez pour ses partisans, les Alemans furent imbus d'espérance de servir à leur parti, au roi et à leur bourse tout à la fois. Ces choses semées parmi

---

1. Sur les articles de Nancy, voyez le ch. xxi de ce livre. — Touchant les autres demandes des ligueurs, voyez de Thou (liv. XCI).

2. Voyez le dernier chapitre de ce livre.

3. Tout ce que dit d'Aubigné dans les deux premières pages de ce chapitre a déjà été dit dans les chapitres xviii, xix et xx de ce livre.

les potentats et républiques d'Alemagne par Couvrelles[1], chamberlant du prince de Condé, tenant la place de Clervant[2], et par les secrétaires Sarrasin, La Huguerie et Coladon[3], donnent aux Suisses une plus grande chaleur que de coustume pour contribuer à la levée. Le duc Casimir[4] ne pouvant, à cause de ses occupations domestiques, ou ne voulant, pour l'expérience des peines passées, se faire chef de l'armée qu'on préparoit, fit choisir pour ce fardeau le baron d'Othna[5], homme de quelque expérience, de grand courage, parmi les reistres maistres, d'heureuse réputation. Et, pour l'authorité, tous les chefs furent d'avis de la donner au duc de Bouillon[6], duquel quelques-

1. Couvrelles était chambellan du prince de Condé en 1582. Il remplit un rôle très important dans les négociations qui précédèrent l'expédition de 1587 (voyez le tome III des *Mémoires de La Huguerye*).

2. Claude-Antoine de Vienne, seigneur de Clervant, baron de Copet, gentilhomme protestant, serviteur fidèle du roi de Navarre, envoyé en négociation en Allemagne, « fort homme d'honneur « et plein d'intégrité, » dit Mme de Mornay (édit. de la *Soc. de l'hist. de France*, t. I, p. 144). Clervant est souvent cité dans les *Mémoires de La Huguerye*.

3. Théophile Sarrazin, secrétaire du prince de Condé. — Michel de La Huguerye, l'auteur des *Mémoires*. — Coladon, autre secrétaire du prince, plusieurs fois cité dans les *Mémoires de La Huguerye*.

4. Jean-Casimir, duc de Bavière, fils de l'électeur palatin, époux d'Élisabeth de Saxe, né le 1er mars 1543, mort le 6 janvier 1592.

5. Fabian, baron de Dhona, partit de Heidelberg, vers le 7 juillet 1587, pour rejoindre l'armée allemande à Strasbourg (lettre de Casimir à François de Ségur-Pardaillan, de cette date; V^c de Colbert, vol. 402, f. 136).

6. Le duc de Bouillon s'était rendu auprès du prince de la Petite-Pierre (lettre de ce prince au roi, du 22 juin 1587; f. fr., vol. 3314, f. 36) et avait envoyé son maître d'hôtel, Menillet, à Casimir (lettre orig. de Casimir au roi, du 28 juin; ibid., f. 39) pour solliciter le commandement de l'armée allemande.

uns craignoyent l'apprentissage à leurs despens. Lui aussi ne refusa pas cette charge, tant pour l'honneur qu'elle portoit avec soi comme pour l'espérance d'employer l'armée, ou au moins ses commencemens, à mettre ses terres hors de crainte, et notamment Jamets ; comme aussi il eust bien voulu conquérir à chascun de ces costez quelque place frontière. Et là-dessus j'ai à dire ce que j'ai ouy discourir au conseil du roi de Navarre, sur ce que pouvoit et devoit cette armée en passant la frontière, qui est de prendre, en se parfaisant, Mézières, Donchéri, Douzi, Saincte-Menehoue, et mesme Chaumont-en-Bassigni[1], et que, par ces places fortifiées, on gagnoit au royaume l'avantage d'une bonne citadelle sur une grande ville, sans conter l'affermissement des terres de Sedan. Autres disoyent qu'il valoit mieux prendre et fortifier Saincte-Menehoue et Châlons, laissant à moitié chemin un fort, pour le perpétuel commerce des vivres, recreues et négociations. Les autres disoyent que, partout où cette armée servoit son parti, elle portoit assez d'utilité. Ceux-là eussent voulu la faire descendre par le territoire de Genève jusques en Dauphiné, et là, accomplir les prudens desseins de L'Esdiguières ; surtout prendre le Pont-Sainct-Esprit[2] et Avignon. Mais cette troupe, condamnée à périr, prit de tous desseins le pire, par les vaines ambitions de plusieurs, comme nous avons dit. Encor ne puis-je laisser eschapper cette close, qu'entre les maux que fit l'avancement inconsidéré de cette beste noire forpaysée, pour user des termes de Gascongne, elle

---

1. Mézières, Donchery, Douzy (Ardennes), Sainte-Menehould (Marne), Chaumont-en-Bassigny (Haute-Marne).
2. Le Pont-Saint-Esprit (Gard), sur le Rhône.

remit à un but les forces du roi et des Guisards, et peu s'en falut qu'elle ne réunist les pensées aussi bien que les desseins.

De l'autre costé, l'Allemagne estoit pleine de négociateurs, à quoi employoyent leur crédit tous les partisans de la maison d'Austriche, tous les princes ecclésiastiques, et sur tous le rival de Truxes[1]. Mesmes à cause de lui les desseins des refformez estoyent traversez par ceux de Saxe. Le comte de Mansfeld[2], mandé, quoiqu'empesché au Pays-Bas; mais plus expressément Bassompierre[3] et les colomnels Hauthploth et Tobith. Tout cela prenant ses mouvemens et moyens d'un conseil establi en Lorraine, près la personne du duc; conseil où agissoyent puissamment les Jésuites et, entre ceux-là, quelques-uns Espagnols et Italiens. Là le duc de Guise rendoit compte de ses affaires curieusement, comme il paroist par les lettres qu'on a imprimées, desquelles, contre ma coustume, j'ai voulu en coucher une en ce lieu, escrite à Bassompierre, surprise par les gens du roi. Par elle, vous ne verrez pas seulement les mesnagemens de la Ligue avec les Allemans, mais par mesme moyen on aprendra de quelles raisons et en quels termes le duc de Guise contoit et deffendoit ses déportemens:

---

1. Gebhard Truchses, cardinal d'Augsbourg, archevêque de Cologne (5 décembre 1577), le héros de la guerre cardinale. Voyez le tome précédent, liv. X, chap. XIX.

2. Charles de Mansfeld, fils de Pierre-Ernest de Mansfeld, gouverneur de Luxembourg et de Bruxelles, prince du Saint-Empire, mort en 1604.

3. Christophe II, baron de Bassompierre, seigneur d'Harouel et de Baudricourt, colonel de reîtres au service du roi, en 1570, partisan de la Ligue en 1585. Ses terres furent pillées par l'armée allemande pendant la campagne de 1587. Il mourut en 1596.

LETTRE A BASSOMPIERRE[1].

Du xxi Mai.

J'escris à Son Altesse une lettre que je vous prie de voir, bien que le bailli de Sainct-Michel[2], tesmoin oculaire, justifiera toutes mes actions ; la présence duquel, jusques à cette heure, m'a empesché d'en rendre plus souvent compte, m'asseurant qu'il n'y oubliera rien. Les termes ausquels nous sommes sont que ce matin nous présentons nostre requeste[3], qui est directement à la ruine d'Espernon. Toutes ses perfections sont qualifiées comme elles doivent, sans en rien oublier. Hier je fus à la maison de ville, pour y admettre La Chappelle[4], qui a esté esleu prévost des marchands, et le général Roland, Compan[5] et autres

---

1. La lettre du duc de Guise à Bassompierre, du 21 mai 1588, a été réimprimée probablement d'après une plaquette du temps dans la première édition des *Mémoires de la Ligue*. Elle figure dans l'édition in-4° de 1758 au tome II, p. 313. Cette lettre, dont le texte paraît avoir subi des remaniements qui inspirent des doutes, est certifiée, quant à son authenticité, dans le *Journal de ma vie*, du maréchal de Bassompierre, fils de Christophe de Bassompierre (édit. de la Soc. de l'hist. de France, t. I, p. 20).

2. African de Haussonville et de Lenoncourt, qualifié de bailli de Saint-Mihiel dans un acte de Charles III, duc de Lorraine, daté du 6 janvier 1589 (*Lettres et instructions de Charles III, duc de Lorraine*, publiées par M. Lepage, in-8°, 1864, p. 58).

3. C'est la requête dont d'Aubigné parle dans le chapitre précédent.

4. Michel La Chapelle-Marteau, gendre du président de Nully et maître des comptes, fut élu prévôt des marchands de Paris le 18 mai 1588 sur le refus de Clausse de Marchaumont.

5. Nicolas Roland, directeur général des monnaies, et Jean Compan remplacèrent, dans la charge d'échevins, Le Conte et Lugoli, qui avaient suivi le roi à Chartres.

VII　　　　　　　　　　　　　　　　15

gens de bien et catholiques, pour eschevins; le prévost des marchands Perreuse estant à la Bastille, et les traîtres eschevins en fuite. L'on n'a jamais veu une si grande obéissance de peuple en telle émotion; car il ne se peut dire qu'il y soit avenu aucun désordre ni mesfait. Jusques aux espées, morions, piques et harquebuses de douze cents Suisses ou François prins, que je fis rendre, il ne s'est trouvé chose du monde perdu. Nous avons esté indignement assaillis, et par très pernicieux conseil, comme pour estre d'hérétiques. Dieu, par sa grâce, nous a conservez par la résolution, obéissance et hardiesse de ceux de Paris. Ils continuent plus que jamais, en leur ferme résolution et braverie, de prester tout devoir et obéissance au roi; mais dessous de conserver leur zèle à la religion et à la sûreté de leur ville. Le roi fait des forces et nous aussi; il est à Chartres et nous à Paris. Voilà comment vont nos affaires. Le gouverneur du Havre[1] s'est bravement maintenu contre Espernon et n'en a voulu ouïr parler. Celui de Caen[2] ne l'a voulu rece-

---

1. André de Brancas-Villars, gouverneur du Havre, fougueux ligueur, fit la guerre à Henri IV et défendit Rouen contre lui. Après s'être soumis, il fut nommé amiral de France. Il fut tué par un parti espagnol, près de Doullens, le 24 juillet 1595. Villars ne possédait le gouvernement du Havre que depuis le commencement de juin (Lettre de ce personnage au roi en date du 8 juin 1588, par laquelle il le remercie de cette charge; autog., Ve de Colbert, vol. 10, f. 324 *bis*). Malgré cette faveur du roi, Villars entraîna le Havre dans les rangs de la Ligue, et la ville se prononça le dimanche qui précède le 24 juin 1588 (c'est-à-dire le 19 juin) (lettre d'Aubert d'Aunay du 24 juin 1588; autog.; f. fr., nouv. acq., vol. 238, pièce 16).

2. Gaspard Pelet, s. de la Verune, gouverneur de Caen, était beaucoup plus modéré que le gouverneur du Havre, et garda toujours, malgré quelques hésitations, le parti du roi.

voir le plus fort dans son chasteau. Voilà ce qu'il a fait en Normandie[1], dont il est sorti sans aucun establissement, pour lui ni les siens; estant venu trouver le roi hier[2], bien qu'il lui eust mandé par quatre dépesches de n'y venir, pour estre en horreur à tous les princes et officiers. Ceux d'Orléans, d'Amiens, d'Abbeville, Bourges, et plusieurs grandes villes, ont chassé les politiques dehors et pris plusieurs prisonniers. Toutes les petites villes envoyent ici reconnoistre la ville et nous. La justice vit doucement, et personne ne peut dire mal de tous ses effects. Or faut-il que faciez un tour ici pour voir vos amis, que vous ne trouverez, Dieu merci, despourveus de moyens ni de résolution. Il faut bien estre averti d'Alemagne, afin de n'estre prévenu. Il ne nous manque forces, courages, amis ni moyens, mais encores moins d'honneur, du respect et fidélité au roi, auquel inviolablement nous le garderons, usans de tous devoirs de gens de bien, d'honneur et très bons catholiques. Voilà les termes où sont vos amis, qui se recommandent à vos bonnes grâces. Ce vingt-uniesme jour de mai.

L'Ami de cœur.

Monsieur le comte trouvera ses très affectionnées recommandations.

Son Altesse verra ce mot.

Venez viste.

L'Ami de cœur.

1. Le duc d'Épernon était arrivé à Rouen le mardi avant le 6 mai 1588 (c'est-à-dire le 3 mai) (lettre du s. Aubert d'Aunay du 6 mai; orig., f. fr., vol. 238, pièce 14; nouv. acq.).

2. Le *Journal de L'Estoile* confirme la date donnée par cette lettre à la visite du duc d'Épernon au roi. Arrivé à Chartres

J'ai laissé une autre lettre[1] copiée auprès de cette ci, pour voir les bons termes ausquels le duc de Guise raconte son action. Mais, n'estant ici question que du mesnage avec les voisins, je n'ai plus à dire sinon que les liguez faisoyent une grande négociation en Suisse, par la diligence du colonel Phiffer[2], sur la créance qu'il avoit avec les cantons catholiques. Et toutesfois cette nation, comme c'est sa coustume de résister aux mutations, se laissa moins esbranler que les Alemans. Entre lesquels et le marquis du Pont parut des effets d'inimitié non communs, pour le meurtre que les communes de Lorraine, esmeues par le commandement de leur seigneur, firent sur les malades de l'armée alemande, après la capitulation receue et publiée en Lorraine. Les vengeances des Alemans ne furent pas plus réglées que les offences; et de tels tours et retours vindrent les embrasemens que l'on compte jusqu'à deux cents paroisses; l'évesque de Basle[3] pris et emmené; et tout ce qui avoit jouy de quelque seu-

le 20 mai 1588, le duc repartit le 22 pour la Normandie. On conserve, dans le vol. 4744, f. 49, du fonds français, une copie de la lettre que le duc d'Épernon écrivit au roi à la nouvelle de la journée des Barricades, avant de le rejoindre à Chartres.

1. D'Aubigné fait allusion à une lettre, datée du 13 mai 1588, que le duc de Guise écrivit au gouverneur d'Orléans pour justifier sa prise d'armes, raconter sa victoire sur le roi et demander du secours. Cette lettre est imprimée dans les *Mémoires de la Ligue*, t. II, p. 313.

2. Ludovic Pfyffer, colonel suisse au service du roi Henri III, lui avait fait de grandes promesses de fidélité et lui avait conseillé de dissoudre la levée des colonels protestants (Instruction du roi à Sillery, du 15 juillet 1587; f. fr., vol. 3396, f. 37).

3. Jacques-Christophe de Blarer, évêque de Bâle. Voyez sur ce personnage et son rôle à la suite de la déroute des Allemands le tome I de *les Allemands en France*, par M. Tuetey.

reté jusques-là ruiné de fonds en comble. Il y a force livrets pour la peinture de ces malheurs[1].

Le duc de Savoye fit paroistre bonne correspondance avec les Lorrains, desployant lors ce qu'il y avoit de préparatifs sur Genève. Car, ayant essayé une entreprise dessus, par le moyen d'une intelligence, dès l'an 1582, au commencement du cours de ce livre, il rafraîchit les forces qu'il avoit, dès ce temps-là, fait entrer sous la conduite du comte de Raconis. Et, se sentant plus fort que de coustume, par son mariage avec Catherine[2], puisnée d'Espagne, il estendit ses fimbries[3] sur les deux costez du lac; et, par les menées du baron d'Ermance[4], fait des progrez au pays de Vau, ayant desseigné à mesme jour sur Chillon, Vevai, Lauzane, Morges et Nyon[5]; mis forte garnison au chasteau de Gez, au pas de la Cluze, au chasteau de Tounon[6]. Et depuis, sur la cheute de nostre temps, il logea cinq cents Piémontois, hommes d'élite, dedans le fort de Ripaille[7]; après, il y construisit deux puissantes galères, capables, outre leur équipage, de porter deux cents hommes de guerre. Voilà l'estat où nous laissons les affaires de Genève, lesquelles nous ferons marcher ci-après en ce rang des voisins.

1. La plupart de ces relations ont été réimprimées dans les *Mémoires de la Ligue.*
2. Catherine, fille de Philippe II, née en 1567, mariée à Charles-Emmanuel de Savoie, le 11 mars 1585, morte en 1597.
3. *Fimbrie,* bordure, pris ici dans le sens de frontière.
4. Il est appelé le baron d'Armance par Zur-Lauben (*Histoire militaire des Suisses,* t. V, *passim*).
5. Chillon et Vevay sur les bords du lac de Genève; Morges (Jura); Nyons (canton de Vaud).
6. Gex (Ain); Cluses (Haute-Savoie); Thonon (Haute-Savoie).
7. Ripaille (Haute-Savoie), château près de Thonon.

Nous passons par la Savoye et en Italie, et trouvons en l'une et en l'autre les feux de joye allumés, les processions générales, surtout à Rome, où le pape excita les prescheurs, commandez d'emplir leurs chaires de panégyriques sur la dernière et absolue deffaite de tous les calvinistes, tant de France que d'Alemagne; sur les vertus héroïques du duc de Guise, et miracles que Dieu a exécutés par sa main. Que sans lui l'hérésie avoit triomphé de la religion; sans lui, l'arche de l'alliance estoit tombée entre les mains des Philistins; que la dictature perpétuelle des chrestiens lui appartenoit[1]. De telles sortes de louanges ne se contentoyent pas les prescheurs, mais il faloit prendre lustre aux despens d'Henri III, fauteur d'hérétiques; si bien qu'il avoit falu que ce grand duc démeslast les ruses que le roi tramoit à leur faveur; se gardast d'un si puissant espion. Et puis il avoit passé sur le ventre des politiques, traistres à l'Église, pour aller terrasser les monstres et géants. On nous escrivoit d'Italie ces langages, et, depuis, que le pape avoit envoyé au duc de Guise une espée gravée de flammes, avec une lettre de faveur portant ces mots : qu'il envoyoit l'espée triomphante, que tous les capitaines de l'Europe lui devoyent céder. On dit de la modestie du duc qu'il pria l'évesque, porteur de ce présent, de le céler autant qu'il pourroit, et qu'il n'y avoit point de proportion entre ses actions et les louanges qu'il recevoit. Mais il fit paroistre avec esclat la promesse des compagnies que le pape lui envoyoit, et la nou-

---

1. D'après de Thou le pape aurait envoyé au cardinal de Bourbon et au duc de Guise, sous la date du 15 juillet 1588, un bref plein d'éloges (liv. XCI).

velle que les enrôlemens de gens de guerre se faisoit au territoire de Romme, et, en la ville, les brodeurs arboroyent à leurs boutiques les casaques avec les clefs en croix.

Le roi d'Espagne fut plus sobre en louanges, mais plus attentif à cueillir des fruicts de ce grand arbre qui branloit et panchoit à sa cheute. Il ne se contenta pas de traiter avec le duc de Guise, comme chef du parti de la Ligue, mais, dès lors, son ambassadeur traittoit avec chacun des princes de Lorraine, le duc de Savoye et les deux princes[1] de son nom; les instruisans à espérer de lui comme de leur chef, et immédiatement; et ces promesses accompagnées incontinent après de présens. De là, son soin descendit jusques aux gouverneurs de marque; et, pour cet effet, fit venir à Nantes grande quantité d'or. Particulièrement il eut soin de gagner Sainct-Luc, par les mains duquel il dispersa ses présens; si bien que je vis lettre en ce temps, où ces mots estoyent escris : « Si vous craignez, retirez-vous en Brouage, qui est hors de France. » Lansac, encor aujourd'hui vivant, fut le premier négociateur de qualité, qui, en peu de temps, se rendit mal agréable au conseil d'Espagne, tant pour sa profuse libéralité que pour sa façon de mespriser les ruses répugnantes à la générosité, comme de mesnager les assassins et les empoisonnemens. Après lui allèrent Daillon[2] et sa femme[3]. Et tout cela menoit fort peu d'affaires, pour ce qu'on les

---

1. Les deux fils de Jacques de Savoie, duc de Nemours, et d'Anne d'Este.
2. François de Daillon, comte du Lude.
3. Françoise de Schomberg.

trouvoit mieux logez dans le sein des Jésuites, plus capables de toutes choses, et de moins d'esclat. Lors estoit ambassadeur de roi Sainct-Goart, depuis marquis de Pisani[1], catholique fort passionné, amateur des mœurs, langages et vestemens de l'Espagne ; mais au fonds vieil Gaulois et d'une ronde probité. Cettui-ci, n'ayant peu estre corrompu, fut osté de son ambassade, quand le roi d'Espagne parut fauteur de la Ligue et ennemi du roi.

Belièvre fut lors envoyé ambassadeur en Angleterre. Outre les autres affaires générales, il avoit sur tous celui de la roine d'Écosse en main[2]. Il n'oublia ni les prières, ni les menaces couvertes, ni sa gravité, meslée avec les maximes que nous avons couchées en leur lieu. Rien de cela ne lui ayant succédé, il s'en revint, comme pour tesmoigner le courroux de son maistre. Mais, les affaires de la cour n'estant pas en estat de faire des ennemis nouveaux, le roi, n'ayant guères en qui se fier, se servit d'agens de peu de marque, pour renouer avec la roine Élizabeth, lui donner deux avis particuliers sur l'armée d'Espagne, la prier de bonne intelligence ; et mesme négocia ces choses par le ministre de l'Église françoise à Londres, nommé La Fontaine. Surtout, dès lors, il fut asseuré d'une levée d'Anglois, comme vous verrez par le livre suivant.

Les intelligences estoyent bien plus grandes et plus

1. Jean de Vivonne, seigneur de Saint-Gouard, marquis de Pisani, ambassadeur à Madrid et à Rome sous Henri III et sous Henri IV, gouverneur du troisième prince de Condé, mort le 7 octobre 1599.

2. Pomponne de Bellièvre avait été envoyé par Henri III à Élisabeth pour obtenir la liberté de Marie Stuart, en septembre 1586.

apparentes entre les ducs de Guise et de Parme[1]; le dernier ayant commandement du roi d'Espagne de laisser plus tost en arrière les affaires du Pays-Bas que de manquer aux liguez de France à leur besoin. Et cela a bien paru aux occasions, comme nous verrons au détriment des affaires d'Espagne et au profit des estats; le duc de Parme ayant fait faire feux de joye à la nouvelle des Barricades par les principales villes de Flandres; de plus, envoya les armes qu'il portoit au duc de Guise, comme reconnoissant qu'elles lui appartenoyent.

Chapitre XXV.

De l'Orient.

N'ayant rien pour ajouster au lèvement de l'armée des reistres, à laquelle toutes les pensées d'Alemagne se tournoyent ou en faveur ou en défaveur; autres nouveautez ne produisit la Germanie, pource que les forces et les despenses des Turcs estoyent engagées en Perse, empeschez à venger la ruine de l'armée, et leurs affaires descousues par la mort d'Osman[2]; car, sur la perte de ce bacha, le roi de Perse poursuivit ses ennemis et usa si bien de sa victoire qu'en la poursuite il leur osta dix-huict mille chameaux, chargez des richesses de Perse, de femmes et filles ravies, et du pillage de Tauris. On mit en la place d'Osman le bacha

---

1. Alexandre Farnèse, duc de Parme, fils d'Octave Farnèse, duc de Parme et de Plaisance, gouverneur général des Pays-Bas, né en 1546, mort le 3 décembre 1592.

2. Osman mourut à Sancazan dans les premiers jours de novembre 1585.

Cigale[1], qui fut curieux de mener avec soi quelques janissaires et troupes nouvelles qui n'avoyent point gousté la peur de l'armée. Ayant avec cela rassemblé les restes, il part de Sanchassan pour tirer à Salmas[2]. Et, comme il vouloit desloger d'un campement, fait sur le torrent de Salmistre[3], le roi de Perse fit naistre son armée avec le soleil, et présente la bataille. Or, pource qu'il faloit venir à l'attaque des Turcs par deux chemins seulement, Cigale les avoit embouchez de son artillerie, si à propos que les premières troupes de Perse en furent fort rompues, pour ce que le dommage du canon fut secondé d'une bonne et furieuse charge. Les Perses se contentèrent de mettre en pièces ceux qui poursuivirent trop loin, et Cigale d'avoir remis l'armée en estat; et, partant, fit sa retraite à Van[4].

Émir, roi de Perse, à cause de ses pertes, estima lors devoir réconcilier à soi les Turcomans : c'estoit une ligue de mescontans par la mort d'Émil-Cam[5], leur chef, que les nobles du pays vouloyent venger. De ce parti estoyent les plus grands seigneurs, qui faisoyent la guerre comme volontaires, et pour acquérir gloire seulement. Ils avoyent esleu pour leur chef Mamet-Champ[6]. Donc, le roi Émir ayant favorablement recer-

1. Sinan Cigala, bacha de Van.
2. Sancazan, Salmas, villes de Perse.
3. Salmastre, ville de Perse, à quatre journées de Tauris.
4. Van, dans la grande Arménie. — De Thou donne de longs détails sur la guerre des Turcs et des Persans (liv. LXXXIV).
5. Émir-Chan, gouverneur de Tauris, avait été privé de la vue par ordre du roi de Perse et mis en prison, où il mourut de chagrin en 1584 (De Thou, liv. LXXX).
6. Mehemet-Chan.

ché Mamet, il feignit estre vaincu de courtoisie, et, ayant instruit les siens, s'en alla à la cour de Perse, en résolution d'establir un Tachmas[1], que quelques-uns ont voulu estre frère du roi, les autres non. Tant y a qu'ayant feint toutes réconciliations, les conjurez partent un jour de la cour pour prendre Casbin[2]. Sur cette nécessité, le vieil Codobande, qui laissoit régner son fils Émir[3], rompit son repos pour le venir secourir, et eux deux ensemble empoignèrent Mamet[4] et Tachmas premier que leur armée fust en estat[5]. Mamet pris en vie eut la teste trenchée, et l'autre condamné à perpétuelle prison[6]. L'Estat de Perse estant calmé, le Grand Seigneur en receut ambassades pour demander la paix, à laquelle il consentit fort promptement, après avoir perdu en cette guerre quarante-six mille combatans, et espuisé tous les trésors d'Halep[7]. Le roi de Perse n'avoit pas eu meilleur marché. Quelques-uns ont voulu que ce ne fût qu'une tresve, pour ce qu'il n'y eut aucune reddition des choses conquises d'une et d'autre part. Voilà quelle fut la guerre de douze ans, achevant en l'an 1588.

Or, ne faut-il pas vous laisser sans faire voir sur quels gages se reposoit l'Alemagne, durant que le

1. Le prince Thamas était le plus jeune des fils de Hodabendes, ancien roi de Perse, et frère de Émir-Chan, roi de Perse.
2. Carbin, ville de Perse, dans l'Irac.
3. Émir-Chan, roi de Perse, second fils de Hodabendes, ancien roi de Perse.
4. Mahemet-Hodabendes, ancien roi de Perse.
5. De Thou donne des détails sur la défaite des Turcomans par les Perses (liv. LXXXIV).
6. Le prince Thamas fut incarcéré dans la forteresse de Cahaca (De Thou, liv. LXXXIV).
7. Alep, dans la Syrie, sur le Marsgras.

Perse travailloit. C'est que Rodolphe[1], empereur, avoit obtenu une tresve[2] dès l'an 1584, laquelle fut violée par les accidens que nous allons dire.

Cigale amena son armée d'Erzerum[3] à Constantinople avec la diligence qu'il put, pressé par les janissaires, qui, ayans manque de leurs payemens, les voulurent aller demander où il falloit, et s'attaquer aux thrésoriers qui les avoyent desrobez assez licencieusement. Ceux-ci en avoyent employé en quelques magnificences et délices d'Amurath, pour le rendre premièrement compagnon du larcin et puis du remède, qui mit le feu à la playe : car il fallut avoir recours à nouveaux tributs, accroissements de tailles et de gabelles, et autres subventions. Le peuple se mit à crier, à faire pitié aux gens d'Église. Le muphti, qui est leur souverain pontife, prononça son arrest contre cette nouveauté. Les talismans[4] et prescheurs emplirent leurs chaires d'invectives, déclarent Amurath pour tiran. Voilà le peuple aux armes. Ils enfoncent les portes des bailleurs d'avis et partisans, font mourir tous ceux qu'ils empoignent, et sur tous le grand Desterda, qui est le surintendant des finances, le desmembrent tout vif, en font autant au Beglier-

---

1. Rodolphe, archiduc d'Autriche, fils ainé de l'empereur Maximilien II et de Marie d'Autriche, fille de Charles-Quint, né à Vienne le 18 juillet 1552, mort à Prague le 20 janvier 1612.

2. La trêve entre Rodolphe et les Turcs fut prolongée pour neuf ans, en septembre 1584 (De Thou, liv. LXXX).

3. Erzeroum, ville de la Turquie d'Asie, sur l'Euphrate.

4. Le mot *Talisman*, qui désigne les *Imans*, est le résultat de la traduction fautive de *Tali Ismani*, mots qui se trouvent dans les *Comentari dell' origine dei principi Turchi* de Cantacusceno, Florence, 1551. (Note de M. Schefer.)

Bei[1], comme autheur des impositions. Les janissaires ne perdirent pas l'occasion du tumulte pour piller ceux qui pilloyent les thrésoriers ; et, cela ne se faisant point sans combat, il y eut deux mille maisons brûlées dedans Constantinople et plus de huit mille hommes tuez. Amurath pourtant, par l'aide des janissaires, demeura supérieur, fit punir quelque peu des mutins, et composa le tout le plus doucement qu'il put, pource qu'il soupçonnoit Mahomet, son fils aisné, de jetter de l'huile sur les feux de sédition pour se pratiquer l'empire avant le temps. Cela fut cause qu'il fit avancer toutes les forces de Bossine[2], d'où le bacha, les ayant recueillies, marcha pour venir ruiner la Croacie et les frontières du Frioul. Là ses troupes prirent et ravagèrent Ribach[3] et autres petites villes. Et, pour ce qu'il y avoit encore vers la Natolie et vers la Romanie plusieurs bandes, ausquelles il faschoit d'esloigner Constantinople, Amurath manda au bacha qu'il y envoyast vendre le butin de l'armée, ce qui réussit ; car, ayant fait vendre à l'encan près de trois mille esclaves, l'espoir du butin fit marcher ceux qui reculoyent, et ainsi fut la Croacie accablée du Grand Seigneur.

Lors Rodolphe, voyant sa tresve rompue, convoque deux diettes, la première à Prague[4] et l'autre en Hongrie à Posum. Lui se trouva à la première et obtint une somme notable des Bohémiens. Mais, ne pouvant

1. *Beglier-bey*, gouverneur général de l'empire turc.
2. Bosnie.
3. Ribar, ville du comté de Soli, dans la basse Hongrie.
4. L'empereur Rodolphe convoqua la diète à Prague, sur la Moldau, et à Presbourg ou Poson, en Hongrie, le 5 mars 1593 (De Thou, liv. CIV).

estre, à cause d'une maladie, à la seconde assemblée, il y envoya son frère Ernest[1], qui ne put rien obtenir. L'empereur donc fut contraint d'y aller, et lors ils l'assistèrent si bien, qu'ayant fait esloigner les Turcs, Amurath lui envoya une trêve de peu de durée, comme nous verrons.

Chapitre XXVI.

Du Midi.

Octavio Farnaise, duc de Parme et de Plaisance, père de celui qui commandoit en Flandre, mourut au commencement de ce temps[2]. Le roi d'Espagne accorda au nouveau duc, en récompense de ses services, à regret et après grandes poursuites, que les garnisons espagnolles des chasteaux de Plaisance et autres du pays, entretenues contre les ducs, sortiroyent, et que Alexandre[3] y pourvoiroit de ses confidens. Sixte cinquiesme poursuivit de ce temps à faire sentir à l'Italie une rude et, en quelque chose, utile domination. Et, pource que les plus notables marques de cela conviennent mieux au temps du livre suivant, nous lui en garderons les particularitez.

La fainéante vie du roi du Marroque[4] et des siens ne produit encores rien qui nous amuse, et sommes

---

1. Ernest, archiduc d'Autriche, gouverneur des Pays-Bas, né en 1553, mort le 20 février 1595.

2. Octave Farnèse, duc de Parme et de Plaisance, né le 8 octobre 1524, mort le 18 septembre 1585.

3. Alexandre Farnèse, duc de Parme.

4. Mulei-Hamet avait succédé à son frère, Mulei-Méluc, sur le trône de Fez et de Maroc, le 4 août 1578 (De Thou, liv. LXV).

contrains de nous esloigner plus loin vers Madagascar, où les Portugais firent en ce temps-là des pertes notables, une de deux galions et d'un navire, desquels la charge valoit deux millions d'or, et cela sur les sables de l'isle. Au mesme temps, un autre grand galion qui venoit d'outre les Philipines, chargé de plus de richesses que les trois premiers, et ayant esté battu de toutes sortes de tempestes, fut réduit à la dernière extrémité. Là dedans on portoit une sorte de pataches coupées en deux moitiez, et lesquelles, quand on vouloit faire des descentes, on rejoignoit ensemble par le moyen de plusieurs crochets de fer faits tous exprès, et puis on enduisoit la quille où ils estoyent d'une toile goudronnée, et ce bateau pouvoit porter près de cent hommes à la fois. L'esquipage, ne pouvant plus rien espérer autrement, choisit un électe[1] et des officiers, par lesquels, comme ce chef monstroit quelqu'un avec son baston, il estoit promptement jetté en la plaine[2]. Il fallut donc perdre autant de gens qu'il y en avoit outre le nombre de quatre-vingt-dix, et, comme on en eut desjà fait dépescher grande quantité, un Portugais désigné à la mort, son jeune frère se jeta au-devant de lui et, de genoux et mains jointes, demanda d'estre précipité en la place de son aisné, pource qu'il estoit plus capable de nourrir ce qui restoit de la famille, tant pour les intelligences des affaires que pour les moyens. L'aisné refusa, disant que, puisqu'il avoit esté destiné à la mort, qu'il la désiroit, et que, son frère s'y conviant de soi-mesme, il seroit coulpable de son âme. Grande fut la dispute

1. *Électe, eletto,* élu.
2. *La plaine,* la mer.

entre les frères, mais enfin, sur les raisons du jeune, il fut jetté en la mer. Adonc, la troupe qui devoit entrer dans la patache ayant quité le navire périssant, ce jeune homme suivit six heures le bateau à la nage, et lors, n'en pouvant plus, il empoignoit tantost le bord, tantost le gouvernail; et, comme on lui faisoit quitter à coups d'espée, il empoigna la lame avec les deux mains et se fit traîner si longtemps que, l'horreur et la pitié et encores l'aproche de la coste le fit recevoir dans le bateau, et ainsi fut sauvé. Qui me blasmera d'avoir jetté cette particule en l'histoire générale sera despourveu de sentimens particuliers.

Ceste mesme année affligea encores les Portugais par les Turcs, qui leur prindrent deux grands navires en la mer Rouge. Les galères les coulèrent à fond de coups de canon, n'ayans osé sauter à bord, bien qu'il y eût vingt-deux vaisseaux longs contre ces deux. Et depuis, partie en vengeance de cela, les Portugais, ayant fait traitter avec Émir, roi de Perse, envoyèrent en la mesme mer une armée de vingt-six vaisseaux de toute sorte, sous la charge de dom Rui Salvez de Cumara. Cette armée, ayant passé le destroit devant Ormus[1], alla chercher l'ennemi entre Mulugan et Gicolat. La turquesque toute fraische, qui n'estoit en mer que de quatre jours, composée des mesmes vingt-deux galères que nous avons dites, de six mahonnes[2] et force vaisseaux communs des costes, le calme qui prit à coup au commencement du combat donna tel avantage aux galères turquesques qu'ayant coulé à fond huit des meilleurs vaisseaux des Portu-

---

1. Ormuz, à l'entrée du golfe Persique.
2. *Mahonnes,* galères turques.

gais, les dix-huit qui restoyent prirent la fuite, pour se sauver dans le destroit de Melinde[1], jusques où les Turcs ayans poursuivi, l'effroi des Portugais les fit prendre Pato, Brava et Lamon[2], riches villes associées aux chrétiens. Le reste de l'armée, qui s'estoit sauvé à Buchapa, estant renforcé par d'autres navires, que les Portugais firent venir de Cambaie[3], fit encor une armée, non de plus de vaisseaux que l'autre, mais mieux remplie de gens de guerre, et tout cela mis entre les mains de Petro Pereira, capitaine de longue et grande expérience. Cettui-ci au commencement se fit faire place à l'armée turquesque, qu'il trouva entre Aden et Mèthe. Mais depuis, estant en rade devant Nicolon, les capitaines portugais, qui se sentoyent plus dignes d'estre esleus que Pereira, à cause qu'il estoit de fort pauvre maison, firent plusieurs menées contre lui, et, mesprisans son authorité et sa remonstrance, firent une descente des forces à terre; où ils ne séjournèrent guères que les Arabes, leur ayant fait une amorce de fuite à leur mode, ne coupassent chemin à leur retraite, quant et quant leur donnant par la teste et par les flancs, missent en pièces toute la fleur des capitaines et soldats qu'avoyent les Portugais en toutes les costes de l'Orient et du Midi. A cette deffaitte, les Arabes admirèrent et ont toujours haut loué l'extrême valeur et force d'un trompette holandois, pour le grand nombre de morts

---

1. Mélinde, sur la côte de Zanguebar, en Afrique.
2. Pato, sur la côte de Mélinde; Brava, sur la côte d'Ajan, près de Zanguebar; Lamo, sur la côte de Mélinde.
3. Cambaye, ville du royaume de Guzurate, dans les États du grand Mogol, en Asie.

qu'il mit en un monceau avant tomber à coups de flesches, en ayant esté trouvé, après sa mort, quatorze à travers son corps.

Chapitre XXVII.

De l'Occident.

Encores que toutes les menées de France fussent fomentées du conseil et de la bourse d'Espagne, toutes choses jusques-là se faisoyent secrettement. Mais le roi Philippes mit la bannière au vent, soit pour les effets, soit pour la terreur, en dressant une armée navale, équipée ensemble à la force, à la pompe et aux commoditez. Elle fut nommée l'Invincible. Sa description, imprimée à Lisbonne, fut traduite en françois, en latin, en aleman et en italien, et ainsi curieusement publiée par toutes les bornes de la chrestienté. Ce grand soin d'en espouventer l'Europe m'a donné celui de la descrire plus expressément.

Elle estoit de cent trente gros vaisseaux, à compter depuis les galions de quinze cents tonneaux jusques aux moindres navires, qui estoyent de cent. Là dedans elle portoit trente régimens, qui faisoyent cent soixante-douze enseignes, et là-dessous vingt mille hommes de pied. Deux mille hommes retenus pour estre chevaux-légers, pour lesquels monter et armer le prince de Parme devoit envoyer au-devant une autre flotte de trente-six domkerkois et autres bateaux de charge, où estoyent les selliers et mareschaux avec ce qui est de leur mestier, et quelques chevaux d'Alemagne; mais faisoyent estat que le pillage d'Angleterre les monteroit principalement. Il y avoit cent vingt-neuf chevaliers et seigneurs de maison qui s'embarquoyent à leurs despens, et on leur portoit cent cinquante-six suivans ou serviteurs.

On contoit deux cent vingt-six hommes de commandement et appointez; et chasque vaisseau et chasque régiment avoit son visiteur, son fourrier, son trésorier, son commissaire des provisions, son chirurgien.

Les officiers de justice estoyent d'un auditeur général avec un lieutenant; d'un algasil du roi avec son lieutenant, de quatre autres algasils; quatre secrétaires, six huissiers et un geôlier.

Le maistre de camp Alphonse de Cepède estoit assisté de vingt gentilshommes pour pourvoir sur mer et sur terre aux difficultez qui se présentoyent avec deux ingénieux gagez pour se tenir auprès de lui.

Le grand maistre de l'artillerie avoit ses lieutenans et cinquante-neuf maistres canonniers; avec un général de chariots, préparez pour la terre, et un général de tous les instrumens de fer pour l'équipage, entretenement et conduite de l'armée; un commissaire de mulets avec leurs conducteurs.

En l'hospital des malades il y avoit un général administrateur, cinq médecins, cinq chirurgiens, quatre coadjuteurs, quatre bandeurs de playes, un revisiteur, un grand maistre et soixante-deux serviteurs.

En un grand navire estoit l'amas des garses pour le bourdeau; mais cela ne se devoit point mettre en usage, tant que la peur de la mer dureroit.

Il y avoit des religieux à proportion des autres choses, huit Observantins de Castille, vingt Observantins de Portugal, vingt-neuf Cordeliers de Castille, dix Cordeliers de Portugal, neuf Augustins de Castille, quatorze Augustins de Portugal, six Cordeliers de Portugal de l'ordre nommé del Paigna, douze Carmes de Castille, neuf Carmes de Portugal, huit Cordeliers du troisième ordre de Sainct-François en Portugal, vingt-deux Jacobins, quinze Jésuites de Castille, huit Jésuites de Portugal. De sorte qu'outre le nombre des combattans, il y en avoit plus de dix mille qui ne s'approchoient ni pour donner ni pour recevoir. Et est à noter, sur la grande disproportion qui paroît en ce que fournissoit le Portugal au prix des autres royaumes, que dom Philippes espuisoit tant qu'il pouvoit le Portugal de leurs prescheurs naturels, pour ce qu'il leur eschappoit tousjours quelque chose contre son usurpation.

Il y avoit onze mille quintaux de biscuit, quatorze cent cinquante-sept pipes de vin, six mille cinq cents quintaux de lard, trois mille quatre cent trente-trois quintaux de fromages, huit mille quintaux de poisson sec de toute sorte, du ris pour fournir trois quintaux à chasque vaisseau pour six mois, six mille trois cent vingt fanègues de fèves et pois, onze mille trois cent quatre-vingt-dix-huit arouas ou mesures d'huile, vingt-trois mille huit cent soixante-dix arouas de vinaigre, onze mille huit cent cinquante-une pipes d'eau douce. Pource que je ne trouve point de bœuf salé en ce catalogue, je n'y en ajouste pas, et présuppose que l'abondance et excellence qui s'en trouve en Angleterre les en dispensoit.

Outre les vivres, les utenciles estoyent en grande quantité et de toute sorte; plats, gobelets, antonnoirs et vaisseaux de bois, chandeliers, lanternes, lampes, falots et chandelles de suif et de cire; plaques de plomb, peaux de vache, pour boucher les trous des navires; sacs de cuir, de treillis et canevals, cercles pour pipes et tonneaux; huit mille seillaux de cuivre, cinq mille paires de souliers communs, onze mille paires de souliers cordez; cordes, cloux, chevaux, charrettes, rouages, moulins, chables, aix, et tout ce qui appartient à l'atelage par eau ou par terre, de douze grosses pièces d'artillerie et douze de campagne, avec les sacs de peau de veau pour la poudre et les boulets. Je trouve manque ici, ou mal à propos supprimé les artifices de feu de toutes sortes, les coffrets de médecine accomplis, le linge usé et les œufs pour les blessez.

Les armes de recreue estoyent : sept mille arquebuses et leurs fournimens, mille mousquets, dix mille lances, mille pertuisanes et halebardes, six mille picques, plus de pics, pales et instrumens nécessaires pour sept cents pionniers[1].

L'esclat désiré par les Espagnols, avec tant d'affectation, n'a peu ni deu lui estre desnié en l'histoire; je sai bien que la lecture en faschera un esprit délicat, mais j'ai exprès dit mon avis en quelque article, pour donner à ceux qui entreprennent sur mer une leçon et leur faire redouter la despence, ou une aide pour pourvoir à toutes les parties des embarquemens.

Voilà donc en quel estat se rendit cette armée, esquipée aux principaux havres d'Espagne, mais sur-

1. D'Aubigné a tiré cette longue énumération de pièces du temps, réimprimées dans les *Mémoires de la Ligue*, t. II, p. 402 et suiv.

tout à Lisbonne¹ et à Cadis; au dernier desquels arriva tout ce qui armoit aux costes d'Aragon, Grenade, Mursie et Valence; à l'autre, tout le reste du circuit d'Espagne; cela prest à lever l'ancre sur la fin de juin².

Le vent de cette armée leva le cœur aux Hirlandois, resveilla les intelligences d'Angleterre, la peur au peuple, de là la crainte et la colère aux grands. La coste d'Angleterre et les Pays-Bas se mit sur les armes³, y employant le verd et le sec. Le mesme bruit de cet amas hasta, au profit des liguez en France, l'édict de Juillet, auquel nous nous arrestons. Et pour ce qu'il fut fait sur le point que l'armée partoit de Lisbonne, il est à propos d'en garder le succès au livre suivant.

Avant quitter ce chapitre, j'ai à recueillir de l'Inde occidentale le voyage de Drac⁴, commencé dès les premiers amas de la grande armée, de laquelle nous avons parlé. Cettui-ci, né de fort pauvre lieu, fut mené à la mer, page de navire. En cette condition il entretenoit les autres petits garçons des maux qu'il espéroit un jour faire aux Espagnols, de quoi il supporta longtemps que les autres l'appelloyent par mocquerie

---

1. La flotte espagnole quitta le port de Lisbonne le 29 mai 1588 (De Thou, liv. LXXXIX).

2. La flotte espagnole partit de la Corogne, en Galice. Elle entra dans la Manche le 28 juin 1588 (De Thou, liv. LXXXIX).

3. De Thou donne quelques détails sur les préparatifs de la reine Élisabeth et des Provinces-Unies (liv. LXXXIX).

4. François Drake, chevalier et marin anglais, né vers 1540, mort en mer le 28 janvier 1596. Il partit de Plymouth, le 12 septembre 1585. De Thou (liv. LXXXIV) donne un itinéraire assez détaillé du navigateur anglais.

l'Ennemi d'Espagne. Depuis, estant parvenu par les degrez des charges à commander quelques navires de la roine d'Angleterre, il fit son dessein d'aller emporter Nombre-de-Dios[1]. Mais, le temps lui estant contraire, il employa ses gens à faire des descentes en l'Amérique, où il prit quelques villes et chasteaux espagnols, non sans grand butin. Et puis, au prix que le temps lui permettoit, il revint par les vingt degrez, pour venir passer entre l'isle Sainct-Jean[2] et l'Espagnole[3], et achever son dessein; mais, les vents de su et de surouest[4] estans de si longue durée que la pluspart de son équippage se mourut, il passa sa colère en l'isle espagnole, mit pied à terre à une lieue de Asva[5] et emporta les premiers retranchemens de Sainct-Domingue[6], capitale de l'isle. Mais, trouvant en armes le corps de la ville, il la força par escalade. Là le général de toutes ces isles avoit édifié un superbe palais, et, sur le portail de la grand'sale, avoit eslevé, en ouvrage dorique, deux colomnes, et sur elles deux chevaux, qui sembloyent vouloir sauter par-dessus un globe, figurant la terre toute entière. De la bouche des chevaux sortoit deux escriteaux tendans vers les armoiries d'Espagne, là posées, comme triomphantes sur l'univers. L'une des inscriptions disoit : *Nec spe*,

---

1. Nombre-de-Dios, dans le Mexique, sur la côte septentrionale de l'isthme de Panama, ville aujourd'hui ruinée.
2. Saint-Jean, l'une des îles Vierges, au nord des Antilles.
3. *L'Espagnole* est l'île de Saint-Domingue.
4. *Su et surouest*, le sud et le sud-ouest; prononciation encore usitée chez les marins des côtes de France, surtout de la Manche et de l'Océan.
5. L'île Avache, à trois lieues de Saint-Domingue.
6. Arrivée de François Drake à Saint-Domingue, 1er janvier 1586 (De Thou, liv. LXXXIV).

nec metu; et l'autre, plus glorieuse : *Totus non sufficit orbis.* Drac avoit receu la ville en composition de mille livres d'or, et de leur crucifix d'or massif, moyennant quoi ils ne furent point pillez. Par ainsi les Anglois, les ayant apprivoisez, leur demandoyent l'explication de la dernière escriture, et, comme ceux de l'isle n'osoyent responde pour plusieurs respects, leurs conquérans leur dirent : « S'il y avoit guerre ouverte entre nostre roine et vostre roi, nous vous en monstrerions l'interprétation ; vous n'avez peu vous deffendre d'une si petite troupe que nous sommes, et vostre maistre escrit que le monde est trop petit pour saouler son ambition. » Ainsi Drac, chargé de richesses et de l'artillerie, qu'il trouva tant en cette ville qu'en d'autres forts qu'il prit, s'en retourna en Angleterre et y fut bienvenu[1]. Or estoit-il temps, à cause des maladies des siens, qu'il quittast cette coste, pource que ces nouvelles estans arrivées en Espagne, au poinct que l'on amassoit pour la grande armée, on en fit prendre au marquis de Saincte-Croix[2] cinquante vaisseaux ronds et vingt galères, qui s'avancèrent jusqu'aux isles du Capverd. Et là, sur le retour de Drac, cet affaire, avec celui de la protection des Pays-Bas, gasta le trafic d'entre l'Espagne et l'Angleterre ; vers laquelle nous nous en allons après Drac, pour traitter des pays froids, où la querelle de la royauté de la mer se vuidera dans peu de temps par notables accidens.

1. Le 27 juillet 1586, Drake mouilla au port de Plymouth. Voyez une relation du voyage et du retour du marin anglais en Angleterre dans les *Mémoires de la Ligue,* t. II, p. 186.
2. Alvaro de Bassan, marquis de Santa-Cruz, amiral, né dans les Asturies, vers 1510, mort à Lisbonne en 1588.

Chapitre XXVIII.

Du Septentrion.

Hybernie leva les cornes à l'ombre de l'armée invincible, mais sans actions qui nous pressent de les donner au livre présent, desjà trop plein de matières. Et pourtant, en prenant ce qui ne se peut diférer, la roine d'Escosse ayant de sa prison[1] fait eschaper ses désirs et, après eux, les desseins courageux, tout le conseil d'Angleterre, persuadé qu'il leur falloit périr ou bien elle, pressa la roine Élizabeth de penser à sa vie et à son estat. Elle, qui balançoit entre les nécessitez et le sentiment naturel, ou pour continuer ses prolongations ou pour intéresser d'autres souverains qu'elle, et les rendre garands de leurs avis, fit despesches aux princes et estats de sa profession, pour requérir leurs voix au jugement de sa prisonnière. Je suis certain de ces choses, pource que le roi de Navarre, ayant pesé l'affaire entre ses privez conseillers, dépescha un de mes amis, pour porter la sentence de lui, du prince de Condé et du parti[2]. Mais cettui-là, ne voulant point estre messager de mort, envoya un gentilhomme d'auprès d'Orléans. Or, encor que les sentences d'ailleurs ne fussent pas plus douces, la roine fit assembler tous ses conseils pour s'asseurer de sa cousine, avec un expédient plus doux que la mort. Les trois ordres d'Angleterre la sup-

---

1. Marie Stuart était retenue prisonnière au château de Fotheringhay depuis le 6 octobre 1586.
2. Cette affirmation ne repose sur aucune preuve.

plièrent de laisser le cours à la justice. Le chancelier se joignit à eux. Le procureur général Puckering[1] fit un grand discours des conspirations, plusieurs fois redoublées par la prisonnière, non seulement contre l'Estat, qu'elle haïssoit, mais particulièrement contre la vie de celle qui prolongeoit la sienne. Et parmi les particularitez il n'oublia point le testament[2] de la criminelle, par lequel elle instituoit le roi d'Espagne son héritier, au cas que son fils ne fist en la religion et en l'Estat ce qu'elle avoit projetté. Ainsi il concluoit à perdre une teste ennemie, pour sauver le pays[3]. Encor à cela cette princesse fit voir quelques mé-

1. Popham, dit Puckering, attorney général, chargé de requérir au nom de la reine d'Angleterre.

2. Marie Stuart avait-elle fait un testament par lequel elle instituait le roi d'Espagne son héritier dans le cas où son fils ne reviendrait pas à la religion catholique? La réponse est douteuse. La reine d'Angleterre et le roi d'Espagne voulaient le faire croire, la première pour rendre Marie Stuart odieuse aux Anglais, le second pour se donner des droits sur la couronne d'Angleterre. Les ministres anglais disaient que, la pièce étant tombée entre les mains d'Élisabeth, celle-ci s'était hâtée de la brûler sur les conseils de lord Cecil. Telle excuse ressemble beaucoup à une défaite et permet aux historiens de reléguer dans le domaine des calomnies l'invention du prétendu testament. Voyez les documents publiés par M. Teulet dans le Supplément de la collection Labanoff, t. VIII, p. 438 et suiv. Le vrai testament de la reine d'Écosse, daté du 7 (17, *n. st.*) février 1587, est imprimé dans le recueil de Labanoff (t. VI, p. 484). Il n'y est pas question du roi d'Espagne.

3. Bellièvre eut trois audiences de la reine d'Angleterre, le 7, le 15 décembre 1586 et le 6 janvier 1587. Il repartit de Londres le 13 janvier 1587. Les pièces de sa négociation, lettres, remontrances, harangues, etc., sont imprimées dans les *Relations politiques de la France et de l'Espagne avec l'Écosse,* par M. Teulet, ouvrage imprimé pour le Bannatynne-club d'Édimbourg, et réimprimé en France en 1862, 5 vol. in-8°. Les pièces signalées se trouvent au tome IV, p. 61 et suiv.

moires que lui avoit laissés Belièvre, envoyé quelque temps auparavant en faveur de la prisonnière, et entre autres pria de bien peser les trois articles suivans :

1. Que les rois n'ont point de jurisdiction l'un sur l'autre, parce que Dieu seul les peut juger;

2. Que les loix qui rendent les princes estrangers subjects à celles du royaume ne furent jamais escrites pour les princes souverains;

3. Un sang royal appelle l'autre, et les remèdes sanglants seront plustost commencement de dangers que la fin de ceux ausquels on dit vouloir remédier.

Tout cela fut combatu par exemples de l'Escriture et autres marques de l'antiquité. Il falut que la roine consentist le parachèvement du procez. Elle ajousta donc à ceux qui avoyent fait celui du duc de Nortfolck[1], les plus grands seigneurs de son royaume, chevaliers et magistrats de sa cour de Westmonster, qui s'assemblèrent jusqu'au nombre de quarante-sept au mois d'octobre[2], présentèrent à la roine d'Escosse les informations, les lettres[3] d'Antoine Babington[4], vérifiées par les secrétaires d'elle-mesme, Gilbert

---

1. Thomas Howard, duc de Norfolk, avait été décapité le 2 juin 1572.

2. Première audience du procès de Marie Stuart, 14 octobre 1586, à neuf heures du matin. — Deuxième audience, 15 octobre.

3. La prétendue lettre d'Antoine Babington à la reine d'Écosse est imprimée dans les *Mémoires de la Ligue*, t. II, p. 386. Marie Stuart lui aurait répondu le 12 juillet 1586 (ibid., p. 389 et suiv.). Ces documents sont apocryphes ou du moins falsifiés en partie. Voyez Labanoff, t. VI, p. 397.

4. Antoine Babington et ses complices furent exécutés le 20 septembre 1586.

Curl et No, poitevin[1], par lesquels elle fut contrainte de confesser avec Babington d'avoir conspiré, avec l'aide du roi d'Espagne, contre la vie et personne de la roine, et contre l'Estat[2]. Sur ces poincts, sans la recerche de la mort de son mari, et sans estre inquiétée en aucune façon sur le poinct de sa religion, elle fut déclarée criminelle de lèse-majesté[3] et condamnée à mort le 17 février[4] 1587. Les comtes de Scrhabourg et de Kend[5], accompagnez d'autres chevaliers, allèrent prononcer l'arrest à la prisonnière[6], à la requeste de laquelle, ayant remis l'exécution au lendemain, qui estoit un mecredi, ils la menèrent en la sale de Fodringhaie[7], sur un eschafaut tapissé de noir, suivie de cinq de ses dames, que par le chemin elle reprenoit de jetter inutilement des pleurs, disant, au contraire, que douce lui estoit la fin d'une captivité de dix-huit

1. Gilbert Curle, et Jacques Nawe, gentilhomme parisien et non poitevin.
2. Nous savons aujourd'hui, depuis les recherches de MM. Chantelauze et Kervyn de Lettenhove, que toutes les pièces de l'accusation avaient été fabriquées par des faussaires aux gages de lord Cecil.
3. La reine Élisabeth signa le warrant d'exécution de Marie Stuart le 1er (11) février 1587. Tous les historiens ont raconté la comédie de surprise et de désespoir jouée par Élisabeth à cette occasion (voyez notamment *Marie Stuart,* par M. Chantelauze, 1876, p. 370).
4. L'exécution de la reine Marie Stuart eut lieu le 8 (18, *n. st.*) février 1587, à huit heures du matin.
5. Les comtes de Shrewsbury et de Kent.
6. L'arrêt de mort fut signifié à Marie Stuart par lord Buckhurst, membre du conseil privé, et par le clerc Robert Beale, le 19 (29, *n. st.*) novembre 1586 (Instruction d'Élisabeth à lord Buckhurst dans le recueil Labanoff, t. VII, p. 210).
7. Le château de Fotheringhay.

ans. Sur l'eschafaut elle montra, tant en contenance qu'en paroles, un grand courage et bien résolu à la nécessité, recommanda son fils à la roine d'Angleterre, et à lui de la tenir pour sa mère, confessant sa bonté et justice en ce qui la touchoit. Et puis, ayant ordonné pour quelqu'un de ses serviteurs, refusa l'aide du bourreau à despouiller sa robe, disant qu'elle n'avoit pas accoustumé qu'un tel gentilhomme la servist, se mit à genoux sur un carreau de veloux noir. Le bourreau, pource qu'elle n'estoit point liée, lui fit tenir les mains par son valet, ce que plusieurs n'ont pas approuvé, et puis lui coupe la teste, qu'il monstra séparée du corps aux quatre coins de l'eschafaut. La coefure estant cheute, on vid comme les peines de cette princesse d'excellente beauté lui avoyent rendu les cheveux gris à quarante-cinq ans[1]. Voilà simplement l'histoire de sa mort, sur laquelle ont esté escrits plusieurs discours patétiques, et surtout une tragédie qui représente beaucoup d'autres particularitez, qu'il faut donner à licence du poème et aux gentiles inventions de l'autheur[2].

Nous avons laissé le duc de Parme sur la magnifique entrée[3] d'Anvers, où une jeune fille lui ayant présenté deux clefs de la ville, l'une d'or et l'autre de fer, il les attacha à son colier de la Toison d'or. Les magnificences qu'il receut estoyent grandes pour celui qui entroit par la clef de fer. Ce victorieux, d'une

1. D'Aubigné a emprunté ces détails à de Thou (liv. LXXXVI).
2. D'Aubigné désigne ici une tragédie en cinq actes et en vers avec chant, d'Antoine de Montchrestien, représentée en 1605, l'*Escossoise ou le désastre*. Le sujet est la mort de Marie Stuart.
3. Le duc de Parme entra à Anvers le 27 août 1585. De Thou donne quelques détails (liv. LXXXIII).

part, escrivit aux villes contraires plusieurs beaux discours, pour les induire à la reddition.

De l'autre, les Estats avoyent desjà dépesché en Angleterre une députation notable[1], pour convier la roine à prendre leur protection. Cette princesse, après les divers avis du conseil[2], selon que chacun estoit animé pour la religion et pour l'Estat, fut résolue à leur faveur[3], suivant laquelle les Estats mirent entre les mains du millor Sidney[4] les villes de Flessingue et de la Brielle, laissant confuses les qualitez du comte Maurice[5] et celles du comte de Leycestre[6]; et pourtant les Anglois commendans absolument aux deux villes que nous avons nommées, et à quelque chasteau. Les premières bandes angloises furent avancées par le colonel Norreis[7] à la fin de l'année, et fut leur premier essai au fort de Ysseloort[8], sur la nouvelle que Taxis[9] en estoit sorti. Et, ce port estant emporté

---

1. Les ambassadeurs des Pays-Bas arrivèrent à Londres le 6 juillet 1585. Le 9, la reine Élisabeth leur donna audience à Greenwich.

2. De Thou analyse les résolutions prises par le conseil de la reine d'Angleterre (liv. LXXXIII).

3. La reine Élisabeth accepta la protection des Pays-Bas par un traité qui fut conclu le 10 août 1585.

4. Philippe Sidney prit possession de Flessingue (Zélande) et de la Brille, capitale de l'île de Worn, en Hollande, le 29 octobre 1585.

5. Maurice de Nassau, prince d'Orange.

6. Robert Dudley, comte de Leicester, nommé gouverneur général des Pays-Bas par la reine Élisabeth, vint à Flessingue au commencement de décembre 1585.

7. Jean Norris, colonel anglais, appartenant à une famille du comté de Lancastre.

8. Isseloort, au confluent du Rhin et de l'Yssel. — Prise de la ville par les troupes anglaises, fin octobre 1585.

9. Jean-Baptiste Taxis, lieutenant de Verdugo en Frise.

d'une grande gayeté de cœur à composition, le comte de Meurs[1] assiégea Berchschoost, où le capitaine, se voulant résoudre à l'extrémité, fut saisi et livré aux Estats[2]. Quelque temps auparavant, le colonel Schenck[3] ayant failli Nieumaigue par un mur qu'avoyent creusé les habitans, il s'estoit descouvert luimesme. Le comte de Meurs osa l'assiéger, espérant la brusler par artifices, mais en vain, ne restant de son dessein que le fort appelé Knodfemburg[4].

D'autre costé, le comte de Mansfeld[5] se saisit de l'isle de Bommel[6] avec quatre mille hommes, la pluspart Espagnols naturels. Le comte de Hohenloo[7] se campa si à propos qu'ayant rompu les digues, cette troupe estoit noyée sans sa retraite au chasteau de Empel, plus eslevé que le reste. Le prince de Parme, voyant leur danger avec quatorze chevaux seulement, s'alla jetter pour leurs secours dans Boisleduc[8]; mais ils périssoyent à sa veue sans la gelée qui survint, au commencement de laquelle les reffomez furent habiles à retirer leurs vaisseaux et leurs gens, et les autres, secourus sur la glace, furent délivrez après avoir tant enduré qu'une grande quantité perdirent les pieds et plusieurs la vie. Les mesmes forces achevèrent de

---

1. Adolphe de Newenar, comte de Meurs.
2. Prise de Bergshoot par le colonel Norris, fin octobre 1585.
3. Le colonel Martin Schenk.
4. Tentative inutile du comte de Meurs sur Nimègue, novembre 1585.
5. Charles de Mansfeld, gouverneur de Luxembourg et de Bruxelles, prince du saint-empire, mort en 1604.
6. Bommel, île formée par le Wahal, dans la Gueldre hollandaise. — Prise de l'île, commencement de décembre 1585.
7. Philippe, comte de Hohenlohe.
8. Le duc de Parme se jette dans Bois-le-Duc, 12 décembre 1585.

faire desmordre au comte de Meurs Nyeumaigue et brusler les forts, et puis prirent par capitulation Dornicket et Bœnen[1], où ils estranglèrent tous les soldats. De mesme ils emportèrent Duckembourch, Berckshooft et Hœmen-sur-Meuse[2], tout cela en menaçant Graves et Nuis[3], qui faisoyent la guerre au diocèse de Coulongne. Et sont les restes de l'an 1585.

Au commencement de l'an 1586, le comte de Leycestre fit ses entrées en qualité de gouverneur, lieutenant et capitaine des Provinces-Unies. Et, comme le comte Guillaume de Nassau estoit venu à sa réception[4], les Espagnols, sous la conduite de Taxis, se jettèrent en Frise, où ils prirent d'emblée Workom, Coudom, Hindeloopen[5] et quelques bicocques. Et puis, en se retirant, parce qu'il dégeloit, ils deffirent quelques paysans qu'ils bruslèrent en une église. Et encores avertis que Stein Malten[6], Danois, lieutenant du comte Guillaume, se retranchoit auprès de leur passage, à la faveur de deux pièces de campagne et de leurs chariots, il arriva que les chevaux, qu'ils n'avoyent pas désatelez au premier bruit, emportèrent et brisèrent tout. Les Espagnols, avisez et courageux, prenant cette bresche à leur avantage, enfoncèrent le retran-

1. Prise de Doornick et de Benen, novembre 1585.
2. Le baron de Hautepenne s'empara des forts de Duckembourg, de Berghsoot et de Hemmen (Gueldre) en novembre 1585.
3. Grave, dans le Brabant hollandais, sur la Meuse. — Nuys, ville d'Allemagne, dans l'électorat de Cologne.
4. De Thou donne des détails sur la réception du comte de Leicester dans les villes des Pays-Bas (liv. LXXXV).
5. Worcum, au confluent du Wahal et de la Meuse. — Couden. — Hindeloopen, dans la Frise. — Prise de ces villes par Jean-Baptiste Taxis, janvier 1586.
6. Stein Maltz, capitaine danois.

chement et depuis l'Église, avec promesse de la vie[1]. Là mourut le chef avec cinq cent quatre-vingt-six de ses hommes et trois cents prisonniers. Les Espagnols n'y perdirent que vingt-cinq hommes, le comte de Bergue[2] et un autre capitaine[3]. Cependant, ceux de Venloo[4] deffirent deux compagnies de cavallerie, et ceux de Nuis, s'estans saisis de Zibrick[5], la reperdirent par la dilligence d'une femme et par la vaillance des habitans. Le colonel Skeink passa le Rhein pour prendre Werl d'une façon nouvelle. Il mit le feu en une maison d'auprès de la porte, et, comme ceux de la ville sortirent pour l'esteindre, il l'escala et l'emporta[6]. Mais Werminckhuisen[7], qui commandoit au chasteau, fut à son mandement secouru par le mareschal de Werstphale, lequel, ayant assemblé quelques gens de guerre et populace du pays, Skeinck et Cloet[8] les allèrent attaquer. La cavalerie catholique ayant bien fait au commencement, et faisant leur limaçon pour recharger à leur mode, cette populace prit ce retour pour une fuite, se mirent en route, se rallièrent après en un chemin creux où Skeinck fut blessé, qui, n'ayant peu deffaire ce reste et laissé six cents que morts que noyez, ne laissa pas de retourner assiéger

1. Défaite du capitaine danois Stein Maltz, par Taxis, 27 janvier 1586.
2. Oswald, fils puiné du comte de Berghe.
3. Henri de Delden.
4. Venloo, dans la haute Gueldre, sur la Meuse. — Défaite de la cavalerie espagnole, fin janvier 1586.
5. Zulpich (Tolbiac), dans le duché de Juliers. — Prise et reprise de la ville, commencement de février 1586.
6. Prise de Werle en Westphalie, mars 1586.
7. Jean Warminckousen.
8. Frédéric Cloet, gouverneur de Nuys.

le chasteau que Hautepene[1] fit desmordre. Et de là alla joindre le prince de Parme pour le siège de Grave, où aussi le comte de Leycestre, après avoir mis ordre en Hollande, s'achemina, renvitailla et rafraîchit la garnison. Et le prince de Parme, ayant à cette approche quitté le siège de Nuis, mit son armée séparée ensemble pour aller attaquer Grave à bon escient; cela vers le quinziesme de mai[2].

Durant le siège de Grave, Skeinck se mit à la campagne vers Coulongne, faillit Brusle[3]. A sa retraite, Monichuisen print le neveu de l'évesque de Liège[4], bastit un fort en l'isle de Soust, envoya un navire de guerre s'encrer devant Coulongne vis-à-vis Duytsch. Le capitaine Pierre, qui estoit dedans, alla dans la ville dire qu'il estoit là de la part du prince électeur Truchese. Cloet y vint après, vers qui vindrent deux docteurs, un secrétaire et le messager juré de la ville. Durant ces parlemens ils payèrent le péage. De mesme main fut basti, à la séparation du Wahal et du Rhin, le fort qui porte encor le nom de son autheur Skeinck. Le cinquiesme de juin commença la furieuse batterie de Grave, qui, ayant fait bresche en deux jours, se fit une reconnoissance qui se changea en assaut, bien repoussé. Mais, le huictième estant prest, l'assaut général, tresve, capitulation et reddition furent si promptes que les Espagnols entrez trouvèrent encor des compagnies en bataille de l'autre costé, ce qui

1. Claude de Berlaymont, s. de Haultepenne.
2. D'Aubigné se trompe. Les Espagnols assiégèrent Grave vers le 16 avril 1586 (De Thou, liv. LXXXV).
3. Brühl, dans l'électorat de Cologne.
4. Ernest de Bavière, archevêque de Cologne et de Liège.

n'empescha point que les articles ne fussent bien observez[1]. De cette reddition, Mège fut abandonné, Batembourg[2] rendu à la vie seulement, le fort de Wel et le bourg retrenché de mesme. L'armée de là assiège Venloo[3] et chasse le colonnel Skeinck, qui y menoit du secours jusques à Wactendonk[4]. Durant ce siège, le comte de Mansfeld, avec six canons, assaillit et prit par assaut le chasteau d'Arcen[5], fit pendre tout ce qu'il trouva dedans en vie. Il y avoit une isle devant Venloo, très importante pour le siège. Elle fut quittée à la veue de plusieurs grands bateaux garnis de canons, couverts d'une bonne pavezade qu'on y laissa dériver, et quant et quant les bourgeois forcèrent la garnison à se rendre avec l'espée et le poignard[6].

Ce fut à Skeinck, qui avoit failli Roysers-Weerd, de jetter une partie de ses gens à Nuis et se retirer avec le reste à Rimberg[7]. Nuis fut aussi tost assiégé à la requeste de l'évesque de Verseil[8], légat du pape Sixte. Les Espagnols à l'abordée, ayans veu quitter une ridote qui estoit en une petite isle devant la ville, s'y jettèrent, mais le capitaine qui s'y logea y fut aussi tost deffait et la place quittée[9].

1. D'Aubigné se trompe. Le prince de Parme prit Grave le 12 mai 1586 et non en juin (De Thou, liv. LXXXV).
2. Prise de Meghem (Brabant) et de Battemburg (Gueldre) par le prince de Parme, juin 1585.
3. Siège de Venloo par Alexandre Farnèse, juin 1586.
4. Wachtendook, dans la Gueldre.
5. Prise du château d'Aerssen par le comte de Mansfeld, 20 juin 1586.
6. Prise de Venloo par le prince de Parme, 28 juin 1586.
7. Rhinberg, dans l'électorat de Cologne.
8. Jean-François Bonhomme, évêque de Verceil.
9. Siège de Nuys par les Espagnols, vers le 24 juillet 1586.

Durant ces approches, nous ferons une course par le pays où, les vivres estans chers, les Espagnols avec quelques autres bandes se rallièrent huict cents hommes de pied et deux cents chevaux pour conduire quatre cents chariots chargez de vivres. Quatre cents chevaux anglois et autant de gens de pied les chargèrent et deffirent. Autant en firent les Espagnols à une grande troupe de gens sans armes, qui se vouloyent retirer à Coulongne. Cependant le prince Maurice, assisté des Anglois, passa l'Escaut, assiégea et prit Axelé[1], pensant destourner le siège de Nuis, comme aussi ceux d'Anvers travaillèrent à l'en retirer, alléguans qu'il faisoit la guerre aux villes impériales. Mais ils obtinrent seulement quelques troupes qu'on envoya à La Motte[2], gouverneur de Gravelines, pour reprendre Axelée. Une digue percée fit lever le siège et décamper La Motte, qui, à son arrivée, donna un marchant au comte d'Essex[3] pour, sous couleur d'un convoi de bled, lui faire prendre Gravelines. Le bled entra et quelques soldats cachez dessous. Mais le marchant, n'osant sortir au devant du comte, lui fit sentir l'amorce. Il n'y eut de pris que ceux qui estoyent dans les premiers bateaux.

Ce fut vers la fin de juillet que ces choses passèrent et que commença une grande mésintelligence entre le comte de Leycestre et les Estats, lui ne pouvant sup-

---

1. Axel, dans la Flandre hollandaise. — Maurice de Nassau, prince d'Orange, s'empara de la place, dans la première moitié de juillet 1586 (De Thou, liv. LXXXV).

2. Valentin de Pardieu, s. de la Motte.

3. Robert d'Évereux, comte d'Essex, colonel général de la cavalerie anglaise.

porter l'administration qu'ils s'estoyent réservée, mais voulant disposer de toutes choses à son gré, comme il avoit paru par le tribut qu'il faisoit exiger à l'embouchure des rivières, et duquel les villes Hansiatiques avoyent porté leurs plaintes jusques en Angleterre. D'ailleurs, le peuple n'approuvoit pas les grandes rigueurs de l'Anglois, bien que justes en quelques endroits, comme d'avoir fait trancher la teste à Hemelth, gouverneur de Venloo, à deux capitaines[1] des siens, tant pour leur lascheté que pour n'avoir pas tenu leurs compagnies complètes; au moyen de quoi les bourgeois les avoyent contrains à la reddition. Il avoit aussi mis prisonnier l'avocat général d'Holande et l'Écoutette d'Utrec, pource qu'ils le controloyent. Ce commencement remplit tout de confusion, à la faveur de laquelle le prince de Parme, exempt de toute crainte, pressa Nuis de quatorze canons, desquels il batit tout à la fois la Néerporth, celle du Rein et le cloistre de Mariemberc[2], les bresches si grandes qu'elles ne pouvoyent estre remparées; quelque diligence qu'y aportast Cloet, gouverneur. Les assiégez furent sommez le 24 de juillet, et puis, ayant passé deux jours en parlemens inutiles et en remonstrances, le prince de Parme se picqua de ce qu'un capitaine lui reprocha de n'avoir pas tenu la capitulation de Venloo, ce qui estoit faux, car ce prince avoit la haine des Espagnols pour observer trop sa foi. De plus, ceux de la ville, pensans avoir remparé leur bresche, demandèrent tresve de six semaines

1. Exécution de Hemert et des capitaines Banck et Cobock, mai 1586 (De Thou, liv. LXXXV).
2. Marienberg, ville de la Misnie.

pour envoyer vers l'empereur. Et, ainsi irrité, il fit sa batterie de trente canons le jour de Sainct-Jacques[1] pour se servir des folies qu'entreprenoyent les Espagnols ce jour-là et de Sainct-André. Ayant donc fait deux petites bresches et une grande de soixante pas, un capitaine espagnol qui recognut trouva que, pour la grande batterie, tout estoit caché derrière le rempart. Cettui-là ayant fait son signal, on donne. Le terrain gagné, Cloet y va la teste baissée, le fait quitter, mais non pas les tours ouvertes, que deux cents hommes bien logez gardèrent toute la nuit. Sur le soir, les assiégez envoyèrent deux fois pour parlementer. Mais le prince, qui avoit desjà promis le pillage aux Espagnols, les repoussa, avec deffense de ne retourner plus. A la seconde, ceux qui vouloyent parler furent retenus prisonniers, sur le point que les Espagnols et Italiens, sans attendre l'ordre, donnèrent l'assaut, mal soustenu, comme de gens estonnez. Les Allemans et Walons escalèrent la ville, estant desjà prise[2]. Tout fut passé au fil de l'espée. Ceux qui posèrent les armes despouillez pour sauver les habits, quelque trois cents qui voulurent percer la campagne mis en pièces par la cavalerie. Cloet, qui avoit esté blessé à la reprise du rempart, trouvé dans le lict entre sa femme et ses deux sœurs, fut estranglé et pendu à la fenestre avec le ministre[3] et deux capitaines des siens. Les Espagnols, saouls de pillage, mirent la ville en feu.

Là arriva, le premier jour d'aoust, le nonce du

---

1. Le 25 juillet 1586. — Voy. de Thou, liv. LXXXV.
2. Prise de Nuys par les Espagnols, 26 juillet 1586.
3. De Thou le nomme Fosserus d'Oppenheim (liv. LXXXV).

LIVRE ONZIÈME, CHAP. XXVIII.   263

pape, et apporta au prince de Parme une espée et un chapeau bénit de la bouche de Sixte, avec lettres de louange et cette clause, que ceux qui assisteroyent à la messe, où le prince prendroit de ses mains le sacrement, auroyent rémission plénière. Le nonce lui mit donc le chapeau sur la teste et lui ceignit l'espée de ses mains[1].

Alpen, chasteau du comte de Meurs, s'estant rendu[2] avec armes et bagage, capitulation bien gardée. Le troisiesme d'aoust[3], le prince de Parme, ayant jetté quelques blocus devant Rimberg et l'isle saisie par l'Espagnol, le colonel Skeinck la reprit et contraignit l'armée de faire des blocus. Le comte de Leicestre, pour faire diversion, essaya Doysbourg sur Issel, qu'il receut par composition[4], ayant présenté l'assaut. Tout cela, dans la mi-septembre, auquel mois le prince de Parme, faict duc par la mort de son père[5], et ayant perdu au même mois le cardinal de Granvelle[6], qui lui estoit un fascheux contreroleur, eut nouvelle que les Estats avoyent failli Orsoi[7] et pris devant

1. Le nonce remit le présent du pape au prince de Parme dans le monastère de Ghenendal.
2. Prise d'Alpen par le prince de Parme, fin juillet 1586.
3. La date de d'Aubigné n'est point exacte. Le prince de Parme n'arriva devant Rhinberg que le 13 août 1586 (De Thou, liv. LXXXV).
4. Le comte de Leicester s'empara de Duysbourg vers le 9 septembre 1586.
5. Octave Farnèse, duc de Parme et de Plaisance, mourut le 18 septembre 1586.
6. Antoine Perrenot, cardinal de Grandvelle, d'origine francomtoise, mort à Madrid le 21 septembre 1586.
7. Orsoy, sur le Rhin, dans le pays de Clèves.

Zutfen deux forts, quitta le siège de Bert, et un pont qu'il avoit fait entre Wezel et Burick[1], partit pour venir secourir Zutfen[2]. A son abordée, quelque opiniastreté que rendissent les Anglois, il fit quitter à eux et à toute l'armée un des costez de la rivière, avec perte d'un costé de trois mille cinq cents hommes, entre ceux-là Sydenei[3], vaillant et savant seigneur, de l'autre de deux cents Espagnols. Il[4] ne faut oublier qu'à la prise d'un des forts, Édouart Stanlai, ayant empoigné la picque d'un Espagnol, se fit tirer au contraste par elle dans le fort, et bien suivi le prit par ce moyen, dont il fut fait chevalier[5].

Cependant que la rivière partageoit les armées, les nouvelles vindrent comment le comte de Meurs, ayant avec beaucoup de peines et despenses mis ensemble une grande levée de reistres, les avoit amenez jusques à Brême, en Ostlande. Les Estats qui les attendoyent en grande dévotion furent diligens à leur envoyer une grande somme d'argent pour les contenter de tout poinct. Estans rendus à la Place-monstre[6], quelques reistres-maistres commencèrent à demander d'estre payez le temps qu'ilz n'avoyent point servi et de leurs préparatifs. Le duc de Parme, sachant cette querelle

1. Wesel et Burick, sur le Rhin, dans le duché de Clèves.
2. Arrivée du comte de Leicester à Zutphen (Gueldre), 18 septembre 1586.
3. Philippe Sidney mourut, vers la mi-octobre 1586, des suites d'une blessure qu'il avait reçue à la bataille de Zutphen (De Thou, liv. LXXXV).
4. La fin de l'alinéa manque à l'édition de 1620.
5. Édouard Stanley fut fait chevalier le 16 octobre 1586 et reçut 600 florins du comte de Leicester en récompense de son fait d'armes.
6. La place où l'on faisait la montre.

d'Alemagne, envoya sa cavalerie vers Linghen[1] pour leur donner une strette. Les Alemans, se voyans si près de leurs ennemis, envoyèrent vers eux, se donnans la moitié au parti espagnol; les autres se desbandent et retournent en Alemagne. Plétamberg seul avec sa cornette, après avoir dit injures à ses compagnons, demeura près le comte de Meurs, qui, n'ayans pas de quoi percer les pays de l'ennemi, trouva moyen d'embarquer son reste et son argent pour s'en revenir. Quelques princes d'Allemagne, dans le pays desquels s'estoyent faites les levées, firent empoigner ces fuyars, et en punirent de mort et de toute sorte de déshonneur.

Les afflictions des Pays-Bas redoublèrent par les jalousies qu'ils prenoyent à bon droit de Leicestre; tous les grands du parti lui ayant en vain remonstré les excès des siens; que toutes les charges sortoyent de leurs mains, et particulièrement que Hontin, gouverneur de l'isle de Walcheren[2], ayant esté tué à un combat, son régiment avoit esté donné à un Anglois; que les deniers des contributions, au lieu des thrésoriers ordinaires, estoyent administrez par un Anglois seul, le prians d'y remettre l'administration anciene; qu'il déposast le conseil qu'il avoit près de soi; que les bandes angloises prissent leur monstre devant les commissaires des Estats; qu'il ne se fist nulle levée sans leur consentement; qu'au gouvernement des places fust pourveu selon les conventions[3]. A cela et

---

1. Lingen, en Westphalie.
2. Le seigneur de Houtain-le-Val, gouverneur de Walkeren (ile de Zélande) pour les États.
3. De Thou raconte l'origine des démêlés du comte de Lei-

autres articles le comte ordonna que le conseil général y pourvoiroit; mais, sous main, commanda aux siens de faire tout autrement. Et cela se passa à la fin de l'année 1586, sur le partement du comte[1] pour aller en Angleterre, apprendre comment il se devoit gouverner, sous couleur d'assister au procès de la roine d'Escosse, qui se fit au commencement de l'an suivant.

Ces deux années furent affligées de guerres, peste et d'une estrange famine; car les bleds, resemez jusqu'à trois fois, estoyent mangez la nuit par une sorte de limaçons, qui se cachoyent le jour en terre; ces animaux si puants qu'on leur attribuoit aussi la cause de la peste. Sur ces nécessitez, les Estats envoyèrent le capitaine Luth pour empescher le passage de la rivière d'Elve[2]. Ceux de Hambourg, l'ayans mandé, le mirent prisonnier à son refus de lever l'encre, et depuis le laissèrent aller sur les lettres des Estats. On dit aussi qu'il y eut un prodige d'une pluye de sang, si chaud qu'il perçoit un pied de glace. Les Estats faillirent Euric. Le chasteau de Wove[3], près Bercopzon, fut vendu par un François[4] aux Espagnols. A eux-

cester avec les États des Pays-Bas et les griefs exposés contre lui (liv. LXXXV et LXXXVIII).

1. Le comte de Leicester s'embarqua en Zélande et arriva en Angleterre le 4 décembre 1586 (De Thou, liv. LXXXV). Le 24 novembre précédent, il avait remis son autorité au conseil d'État (ibid.).

2. L'Elbe.

3. Le château de Wouwe, près de Berg-op-Zoom (Brabant hollandais), appartenait au marquis van der Berghe. Il fut livré au duc de Parme au commencement de janvier 1587 (De Thou, liv. LXXXVIII).

4. Le s. Marchant, capitaine provençal, d'après de Thou (liv. LXXXVIII).

mesmes, la ville de Deventer[1], par Standlai, Hibernois, qui y avoit esté mis maugré les Estats, et le grand fort, devant Zutphen, par Roland Yorck[2]. Les Estats, ayans eu soupçon de Standlai, avoyent fait venir le colonnel Norreis, auquel seul ils se fioyent des chefs anglois, pour le mettre en cette place. Et cela hasta l'Irlandois d'arrester jour avec Taxis au 29 de janvier[3]; auquel, ayant feint d'aller à la guerre de nuit, il rentra promptement avec six compagnies espagnoles, qui, ayans pris une merveilleuse confiance en Standlai, le laissèrent gouverneur dans Deventer avec des compagnies nouvelles; car son régiment fut dissipé.

Le roi de Dannemarc, nommé Frédéric[4], avoit envoyé Ransau[5], pour essayer de traiter paix entre les Espagnols et les Estats. Cettui-ci fut pris au retour[6], n'emportant que refus pour les Estats, le tout en haine de religion, mais paroles de paix entre l'Espagnol et l'Angleterre[7]. Sa prise fut en pays ennemi, et lui,

1. Prise de Deventer, sur l'Yssel, par les Espagnols, janvier 1587.
2. Roland d'Yorck, gouverneur du fort de Zutphen, autrefois lieutenant de Jean d'Imbyse.
3. D'Aubigné est d'accord avec de Thou sur la date de la reprise de Deventer par Guill. Stanley, 29 janvier 1587 (liv. LXXXVIII).
4. Frédéric II, roi de Danemark, né en 1533, mort à Anderschow, en Zélande, le 4 avril 1588.
5. Henri, comte de Rantzau, homme d'État et savant danois, négociateur, gouverneur du Holstein et du Slesvig, mort le 1er janvier 1598.
6. L'ambassadeur Rantzau fut pris par la garnison de Berg-op-Zoom, entre Namur et Bruxelles.
7. La reine d'Angleterre envoya aux États, en septembre 1587, par Jaques Valke et Menin, et, le 20 octobre suivant, par Herbert, son maître des requêtes, le conseil de faire la paix avec l'Espagne (De Thou, liv. LXXXVIII).

s'avouant au duc de Parme, nonobstant estant connu, on lui fit toutes les amendes et restablissemens qu'il voulut. Il partit donc avec remerciemens et honnestetez. Mais, estant arrivé, son maistre irrité arresta au destroit de la Sonthe[1] plus de six cents navires des Pays-Bas, qu'il rançonna de trente mille florins, ce que les Estats endurèrent, pour la misérable condition où ils estoyent ; car les dissentions entre les Anglois et eux estoyent creues à toute extrémité, n'ayans guère plus de fiance aux François que Monsieur leur avoit laissez. Ceux qui voudront voir les apologies en cet affaire les trouveront en l'histoire du Pays-Bas[2]. Tant y a qu'après avoir employé les mois d'avril, mai et juin en envois des Estats à la roine et d'elle vers eux, les aigreurs furent plustost dissimulées qu'apointées, et le prince Maurice, qui se contentoit d'administrer la Holande et Zélande, fut contraint d'empoigner la charge de tout, à quoi les Estats firent prester les sermens[3] ; ajoustans, pour chose honnorable, l'absence du comte de Leicestre.

Ces différens pris au bond par le duc de Parme, il s'avança au siège de l'Escluse, au commencement de juin[4]. Le colonnel Groenevelt[5], gouverneur du lieu,

---

1. Le détroit du Sund est situé entre les îles de Schonen et de Zélande.

2. D'Aubigné désigne ici l'*Histoire des Pays-Bas,* de Meteren, dont la première édition avait paru en latin, 1598, in-fol.

3. Le prince Maurice de Nassau fut nommé gouverneur des Pays-Bas le 5 février 1587.

4. Le prince de Parme partit de Bruxelles le 7 juin 1587, arriva le 8 à Bruges et vint camper dans l'île Cadsandt pour faire le siège de l'Écluse.

5. Arnaud de Groenevelt, gouverneur de l'Écluse.

avertit diligemment Russel[1], fils du comte de Bedfort, successeur de Sidnei au gouvernement de Flessingue ; [il] demandoit surtout des bleds, dont il estoit mal pourveu. Les Estats estans paresseux ou incommodez pour y pourvoir, Russel y fit entrer heureusement un grand navire chargé de bled et huit cents hommes. Et depuis, Roger Willems et quelques gentilshommes anglois s'y jettèrent avec toutes sortes de munitions, non sans grand danger, pource que les assiégeans, dès le 10 de juin, avoyent gagné un fort de dehors Beckaf et bordé les avenues du havre d'artillerie ; si bien logée que depuis ce jour l'Escluse n'envoya plus de ses nouvelles et ne put recevoir ce que par le dernier message ils avoyent demandé aux Estats. Les bandes espagnoles emplirent Catsand[2] ; et, pour le garentir des courses d'Ostende, le duc envoya forcer le fort de Blankenbergue[3], où il laissa garnison. Ceux de la ville firent plusieurs petites sorties à dommage commun ; mais ils avoyent affaire à un capitaine de trop d'ordre pour exécuter rien de grand.

Durant ce siège, le colonel Paton, Escossois, ayant esté rudoyé par le comte de Leicestre, et craignant que le colonel Stuart[4] fût mis en sa place, traita avec Hautepenne, pour lui rendre Gueldre presque en la façon de Deventer. Le peuple, s'estant aperceu que les ennemis entroyent, gagna le chasteau, duquel il falut

---

1. Guillaume Russel, marquis de Bedford.
2. L'île Cadsandt, entre l'Écluse et l'île de Zélande.
3. Blanckenberg, entre Ostende et l'Écluse.
4. Guillaume Stuart, colonel écossais, guerroyait dans les Pays-Bas depuis longtemps. Il est cité dans les *Mémoires anonymes sur les troubles des Pays-Bas*, publiés par M. Haës depuis 1578. Voyez notamment t. II, p. 232.

sortir, en payant rançon à Paton, qui avoit assigné ses récompenses sur les rançons des bourgeois[1].

D'autre costé, le comte Maurice faisoit en Brabant ce qui se pouvoit, feignant et faisant quelques sièges[2]; et mesmes le comte de Hohenloo força Engelen[3] et le raza.

Le duc avoit laissé à Hautepenne vingt-cinq cornettes de cavalerie et quarante-deux enseignes de gens de pied, campez à Boxtel[4], pour remédier à tant d'accidens. Lui donc, marchant pour le secours d'Engelen, trouva le comte d'Hohenloo qui en revenoit. Ils se rencontrèrent sur le bord de la Dyse, si inopinément que Hautepenne, voulant prendre place de bataille trop près de l'eau, fut salué de quelques bateaux à coups de canon, et le comte le chargea si brusquement et sans ordre que l'autre ne put changer le sien. La facile retraite à Boisleduc fit qu'ils n'opiniastrèrent rien; et arriva qu'une canonnade coupa une branche qui lui tomba sur le col, le mit hors de combat, et en mourut à Boisleduc à la mi-juillet[5]. Ceste charge fut proprement au lieu où la Dyse entre en la Meuse, et où est aujourd'hui basti le fort de Crèvecœur. Le siège de l'Escluse fit que la roine

1. D'Aubigné se trompe. La ville de Gueldre se rendit à Claude de Berlaymont, s. de Haultepenne, en janvier 1587, et non durant le siège de l'Escluse (De Thou, liv. LXXXVIII).

2. Campagne de Maurice de Nassau en Brabant, juin 1587.

3. Engelem ou Crèvecœur, sur l'Escaut. — La place fut prise par les Espagnols vers le 13 juillet 1587 (De Thou, liv. LXXXVIII).

4. Baxtel, sur le Dommel, dans le Brabant hollandais.

5. Claude de Berlaymont, baron de Haultepenne, mourut, le 13 juillet 1587, de la blessure qu'il avait reçue au siège d'Engelem (De Thou, liv. LXXXVIII).

renvoya le comte de Leicestre[1], auquel se joignit promptement le comte Maurice, avec ses forces. Et, cependant que tout le reste s'y joint pour le secours de la place, voici en quel estat elle estoit.

Le duc la battoit de trente-huit grosses pièces, desquelles ayant tiré quatre mille coups pour un jour, le rempart mis en poudre et deux cent cinquante pas de bresche, les assiégez y soutindrent un assaut général[2] avec six rafraîchissemens. Ils y perdirent cent cinquante hommes et plusieurs blessez; les assiégeans cinq ou six fois autant; le marquis de Ranti[3] et La Motte, de Gravelines, estropiez. Le fruit de cet assaut fut un grand logement dans les remparts, si bien que les sentinelles se batoyent à la demi-pique; mais estoyent aux coups de pistolet et d'espée aux mines, qui perçoyent en plusieurs caves de la ville, comme il y en a quantité. Et à ce jeu les assiégez avoyent perdu huit cents hommes de quinze cents qu'ils avoyent au commencement. Le 29 de juillet, le comte de Leycestre arriva à Ostende[4], accompagné du comte Maurice, de l'amiral de Nassau, de l'amiral d'Angleterre et du comte de Camberlant[5]. Il voulut tenter un secours

1. Le comte de Leicester arriva, le 6 juillet 1587, à Flessingue, où il reçut une magnifique réception.

2. L'assaut de l'Escluse par les troupes espagnoles, dont parle d'Aubigné, eut lieu le 24 juillet 1587 (De Thou, liv. LXXXVIII).

3. Philibert-Emmanuel de Lalain, s. de Montigny, marquis de Renty.

4. Arrivée du comte de Leicester à Ostende, avec vingt-cinq compagnies d'infanterie et six cornettes de cavalerie, 30 juillet 1587.

5. Justin de Nassau, vice-amiral des Pays-Bas. — Mylord Charles Howart, amiral anglais. — Le comte de Cumberland.

par mer; à quoi les gens de marine de Zélande ne s'accordèrent pas, maintenant, contre l'opinion de plusieurs, que le havre estoit plein de sable. Cela contraignit le comte d'essayer quelque chose par terre : ce fut d'aller battre le fort de Blanckembergue[1] avec deux pièces. Mais, le trouvant accommodé de tout ce qu'il falloit, et de bons hommes, cinq mille hommes ne pouvoyent pas attendre les forces espagnoles, qui n'eurent pas plustost fait paroistre leur cavalerie qu'il falut se retirer à veue, et mesme payer de quelques troupes près d'Ostende. Les assiégeans avoyent pris un messager de l'Escluse, pour demander secours ; et les lettres portoyent, ou de bonne foi ou par finesse, une furieuse résolution, laquelle prise pour argent contant par le duc, lorsque les assiégez n'avoyent plus que sept cents livres de poudre, leurs pièces et leurs armes presque inutiles à force de tirer, les deux tiers de leurs hommes blessez, le reste affoibli, il leur accorda, le 5 d'aoust, telle capitulation qu'ils voulurent, et observée de poinct en poinct[2].

La perte de l'Escluse augmenta le murmure des uns contre les autres ; pour à quoi remédier, furent assemblez les estats généraux à Dordrech[3] ; où le comte, qui venoit de faillir Hoocstraten[4], se trouva,

1. Attaque du fort de Blanckenberg par le comte de Leicester, 4 août 1587.
2. La capitulation de l'Escluse est du 4 août 1587, d'après de Thou (liv. LXXXVIII).
3. L'assemblée des états généraux se tint à Dordrecht, le 24 août 1587.
4. Le comte de Leicester quitta la Zélande le 17 août, vint à Berg-op-Zoom et fit, aussitôt après, une tentative inutile sur Hoogstraten, en Brabant.

et là s'excusa des trahisons des siens sur le malheur du temps, et de n'avoir secouru l'Escluse sur les manquemens des Zélandois et autres raisons. On lui présenta ses lettres[1] au secrétaire Junius[2], par lesquelles il le chargeoit de fortifier de toutes choses les villes qui estoyent particulièrement de son parti. Le comte interpréta cela à un soin particulier des siens, comme estrangers, priant la compagnie de tourner toutes choses à bien. Et, de fait, les Estats prenoyent en payement ces raisons, sans le comte de Hohenloo, qui, refusant de se trouver à Dordrech, demanda son congé, et persista de n'obéyr jamais au comte[3], qu'il maintenoit traistre aux Estats. Les voilà de toutes parts sur les apologies[4]. Mais ce qui gasta tout fut une entreprise sur Leiden[5], faite par le comte avec un Piémontois, un Tournesien et quelques Walons et Flamens réfugiez[6]; de laquelle les autheurs pris confessèrent, et à la mort[7] avouèrent l'entreprise, et le comte de Leycestre pour autheur. Le désaveu ne gué-

---

1. La lettre du comte de Leicester à Junius est datée de Greenwich du 20 juin 1587; de Thou en donne l'analyse (liv. LXXXVIII).

2. Jean Junius, fils du docteur Junius, secrétaire du comte de Leicester.

3. Les raisons que faisait valoir le comte de Hohenlohe pour refuser son obéissance au comte de Leicester sont exposées dans de Thou (liv. LXXXVIII).

4. Voyez dans de Thou (liv. LXXXVIII) les divers manifestes des États et les réponses du comte de Leicester.

5. Entreprise du comte de Leicester sur Leyde, octobre 1587.

6. Nicolas de Mande, Jacques Wolmar et Cosme de Pescarengis, auteurs de cette conjuration, furent arrêtés près de Woerden (De Thou, liv. LXXXVIII).

7. Les trois auteurs de l'entreprise sur Leyde furent condamnés à mort le 26 octobre 1587.

rit pas la playe, et de là en avant aucune ville ne voulut recevoir les Anglois, horsmis les colonnels Norreis et Willem Rogers, ausquels ils se fioyent, comme aux naturels du pays. Cela estant connu en Angleterre, le comte remit sa charge entre les mains des Estats, par lettres patentes[1] du 17 de décembre, et s'embarqua le lendemain, laissant le pays fort embrouillé ; si bien que les colonnels qui demeurèrent, et entre autres Saunoi[2], contre lequel il falut acheminer l'armée, voulurent estre deschargez publiquement de leur serment. Voilà comment les affaires tombèrent entre les mains du comte Maurice de Nassau, sous lequel elles prirent la mutation que vous verrez.

Mon lecteur a les yeux ouverts à voir les profits que tire le duc de Parme des divisions et confusions de ses ennemis, et il apprendra comment ce grand capitaine avoit les yeux tendus à une entreprise si haute et si spécieuse qu'elle engloutissoit les autres désirs; c'estoit à accommoder des canaux, pour faire couler à Nieuport et à Dunkerke les magasins[3] que la grande armée devoit prendre, suivant ce que nous avons dit, espérant, comme on disoit, sortir des mains des Flamens, pour estre vice-roi des trois royaumes. Les Jésuites gagnèrent quelques chefs, pour interpréter à mal envers le roi d'Espagne les actions de ce prince, et sur toutes les doux traitemens envers les réformez et l'observation de sa foi. Or, cependant qu'il se

---

1. Le manifeste du comte de Leicester fut publié à Londres.
2. Théodore de Sonoi, gouverneur de Medenblik et du nord de la Hollande.
3. De Thou décrit avec détails les grands préparatifs du prince de Parme (liv. LXXXIX).

donne à l'espoir de la mutation, et que les Espagnols et Italiens ne visent que là, sur la fin de l'an, le colonnel Skeinck retira ceux qu'il avoit envoyez en Wesphalie surprendre Mepel[1] en devisant avec les gardes de la porte; et, ne la pouvans garder, il amassa toutes les forces pour les jetter dans le diocèze de Coulongne. Puis, ayant fait quelques jours contenance de n'avoir dessein que battre la campagne, il se vint embusquer en un bois avant jour, attendit la nuict, passe sur les contr'escarpes de Buhel et de Bouthen[2], et, sans rompre son ordre aux harquebusades qu'on lui tiroit du chasteau, lesquelles pouvoyent estre entendues de Bonne, il vint faire repaistre ses gens au village de Transdorp et de Endich[3]. Et puis, sans estre descouvert de Popeldoorf, se roula aux fauxbourgs, où quelques soldats faisoyent crier des porceaux, pour empescher le bruit des troupes. Par ces moyens, il fit appliquer un pétard de dix-huit livres à une poterne du quai, qui avec soi emporta la voussure de la muraille, et puis les soldats donnèrent à une seconde porte, qui estoit simple, et l'emportèrent à coups de congnée. Et les mesmes coururent à la porte de Stoken, par où entra la cavalerie[4]. Il n'y eut défense que d'un coup de canon, qui tua Hans Wichmant[5], le canonnier dépesché. Ce qu'il y eut de plus notable fut que, sur la défense de Skeinck, aucune maison ne fut

1. Meppel, dans l'évêché de Munster, en Allemagne. — Prise de la ville par Adolphe, comte de Meurs, septembre 1587. Il l'abandonna peu de jours après (De Thou, liv. LXXXVIII).
2. Buhel et Bouten, près de Bonn, dans l'électorat de Cologne.
3. Transdorp et Ending, ville de la Souabe.
4. Surprise de Bonn par Martin Schenk, 23 décembre 1587.
5. Jean Wighman, colonel.

enfoncée, jusques à ce que, le chef ayant mis garde aux lieux qu'il vouloit conserver, comme au palais de l'évesque, à cause de la chancellerie, il donna la ville au pillage, pour six heures, au bout desquelles il remit chascun en son devoir. Dès le lendemain, il travailla aux fortifications, commença un fort au delà du Rhin. L'estonnement de ce coup fit qu'au commencement Ernest de Bavière, archevesque de Coulongne et de Liège, par conseil du duc de Clèves[1], traita avec Skeinck au nom de Trucheses son compétiteur ; mais le respect et l'espérance des Espagnols tourna les affaires à autre point.

Un autre traité se faisoit de l'Espagnol avec l'Anglois, pour lequel mettre à fin avoit esté choisi le lieu de Bourbourc[2]. Mais les Estats remonstrèrent à la roine, qui les convioit à en prendre leur part, que c'estoit un amusement, par lequel les Espagnols vouloyent couvrir les desseins de l'Armade[3], et avec plus d'accez instruire les intelligences, sur lesquelles l'entreprise marchoit, et cela pour le commencement de l'an 1588.

De cette volée les Estats avoyent surpris et quitté Wilwoorde, Brackenen et Gertruydemberg[4] ; tout cela

---

1. Guillaume, duc de Clèves, époux d'Anne d'Autriche, né en 1515, mort à Dusseldorf, au commencement de janvier 1592.

2. Bourbourg, dans la Flandre. — Les députés de la reine Élisabeth arrivèrent le 19 février 1588 à Ostende ; ceux d'Espagne se réunirent à Bruges dans le même temps, et, après trois mois de contestations inutiles sur le siège de la réunion, il fut décidé que l'assemblée se réunirait à Bourbourg (De Thou, liv. LXXXIX).

3. L'Armade, l'invincible Armada. Voyez le livre suivant.

4. Vilvorde, sur la Senne, dans le Brabant. — Brackele, sur la Nette, en Westphalie. — Gertruydenberg, sur le Dungen, dans

par le comte de Hohenloo, lors déclaré lieutenant du prince Maurice, à qui toutes ces places s'estoyent rendues à veue d'armée. Toutes les garnisons qui y furent mises, subornées par quelques Anglois, se mutinèrent, et le comte de Hohenloo se fit obéyr en toutes, horsmis en la dernière, qu'il falut appaiser de deux cent mille florins. La confusion dura les mois de février et mars.

Le prince de Chimai[1], fils du duc d'Arscot, ayant impétré du duc de Parme une armée pour assiéger Bonne[2], en mesme temps se tint une journée impériale, à laquelle fut appelé Skeinck, qui s'y trouva en qualité de mareschal du prince-électeur Truchsez. Là, il remonstra par une longue harangue comment, par le commandement de l'électeur, il avoit délivré Bonne des mains de l'Espagnol, justement pource qu'elle estoit ville impériale; que, pour faire voir que son maistre et lui n'avoyent point en cela de particuliers desseins, il estoit prest de la remettre ès mains de l'Empire. Là-dessus il s'estendit sur les tyranniques invasions de l'Espagnol et sur les faciles remèdes qui ne requéroyent que leur résolution. A tout cela respondirent les Alemans, en déduisant les grands et heureux succez des Espagnols, prenans les exemples de Portugal et de la Flandre, leur voisine ; et puis, discourant sur les menées de France, qui s'en alloit ès mains de la Ligue et d'elle à l'Espagnol, ils mons-

---

le Brabant. — Surprise de ces villes en février et mars 1588 (De Thou, liv. LXXXIX).

1. Charles de Croy, prince de Chimay, fils de Philippe de Croy, premier duc d'Arschot.

2. Siège de Bonn par les Espagnols, mars 1588. La ville capitula le 29 septembre suivant (De Thou, liv. LXXXIX).

trent du doigt l'Armade qui les faisoit trembler, refusent le présent de Skeinck, sans oublier de lui monstrer le traité commencé à Bourbourg[1], comme de fait il l'estoit deslors.

Du costé du roi d'Espagne y estoyent le comte d'Aramberg, Champagné, Richardot[2] et deux autres[3]; de l'Angleterre, le comte d'Arbi et trois autres[4], qui, au commencement, furent en dispute pour les ostages et seuretez, mais enfin marchèrent sur la parole du duc de Parme. Et, s'estans mis comme entre les mains des Espagnols, ils n'eurent d'eux que traité de maistre à valet, propositions avantageuses. Et, pour response à celle des Anglois, ils n'entendoyent à tout coups que ces mots : « Le roi ne peut, le roi ne veut, la réputation du roi y seroit amoindrie. » Les ambassadeurs des Anglois, ne faisans pas là leur profit, et sur les nouvelles redoublées que l'armée avoit esté descouverte, rompirent le traité et se séparèrent de tout poinct, au mois de juillet, qui est le mois de la paix en France, faite avec les liguez.

1. L'ouverture des conférences de Bourbourg eut lieu le 6 juin 1588.
2. Maximilien d'Aremberg, frère du comte d'Aremberg, chevalier de la Toison d'Or. — Frédéric Perrenot, s. de Champigny. — Jean Grusset-Richardot, diplomate français, né en 1540, mort en 1609.
3. Jean Maës, juriconsulte, et Flaminius Grenier, secrétaire du conseil d'État (De Thou, liv. LXXXIX).
4. De Thou ne nomme que trois députés anglais : le comte de Derby, chevalier de la Jarretière; mylord Guillaume Brooke, baron de Cobham, gardien des cinq ports de Kent; le chevalier Jacques Crofts, tous trois conseillers d'État. Ils eurent pour adjoints Valentin Dale et Jean Rogers, maitre des requêtes (liv. LXXXIX).

Chapitre XXIX.

Paix avec les liguez; édict de Juillet.

Vous aurez tout au long l'édict de Juillet, comme la première paix donnée à un parti nouveau, et qu'il faut remarquer en son style de quels termes le roi couvroit la violence et la honte qu'il souffroit, et de mesme manteau les pensées qui esclorront ci-après[1].

Henri, par la grâce de Dieu, roi de France et de Pologne, à tous présens et à venir salut.

Considérant l'infinie et spéciale obligation que nous avons à Dieu, nostre Créateur, qui nous a mis en main le sceptre du plus noble royaume qui soit au monde, où la foi de son fils, nostre sauveur et rédempteur Jésus-Christ, a esté sainctement annoncée dès le temps des

---

1. L'édit, dit d'*union*, arraché par la Ligue à la faiblesse de Henri III, avait été précédé d'un accord de la reine avec les ligueurs, qui a été imprimé, sous la date du 11 juillet 1588, dans P. Mathieu, *Histoire des derniers troubles*, 1604, in-8°, p. 99; dans les *Mémoires de Nevers*, t. I, 1re partie, p. 725; dans le *Corps diplomatique*, t. V, 1re partie, p. 476, col. 1, et ailleurs. L'édit du roi, rendu en conséquence de cet accord, fut publié avec la seule date de juillet, mais il porte, dans deux impressions contemporaines citées par le P. Lelong (nos 18725 et 18728), l'une la date du 18 juillet 1598, l'autre celle du 21. La date du 18 juillet est la seule qui puisse être exacte, car l'édit d'union fut porté au parlement de Rouen et enregistré le 19 juillet (Floquet, *Histoire du parlement de Normandie*, t. III, p. 276). L'édit d'union a été imprimé par Fontanon, t. IV, f. 357; dans les *Mémoires de la Ligue*, t. II, p. 368, et, de nos jours, dans le *Recueil des anciennes lois*, d'Isambert, t. XIV, p. 616, avec la seule date du mois de juillet. Il fut enregistré au parlement de Paris le 21 juillet (Fontanon, ibid.).

apostres, depuis, moyennant sa grâce, religieusement conservée aux cœurs des rois, nos prédécesseurs, et de leurs subjects, pour l'observation, zèle et dévotion qu'ils ont eu à nostre saincte religion catholique, apostolique et romaine, pour laquelle, dès nos premiers ans, nous avons très volontiers exposé nostre propre vie en tous les hazards qui se sont présentez ; et depuis nostre avènement à la couronne, continuant en nous et s'augmentant avec louange cette mesme résolution, n'aurions jamais abandonné ce pensement, comme de chose qui nous est et sera tousjours plus chère que le régner et vivre longuement sur la terre.

A ces causes, remettant devant nos yeux ce à quoi le bon devoir d'un bon roi très chrestien et premier fils de l'Église nous oblige, avons résolu, toutes autres considérations postposées, de pourvoir, tant qu'il plaît à Dieu, qu'il soit au pouvoir des hommes à ce que de nostre vivant il soit establi au fait de nostre religion catholique, apostolique et romaine, un bon et asseuré repos, et, lors qu'il plaira à Dieu disposer de nos jours pour nous appeler à soi, nous puissions nous représenter devant sa saincte face, portans en nostre conscience que nous n'avons rien obmis de ce où l'esprit humain s'est pu estendre pour obvier qu'après nostre décez il n'aviene, en cettui nostre royaume, changement ou altération au fait de la religion, voulans pour cette occasion que tous nos subjects catholiques, de quelque dignité, qualité ou condition qu'ils soyent, s'unissent et joignent avec nous pour l'achèvement et perfection d'un œuvre si nécessaire et agréable à Dieu, nous communiquant avec eux et s'unissant à nous pour la conservation de nostre saincte religion, afin que, comme nos âmes, qui sont rachetées d'un mesme pris par le sang de Nostre-Seigneur Jésus-Christ, nous tous en nostre postérité soyons et demeurions en lui un mesme corps; ce qu'ayant dès long temps par nous esté mis en considération, et eu surtout le bon et très prudent avis de la roine, nostre très honorée dame et mère, des princes et seigneurs de nostre conseil; avons voulu, statué et ordonné, voulons, statuons, ordonnons et nous plaist que les articles suivans soyent tenus pour loi inviolable et fondamentale de celui nostre royaume.

Et premièrement, nous jurons et renouvelons le serment que nous avons fait en nostre sacre de vivre et mourir en la religion catholique, apostolique et romaine, promouvoir l'avancement et conservation d'icelle, employer de vive foi tousjours nos forces et moyens, sans espargner nostre propre vie, pour extirper de nostre royaume, pays et terres de nostre obéyssance, tous schismes et hérésies condamnées par les saincts conciles, et principalement par celui de Trente, sans faire jamais aucunes paix ou tresves avec les hérétiques ni aucun édict en leur faveur.

Voulons et ordonnons que tous nos subjects, princes, seigneurs, tant ecclésiastiques, gentilshommes, habitans des villes et plat pays qu'autres de quelque qualité et condition qu'ils soyent, s'unissent et joignent en cette cause avec nous et facent pareil serment d'employer avec nous toutes leurs forces et moyens, jusque à leur propre vie, pour l'extirpation desdits hérétiques.

Lesquels jurons et aussi promettons de ne favoriser ni avancer de nostre vivant.

Ordonnons et voulons que tous nos subjects unis jurent et promettent dès à présent et pour jamais, après qu'il aura pleu à Dieu disposer de nostre vie sans nous donner des enfans, de ne recevoir à estre roi, prester obéyssance à prince quelconque qui soit hérétique ou fauteur d'hérésie.

Déclarons et promettons de n'employer et pourvoir à jamais aux charges militaires de nostre royaume que personnes qui seront catholiques et feront notoirement profession de la religion catholique, apostolique et romaine, et défendons très expressément que nul ne soit receu en l'exercice d'aucun office de judicature et de finances en cettui nostre royaume, pays et terres de nostre obéyssance, qu'auparavant il n'aparoisse de sa religion catholique, apostolique et romaine, par l'attestation de l'évesque ou de ses vicaires, avec la déposition de dix tesmoins, personnages qualifiez et non suspects. Et voulons que cette ordonnance soit inviolablement gardée par tous nos officiers, ausquels telles réceptions seront adressées, et sur peine de privation de tous leurs estats.

Jurons et promettons aussi à tous nos subjets, ainsi unis et joints avec nous, suivant le commandement que par nous leur en a esté fait, de les conserver et traiter, ainsi que doit un bon roi à ses bons et loyaux sujets, défendre et protéger de tout nostre pouvoir tout ceux qui nous ont accompagné et servi, et ont exposé leurs personnes et biens par nostre commandement contre lesdits hérétiques et leurs adhérens, et pareillement les autres qui se sont ci-devant déclarez associez ensemble contre eux, lesquels nous avons présentement unis à nous, et promettons de conserver et défendre les uns et les autres de toutes violences et oppressions dont lesdits hérétiques, leurs fauteurs et adhérans voudroyent user contre eux pour s'estre opposez, comme ils ont fait, à leurs desseins.

Voulons aussi que tous nosdits subjets, ainsi unis, promettent et jurent de se défendre et conserver les uns les autres, sous nostre authorité et commandement, contre les oppressions et violences desdits hérétiques et de leurs adhérans.

Pareillement tous nosdits subjets jureront de vivre et mourir en la fidélité qu'ils nous doivent, et d'exposer leurs biens et leurs personnes pour la conservation de nous et de nostre authorité, et aussi des enfans qu'il plaira à Dieu nous donner, envers tous et contre tous, sans rien excepter.

Jureront aussi tous nosdits subjets, de quelque dignité, qualité ou condition qu'ils soyent, de se départir de toutes unions, pratiques, intelligences et associations, tant au dedans qu'au dehors de cestui nostre royaume, contraires à la présente union et à nostre personne et authorité royale, et pareillement à celle des enfans qu'il plaira à Dieu nous donner, sur les peines de nos ordonnances, et d'estre tous infracteurs de leur serment.

Déclarons rebelles et désobéissans à nos commandemens et criminels de lèze-majesté ceux qui refuseront de signer la présente union ou qui, après avoir icelle signée, s'en despartiront et contrediront au serment que, pour ce regard, ils ont fait à Dieu et à nous, et seront les villes, qui désobéyront à la présente ordonnance, privées de tous privilèges, grâces et immunitez à elles accordez par nous et nos prédécesseurs rois; et si en icelles y a cours souveraines, sièges et offices establis, tant de judicature que de finance, seront transférez aux villes obéyssantes, ainsi qu'il sera par nous avisé pour le bien et soulagement de nos subjets.

Et, afin de rendre la présente union durable et permanente, comme nous entendons faire à jamais la mémoire des troubles et divisions passées entre nos subjets catholiques, et esteindre du tout les estincelles qui en pourroyent rallumer le feu, nous avons, en faveur et pour le bien de paix et avancement de la religion catholique, apostolique et romaine, dit et déclaré, disons et déclarons par ces présentes, signées de nostre main, qu'il ne sera fait aucune recerche de toutes les intelligences, associations et aucunes choses que nosdits subjets catholiques pourroyent avoir fait par ensemble, tant dedans que dehors nostre royaume; attendu qu'ils nous ont fait entendre et informé que ce qu'ils ont fait n'a esté que pour le zèle qu'ils ont porté à la conservation et manutention de la religion catholique.

Toutes lesquelles choses demeureront esteintes, assopies et comme non avenues, comme de fait nous les esteignons, assopissons et déclarons telles par cesdites présentes, et semblablement tout ce qui est avenu et s'est passé le douziesme et treiziesme de mai dernier, et depuis, en conséquence de ce, jusques à la publication des présentes en nostre cour de parlement de Paris, tant en nostredite ville qu'ès autres villes et places de nostre royaume, comme aussi tous actes d'hostilité qui pourroyent avoir esté commis, prinses de nos deniers en nos receptes générales, particulières ou ailleurs, vivres, artilleries et munitions, ports d'armes ou enrollement et levées d'hommes, et généralement toutes autres choses faites et exécutées pendant ledit temps, et qui se soyent depuis ensuivies, à l'occasion et pour le fait desdits troubles, sans que nosdits subjets en puissent estre poursuivis, inquiétez ni recerchez, directement ou indirectement, en quelque sorte et manière que ce soit.

Tous lesquels cas nous avons derechef assopis et déclarez comme non avenus, sans nul excepter, ores qu'il fût besoin les exprimer et spécifier davantage, mesmes que nosdits receveurs particuliers, fermiers et autres contables, commis à la recepte d'iceux deniers, demeureront deschargez des deniers de leursdites receptes et fermes qui ont esté arrestées et prises pour les causes que dessus depuis ledit douziesme jour de mai, en rapportant les mandemens, ordonnances et quittances qui ont esté expédiées à leur descharge, sans que ceux qui auront receu et touché lesdits deniers en soyent aucunement comptables envers nous, et lesquels nous avons en ce faisant deschargez et deschargeons par ces présentes, dont sera présentement baillé estat tel qu'il appartiendra pour servir de contrerolle à ceux qui prétendront lesdites charges.

Si donnons en mandement à nos amez et féaux, les gens tenans nos cours de parlement, chambres des comptes, cours des aides, baillifs, séneschaux, prévosts et tous autres nos juges qu'il appartiendra, chascun endroit soi, que ces présentes ils facent lire, publier et enregistrer, garder et observer inviolablement et sans enfraindre, cessans et faisans cesser tous empeschemens au contraire, car tel est nostre bon plaisir.

Et afin que ce soit chose ferme et stable, nous avons fait mettre nostre seel à cesdites présentes.

Donné à Rouen[1] au mois de juillet, l'an de grâce 1588, et de nostre règne le 15.

Signé : HENRI.
Contresigné : DE NEUVILLE.

Par le roi estant en son conseil.

---

1. Le roi était arrivé à Rouen le 13 juin 1588. Il en repartit le 21 juillet, d'après une relation attribuée à Jean de Seuille dont il existe un exemplaire à la Bibliothèque nationale (*Catalogue*, t. I, p. 323, n° 485).

LES HISTOIRES

DU

SIEUR D'AUBIGNÉ

LIVRE DOUZIÈME

(LIVRE II DU TOME III DES ÉDITIONS DE 1620 ET DE 1626).

Chapitre I.

Prise de Marans.

On pouvoit dire, après un ancien, que la guerre estoit achevée sans que la paix eust commencé, car cet édict, qui, en mettant la plume aux mains du roi pour le signer, lui mit l'alarme au cœur et les larmes aux yeux, lui servit de loi, et non au peuple, apporta des reigles et cautions pour la succession et mit au large la religion qu'on vouloit opprimer. La puissance des armes demeura ès mains du duc de Guise, et tous les jours les principaux officiers des armées apprenoyent des obligations nouvelles et quelque chose pour l'union, parmi les sermens absolus, où ils n'avoyent accoustumé d'ouïr que le nom du roi.

Les despartemens que l'on avoit tant débatus pour

le Poictou et le Dauphiné ne se pressoyent plus que pour le dernier, car le duc de Guise, obligé par ses desseins à tenir la somme des affaires, se contenta de faire entretenir la guerre vers la Guyenne, sous la menace de son voyage, par les gouverneurs et lieutenans de roi. Nous avons à jetter les yeux premièrement et principalement aux endroits où estoyent les princes du sang refformez, et à cause d'eux plus de tentations et d'efforts. Et, ce qui est estrange et donnoit au roi de plus grandes jalousies, c'est que ses rivaux, qui monstroyent tant de violences contre le roi de Navarre, en amusant presque toutes les forces vers le cœur de la France, faisoient conoistre où estoit leur principal ennemi.

Car Malicorne[1], qui avoit le faix des affaires sur les bras, n'avoit près de soi que les régimens du Cluseau, de la Courbe et celui de Virluisant, lors escheu à L'Estelle, sa compagnie de gens d'armes et trois de chevaux-légers, quelques compagnies du régiment de La Forest, lors prisonnier. Laverdin, servant de lieutenant de roi près son oncle[2], et désireux de n'estre pas inutile, fut assisté de Sainct-Pompoint, gouverneur de Maillezais, par la suasion duquel il fit entreprise d'oster l'isle de Maran aux refformez; et puis le mesme, ayant par sa diligence reconu les avenues[3], amassé avec grande dextérité quelques six cents batteaux, les emplit par divers rendé-vous de quatre

1. Jean de Chourses, seigneur de Malicorne, gentilhomme ordinaire du roi, avait succédé au comte du Lude dans le gouvernement du Poitou.
2. Laverdin était le neveu de Malicorne.
3. Laverdin vint reconnaitre les environs de Marans le 15 mars 1588 (De Thou, liv. XCI).

mille cinq cents hommes¹. Et puis, ayant envoyé la cavallerie et quelqu'autres gens de pied passer auprès de Mauzé pour couler le long du marais à Sainct-Jean de Liversai², les batteaux se rendirent une heure après minuict au passage de Beauregard³. Laverdin, avec quelques hommes choisis, s'avança pour taster la garde qui se faisoit en l'isle⁴ et trouva sur le lieu de l'abordage un arquebusier à cheval aux escoutes, et en mesme temps le capitaine L'Escu, accompagné d'un autre, faisant sa ronde. Laverdin, ayant ouy « Qui va là » de plus d'une voix, voulut remettre la partie et commanda à Sainct-Pompoint, qui estoit dans le premier batteau, de se retirer. Mais l'autre⁵, s'estant plus avancé, accompagné de huict soldats bien choisis, se jette en l'eau et, ayant respondu au qui vive « Ce sont vos ennemis, » alla donner un coup d'espée au cheval de la ronde. Les trois, ayans tiré chacun leur coup, font place, et Laverdin fait suivre, et, ayant avancé le régiment de L'Estelle, le forme en bataillon au devant de Beauregard, et ainsi couvrit la descente de tout le reste paisiblement.

Le soir d'auparavant estoyent arrivez en l'isle Bois-du-Lis⁶, avec le capitaine Hazard, et quelques gentilshommes volontaires commandez par Noizé⁷. Ceux-là

1. L'édition de 1620 porte 3,500 hommes.
2. Mauzé (Deux-Sèvres). — Saint-Jean-de-Liversai (Charente-Inférieure).
3. Beauregard (Charente-Inférieure).
4. Descente des troupes du roi dans Marans, 16 mars 1588.
5. Var. de l'édit. de 1620 : « ... *l'autre*, de qui le bateau estoit *plus avancé...* »
6. Le capitaine Boisdulis arriva à Marans le 17 mars 1588.
7. Le s. de Noisé, capitaine protestant, arriva de la Rochelle à Marans le 18 mars 1588 (De Thou, liv. XCI).

accoururent à l'alarme, et les plus diligens trouvèrent
vers Beauregard l'ordre que nous avons dit. Ce fut
pourquoi Bois-du-Lis, ayant reconnu au point du jour
à quelles forces ils avoyent affaire, employa comme il
pouvoit trois cent cinquante hommes, quelques-uns
de Luçon[1], qui estoyent venus avec lui, et les plus
volontaires, à semer les hayes et le bord du marais,
pour amuser les ennemis au chemin, et cependant
donner loisir aux habitans de retrancher leur bourg
et la basse-court du chasteau, qui estoit lors en ruine.
Laverdin aida à cette commodité, pour attendre les
forces de terre, lesquelles en mesme temps avoyent
donné à la bastille. Ceux qui estoyent dedans rendirent
leur fort de paniers aussitost qu'il fit assez clair pour
descouvrir la grande troupe qui marchoit; mais plus
estonnez encores quand un soldat, qu'ils envoyoyent
au bourg, pour avertir, rapporta ce qu'il avoit veu à
Beauregard.

Toutes les forces lors jointes marchèrent au bourg,
auprès duquel Bois-du-Lis renforça l'escarmouche.
Mais là, estant averti que le loisir qu'il pensoit avoir
donné aux habitans leur avoit servi pour gagner la
Rochelle par la Brune ou Charon[2], par les batteaux,
ce fut à Bois-du-Lis à tirer vers le bourg, y faisant
retirer les premiers avec quelque ordre, mais les
derniers en confusion. Et n'y trouvant rien de fait,
toutes ces compagnies, avec leurs chevaux et valets,
emplirent cette grande basse-court, de laquelle une
partie des murailles avoit esté rasée par les Rochelois,
si bien qu'ils ne se pouvoyent placer en lieu où plu-

---

1. Luçon (Vendée).
2. La Brune, le Charron, près de Marans (Charente-Inférieure).

sieurs maisons du bourg ne tirassent. Les catholiques, ayans fait prendre à la gauche le régiment de Virluisant, soustenu des chevaux-légers de Tremblaie-Grésille[1], firent gagner les logis qui sont sur le haut du chasteau. Cluseau, soustenu de Mercure[2], descendit jusques à la rivière de l'autre costé; et, ayant saisi ce qu'on appelle le Batteau, en peu de temps donna jusques à la hale, à l'autre costé de laquelle arrivoit le régiment de La Courbe. Et ainsi ce chasteau, circuit et assiégé de ses maisons, fut bloqué de si près qu'ils ne pouvoyent plus ni envoyer de leurs nouvelles ni en recevoir. Le pis estoit que les assiégez n'avoyent pics, pales, hottes, ni bois pour s'empescher d'estre canardez par les greniers à l'environ, ausquels ils respondoyent le plus d'arquebusades qu'ils pouvoyent. Nonobstant ils durèrent jusques au terme que vous verrez, n'ayans parapet que leurs chevaux, comme[3] nous avons dit.

1. Le s. de la Tremblaye commandait une compagnie de cinquante chevau-légers (Relation imprimée dans les *Mémoires de la Ligue*, t. II, p. 378).
2. Des Hayes de Trellon, capitaine de gens de pied, dit *Mercure l'Albanais*, p. 11.
3. Var. de l'édit. de 1620 : « ... *leurs chevaux*. Le roi de Navarre avoit fait une course en Gascogne pour mettre ordre aux affaires qui se mettront ailleurs, et avoit à son retour passé la Dourdongne à Castillon, reprise par le dessein et diligence du vicomte de Turenne; lequel, aiant discouru à loisir avec ceux qui en estoient sortis, et depuis aiant appris la façon des gardes par des prisonniers tournés vers lui, il fit faire une eschelle seule à Monrouveau, où aussi il fit couler de nuict trois cents hommes choisis, avec lesquels il marcha, non sans plusieurs incommodités, en une nuict si noire que, comme elle portoit aux entrepreneurs la commodité de n'estre point descouverts, aussi leur ostoit-elle tout jugement pour asseoir leur pas. Nonobstant ces incommoditez,

Les Rochelois avoyent desjà équipé quelques barques en forme de galiotes pour retirer les assiégez, et trouvé moyen de faire entrer quelques gens de Noisé, qui, arrivez sur le poinct que le bourg estoit enfoncé, comme nous avons dit, ne sceurent faire que de s'enfermer avec les compagnons. Voilà le roi de Navarre à cheval qui court à Charon[1], de là gagne le fort du Clousi[2], devant lequel les galiotes estoyent encrées. Il pouvoit estre aussi fort de cavalerie que Laverdin, mais il n'avoit point quatre cents hommes de pied; et, partant, ayant affaire à plus de quatre mille, il n'eust pas voulu estre dans l'isle, quand il y eust peu entrer, au moins pour y faire séjour. Il eut au commencement quelque opinion de donner avec la cavalerie dedans l'isle et aux bords des aproches,

les soldats, aiant monté à peine jusques au haut d'un grand terrier du château, au coin qui est vers la rivière, chemin que l'on ne pensoit pas possible de jour, et partant n'y posoit-on point de sentinelle, ils entrent file à file, et, dès qu'il se virent soixante montez par l'eschelle, ils vont défaire le corps de garde qui estoit à la porte et l'ouvrent à leur chef. Or, pource que l'eschelle n'avoit cousté que quatre francs, le pays disoit en se moquant que les huguenots avoit autant fait de quatre livres que les papaux de quatre cent mille escus, à quoi on estimoit la despence du siège de Castillon. Il a fallu nettoier cette surprise pour amener le roi de Navarre à Marans, qui, aiant laissé les forces vers Monguyon avec trente gentilshommes, estoit venu à sa mode passer sur la contrescarpe de Xainctes à Taillebour, et de là à la Rochelle, où il se pensoit reposer, quand on le desjuna de la prise de Marans. *Les Rochelois...* » — Le premier paragraphe de cette longue variante se trouve, dans l'édition de 1620, un peu plus abrégé et avec quelques différences, à la fin du chapitre ix du livre XI.

1. Le roi de Navarre, accompagné du comte de Soissons, était arrivé à la Rochelle le 18 mars 1588 ; le lendemain il se rendit au fort du Charron (De Thou, liv. XCI).

2. Le fort du Clousy, près de Marans.

pour tendre la main aux assiégez et les appeler à soi. Ce prince donc voulut reconoistre la nature du marais, s'il estoit capable de porter la cavalerie en ordre. Pour s'en asseurer, il entre à cheval dans le marais, ayant ses deux mains sur les espaules de Fouquerolles[1] et d'un autre capitaine[2], à pied et en l'eau jusques à la ceinture. Ceux qui assiégeoyent, le voyant marcher ainsi droit à eux, ne le purent prendre que pour ce qu'il estoit, amènent deux pièces de campagne. Le régiment de Cluseau vint prendre place et planter dix enseignes sur le bord du marais, où, quant et quant, arrivèrent six charretées de perches et de pieux : cela partagé aux compagnies et escouades, fut commencé une palissade, qui ne sortoit que trois pieds et demi. Quand le roi de Navarre fut à quatre cents pas, les pièces commencèrent à jouer sur lui et le couvrir de fange. Estant avancé jusqu'à cent cinquante pas, la mousqueterie commença à troubler le conseil des trois. Lors, nonobstant les remonstrances des deux capitaines, qui s'offroyent à aller voir tant près qu'il lui plairoit, pourveu qu'il s'en retournast, lors[3], il séjourna longtemps. Mais, voyant arriver deux troupes de lances, à la veue desquelles, pour ne perdre ses deux hommes de pied, il s'en retourna, comme aussi quelques gentilshommes des siens [qui] pour mesme consideration s'avançoyent dans le marais. La présentation des troupes réformées faisoit deux effets bien contraires, l'un, que leur contenance sembloit faci-

---

1. Fouquerolles, capitaine tué devant Amiens, en 1597, plusieurs fois cité dans les *Lettres de Henri IV*.
2. Ce capitaine est d'Aubigné.
3. Ce membre de phrase manque à l'édition de 1620.

liter aux assiégez une meilleure capitulation; mais, au contraire, l'apparence du secours pouvoit les empescher de traiter. La crainte de cela fit retirer le roi de Navarre et laisser ses troupes hors la veue des assiégez.

Le roi donc repassa le marais et remit les Rochelois dans les galiotes, et d'autres dans le fort du Braut[1]. Laverdin se fortifia encore d'hommes, qui lui amenèrent deux canons et deux bastardes de Niort, à la veue de quoi les galiottes se retirèrent et le Braut quitté d'effroi. Il estoit eschapé à Bois-du-Lis de dire à ceux qui fuyoyent du bourg qu'ils asseurassent les Rochelois qu'il tiendroit huict jours. Il eust voulu retenir la parole, que pourtant il garda. Au huictième jour, n'ayant moyen de se couvrir d'un fossé de terre, ni panser un seul blessé, ayant mangé les chevaux qu'on leur tuoit, et ceux qui restoyent se mangeans les crins et queues les uns aux autres, et encor le bourre qu'ils arrachoyent de leurs selles, dès qu'ils voulurent entendre à capitulation, elle fut offerte et acceptée[2], avec armes, bagage, enseignes desployées et tambours battans. Les chefs des assiégez ont quelquesfois dit que par la vertu des assiégeans[3] ils avoyent esté esmeus à telle capitulation.

1. Le fort du Brau, aux confins du Poitou et du pays d'Aunis, près de la mer.
2. L'île de Marans fut prise par les troupes du roi avant le 21 mars 1588, d'après une lettre du roi de Navarre à la comtesse de Gramont du 21 mars (*Lettres de Henri IV*, t. II, p. 352). Prise du château de Marans, 25 mars 1588 (Arcère, *Histoire de la Rochelle*, t. II, p. 65).
3. L'édition de 1620 porte : *assiégez.*

Chapitre II.

Escalade de Vouvans; prise de la Cointaudière et reprise de Marans.

Quand les régimens de Cherbonnière, des Bauries, de Préau, en la place de Neuvi et de la Grandville[1], faisans en tout quelque trois mille cinq cents[2] hommes, furent ensemble, La Courbe, estant appelé vers Loire, le duc de la Trimouille, avec sa compagnie et deux autres de cavalerie, ayant soin des troupes, fut requis de La Boulaye et de ceux du Bas-Poictou de s'avancer vers eux pour les délivrer de plusieurs petites garnisons qui leur accourcissoyent les vivres, et notamment de Vouvans[3], qui est une petite ville, enfoncée entre des rochers, avec un chasteau sur une croupe, moins gourmandé que la ville. Il n'y avoit point d'espérance qu'une place, bien qu'elle eust d'assez bonnes murailles, mais commandée en courtine, à portée de mousquet, pust attendre un effort. Sur cette facilité, La Trimouille et La Boulaye avec lui tirent deux petites moyennes de Fontenai. Et, comme ils s'apprestoyent pour assiéger, Malicorne, qui tenoit deux compagnies là-dedans, les vouloit retirer, quand le capitaine Toulot lui demanda permission d'y en remener deux autres; et l'Albanois Aleran, sur qui les réformez avoyent pris Vouvans, au commencement de la guerre, se fit de la partie, avec sa compa-

---

1. Gabriel Prévôt, s. de Charbonnières.
2. 3,000 hommes, d'après l'édition de 1620.
3. Vouvant (Vendée).

gnie de lanciers. S'estans jettez dedans, ils n'eurent que deux jours de loisir pour faire aux lieux plus commandez des traverses de pipes et de quelques madriers, seulement sur la largeur du corridor; et aussitost ils virent naistre leurs ennemis. Après les sommations et le refus, les compagnies firent leur logement et approches vers deux des portes, pour y essayer le feu ou le pétard; mais, les trouvant retranchez par dedans, ils attaquèrent par un moulin, et, ayans trouvé ces inventions inutiles, sur quelques nouvelles d'un amas de forces pour venir à eux, les assiégeans se résolurent à une escalade générale, favorisée de quelques volées de ces petites pièces aux courtines. Cette attaque fut présentée en plein jour, bien donnée et mieux receue; car il n'y eut pas une des compagnies qui avoyent partagé la muraille en quatre qui ne vînt aux mains. Ceux qui donnoyent à l'endroit du moulin estans renversez, plusieurs gentilshommes se touchèrent à la main pour y donner, ce qu'ils firent résolument et opiniastrément; mais les soldats du dedans, après les arquebusades, vindrent aux coups d'espée. Et pourtant la place estoit prise par là, sans l'arrivée de Toulot et quelques capitaines et sergens, qui, avec des armes d'ast, ostèrent tout espoir aux assaillans. Sur la retraite, il y eut du meurtre, mesmes quelques-uns de la ville sortirent, pour faire quitter quelques morts et blessez. Cela fit tourner teste, et fut cause de perte nouvelle aux réformez, ausquels cette besogne cousta près de deux cents hommes, parmi ceux-là seize de commandement; de l'autre costé n'y eut que seize morts.

Ces mesmes bandes irritées furent menées par le

duc de la Trimouille, désireux d'avoir revenche à la Cointaudière, où faisoyent la guerre trois frères avec soixante arquebusiers et quelques vingt salades. Les plus gaillards de ceux de Vouvans demandèrent congé pour s'aller encores jetter là dedans. La Trimouille y mena deux coulevrines, avec lesquelles il fit un pertuis au portail, où il faloit aller sur la foi d'un pont de bois, comme estant toute la place environnée de fossés de soixante pieds de gueule, profonds de demie-picque d'eau. Sur le soir Sainct-Estienne voulut y donner une attaque au desceu des autres capitaines, mais une mousquetade l'abbatit d'un coup dans le genouil, de laquelle il demeura estropié. Cette perte et celles de quelques autres gentilshommes regrettables, avec l'affront de Vouvans, esmeurent tellement les compagnons que le lendemain, après avoir, trois ou quatre heures durant, brisé des défenses et logé la pluspart de l'arquebuserie en lieu pour tirer sans cesse, plusieurs hommes de commandement se résolurent d'attaquer par le pont. Estans prests de donner, ils s'avisèrent que les assiégez avoyent la nuict tiré dans l'eau plusieurs pièces du pont dormant. Voilà pourquoi parmi les assaillans quelques soldats portèrent des chevrons et des planches, qu'ils accommodèrent aux arquebusades, de façon que, s'en aidans avec le pont-levis que les pièces avoyent abbattu, ils vindrent aux mains avec les défendans, et, l'un poussant l'autre, se précipitèrent dedans. Une partie des soldats furent tuez, partie sauvez par les compagnons. Deux des gentilshommes, qui voulurent capituler à un corps de logis, se rendirent à discrétion et furent pendus avec quelques autres, tant pource que La Trimouille l'avoit ainsi juré en les faisant sommer, que pour quelques inhumanitez qu'on leur reprochoit.

Cluseau[1] estoit demeuré gouverneur de Marans, où il employa deux mois pour accommoder les forts et avenues de l'isle, ne pouvant rien apporter au chasteau qui valût. Le roi de Navarre, d'ailleurs, temporisa jusques en esté, fit venir ses régimens à Serigni[2], où ils attendirent trois jours deux galiottes chargées de mantelets pour venir au Braut[3]. Cluseau avoit principalement travaillé à ce fort pour son importance, et mesmes y tenoit quatre-vingts arquebusiers, lesquels, voyans en mesme temps desployer l'équipage des mantelets, avec quelques compagnies qui mettoyent le pied à terre vis-à-vis de l'isle au Bœuf, et en mesme temps deux foules d'arquebusiers, dont l'une coupoit chemin entre eux et le Clousi, voyans encor monter à la marée et passer au-dessus deux gabarres de Charante, armées de madriers, qui, en passant, leur donnèrent quatre coups de verteuils et plusieurs mousquetades dans le parapet, qui ne valoit rien, comme n'ayant pas estimé qu'il en falût de ce costé-là, où ils avoyent la rivière pour fossé, la garnison du Braut monstra le mouchoir pour parlementer[4], et furent renvoyez à vie sauve et désarmez.

Le lendemain, le roi de Navarre, ayant laissé Mi-

1. Blanchard, s. du Cluseau, capitaine catholique.
2. Serigné (Charente-Inférieure).
3. Les troupes du roi de Navarre parurent sous les murs du fort du Braud le 24 juin 1588, d'après la relation de du Plessis-Mornay, imprimée dans les *Mémoires de la Ligue* (t. II, p. 378) et les *Lettres de Henri IV* (t. II, p. 606).
4. Prise du fort du Braud par le Béarnais, 25 juin 1588 (*Lettres de Henri IV*, t. II, p. 607, note).

gnonville, mareschal de camp, avec les régimens de Cherbonnière et de Soubran, pour faire ce qu'ils pourroyent du costé de la Brune, n'en espérant pourtant autre service qu'une diversion, lui s'en alla faire rembarquer ses mantelets, les monter jusques à l'arquebusade du Clousi, et puis ordonna La Grandville avec trente hommes armez et quelques Rochelois avec des rondaches pour aller présenter un pont. Il fit jetter en mesme temps Préau avec son régiment, Nesde[1] et Loumeau avec leurs compagnies, qui, prenans leur tour dans le marais, menaçoyent du costé de Marans et du dessus de la rivière les deux gardes des princes avec quelques eschelles à leur main gauche. A moindre tour, le baron de Salignac portoit l'escalade à la maison du fort. Tout cela marchoit assez froidement et en grand danger d'estre repoussez et bien battus, pource que le pont estoit trop court, et que les eschelles, mises dans la boue du fossé, demeuroyent fichées, et n'estoyent aisées à repousser sur le fort. Mais Cherbonnière, qui menoit la teste du costé de la Brune, ayant marché aux harquebusades, et ayant apris, d'une picque qu'il mit dans le canal, qu'il n'en auroit que jusques aux espaules, ayant aussi jugé que les gardes au loin des forts estoyent clair-semées, et fait tirer à ce qui paroissoit, il se jetta à corps perdu, gagne l'autre rive, à l'ombre d'un gros de picques et de mousquets, pour arrester ceux qui accouroyent de la Brune[2]. Il fit passer tous ses compagnons. Les soldats, qu'on avoit semez sur le bord du canal, voyans

1. Pierre Pidoux de Nesde.
2. Le fort de la Brune se rendit au roi de Navarre le 26 juin 1588 (*Mémoires de la Ligue*, t. II, p. 381).

l'isle gagnée, s'enfuyrent, et quelques-uns à la vue du Clousi, où Le Cluseau s'avançoit. Mais ceux du fort perdirent courage quand ils virent leur chef se retirer vers le chasteau, tellement pressé que quelque vingt, de ceux qui faisoyent la retraite, payèrent l'hoste. Il fut dès le soir investi, et, à soleil levant, à la veue de deux pièces qu'on avoit mis à terre dès la nuict, il parlementa[1] et composa à la vie des siens; lui demeurant prisonnier de guerre, et rendant ses dix enseignes, que le roi de Navarre envoya à la Rochelle. Mais il emmena le prisonnier avec soi à Sainct-Jean-d'Angeli, lui gardant la vie promise avec beaucoup de peine, estant sa mort conjurée par la noblesse de Xainctonge, pour venger Sainct-Martin-de-la-Coudre[2], que Cluseau avoit assassiné en son lit. Pour mesme raison, on eust refusé toute capitulation au chasteau de Marans[3], sans celle de laquelle Bois-du-Lis et ses compagnons se trouvèrent obligez[4].

Chapitre III.

Mesnages de la cour.

Cependant que le roi de Navarre travailloit ainsi à

---

1. Siège du fort du Clousy, 25 juin 1588. Le 26, le fort fut emporté d'assaut par les troupes huguenotes (*Lettres de Henri IV*, t. II, p. 607, note, et *Mémoires de la Ligue*, t. II, p. 381).

2. François Bouchard d'Aubeterre, s. de la Couldre, capitaine protestant, après avoir longtemps guerroyé en Poitou, avait été surpris et assassiné en 1573.

3. Prise de Marans par le roi de Navarre, 28 juin 1588 (*Mémoires de la Ligue*, t. II, p. 382).

4. Voyez, dans les *Mémoires de la Ligue* (t. II, p. 378 et suiv.).

ses affaires, le roi employoit le temps, les ruses et les finances à endormir ses ennemis, soit, comme quelques-uns ont estimé, avec dessein arresté de les empoigner à la pipée des Estats, soit, comme autres ont jugé, que ce fust pour rouler au jour la journée; dessein sans dessein, et pensée plus coustumière aux rois que ne cuident ceux qui en vivent esloignez. Ils sont prophètes en actions, car ils ne récompensent et ne punissent guères que les services et offenses à venir. Quelque fust le but de ce prince, il fait autant d'ordonnances et de déclarations qu'on lui en veut demander et dicter. Il laisse dissiper ses finances, desloger ses serviteurs, loger ses ennemis. Quand on parle d'exterminer les huguenots qui ne se voudront réduire, lui empoigne la proposition de quelques Jésuites, qui vouloyent qu'on bannist du royaume et que l'on confisquast les biens de ceux qui s'estoyent réduits depuis l'an 1560. Les nouvelles de la grande desroute[1] de l'armée espagnole estant venues, il cache la joye et l'espérance que lui donnoit tel accident et en fait le triste plus que ceux qui en estoyent affoiblis.

Ceux de l'autre costé travailloyent à leurs créances, se fortifioyent d'hommes et de places, pressent le roi des Estats[2] qu'il a promis et travaillent surtout par toutes les provinces à gagner les nominations; commencent à se servir, surtout en Languedoc, de l'ordre

---

la relation de la prise de Marans et des forts environnants par du Plessis-Mornay. De Thou raconte aussi ces événements avec détail (liv. XCI).

1. Sur la défaite de l'invincible armada, en août 1588, voyez le chapitre XXIX de ce livre.

2. Les états de Blois, dont il sera question plus loin.

des Feuillans[1]; parmi lesquels ils en choisissent ceux de qui la passion, l'esprit et la créance estoyent propres pour en faire leurs émissaires. Ceux-là donc, avec les Jésuites et autres prescheurs, reçoivent pour texte et pour emplir leurs chaires les articles de Nanci. A quoi ils adjoustent la diminution des tailles par tout le royaume, et d'oster un tiers de toutes impositions. Sur quoi ils retenoyent en eux-mesmes un dilemme de cette façon : si le roi refuse cette demande, il se ruine de créance ; s'il l'acorde, il s'afoiblit de moyens; et eux gagnoyent le gré du peuple pour l'avoir demandé seulement. Mais ils faisoyent de pesans coups sur les procez qu'ils sollicitoyent pour leurs partisans, meslans bien à propos les menaces avec les honnestetez, arrachans les criminels des prisons, mesmes dedans Paris; où, pour une marque de crédit du duc[2], entre plusieurs pensions qu'il faisoit donner aux siens, il fit obliger la ville à payer tous les ans trois mille escus d'Estat à Vilars[3].

Voici comment le roi fait contrebatterie à tels desseins : il fait et déclare le duc de Guise général de toutes ses armées[4], qui est une périphrase de connestable ; il dresse, au moins en expéditions, une grande

1. Sur la fondation de l'ordre des Feuillants, voyez le tome V, p. 343.
2. Henri de Lorraine, duc de Guise.
3. André-Baptiste de Brancas, seigneur de Villars.
4. Le duc de Guise fut déclaré lieutenant général des armées du roi par une déclaration royale datée du 1er août 1588 (Fontanon, t. IV, p. 729), ou du 4 d'après les *Mémoires de la Ligue*, t. III, p. 57, ou du 6 d'après une copie de ce document (f. fr., vol. 3623, f. 46). Dans une plaquette imprimée, citée par le P. Lelong (n° 18747), cette ordonnance est datée du 14 août.

et puissante armée, avec des apointemens excessifs, pour la donner au duc de Mayenne, avec tous les officiers à sa nomination; promet au duc de Nemours[1] le gouvernement de Lyon, et de lui fournir pour l'année suivante une armée pour conquérir Genève à son profit; promet au cardinal de Guise[2] de le faire légat d'Avignon avec cent mille livres de rente des premiers bénéfices vacquans; à l'archevesque de Lyon[3] le chapeau rouge. Et en tout ne laissa aucun de ceux qui pouvoyent au conseil secret de la Ligue, sans spécieuses promesses et asseurances des choses qui s'accommodoyent à leurs désirs.

Tous ces traits furent d'une volée. En voici d'une seconde, qui ne dérogeoyent point aux premiers : il déclara le cardinal de Bourbon[4] successeur de la couronne et premier prince du sang, avec clauses expresses et raisons, par lesquelles ou plustost pour lesquelles le roi de Navarre en est exclus entièrement[5]. Sur ce grand coup voilà la France grouillante d'escrits de jurisconsultes à ce propos. Le palais retentit de

---

1. Charles de Savoie, duc de Nemours, fils de Jacques de Savoie, duc de Nemours, et d'Anne d'Este, né en février 1567, mort en juillet 1595. Il devint gouverneur de Lyon, à la mort de Mandelot, le 14 novembre 1588 (De Thou, liv. XCIII).

2. Louis II de Lorraine, cardinal de Guise, archevêque de Reims, né le 6 juillet 1555, assassiné à Blois le 24 décembre 1588.

3. Pierre IV d'Espinac, archevêque de Lyon, 1573 au 9 janvier 1599.

4. Charles, cardinal de Bourbon, né le 22 décembre 1520, successivement évêque de Nevers, de Saintes, archevêque de Rouen, mort le 9 mai 1590.

5. Lettres patentes du roi portant reconnaissance des droits du cardinal de Bourbon à la couronne, 17 août 1588. Cette pièce est publiée par Fontanon, t. IV, p. 730.

libelles, et mesmes difamatoires contre le proscrit[1]. Les docteurs qui vouloyent acquérir réputation posoyent pour thèses en leurs escholes le poinct de la ligne directe et le droit de représentation ; et ces articles, posez en problèmes, finissoyent en résolutions. Si quelques sénateurs, comme il y en avoit, se prononçoyent en serviteurs de la Ligue ou se rendoyent coulpables de silence, et par lui du soupçon, ils ne manquoyent point de quelque signalée défaveur. De là vint la grande mutation, qui de tout poinct métamorphosa le conseil du roi en faisant chasser les piliers de l'Estat qui respiroyent quelque chose de royal, ou par conscience ou par ne rien voir en la nouveauté qui augmentast leur possession et ne pouvoir entrer en un parti où, estans les derniers en mérites, ils le seroyent aussi en authorité. Il fut donc ordonné au roi d'esloigner le chancelier de Chiverni[2], Bélièvre[3] et Villeroi[4], ce qui fut exécuté promptement.

1. Un grand nombre de ces pamphlets sont énumérés par le P. Lelong, t. II, p. 300 et suiv., et par le *Catalogue des imprimés de la Bibliothèque nationale*, t. I, p. 323 et suiv., et 352. De Thou observe que les frères François et Antoine Hotman publièrent tous les deux des écrits de polémique, l'un en faveur du cardinal de Bourbon, l'autre en faveur du roi de Navarre.

2. Philippe Hurault, comte de Cheverny, chancelier de France depuis 1581. Sur les circonstances de sa disgrâce, voyez ses *Mémoires*, éd. du *Panthéon littéraire*, p. 250.

3. Ce fut le 3 septembre 1588 que le roi commanda à Pomponne de Bellièvre de résigner toutes ses charges et de se retirer à la campagne. La lettre du roi est conservée dans le vol. 15892, f. 174, du fonds français ; la réponse autographe de Bellièvre dans le même recueil, f. 269.

4. Nicolas de Neufville, s. de Villeroy, reçut sa destitution à Villeroy, le 8 septembre 1588. Voyez ses *Mémoires* (éd. du *Panthéon littéraire*, p. 559).

Et ce prince, ne pouvant supporter de prononcer à ces faces vénérables un arrest plus honteux pour lui que pour eux, leur envoya le congé ou le commandement par des billets signez de sa main, qui furent aussi tost exécutez, et les sceaux mis entre les mains de Montelon[1], qui, faisant profession d'un grand zèle catholique, s'estoit passionné pour les liguez. Quelques-uns, à la veue des choses qui ont passé depuis, ont soupçonné que Villeroi eust tenu compagnie aux autres, comme le daulphin aux poissons qu'il enferme dans la balene, asseuré de l'oreille pour s'en sortir. Il m'a fait en privé des protestations d'innocence sur ce point et sur la pratique qui se fit à Angoulesme aux despens du duc d'Espernon[2], ce qui me fait abstenir de jugement en ceci comme en autre chose, ayant appris qu'entre les courtisans une défaveur feinte fait des dommages trop malaisez à réparer. Je m'abstiens aussi des causes pour lesquelles le premier médecin Miron[3] fut chassé de sa grande faveur et de la cour.

1. François de Montholon, avocat général au parlement de Paris, fut nommé garde des sceaux par lettres du roi en date du 6 septembre 1588 (copie ; f. fr., vol. 3947, f. 191).

2. Les querelles de Villeroy et du duc d'Épernon troublaient les séances du conseil du roi. Tous deux se reprochaient, et non peut-être sans raison, de piller les deniers du trésor. Villeroy parle de l'animosité du duc contre lui (*Mémoires d'Estat*, 1725, t. I, p. 43 et suiv.). Girard dit même que l'insolent favori de Henri III souffleta en plein conseil le secrétaire d'État (*Hist. du duc d'Épernon*, t. I, p. 114 et 144).

3. François Miron, gentilhomme de Touraine, compagnon du duc d'Anjou (Henri III) en Pologne, mort le 1ᵉʳ novembre 1608. La lettre du roi qui lui défendait de revenir à la cour est datée du 6 décembre 1588 et publiée dans les Pièces justificatives du *Journal de L'Estoile*, 1744, t. III, p. 359. D'après une relation imprimée dans les *Mémoires de Nevers* (t. I, p. 163), Miron avait

Les satyres des liguez en ont produit des choses puantes au nez du siècle, et qui sont défendues à l'histoire, tant pour sa modestie que pour n'estendre pas ceste fumée à la postérité. Les autres qui ont escrit ont enflé leurs livres des factions d'un et d'autre parti, ce qui n'est ni de ma coustume ni de mon devoir.

Restoit à oster du chemin le duc d'Espernon, redouté pour sa faveur, pour son humeur, créance et appuis d'hommes et de forteresses, et de qui le roi mesmes respectoit le courage, ne l'ayant jamais traité en ses privautez comme le duc de Joyeuse; lequel, en ses impatiences, il offensoit quelquefois mesmes de coups. Le roi, pour chasser cettui-ci sans pleurer, lui donna, comme il avoit fait auparavant l'amirauté, un ample pouvoir sur les provinces d'Anjou, Tourenne, Poictou, Xainctonge et Angoumois[1]. Ce duc, ayant mis ordre à Loches en passant, s'en vint à Angoulesme[2]; où il fut receu avec toutes les cérémonies d'une entrée royale, hormis qu'il n'avoit que la teste du cheval sous le dais. Il reçoit et stipule toutes sortes de promesses et sermens de fidélité en général par la bouche du maire[3], et plus expressément des particu-

---

dit que les débauches du roi le condamnaient à devenir fou avant un an. Miron, qui avait toujours été hostile au duc de Guise, le supplia de lui pardonner, promit de soutenir le parti lorrain et obtint sa réintégration à la cour à ce prix (*Journal de L'Estoile*, 4 décembre 1588).

1. Suivant deux relations citées par le P. Lelong (nos 18702 et 18726), le duc d'Épernon, en traversant ces provinces, accabla les habitants d'exactions.

2. Le duc d'Épernon arriva à Angoulême avant le 28 juillet 1588 (Lettre de d'Épernon au roi de cette date; autogr., f. fr., vol. 3363, f. 238).

3. François Normand, dit Puigrelier, maire d'Angoulême.

liers avec les clauses, qui, sans offense, désignoyent ses craintes et ses interests. Il ne se veut point loger à la citadelle, mais seulement au chasteau, maison qui pour lors n'estoit point fortifiée et ne servoit point de citadelle, comme elle fait aujourd'hui; n'oublie aucune sorte de cérémonie pour faire paroistre et valoir ses dévotions ni aucune familiarité pour gagner le cœur du peuple, et, pour corollaire de tout cela, il dresse compagnies nouvelles de gens de pied et de cheval, rafraischit son arcenal, ne parle que du concile de Trente, du grand bien qu'aporteroit la saincte inquisition, et se prépare à une guerre furieuse contre les huguenots.

Chapitre IV.

Péril du duc d'Espernon en Angoulesme.

Merai[1], gentilhomme angoumoisin de la suite du duc de Guise, fut en mesme temps envoyé en son pays. Lui et un cordelier, qui se retiroit à Argence[2], n'eurent pas long temps mugueté la ville qu'ils firent une conspiration, le maire et lui, assistez de Messelière, Mazerolle et Des Bouchaux[3], contre la vie du duc. Et de fait, le jour qu'on appelle Sainct-Laurens[4], il monta dès le matin à cheval pour voir travailler ses

---

1. Benoît Combaud, s. de Meré, capitaine ligueur.
2. Argences (Calvados).
3. Frottier, s. de la Messelière, gentilhomme de Bourgogne. — Le s. de Macquerolles, d'après de Thou.
4. Le 10 août 1588. D'Aubigné est d'accord avec tous les historiens sur la date de la conspiration contre le duc d'Épernon.

chevaux. Le maire, de qui à grand regret la partie n'estoit pas preste, l'alla entretenir à cet exercice avec plusieurs soubmissions de services de son costé, et encor plus de courtoisie de l'autre. Le duc, de retour à son cabinet, se mit à discourir et consulter avec l'abbé d'Elbene[1] et autres, ses familiers, de la guerre qu'il préparoit aux huguenots. Cependant qu'il avoit envoyé apprester sa messe, il oit en mesme temps deux coups de pistolet et void son aumosnier fort effarouché, qui s'enfuit de la chapelle au cabinet, se saisit de la porte et se met à l'appuyer de l'eschine par faute de verreuil[2]. L'abbé lui ayant demandé que c'estoit, l'aumosnier respond tout bas et en tremblant : « Ce sont gens qui veulent tuer Monsieur. » Il disoit vrai, car tout aussi tost le duc, l'abbé, Marivaut[3] et l'aumosnier furent attaquez dans le cabinet, où bien leur servit de tirer un bahu et mettre d'autres meubles contre la porte. Le maire de la ville estoit entré dans le chasteau avec deux hommes bottez, courriers supposez. Suivi de ceux-là et d'autres, il passa la sale et la chambre et de là entra dans la garde-robe, où il trouva un Italien nommé Girolami[4], le secrétaire[5], Rouillac[6], et un chirurgien nommé Sorlin[7]. Ceux-ci,

1. Alfonse d'Elbène, d'origine italienne, né vers 1540, abbé de Haute-Combe en Savoie, évêque d'Albi en 1588, mort le 8 février 1608.

2. *Verreuil,* verrou.

3. Claude de l'Isle, s. de Marivaux.

4. Raphaël Girolami, gentilhomme florentin.

5. Rouillart, secrétaire du duc d'Épernon.

6. Jacques Goth, marquis de Rouillac, beau-frère du duc par son mariage avec Hélène, sa sœur aînée (De Thou, liv. XCII, note).

7. Sorlin, chirurgien du roi.

voyans le maire et ceux qui le suivoyent, hormis les bottez, cuirasses à dos et les pistolets au poing, le chien abattu, se mettent en défense. Sorlin donna un coup d'espée au maire dans le visage, l'Italien en blessa trois, et un de ceux-là le tua d'un coup de pistolet.

Durant ce commencement, Souchet, beau-frère du maire, qui venoit de courir l'Angoumois pour amener des hommes au dessein, avoit enfilé la rue, criant qu'il venoit de la cour avec exprès commandement d'empoigner le duc vif ou mort. Le jour auparavant, on avoit fait courir un bruit que ce duc, partisan du roi de Navarre, avoit, en gage de ses promesses, mis des huguenots dans la citadelle, et mesmes qu'il en avoit les principaux au chasteau. Le peuple, ainsi préparé, s'arma aux cris de Souchet et le suivoit vers le chasteau. Le principal combat fut quand Beaurepaire, le prévost et un des gardes[1] coururent la teste baissée pour gagner la porte et la fermer, car les partisans du maire tuèrent les trois, en y perdant deux des leurs. Ambleville, Lartigue et Sobole[2] survindrent bien à propos, secourus au besoin par Bordes[3]. Ces quatre, s'estans fait faire place, trouvèrent moyen de recevoir Brienes[4] et puis Goas et sept autres, qui

1. Le s. de Beaurepaire, le prévôt militaire Barets, et le capitaine de la Claverie, un des gardes du duc d'Épernon, furent tués (De Thou, liv. XCII).
2. François de Jussac, s. d'Ambleville. — Le s. de Lartigue, un des capitaines du s. des Bordes. — Roger de Comminges, s. de Soboles.
3. Pierre des Bordes, gouverneur de la citadelle d'Angoulême.
4. Charles de Luxembourg, comte de Brienne, qui avait épousé la seconde sœur du duc d'Épernon (De Thou, liv. XCII).

estoient accourus à l'alarme par le dehors. Le maire, desjà blessé avec plusieurs de ses compagnons, désunis du dehors, quelques trompez qu'ils fussent, ne s'estonnent pas, mais gagnent une tour, qu'ils deffendirent à leur rang et très opiniastrement. D'autre part, le frère du maire, avec une forte troupe, estoit venu, par la courtine de la ville, préparer des engins nécessaires à faire un trou, comme il le fit, et entra dans le chasteau, mais il n'y fut pas si tost que le duc, l'abbé et l'aumosnier, désassiégez du cabinet et accourus en cet endroit, tuèrent le frère du maire et un des siens et mirent les premiers domestiques qui y arrivèrent pour remplir et garder le pertuis.

Cependant, Souchet avoit mis le feu à une autre porte du chasteau, où le duc arriva encores à propos pour y mettre ordre et faire emplir, en y travaillant lui-mesmes, le derrière de la porte de pierres, de fagots et de meubles, de crainte du pétard. Le peuple de la ville aveugloit et estoufoit d'harquebusades qu'ils tiroyent de tous costez contre ce chasteau, et surtout de la maison de la roine, qui estoit de pareille hauteur. La fumée et le bruit empeschoit tout commandement, tout ordre, et la crainte redoubloit à mesure de la confusion; mais ce qui donna plus d'estonnement fut pource qu'on ne tiroit point de la citadelle et qu'en mesme temps on ouït crier par les rues qu'il en faloit tirer le canon pour batre le chasteau. Ce qui empeschoit cette place de tirer, c'est que le gouverneur estoit prisonnier et qu'on le présentoit sur le fossé à son frère, qui estoit dedans, avec deux pistolets aux deux costez de la teste et les menaces qu'on desploye en tel cas; joint à cela que, si ceux du chasteau tenoyent la citadelle prise, les autres pensoyent que ce fust fait du duc et de tout ce qui estoit avec lui.

Voici une entremese de la tragédie qu'il est temps de savoir. C'est que la duchesse d'Espernon[1], estant au milieu de sa messe, receut cette alarme, vid fuir prestre et peuple, pource que Merai et ses compagnons arrivoyent. Ceux-là d'abordée lui tuèrent à coups de poignards ses deux escuièrs comme ils la vouloyent relever, et le corps d'un d'eux tombant sur sa robe, elle eut peine à la desgager. Pour response au « Qu'est ceci » de cette dame, les tueurs prennent la place des escuiers, et au lieu de la soulager lui serrent les bras et la mènent vers le chasteau. Voilà le duc d'Espernon assiégé, qui assiégeoit le maire et ses deux compagnons dans la tour où ils s'estoyent retirez. Ceux-là, sommez de se rendre, sollicitoyent le duc de se rendre lui-mesme. Sur ce parlement, arrivent Merai, Messelière et autres partisans et domestiques du duc de Guise qui menoyent la duchesse d'Espernon par le poing, menaçants de la faire mourir s'il ne se rendoit et lui donnans de grandes asseurances de sa vie, pourveu qu'en ceste journée leur ville eust recouvré sa liberté. Le duc, ayant chassé le tambour qui avoit fait la chamade, ne respondit que menaces à leurs promesses, et la duchesse, de son costé, respondit sagement et courageusement. De là à un quart d'heure, le maire, ayant veu un de ses compagnons s'estre, avec l'aide d'un linceul, jetté sur le rampart, d'ailleurs se trouvant affoibli pour le sang qui couloit de ses playes, se ren-

---

1. Marguerite de Foix, comtesse de Candale, avait épousé, en 1587, le duc d'Épernon. Elle mourut en 1593.

dit, et, ayant envoyé son compagnon parler au peuple, il ouvrit un parlement auquel l'abbé, employé, remontra à la foule leur faute et la douceur du duc d'Espernon, qui, ayant le maire en sa puissance, lui avoit desjà pardonné. Il adjousta qu'on avoit fait sauver un laquais pour aller à Xainctes quérir Tagen[1], qui amèneroit les forces; et l'abbé ne mentoit point. Les harangues de Merai et l'arrivée de quelques gentilshommes, promettans un grand secours d'Aubeterre[2], fermèrent les oreilles aux assiégeans; si bien que l'abbé, ayant veu la duchesse prisonnière, mais non pas le gouverneur de la citadelle ni les autres prisonniers, eut pour response des pointes d'halebardes portées dans l'estomac, s'en retourna sans rien faire et non sans peur.

La nuict suivante, ceux de la ville ayans appliqué un pétard à la porte remparée, comme nous vous avons dit, il ne fit point d'effet; mais ceux qui l'avoyent fait jouer, ayans donné dans le trouble, comme c'est le devoir, et n'ayans point reconnu qu'il n'y avoit pas de pertuis suffisant, perdirent trois des plus hastifs, et entre ceux-là Fleurac. Au poinct du jour, quelques chevaux-légers, par le quartier desquels le laquais que nous avons dit avoit passé, ayans marché la nuit, se mettent en bataille hors le fauxbourg. Deux trompettes qu'ils avoyent, entendues du peuple, qui avoit desjà perdu plus de quarante hommes,

1. Lupiac, s. de Tagens, lieutenant général d'Angoulême, Saintonge et Aunis.
2. David Bouchard, vicomte d'Aubeterre, chevalier des ordres du roi, conseiller d'État, sénéchal et gouverneur de Périgord, plusieurs fois cité dans les *Lettres de Henri IV*.

aportèrent de l'estonnement et aussitost le désir de parlementer, à quoi ils demandèrent l'abbé; mais les visions du jour auparavant lui faisoyent résigner son estat à un autre, sans les instantes prières du duc d'Espernon. Comme il commençoit de traitter, il arrive dans la ville le baron de Trouverac[1] et Coutures[2], des membres de la compagnie d'Aubeterre. Ceux-ci, ayans en valets et en tout quelques trente chevaux, font du bruit sur le pavé et asseurent d'un grand secours. A ces mots, la populace se mit à tirer de tous costez. Ils prenent l'abbé, le mènent par force sur la contrescarpe de la citadelle pour deffendre de tirer; mais les soldats, qui avoyent perdu leur silence, ayans veu que le chasteau se deffendoit, n'en firent rien pour l'abbé, que les plus considératifs remenèrent au chasteau, ayant la dernière peur effacé celle du jour auparavant.

Deux heures demeurèrent les affaires en suspens, jusques à ce que Tagen estant arrivé et prenant quartier dans les fauxbourgs, quelques autheurs de l'entreprise et ceux qui se sentoyent avoir fait le plus de mal, par conséquent les plus mauvais garçons, commencèrent à se desrober les premiers sans dire adieu, les autres plus ouvertement, prenans droit sur la désertion de ceux-là. Les plus mutins des conjurez ostez, Argence[3], qu'ils avoyent envoyé quérir, les trouvant en décadence, prit parti de blasmer ce qui

1. François Goulart, baron de Toverac.
2. D'après de Thou (liv. XCII), le baron de Toverac était accompagné du s. de la Caze, maréchal des logis de la compagnie d'Aubeterre.
3. Cibar Tison, s. d'Argence, ami du duc d'Épernon.

estoit dangereux à soustenir, et, ayant donné à tous une espérance de pardon, se fit de teste pour la capitulation. Il ne se fut pas si tost présenté au chasteau qu'il fut le bien receu, mesmement ayant protesté d'y estre venu pour le secours. L'abbé donc et lui firent cette paix, de laquelle tous les articles n'estoyent qu'oubliances. Surtout ceux de la ville voulurent que le traité fût signé de Tagen et de tous ceux de dehors, et ainsi le duc d'Espernon, après avoir esté assiégé de tant d'accidens, batu deux jours et demi, jeûné quarante heures sans boire ni manger, fut bien aise de rendre le corps du maire, mort de ses playes, à ses parens et pardonner la conjuration[1] de sa mort à ceux parmi lesquels il vouloit continuer sa vie[2]. Quelques-uns ont discouru sur le péril que le mesme duc courut à la fougade de Provence et demandé lequel des deux estoit le plus grand. J'y trouve cette différence que la quantité de poudres que le meusnier avoit portées dessous la chambre du duc, et qui fit sauter lui et la galerie dans le jardin, fut un grand péril, duquel il n'eut pas loisir d'apréhender le coup ; mais, en ce que nous avons conté, il y eut une continuation d'extrêmes dangers et tous mortels. La vie de ce duc a esté pleine

---

1. Le récit de de Thou et de d'Aubigné est presque entièrement composé d'après une relation qui a été réimprimée dans les *Mémoires de la Ligue*, t. II, p. 512, et dans les *Archives curieuses* de Cimber et Danjou, t. XII, p. 30. — On trouve dans la *Revue rétrospective* (t. XII, p. 428) et dans le volume 3275 du fonds français (f. 76 et 92) de nouveaux documents sur ce fait.

2. Var. de l'édit. de 1620 : « ... *Sa vie*. Bonne leçon à ceux qui dominent par les armes de faire provision d'un courage bien présent, et d'avoir une suite de mesme étoffe auprès de soi. *Quelques-uns...* »

de pareils accidens, ausquels ceux qui se vouent à grandes choses doivent estre préparez. D'ailleurs[1], c'est une bonne leçon à ceux qui dominent par les armes de faire provision d'un courage bien présent et de donner son pain à des domestiques de toutes conditions en qui on trouve de la valeur au besoin.

Chapitre V.

Commencement des Estats et sermens notables.

Blois nous attend et les Estats; la promulgation desquels, suivie des solicitations que nous avons touchées, fit bien tost arriver députez de toutes parts[2], et avec les plus hastifs le roi[3]. Sa première besongne fut de commander à Marnes[4], faisant l'office de maître des cérémonies en l'absence de Chemaux[5], qu'il lui amenast au cabinet chasque député au prix qu'ils arrive-

---

1. La fin de l'alinéa manque à l'édition de 1620.
2. Parmi les assistants aux États de Blois : Michel Montaigne (*Essais*, liv. I, chap. XLIX, passage ajouté par l'auteur aux dernières éditions), Estienne Pasquier (*Lettres*, liv. XVIII, lettre 1), et l'historien de Thou (*Mémoires*, liv. II, ann. 1588). Pasquier seul était député.
3. D'après le *Journal de L'Estoile*, le roi était arrivé dès le 1er septembre 1588 à Blois.
4. Le s. de Marle, maître d'hôtel ordinaire du roi, créature de l'ancien cardinal de Lorraine (Relation de Miron dans le *Journal de L'Estoile*, 1744, t. III, p. 476).
5. Guillaume Pot de Rhodes, seigneur de Chemeaux, prévôt et maître des cérémonies de l'ordre de Saint-Michel et, en 1579, de l'ordre du Saint-Esprit, grand maître des cérémonies de France, charge créée pour lui en 1585. Partie de sa correspondance a été publiée par le président Hiver (*Papiers des Pot de Rhodes*, in-8°, 1864).

royent pour les catéchiser à son appétit. Ce que le roi faisoit lui-mesme, le duc de Guise l'avoit desjà fait par ses émissaires dans les provinces; dont avenoit que tous les envoyez se laissoyent mener par la première ou seconde aureille, ou, pour dire vrai, par les craintes, espérances et intérests. Le roi s'atendoit que son authorité, son bien dire, l'amour de l'Estat, le péril des mutations et la violence, de laquelle il marchandoit le vouloir du peuple, feroit faire le procez au duc de Guise par les suffrages des Estats. L'autre s'asseuroit que les mesmes ecclésiastiques qui avoyent embrasé la guerre contre les huguenots, enseigné la haine de ceux qui les défendoyent et l'amour des poursuivans, auroyent aussi apris au peuple, avec la justice du duc de Guise, l'heur de ses commencemens; comment ses délibérations n'estoyent jamais démenties par les exécutions, comment toutes choses lui rioyent et comment il faisoit bon attacher sa fortune à un prince tousjours semblable à soi; qu'ils auroyent fait connoistre le roi inconstant en ses pensées, fluctuant en ses desseins, et surtout qui avoit abandonné ses plus grands et plus fermes serviteurs à la première demande des Guisars.

Les préludes des Estats furent tels : il falut commencer par les dévotions et par une procession générale, qui donnoit aux yeux ensemble des marques de piété et de magnificence. Ce fut un dimanche second d'octobre[1] que les députez et le clergé remplirent, quatre à quatre de rang, depuis Sainct-Sauveur de Blois

---

1. D'Aubigné, par extraordinaire, donne une date plus exacte que celle de de Thou. La procession générale, précédant l'ouverture des États de Blois, eut lieu, en effet, le dimanche 2 octobre, et non le 5 octobre, comme le dit de Thou (liv. XCII).

jusques à la fin de Vienne, où le roi se fit voir sous un haut dais avec une splendeur recherchée et attirant les yeux à soi, emplit les aureilles d'un sermon fait par Xainctes, évêque d'Évreux[1], à son intention. Là il y eut grandes indictions de jeusnes et de prières pour sauver l'Estat du penchant où il estoit.

Le lendemain, on ne put pas ouvrir les Estats comme on avoit pensé pour la tardiveté de plusieurs députez. En les attendant, on logea en divers lieux les convocations, et mit-on la chambre du clergé aux Jacobins, où présidoyent les cardinaux de Bourbon et de Guise. Celle de la noblesse fut au palais, où présidoyent le comte de Brissac[2] et le baron de Magnac[3]. Le tiers estat avoit la sienne à la maison de ville, qui éleut[4] le prévost des marchans[5], celui qui avoit esté choisi aux barricades[6]. Tous les autres officiers estant éleus aussi favorablement pour la Ligue comme les présidens, la sale générale fut ouverte le 16 d'octobre[7]. Ceux qui ont pris plaisir à en desduire les paremens vous auront

1. Claude de Sainctes, évêque d'Évreux (30 mars 1575 à 1591), partisan des Guises.
2. Charles II de Cossé, plus tard duc de Brissac, gouverneur d'Angers en 1585, maréchal de France en 1594, mort en juin 1621.
3. Antoine de Neufville, baron de Magnac, député de la Haute-Marche.
4. Par 65 voix sur 83 votants.
5. Michel de la Chapelle-Marteau, maître des comptes, prévôt des marchands, nommé par le duc de Guise le 18 mai 1588.
6. La Chapelle-Marteau avait été nommé député de Paris par 139 suffrages sur 386 votants, le 3 septembre 1588. Le procès-verbal de l'élection de la prévôté de Paris, qui avait eu lieu le 13 août, a été publié dans la *Bibliothèque de l'École des chartes*, 1845-46, p. 423.
7. Cette date est confirmée par tous les historiens.

monstré une grande recherche de magnificence et d'esclat.

Je me contente de vous représenter le roi sur son haut dais de trois marches, entre les chaires des roines, mère et femme, n'ayant rien derrière soi que les capitaines des gardes et les cent gentilshommes. A la main droite estoyent les princes du sang, et, un peu plus esloignez, les autres princes et les mareschaux de France, vis-à-vis desquels estoyent posez les cardinaux et principaux prélats. Sur mesme élévation que le roi estoit la chaire du duc de Guise, au bord du dais, la face demi-tournée vers les princes du sang; en mesme posture celle du garde des seaux Montelon. Aux pieds du roi, la place de chambelan vuide par l'absence du duc de Mayenne. Les secrétaires aux pieds du garde des seaux, et devant eux, auprès de leurs tables, les héraux, teste nue et à genoux. Plus loin s'estendoyent quelques chevaliers du Saint-Esprit. Puis, en élargissant, estoyent les bancs des conseillers d'Estat; derrière ceux-là, les députez du clergé, et, de l'autre main, ceux de la noblesse. Le devant, en sièges plus bas et traversant les autres, estoit rempli des députez pour le tiers estat, sans préséances aucunes. Tout cela bien clos de fermes barrières, aux embouchures desquelles estoyent placez les huissiers pour empescher la confusion et faire lever et marcher ceux qui seroyent commandez.

Toutes les places estans prises et chacun en attente du commencement, le duc de Guise se lève de sa place, fait une pose d'une grâce qu'il savoit bien composer, jette un regard amoureux sur la compagnie, et, suivi de deux cents gentilshommes, va quérir le roi, qui, à son arrivée, estant assis à la face de tous les députez, qui estoyent testes nues, commença une fort longue harangue[1] par une prière à Dieu pour le salut du royaume et de l'Estat, par une grande protestation de son amour envers son peuple; cela plegé par ses labeurs et immenses solicitudes pour guérir les maladies du royaume. Entre ses excuses, il avoua, comme la négligence, quelques manquemens et suportables deffaux. Mais, réparant cela par sa haine irréconciliable contre les hérétiques, il usa de ces termes : « De qui est-ce qu'ils occupent et dissipent le patrimoine? de qui est-ce qu'ils espuisent les receptes? de qui aliènent-ils les subjects? de qui mesprisent-ils l'obéissance? de qui est-ce qu'ils violent le respect, l'authorité et la dignité? Et je ne voudrois pour le moins autant que nul autre leur ruine? Dessillez vos yeux et jugez chacun de vous quelle apparence il y a. » De là, en parlant d'extirper cette maudite hérésie, il touche le besoin des grandes sommes de deniers qu'il falloit pour en venir à bout; il fait sentir les debtes de la couronne et toutes les nécessitez qui pouvoyent rendre la guerre, à laquelle il exhortoit, de dure digestion; tout cela sans oublier la roine sa mère. Il proteste de n'avoir brigué personne. Il fait reconnoistre sa grandeur, sa valeur, ses batailles, et notamment veut que la deffaite des reistres soit un coup de sa main. Enfin, ayant convié par prières ses subjects de favoriser sa droite intention, au cas qu'ils ne le facent, il conclud en ces mots : « Et moi je prendrai à tesmoin le ciel

---

[1]. Le discours prononcé par le roi à l'ouverture des États de Blois est imprimé dans les *Mémoires de la Ligue* (t. II, p. 481 et suiv.).

et la terre, j'attesterai la foi de Dieu et des hommes, qu'il n'aura point tenu à mon soin ni à ma diligence que les désordres de ce royaume n'ayent esté reformez, mais que vous avez abandonné vostre prince légitime en une si digne, si saincte et si louable action; et finalement vous ajournerai à comparoistre au dernier jour devant le juge des juges, là où les intentions et les passions se verront à descouvert, là où les masques des artifices et des dissimulations seront levez pour recevoir la punition que vous encourrez de vostre désobéissance envers vostre roi et de vostre peu de générosité et loyauté envers son Estat. » Qui[1] voudra voir tout le discours au long, il le trouvera aux œuvres diverses du cardinal du Perron[2], qui n'a pas voulu avoir fait ce présent à son maistre sans se garder l'usufruict de la réputation.

Ceste harangue, la plus longue de toutes celles qui furent ouyes aux Estats, fut louée de plusieurs pour ses termes choisis, pour la bonne mémoire à la réciter et le geste bien séant à la prononcer; de plusieurs aussi blasmée pour estre mendiante et trop longue pour un roi. Et ceux-là remarquoyent une clause que j'ai gardée pour la faire juger à part: c'est qu'ayant promis la perfection de l'édict de réunion et de s'y attacher par un serment solennel, lequel il vouloit estre juré par toute la France, il adjousta, non sans quelque confusion: « Que, s'il semble qu'en ce faisant je me soubmette trop aux loix et que je laisse la

---

1. La fin de l'alinéa manque à l'édition de 1620.
2. Jacques Davi du Perron, né le 25 novembre 1556, successivement évêque d'Évreux, archevêque de Sens, cardinal en 1604, mort le 5 septembre 1618.

royauté moindre à mes successeurs que je ne l'avois receue de mes pères, c'est pour la rendre plus durable et plus asseurée. » Soit dit sans y apporter mon jugement[1].

Montelon, garde des seaux, ayant fait deux révérences, print le propos, commença par les louanges du roi et de son zèle, traita de la grandeur des rois, du devoir des ecclésiastiques à montrer l'obéissance à Dieu par les paroles et par la vie ; qu'ils devoyent exhorter le peuple à celle qui est deue au roi. En s'estendant sur les louanges de la noblesse, il déclama contre les duels, comme aussi contre la longueur des procès et contre le nombre excessif des officiers. La catastrophe[2] fut sur les debtes du roi, ce qui ne fut pas agréable à ses maistres, non plus que d'avoir un peu trop serré le bouton sur les ecclésiastiques, jusques à ces mots : « qu'il restoit peu d'ordres où les ecclésiastiques n'eussent comme oublié leurs promesses et leurs vœux[3]. »

L'archevesque de Bourges[4], patriarche et primat d'Aquitaine, ayant remercié le roi de ses agréables paroles, fit sa harangue courte, la coupant de cette exclamation : « Vive rex, in perpetuum; benedictus Deus qui misit talem voluntatem in cor regis. »

---

1. Sur l'heureux effet produit par le discours du roi, voyez les *Lettres de Jacques et de Charles Faye,* in-8°, p. 60.

2. *La catastrophe,* la conclusion.

3. Une relation contenue dans les *Mémoires de la Ligue* (t. II, p. 491 et suiv.) donne l'analyse du discours de François de Montholon.

4. Renaud II de Beaune de Semblançay, archevêque de Bourges (1580-1602). Son discours est analysé dans les *Mémoires de la Ligue,* t. II, p. 496.

Seneçai[1], pour la noblesse, remercia[2] Sa Majesté de l'honneur d'avoir esté convoquez en tiltre d'Estats généraux, d'avoir ouy par sa bouche ses sainctes et salutaires intentions, desquelles les effets seroyent aussi prompts et certains comme Sa Majesté, de son naturel, estoit véritable en toutes ses voyes; comme aussi c'estoit un coup, digne du roi seul, de restablir l'honneur de Dieu en faisant florir la religion catholique, apostolique et romaine. A cela et autres choses proposées utiles à l'Estat et nécessaires au peuple, la noblesse proteste d'aporter la fidélité, le zèle et la générosité qui se sont tousjours trouvées en elle pour le service de leurs rois, promet d'espandre, pour l'absolue obéyssance de leur roi et surtout pour l'extirpation de l'hérésie, jusques à la dernière goute de leur sang.

Le président du tiers estat, de genoux, rendit grâces au roi de ce qu'il lui avoit pleu faire voir à son peuple ses sainctes intentions, dit que ses très fidelles subjets du tiers estat voyent en cette journée que Dieu leur tendoit la main en leurs afflictions, et, quoiqu'il soit si bas qu'il ne lui reste qu'une foible parole et sans vigueur, l'extirpation de l'hérésie premièrement, et puis le restablissement de tous les ordres en leur entier, à quoy ils voyoient que Sa Majesté vouloit mettre la main, leur redonnoit une nouvelle vie; laquelle ils promettoyent d'aporter à ses pieds pour

---

1. Claude de Baufremont, baron de Senecey, lieutenant général de Bourgogne, chevalier de l'ordre du roi, gouverneur d'Auxonne, né en 1546, mort en 1596.

2. Le discours du baron de Senecey est imprimé dans les *Mémoires de la Ligue*, t. III, p. 131.

employer le dernier de leurs souspirs à l'exécution de ses commandemens. Et ainsi finit la première séance.

La seconde commença le jour ensuivant[1]; et, pource que depuis quelques jours Blois estoit rempli de bruits et d'avertissemens de près et de loin, qui ne chantoyent que trahisons et meurtres des grands, qui se devoyent commettre en peu de jours, l'archevesque d'Ambrun[2] eut charge d'en avertir le roi et l'assemblée. Le remède qu'on y trouva plus à propos et de l'invention du roi fut de refaire un serment si sollemnel que nulle âme ne le peust enfraindre et nul cœur refuser de s'y confier. Il y en eut qui trouvoyent cette réitération de mauvaise grâce, comme ne se perdant la virginité de la foi qu'un coup seulement; autres disoyent qu'un serment fourré sentoit l'infidélité, comme il parut en Hongrie au grand meurtre qui se fit des chrestiens, rendus sur le serment du Turc réitéré par sept fois.

Le roi, à ceste seconde séance, après le silence commandé par un héraut, dit : « Qu'il avoit monstré à la première son violent désir de voir tous ses subjects à bon escient réunis à la religion catholique, apostolique et romaine, sous l'obéissance qu'ils lui devoyent selon Dieu; que pourtant, ayant ordonné son dernier édict de juillet pour loi fondamentale du royaume, il vouloit qu'il fust leu et que tous l'entendissent pour le

1. La seconde séance eut lieu le 18 octobre, et non le 17, comme le dit d'Aubigné (*Mémoires de la Ligue,* t. II, p. 499, et de Thou, liv. XCII).

2. Guillaume VIII, cardinal d'Avançon de Saint-Marcel, archevêque d'Embrun (1561-juillet 1600).

jurer en corps d'Estat. » Le secrétaire Beaulieu[1] ayant leu avec l'édict la déclaration de loi fondamentale[2], le roi, de son mouvement, dit tout haut : « Que la dignité de cette occasion devoit estre représentée avec une splendeur notable, pour disposer l'assemblée à considérer l'importance du traité qui se faisoit avec Dieu ; interpellant son foudre et ses vengeances à fraper le front et la desloyauté de ceux qui violeroyent tant soit peu la foi maintenant consignée entre ses mains pour gage de l'observation de l'édict d'union. Et partant commanda à l'archevesque de Bourges de faire une exhortation expresse sur la dignité de l'édict et sur la part que prenoit Dieu au serment, duquel on le faisoit dépositaire, pour en estre le garend ou très sévère vengeur. »

Ce prélat commença ainsi : « Que l'instruction d'un serment tant solennel lui estant ordonnée, et le peuple ayant à savoir par sa bouche ce qui s'aloit passer du roi vers lui et de lui vers un si grand roi, il exhortoit toute l'assemblée, disposée à un si excellent œuvre, de s'humilier sous la puissante main de Dieu, reconnoistre la grandeur, l'effet et la qualité du sacré serment qu'elle lui alloit prester ; considérant que Dieu est la vérité mesme et que tout serment qui n'est appuyé et asseuré sur cette vérité mesme est faux et injuste, que la cause du serment qui se présentoit

1. Martin Ruzé, seigneur de Beaulieu, de Chilli et de Longjumeau, secrétaire d'État, trésorier des ordres du roi, mort le 16 novembre 1613.
2. La déclaration du roi sur son édit d'union, datée de Blois, du 18 octobre 1588, est imprimée dans les *Mémoires de la Ligue* (t. II, p. 500 et suiv.).

estoit pour l'Église. » De la dignité de laquelle ayant traité, il achève ainsi : « Jurons à nostre prince l'obéissance et submission qui lui est deue de tout droit divin et humain. Embrassons la charité chrétienne. Délaissons toutes haines et rancunes ouvertes et secrètes, soupçons et défiances qui jusques ici nous ont divisé et troublé, qui ont empesché, voire rompu de si bons desseins, et sans lesquels la France fust desjà en repos. Levons les mains au ciel pour rendre à ce grand Dieu le serment que nous lui devons ; qu'il en soit mémoire à jamais par tous les siècles à venir ; que la postérité marque la foi et loyauté de nos serments et non le parjure, par les bons et saincts effects qui s'en ensuivront. Et, puisqu'il a pleu à Vostre Majesté, Sire, jurer présentement tout le premier ce serment solennel, pour exemple à tous vos subjects, nous lèverons tous d'un commun accord les mains au ciel et jurerons Dieu le servir et honorer à jamais, maintenir son église catholique, apostolique et romaine et deffendre aussi Vostre Majesté et vostre Estat envers et contre tous, observer et garder inviolablement ce qui est contenu en vostre édict d'union présentement leu, à la gloire de Dieu et exaltation de son sainct nom, conservation de son Église et de ce royaume[1]. »

Le roi prit la parole[2], disant : « Messieurs, vous avez ouï la teneur de mon édict et entendu la qualité d'icelui et la grandeur et dignité du serment que vous

---

1. Le discours de l'archevêque de Bourges est analysé dans les *Mémoires de la Ligue* (t. II, p. 502 et suiv.) et dans de Thou (liv. XCII).

2. La réponse du roi au discours de l'archevêque de Bourges est reproduite dans les *Mémoires de la Ligue* (t. II, p. 507).

allez généralement prononcer. Et, puisque je vois tous vos justes désirs entièrement conformes aux miens, je jurerai, comme je jure devant Dieu en bonne et saine conscience, l'observation de ce mien édict. Tant que Dieu me donnera la vie ici-bas, veux et ordonne qu'il soit observé à jamais en mon royaume pour loi fondamentale ; et, en tesmoignage perpétuel de la correspondence et consentement universel de tous les Estats de mon royaume, vous jurerez présentement l'observation de cet édict d'union, tous d'une voix, mettant par les ecclésiastiques les mains à la poictrine et tous les autres levant les mains vers le ciel. » Il commande à Beaulieu, secrétaire d'Estat, d'en dresser un acte[1], afin que la mémoire d'un serment tant solennel passe plus authentiquement à la postérité. A ce poinct, tous levèrent les mains et la voix, avec une joye si grande et un si haut cri de : « Vive le roi ! » qu'il courut par toute la ville. Et puis ce prince, la main haute, marcha le premier et se fit suivre à tous jusques dans Sainct-Sauveur, où les musiques préparées chantèrent le *Te Deum laudamus*.

Au sortir de là, le roi, prenant le prévost des marchans par la main, lui dit : « L'offense des Parisiens est grande, mais je l'oublie et la donne au bien commun des catholiques de France et au soulagement de mon pauvre peuple, les misères duquel me font perdre le ressentiment que j'en pourrois avoir. Je vous commande de tenir cette parole asseurée, comme de la bouche de vostre roi. »

1. L'acte du serment prêté par le roi et l'assemblée pour l'observation de l'édit d'union est imprimé dans les *Mémoires de la Ligue* (t. II, p. 508).

Nonobstant ces choses, il revient nouvelles l'une sur l'autre, de dehors le royaume et du dedans, qu'il se dressoit à Blois un exemplaire de vengeance contre les principaux des Estats. Et, comme la frayeur de cela saisissoit toutes les chambres, l'archevesque d'Ambrun eut encores la charge de taster le poux du roi et lui faire entendre la frayeur des Estats. Le roi respondit : « Que le salut de ses subjects estoit le sien propre; qu'il les chérissoit comme un bon père ses enfans; qu'il savoit les seuretez et franchises des Estats; qu'on se devoit asseurer de sa parole et de si précieux sermens; qu'ils ne seroyent jamais enfrains de son costé et se garderoit bien de donner occasion de les rompre à qui que ce soit; que c'estoit crime d'entrer en défiance de son roi, et que ces bruits venoyent des ennemis du peuple et de lui. » Là-dessus, les extrêmes caresses, familiaritez et grands tesmoignages d'amitié que le roi monstra et continua envers le duc de Guise, le cardinal son frère[1] et l'archevesque de Lyon, qu'il mit du conseil des affaires, les recherches des plus violens liguez, et mesmes des biens faits à quelques-uns, le commandement que le roi fit à ses plus privez serviteurs de vivre comme frères avec tous les serviteurs des Lorrains, avec deffences et menaces contre les semeurs de bruits; tout cela rasseura tellement l'Assemblée que tout s'ameuta aux remonstrances, aux règlemens et surtout à l'extinction des refformez, que nous cercherons à la campagne, pour voir ce qu'ils font cependant.

1. Louis II de Lorraine, cardinal de Guise.

Chapitre VI.

Attaque des Herbiers ; deffaite de Gerfai et d'Albanois aux fauxbourgs de Poictiers.

Toutes affaires furent sursises pour mettre une armée en campagne sous le duc de Nevers. Et, pource que celui de Guise sentoit cette dépesche comme contraire à la commission qu'on lui avoit promise pour la Guienne, on le paya de sa présence nécessaire aux Estats. Et, d'autant qu'on employoit des régimens qui dépendoyent de lui, la lieutenance fut mise ès mains de La Chastre. Or, pource qu'un gros amas comme cettui-là ne se pouvoit si tost accomplir, le duc de Guise, selon la jalousie continuelle à qui feroit le premier et le plus de mal aux huguenots, fit partir le duc de Mercœur[1], pour, avec quatre régimens, entre autres celui de Sainct-Paul, aller faire quelques exploits en attendant l'armée du duc de Nevers. Il sort donc de Nantes cinq canons jusques à Pont-Rousseau[2], et, cependant qu'on les aprestoit, le duc de Mercœur court en Poictou avec sa cavalerie et les harquebusiers à cheval des régimens, et se mit aux trousses de L'Hommeau, qui avoit deux compagnies d'harquebusiers à cheval faisant nonante hommes. Un soir, les ayant apelez des villages dans le bourg des Herbiers[3], sur le poinct qu'ils faisoyent leurs barri-

---

1. Philippe-Emmanuel de Lorraine, duc de Mercœur.
2. Pont-Rousseau (Loire-Inférieure), au confluent de la Sèvre et de la Loire.
3. Les Herbiers (Vendée).

cades, les coureurs du duc, qui donnèrent dans les rues, furent mis dehors à coups d'escoupettes et de pistolets. Et, cependant que Sainct-Laurens, qui servoit là de mareschal de camp, faisoit mettre pied à terre, L'Hommeau, avec la moitié des siens, chassa les chevaux-légers d'entre les hayes; et, ayant poursuivi jusques à Celle[1], où les catholiques pensoyent attacher leurs chevaux, il y aporta tant de désordre qu'il falut aler descendre plus loin, et par ce moyen donna loisir aux compagnons, qui estoyent restez, d'achever les barricades. Et puis il se retira, opiniastrant tous les petits avantages. Et ainsi ne donna moyen d'enfoncer le bourg que la nuict ne fust venue. Les soldats catholiques, qui avoyent veu la gayeté des autres au dehors, laissoyent aller leurs capitaines mal acompagnez vers les barricades. Donc il falut que le duc se contentast pour ce soir de loger ses harquebusiers dans quelques maisons esgarées, et lui partagea les gardes de la nuict à sa cavalerie, pour ne perdre point son gibier.

Ce fut à L'Hommeau et aux siens à choisir autant de maisons avec le temple qu'ils en pouvoyent défendre. Là donnèrent à soleil levant six ou sept cents arquebusiers, tirez des régiments, et les gardes du duc, commandées par Ville-Serin. Quelques-uns vindrent aux coups d'espées, mais, n'ayans peu gagner une seule maison sur les défendans, ils profitèrent seulement de s'estendre et se loger en celles qu'ils trouvèrent abandonnées, de telle façon que, horsmis le bas de la bourgade, ils environnèrent les deux compagnies

---

1. Celles (Deux-Sèvres), sur la ligne de Melle à Niort.

partout. Sur le midi, la honte receue au matin convia quelques chevaux-légers et gentilshommes de donner à pied avec les compagnons. Tout ce qu'ils purent faire fut de gagner deux petites maisons de peu d'importance. Le duc, ne pouvant souffrir cette opiniastreté, avoit dépesché à Sainct-Georges[1] de Montaigu pour faire avancer quinze cents harquebusiers, et le reste des troupes devoyent amener le canon. Les premières bandes ne purent arriver qu'au soir de la seconde journée, qui avoit esté passée en quelques mauvaises attaques et un parlement sans fruict. L'Hommeau, ayant ouï à jour couchant un gros bruit de tambours, et un autre qui se faisoit au logement des harquebusiers à cheval, pour faire place à l'infanterie, partage à deux hommes de commandement à chascun quinze arquebusiers, leur ordonne de passer tousjours les escaliers et les pas des hayes, la main droite avancée de cinquante pas plus que la gauche, craignant que les harquebusades s'afrontassent. Lui en prend vingt pour le milieu du chemin et laisse deux queues de chascun quinze de ses meilleurs hommes pour la retraite, avec mesme caution qu'à ceux de devant, toutefois avec charge de ne s'opiniastrer à cet ordre qu'autant que les chemins le leur permettroyent, et après avoir rompu un corps de garde de la cavalerie, qu'ils avoyent veu à soleil couchant rafraîchir de quarante chevaux. Cela ainsi ordonné, ils prennent heure, à l'arrivée des gens de pied, de la confusion et de la nuit, laissent des mesches allumées sur les barricades, et puis se desrobèrent par le ruisseau dessous

---

1. Saint-Georges (Vendée), près de Montaigu.

le chasteau; viennent droit à un autre corps de garde de cavalerie, bien que ce ne fust pas leur chemin, et, s'estant fait faire place d'une douzaine d'harquebusades seulement, ils coupent à droite, reprennent leur chemin, et n'eurent à leur poursuite que quelques chevaux-légers, qui les perdirent bientost et ne les vouloyent pas presser. Ces compagnies furent avant jour près de la Chèse-le-Vicomte[1], et hors de danger.

Le duc de Mercœur, ayant blasmé ses hommes, retourne vers Montaigu, que les réformez avoyent misérablement raccoustré, suivant les prédictions à eux faites quand on voulut qu'ils la gardassent, et qui respondoyent à toutes raisons : « Rasons, va, tout cela, » comme vous avez veu au chapitre XIe et V^e livre du IIe tome[2]. Ce duc, voulant armer Nantes et ses affaires de ceste place, seut que le roi de Navarre venoit au secours[3] de L'Hommeau. Par quoi se doutant bien qu'il passeroit plus avant, il fit au premier avis repasser son canon à Pont-Rousseau avec ses régimens, horsmis celui de Gersai[4], qui faisoit la retraite avec deux compagnies de chevaux-légers. Ceux-là passèrent la Sèvre à Mounières[5] et eurent quant et quant sur les bras les coureurs des réformez, les premiers menez par La Luserne[6], qui commandoit dans Montaigu. Ceux-là

1. Chaize-le-Vicomte (Vendée), près la Roche-sur-Yon.
2. Chapitre onzième du dixième livre (t. VI, p. 231).
3. Le roi de Navarre était parti de la Rochelle le 9 août 1588 pour venir au secours des villes réformées (Relation contenue dans les *Mémoires de la Ligue*, t. II, p. 510).
4. René Bourré, s. de Gerzai.
5. Monnières (Loire-Inférieure).
6. Le capitaine La Luzerne, gouverneur de Montaigu, était frère puîné du s. de Colombières (Relation dans les *Mémoires de la Ligue*, t. II, p. 511).

soustenus de La Boulaye, qui avoit septante-cinq
salades, les deux troupes en faisant cent, le régiment
estoit de douze cents bons hommes, et sur cette force
se retiroit à regret; ce qui fit qu'à deux lieues de
Nantes les uns et les autres à veue et se reconnoissans
pour ennemis, Gersai, en faisant toujours marcher,
tira quinze rangs à costé du chemin, dix de mousquetaires et harquebusiers et cinq de piques. De cela il
fit une teste à sa queue, meslant la moitié des arquebusiers dans ses picques quelquefois, quand il y faloit
rentrer, et laissant quelquesfois les piques seules
quand il se présentoit une charge résolue. Les autres
cinquante prenoyent les avantages des costez comme
ils se trouvoyent. En cet ordre, il tire de longue, et
les deux compagnies de chevaux-légers lui cédoyent
l'honneur de la retraite; de quoi on se moquoit en ce
temps-là, mais l'expérience a monstré depuis qu'aux
païs couverts principalement la cavalerie ne vaut rien
à ce mestier.

Les coureurs des réformez abbayèrent longtemps
l'ordre de Gersai et ne le faisoyent taster que par les
harquebusiers à cheval au prix qu'ils arrivoyent au
grand trot. Au bout de demi-lieue, Gersai, harassé par
beaucoup de gens, apperceut que, quand il commandoit le grand pas, on lui obéissoit au trot. Il vid
encores que ses chevaux-légers, voyans à sa main
droitte des troupes d'ennemis aussi avancées que lui,
commençoyent à tenir mauvaise compagnie. Il se
trouve en un chemin fort estroit qui arrivoit à trois
maisons, ce chemin flancqué d'un gros hallier de buissons. Il jetta les plus volontaires de son harquebuserie
dans le hallier, et accommoda dans le chemin creux le

premier chois de sa retraite, et disposa entre les trois maisons tout son reste comme le temps lui permit. Quelques gentilshommes du roi de Navarre, ayans passé les coureurs, donnèrent la teste baissée dans le halier. Là se trouva Gersai, qui les receut de si bonne grâce qu'aucun ne les voulut suivre, ni eux y retourner, et là il fut blessé. Mais les deux gardes du roi de Navarre ayans mis pied à terre à deux cents pas d'eux et ayant monstré exemple au reste, le combat s'eschauffa, et en mesme temps le roi de Navarre paroissant, ceux des maisons se desbandent. Gersai se sauve, et tous les siens, environnez, qui voulurent avoir la vie sauve, jettèrent les armes. Ceux de la retraite se firent la pluspart tuer courageusement. On présente au roi de Navarre huict drapeaux et quatre cents prisonniers, ausquels il donna la vie[1].

De là, il approcha ses forces de Moléon[2] pour favoriser les magasins et les fortifications, vint à une entreprise sur Partenai, que Cherbonnière faillit pour avoir esté mal reconnue[3], et, pour en passer son desplaisir, il se servit d'un amour qu'il traittoit avec la fille de Sainct-Romans pour apprendre qu'il y avoit quatre compagnies de L'Estelle et une d'Albanois, que ceux de Poictiers logeoyent dans leurs fauxbourgs, et principalement à Rocherou, pour s'en servir à leur seureté. Cherbonnière donc fit sa partie avec quelques chevaux-légers que lui presta le duc de la Trimouille. Il n'observa autre ordre que de recommander à ses

---

1. Défaite des troupes du duc de Mercœur par le roi de Navarre, 12 août 1588 (*Mémoires de la Ligue*, t. II, p. 511).
2. Mauléon (Deux-Sèvres).
3. Gabriel Prévost, s. de Charbonnières.

compagnons d'avoir l'oreille au son de la retraite dans demi-heure pour le plus, et réserva près de soixante hommes d'asseurance pour demeurer ferme avec lui au bout du pont qui va vers la ville. Cela dit, il laisse aller les compagnons, qui eurent bon marché, pource que les autres estimoyent à honte de faire garde sous les murailles d'une si bonne ville. Il fut pris deux drapeaux. Les autres, bien logez, demeurèrent, comme aussi ceux qui s'opiniastrèrent à faire bonnes portes, et Cherbonnière envoya à sa maistresse dix-huict Albanois demander leur liberté. Le roi de Navarre, laissant ses forces au bas Poictou, fit une course à la Rochelle[1] pour le préparatif de ce que vous apprendrez au chapitre suivant.

Mais[2], pour faire comique la fin de cestui-ci, le comte de la Rochefoucaut[3], ayant redoublé une entreprise sur Parthenai, fut si heureux en guides qu'ils le menèrent à la porte d'une église de village nommée Azai[4]. La similitude à celle de Parthenai fist jouer le pétard et donner furieusement dedans ; mais ils en sortirent avec effroi, ayans trouvé la rue bouchée. Il est permis de rire en imaginant ceste confusion.

1. Le roi de Navarre vint à la Rochelle le 22 août 1588 et y demeura jusqu'au 7 septembre suivant (*Lettres de Henri IV*, t. II, p. 608).
2. Cet alinéa manque à l'édition de 1620.
3. François IV, comte de la Rochefoucauld, prince de Marsillac, tué à Saint-Yrieix (Haute-Vienne) le 15 mars 1591.
4. Azay-sur-Thoué (Deux-Sèvres).

Chapitre VII.

*Dessein sur l'embouchure de Loire;
siège et prise de Beauvois.*

Un escuyer[1] du roi de Navarre avoit, dès l'an 1570, reconnu un notable dessein en Bretagne : c'estoit pour s'assujettir l'embouchure de Loire et, selon les forces qui se fussent trouvées, celle de la Villène[2]; aussi cela par une intelligence qu'il avoit dans Guerrande[3], d'où il vouloit tirer une trenchée au fillon du Crouzil[4], et une autre à un marais, sous la faveur duquel il se tenoit assez fort pour arrester l'émotion de la Bretagne et fortifier Saint-Nazeire[5] à bon escient; et puis, ayant rendu bon Guerrande et le Crouzil, où il y a peu à retrencher, garder non seulement les places, mais la contrée aussi. Et par là on estimoit qu'il se tireroit, tant des rivières que de la marine, un million d'or tous les ans. L'inventeur avoit sollicité souvent le roi de Navarre de mettre cette exécution entre les mains de La Noue; et depuis le vicomte de Turenne s'estoit fort convié à cette action et en avoit pressé ce prince avec violence, lorsqu'ils estoyent à Agen, au commencement des partialitez que nous avons descrites. Ce roi, sentant l'un et l'autre de ceux que nous avons nommez incommodes pour ses pas-

---

1. Cet écuyer est d'Aubigné.
2. La Vilaine, rivière de la Bretagne.
3. Guérande (Loire-Inférieure).
4. Le Croizic (Loire-Inférieure).
5. Saint-Nazaire (Loire-Inférieure), à l'embouchure de la Loire.

sions, ou pour la trop estimée probité de l'un, ou pour le trop de créance que l'autre prenoit dans le parti, attribua au choix du temps et des moyens ce qu'il faisoit pour les personnes. Et, ayant laissé dormir cet affaire plusieurs années, enfin se délibéra de l'exécuter. Et y employant Le Plessis-Mornai, plus à lui, plus ductile à ses volontez, et de qui la réputation ne donneroit que lustre à celle du supérieur, cettui-ci ajousta aux inventions du premier une courtine de bois, faite à créneaux, qui se portoit par pièces et s'unissoit par crochets, peinte par dehors en muraille, estimant que la nouveauté de la chose empescheroit d'enfoncer Sainct-Nazeire si une fois ils avoyent achevé le retranchement.

Je ne m'amuserai point aux discours que les courtisans de ce temps faisoyent sur telle invention. Seulement vous dirai-je qu'on prit l'absence du premier inventeur pour dresser telles choses à la Rochelle, de crainte que la veue ne lui fît connoistre le secret et que la juste jalousie ne le poussast à le descouvrir. Cettui-ci, estant de retour de prison et irrité que son gouvernement avoit esté vendu à Sainct-Luc, s'estoit retiré en sa maison sous passeports des gouverneurs ennemis. Mais, sur la nécessité de quelques amis prisonniers, traversant près de Sainct-Jean[1], rencontra son maistre marchant en bon ordre vers Nyort. Aperceu de lui, le roi de Navarre le fit appeller et lui tint ces propos : « Vous m'avez autresfois importuné pour vostre grand dessein, me le voulant faire consigner entre les mains de gens qui eussent attribué le

---

1. Saint-Jean-d'Angély.

succès à leur suffisance, qui en eussent mis la gloire sur leur teste et un d'eux en sa bourse le profit. J'ai choisi un autre temps que vous ne vouliez, un homme à moi, qui est Le Plessis-Mornai[1], par lequel on connoistra que je sai faire d'un[2] écritoire un capitaine, et je me trouve dès à cette heure bien du choix, pource qu'il a joint à vos projets un artifice très excellent. Je marche donc de ce pas à vostre entreprise, à laquelle vous viendrez, si vous voulez donner vostre despit, quoique juste en quelque chose, aux nécessitez de vostre maistre et au parti que vous aimez tant. Je sai que vous n'avez aucun esquipage, comme sortant de prison; usez de mon escuierie et de vos moyens. » La response fut : « Sire, je ne dis rien sur vostre chois, sinon que cet homme de lettres ne laisse pas d'estre capitaine, et je l'ai veu faire le soldat. Je remercie Vostre Majesté de ses offres; sans elles j'allois prendre un mousquet. » Sur cela, le roi s'estendit d'avantage et déduisit comment il avoit embarqué à la Rochelle trois canons avec leur équipage, ces murailles peintes, armes et munitions de guerre et de gueule, avoit ordonné que cela vint terrir entre l'isle de Noir-Montier et la barre de Mons[3] pour y attendre de ses nouvelles; que lui s'en alloit avec trois autres canons prendre Clisson[4], qu'il tenoit pour mal gardée, et puis qu'il iroit feindre un siège devant Beauvois-sur-

---

1. Ce personnage n'est point nommé dans l'édition de 1620.
2. Var. de l'édit. de 1620 : « ... *je sai faire* d'un homme de lettre *un capitaine...* »
3. L'île de Noirmoutier. — La Barre de Monz, sur les côtes de la Vendée.
4. Clisson (Loire-Inférieure), sur la Sèvre nantaise.

Mer[1] pour se jetter dans ses navires et de là en Bretagne à son exécution. L'escuier[2] ne respondit à cela qu'une crainte, assavoir d'avoir assujetti les progrez de la mer à ceux de la terre, et ce mot pris à un grain de jalousie.

Le roi de Navarre, sachant à Secondigni[3] que quatre régimens avoyent passé la rivière de Loire pour commencer à former l'armée du duc de Nevers, bien qu'il n'eust que trois mille hommes, il change de route et à grandes traites marche à Doué[4], où il sçeut que les régimens, l'ayans senti, avoyent repassé, l'un à Saumur et les autres trois au pont de Séez[5]. Il retourne au siège de Clisson[6], espérant fortifier de cette prise les mauvaises places de Moléon et de Montaigu.

La chose alla autrement; car, ayant trouvé cette place plus ferme et mieux garnie qu'il n'avoit estimé, d'ailleurs, voulant que son exécution n'eust point le voisinage du duc de Nevers, et puis se promettant que ses navires seroyent plus avancez qu'ils n'estoyent, il lève le siège, passe aux canonnades de Machecou[7],

---

1. Beauvoir-sur-Mer (Vendée). — Le roi de Navarre conçut le projet d'assiéger Beauvoir sur la fin de septembre 1588 (Relation dans les *Mémoires de la Ligue*, t. II, p. 526). Cette relation a également servi à de Thou et à d'Aubigné.

2. D'Aubigné.

3. Secondigny (Deux-Sèvres).

4. Doué (Maine-et-Loire). — Le roi de Navarre vint coucher à Doué le 21 septembre 1588 et en repartit le 24 dans l'après-dîner (*Lettres de Henri IV*, t. II, p. 609).

5. Pont-de-Cé (Maine-et-Loire), près d'Angers.

6. Siège de Clisson par le roi de Navarre, commencement d'octobre 1588 (*Mémoires de la Ligue*, t. II, p. 526).

7. Passage du Béarnais à Machecoul (Loire-Inférieure), 4 octobre 1588 (*Mémoires de la Ligue*, t. II, p. 527).

où il ne se fit rien, et s'en vint à Beauvois-sur-Mer[1] ; là où voyant le vent tout contraire à son armée navale, comme du siège de Clisson, qui devoit estre à bon escient, il n'avoit fait qu'une feinte; de Beauvois, qui ne devoit estre qu'une feinte, il y fit ses aproches à bon escient.

C'est un chasteau quarré, flanqué de quatre grosses tours, qui pour leur forme et grosseur se pourroyent appeller petits boulevars, environné d'un fossé de quatre-vingts pieds, profond et plein d'eau, comme estant refraîchi par les marées. Le duc de Mercœur y avoit jetté Villeserin et ses gardes. Ceux-là, comme soldats bien choisis, receurent le moumon[2] avec alaigresse.

Le second jour du siège, le roi de Navarre se voulut promener, en reconnoissant le païs, jusques au port de Bouin[3], accompagné de quelques trente gentilshommes et d'une douzaine de ses gardes, qui venoyent après. Il alloit devant, causant avec[4] l'escuier[5], duquel nous avons parlé. Villeserin, ayant reconnu à la façon de la troupe, et notamment aux mandils jaunes, qui c'estoit, prend quarante-cinq de ses meilleurs hommes et

1. Siège de Beauvoir-sur-Mer par le roi de Navarre, 4 octobre 1588 (De Thou, liv. XCII, et *Mémoires de la Ligue*, t. II, p. 527). D'après l'itinéraire du Béarnais (*Lettres de Henri IV*, t. II, p. 609), le prince ne serait venu à Beauvoir que le 6 octobre.
2. *Moumon,* défi au jeu de dés porté par des masques auxquels il était défendu de parler, par extension *défi.* Voir le lexique de Brantôme (Brantôme, édit. Lalanne, t. X).
3. Le port de Bouing (Vendée), en face l'île de Noirmoutier.
4. Var. de l'édit. de 1620 : « ... *causant avec* les siens. *Villeserin...* »
5. D'Aubigné.

se coule dans un petit fossé, pour lors sec, comme estant en basse mer, sachant bien que les destours du marais conduisoyent à trente pas de ce fossé et auquel pourtant on ne pouvoit venir sans faire un autre de mille. Donc, le roi de Navarre, les mains derrière l'eschine, void lever une bande de mandils orangez qui couchoyent en joue. A cette veue, son escuier, auquel il parloit, se jette devant lui, qui, ne se voulant pas retirer, fut pris au corps et poussé par force de l'un à l'autre jusques sur le derrière, si bien que la moitié de sa troupe se trouva devant lui aux premières harquebusades, ausquelles cette noblesse en pourpoint ne put que tendre l'estomac. L'ardeur du beau coup aveugla tellement ces soldats qu'ils tirèrent tous et sans péril, si bien qu'en tout ils ne tuèrent qu'un pauvre gentilhomme et en blessèrent deux, et puis, ayans veu qu'on couroit à eux l'espée à la main, par et comme on pouvoit, et aussi que les gardes s'avançoyent, ils se retirèrent au pas. Mariez cette action avec ce que vous avez leu au chapitre IV du dernier livre de l'autre tome et vous direz encore : « O ! que ce prince eust tousjours esté ainsi gardé ! »

Les tranchées de ce petit siège se firent avec ardeur et en l'eau jusques aux cuisses ; car chasque régiment entreprit son approche à un des angles, et le roi de Navarre, plein d'émulation en choses bien moindres, entreprit la sienne par le milieu droit au portail, et partant plus périlleuse. Il se servit à cela d'un sien escuier[1], qui, au lieu de travailler à retours, la mena droit, en faisant toutes les nuicts un rideau au-devant

---

1. D'Aubigné lui-même.

de la place jusques au dernier, qui fut sur la gueule du fossé. Or, encor que les autres fussent demeurez derrière, on ne voulut pas percer en cet endroit pource que la batterie préparoit son effect ailleurs. L'invention de faire porter des pipes à des hommes forts et de faire suivre chascun de ceux-là par huit soldats portans une busche de mesure hasta la besongne de ce siège ; car, chascun ayant jetté son fardeau, tout estoit à couvert avant le get de la terre. Villeserin, se voyant le mieux enfermé qu'en siège qu'on ait guères veu, horsmis la besongne des Païs-Bas, et ensuite son fossé percé et gagné, de plus, voyant venir encor d'autre artillerie[1], que l'on amenoit des vaisseaux, arrivez à ce poinct, craignant d'ailleurs l'extrémité pour le trait que nous avons conté, parlementa et receut honnorable capitulation, bien gardée en tous ses poincts[2].

Nous avons parlé de l'artillerie qu'on tiroit des vaisseaux, mais il falut la remettre dedans : c'est que le roi de Navarre, ayant sceu des nouvelles du duc de Nevers, de qui l'armée toute formée avoit passé Loire, tint un conseil à Sainct-Gervais[3], où il lui fut remonstré combien son dessein estoit hors d'apparence au nez d'un bon capitaine, trois fois autant de gens qu'il en avoit et encor autant de toutes sortes que la Bre-

1. Les pièces d'artillerie, envoyées par les habitants de la Rochelle au roi de Navarre, abordèrent à Saint-Gilles (Vendée), sous la conduite de du Plessis-Mornay et de François d'Angennes, s. de Montlouet (De Thou, liv. XCII).
2. Prise de Beauvoir-sur-Mer par le roi de Navarre, 21 octobre 1588 (*Mémoires de la Ligue*, t. II, p. 527).
3. Saint-Gervais (Vendée), près de Beauvoir. — Conseil du roi de Navarre tenu à Saint-Gervais, 5 octobre 1588 (*Lettres de Henri IV*, t. II, p. 609).

tagne lui verseroit sur les bras, elle estant desjà en armes, avertie par l'infidélité d'un capitaine qui avoit veu les préparatifs à la Rochelle, choses qui ne fussent point arrivées si l'armée eust levé l'ancre quand elle fut preste, sans attendre la prise imaginaire de Clisson, et que les forces n'eussent tourné la teste de ce costé-là qu'après que les navires eussent doublé Noir-Montier. Ce conseil donc, plein d'aigreurs contre ceux qui avoyent préveu le mal et qui opinoyent par despit à y donner encores, arresta le retour, après avoir laissé dans Beauvois Kergrois[1] pour y commander.

Le roi de Navarre revient passer à Montaigu, que, voyant en piteux estat avec de petits murs de pierre sèche, il eut envie de faire quitter; mais les deux Coulombières, prenans les espérances à contre-poil, s'y opiniastrèrent. La noblesse du païs eut lors une parfaite repentance de l'avoir quitté, quand la ville estoit comme imprenable, et de l'avoir voulu rebastir contre l'avis et selon la prédiction de celui qui la vouloit faire garder. Ce roi donc, qui avoit amené de ses navires quelques préparatifs pour les sièges, en fournit, non ce qu'il pensoit nécessaire, mais ce qu'il put aux garnisons de Moléon, Montaigu, la Grenache, Beauvois, Talmont et Fontenai[2].

Chapitre VIII.

Assemblée de la Rochelle.

Deux mois auparavant ce temps, pour contrefaire

---

1. Kergueroy, gentilhomme breton, capitaine dévoué au roi de Navarre.
2. Sur le siège de ces villes, voyez plus loin.

les convocations de Blois, les députez de toutes les provinces de France avoyent esté mandez, et furent arrivez à la Rochelle dans le douziesme de novembre. L'ouverture de l'assemblée se fit le seiziesme du mois[1], où le roi de Navarre, n'y présidant que par élection et suffrage pris des provinces, harangua[2] en cette façon : « Messieurs, il m'est fort aisé de vous animer au maintien de la cause de Dieu, puisqu'elle est la nostre mesmes par sa bénédiction. Et, quant au respect que nous devons au roi, je m'asseure qu'il est accreu en vos cœurs lorsque Sa Majesté, captive entre les mains des ennemis de l'Estat, a besoin de nos patiences pour un temps. Il y en a peu ou point de vous qui ne sache bien comment nous devons attribuer nos proscriptions, non à la volonté du prince, mais à sa captivité. Apportez vos fidèles avis aux moyens de notre subsistence, contribuans de bonne volonté tout ce qui se peut espargner de vos provinces moins attaquées par les ennemis, pour fournir à la teste des affaires; vous protestant que mon bien y marchera premier avec ma vie, et, comme j'ai les mains nettes de l'autrui, je serai libéral du mien et chiche du public, à la honte de ceux qui en discourent autrement. »

Cela dit contre les mescontentemens qui croissoyent tous les jours contre lui, et desquels il donnoit la cause

1. L'ouverture de l'assemblée de la Rochelle eut lieu le 14 novembre 1588, et non le 16 (Relation dans les *Mémoires de la Ligue*, t. II, p. 529). Cette relation a servi à de Thou, à d'Aubigné et à Arcère.

2. Le roi de Navarre prononça son discours d'ouverture le 16 novembre 1588 (De Thou, liv. XCII; *Mémoires de la Ligue*, t. II, p. 530).

à ses domestiques, qui souffroyent des intolérables pauvretez; de ceux-là il défendit l'assemblée à quelques-uns que la compagnie requéroit.

Leur absence n'empescha point qu'il n'ouist plusieurs reproches sur les dons qu'il faisoit aux catholiques de sa suite, et les capitaines blessez qui estoyent morts de nécessité. On lui reprocha la vendition d'Oléron[1] à Sainct-Luc durant la prise du gouverneur[2]. On disoit le mesmes des despences de ses amours, ausquels, ou aux espérances de l'Estat, il avoit donné les fruicts de la bataille de Coutras et l'abandon des reistres. On lui nomma les maistres de camp ausquels il avoit osté les prisonniers et notamment Sautrai, très riche, très avare et très ennemi, qu'il avoit osté à Danjau[3], esloigné de tous moyens et languissant près de lui. On lui allégua les bénéfices dont il donnoit mainlevée aux liguez, sur des faveurs qu'il espéroit vainement. Il y a d'autres choses plus aigres[4], et que les vertus de ce prince condamnent à l'oubli[5]. Il supporta le tout avec merveilleuse patience; fit respondre ses

1. Voyez le chap. vi du livre précédent.
2. Le gouverneur d'Oléron était d'Aubigné.
3. Jacques de Courcillon, s. de Dangeau.
4. Arcère, dans son *Histoire de la Rochelle* (t. I, p. 622), conteste les reproches qui auraient été adressés au roi de Navarre et soutient que le récit de d'Aubigné est au moins semé d'invraisemblances.
5. D'Aubigné fait ici allusion aux galanteries du roi de Navarre. Il avait séduit une jeune fille, Esther de Boislambert, fille d'un avocat de la Rochelle, et en avait eu un enfant qui mourut le 7 août 1587 (Jourdan, *Éphémérides de la Rochelle*, p. 279, d'après les archives locales). Arcère parle de ce fait et raconte l'amende honorable à laquelle se soumit le roi de Navarre dans le temple de Pons (*Histoire de la Rochelle*, t. II, p. 63).

confidens, qui produisirent contre les dons immenses les morts misérables de deux de ses maistresses et de deux bastards[1]. Mais ses excuses de misères accusoyent la dureté du cœur, tant estoit difficile de vivre en roi et en protecteur. Il ouït donc de ses nouvelles par les ministres qu'il n'avoit pu encores civiliser, et entre ceux-là Gardesi[2], de Montauban, fut le plus sévère Nathan.

Il trouva plus dur que les provinces travaillèrent devant lui contre ce qu'ils nommoyent *la tyrannie protectorale*, en reprenant les vieilles règles et recherchant plusieurs nouvelles cautions. Et là nasquirent en lui des dépits, qui paroistront en leur endroit.

Il fit taster l'assemblée si elle voudroit requérir des Estats son instruction par un concile. Le mot d'instruction fut jetté au loin, mais le concile demandé. Puis, voyant que la voix publique ne s'accordoit pas, à son dessein, avec ses privez et plus complaisans conseillers, il envoya demander cette instruction en termes recerchez que d'autres ont curieusement descrits. Telle demande, prise au bond par le roi, fut inutilement alléguée à Blois pour retarder les rudes ordonnances qui se pratiquoyent contre l'héritier de la royauté[3].

---

1. Dans une lettre à la comtesse de Gramont, datée du 30 novembre 1588, le roi de Navarre regrette vivement la perte d'un de ses enfants naturels (*Lettres de Henri IV*, t. II, p. 400). Voyez la note précédente.

2. Le s. de Gardesy, ministre protestant, chargé d'exposer à Jean Guichard de Scorbiac, conseiller du roi de Navarre, les principaux faits de l'assemblée de la Rochelle (*Lettres de Henri IV*, t. II, p. 402).

3. D'Aubigné fait ici allusion à la déclaration des États généraux de Blois touchant l'inhabileté du roi de Navarre à monter

Le roi de Navarre acheva l'assemblée par la recherche et réconciliation de tous ceux qui avoyent mal parlé de lui, desquels ils savoyent les paroles et les gestes par un moyen que pourront prattiquer les plus avisez d'entre les grands. C'est qu'il avoit un serviteur secret payé pour lui dire tout de tous, sans espargner des choses odieuses et sales, fausses ou véritables, sans que ce fidèle mirouër espargnast les termes et gestes licentieux. La compagnie, se séparant[1], communia à la cène, à laquelle ce prince se composa au contentement de tous. Et, pource qu'à cette séparation on seut nouvelles de tous costez, vous en saurez premièrement de Bretagne et puis nous ferons un tour vers le midi.

Chapitre IX.

Exploicts en Bretagne; siège de Belin.

Vitré[2] se présente, comme frontière de Bretagne, à nous, donne un trait qui n'a guères de semblables et que nous garantissons véritable sur lettres de faveur et de récompences que nous avons veu octroyer pour cet effect au capitaine Raton, qui commandoit pour lors en ce lieu sous Mommartin[3], quand le duc de

---

sur le trône. Cette déclaration fut votée le 4 novembre 1588 (De Thou, liv. XCIII).

1. L'assemblée de la Rochelle se sépara le 17 décembre 1588 (Arcère, *Histoire de la Rochelle*, t. II, p. 68).

2. Vitré (Ille-et-Vilaine).

3. Jean du Mas, s. de Montmartin, gouverneur de Vitré, capitaine protestant, né vers 1550, mort vers 1620. Il a laissé des Mémoires qui ont été publiés dans le t. II de l'*Histoire de Bretagne*.

Mercœur corrompit par présens et par promesses le gouverneur du chasteau[1]. Ce gouverneur, duquel je ne suis pas marri d'avoir oblié le nom[2], ayant donné heure, ne faillit pas d'avoir à point nommé les forces pour l'exécution.

Sainct-Laurens[3] poussoit devant soi soixante hommes choisis pour entrer par la poterne qui sort au dehors; et ce fut à deux heures après midi que le capitaine Raton, averti dans la ville par ceux qui avoyent refusé le capitaine d'entrer avec lui en sa conspiration et qui pourtant avoyent esté mis dehors, accourut à la contrescarpe et vid en mesme temps, d'un costé, le grand pont et la planche qui estoyent levez, et, de l'autre, marcher le secours. Cet homme se fit promptement aporter un pétard chargé pour une entreprise, prit un bout d'eschelle, descend au fossé, la pose à un coin du grand pont, et quelques harquebusades qu'on lui tirast et dont il fut blessé, suivi de trois près de lui et de quelques autres plus esloignez, il se servit de sa petitesse pour entrer entre le petit pont et le portail. Là il applique son pétard, et, n'ayant aucun lieu où se mettre à couvert des esclats, résolu à mourir par ses mains propres, il met le feu à une courte fusée, et se tenant serré contre le grand pont, les pièces de pétard l'espargnèrent et le coup emporta la planche et le portail chacun de son costé. Il appelle les trois, donne dedans le chasteau, trouve le capitaine, qui lui lascha

1. La fin de l'alinéa manque à l'édition de 1620.
2. D'après Vaurigaud (*Hist. des églises réformées de Bretagne*, t. I, p. 288), ce capitaine se nommait Dulac. Il fut tué d'un coup de canon à la fin de juin 1589. Voyez page suivante, note 1.
3. Jean d'Avaugour, s. de Saint-Laurent.

deux pistolets. Blessé d'un des coups, il tue le capitaine et quelque soldat près de lui. Le reste s'estonne ; quelques-uns se rendent, et ceux qui estoyent à faire entrer le secours, voyans arriver Raton, se jettent à ceux de dehors, qui les emmenèrent. Ainsi fut repris Vitré[1].

Blain[2], principale maison des ducs de Rohan, avoit esté quitté par l'effroi de la déroute d'Angers, et le duc de Mercœur y avoit laissé le capitaine Bouillonnière. Le Goust[3], assisté de son frère et de six autres, trouva moyen en[4] mai[5] de s'embusquer dans le grand jeu de paume qui touche à la principale entrée du chasteau, patiente là jusques entre onze heures et midi, en attendant qu'on baissast le grand pont et la herce pour recevoir plusieurs charrettes. Sur ce poinct, Le Goust, suivi de ses compagnons, donna si à propos dans le corps de garde et suivit de si près quatre soldats qui avoyent voulu faire quelque résistance qu'il arriva meslé avec eux dans le petit chasteau ; si bien que le capitaine ne put mieux faire que de se renfermer, lui septiesme, dans la grosse tour de l'horloge, où, n'oyant pas grand bruit, il se deffendit jusques à ce que neuf ou dix refformez qui habitoyent sur le pavé

---

1. Les sièges de Vitré, quittés et repris, durèrent jusqu'à la fin des guerres de la Ligue. M. Anatole de Barthélemy a publié pour la Société des bibliophiles bretons en 1880 un *Choix de documents inédits sur l'histoire de la Ligue en Bretagne,* dans lequel se trouve (p. 18) une relation nouvelle des sièges de Vitré.

2. Blain (Loire-Inférieure).

3. Jean de Montauban, s. du Goust, appartenait à la maison de Rohan (Prevel, *le Château de Blain,* in-8°, 1869, p. 84). Son frère se nommait Charles de Montauban, s. de Laujardière (Vaurigaud, t. I, p. 290, note).

4. Var. de l'édit. de 1620 : « ... en mai 1589 de *s'embusquer...* »

5. Siège de Blain, mai 1589.

vindrent joindre Le Goust. La place fut trouvée très mal équippée de toutes sortes de munitions, comme estans le païs jusques à Vitré lors paisible au duc de Mercœur. Les amis du Goust s'estans rendus dedans le chasteau sur le midi pour faire en tout jusques à quarante-cinq hommes, à quatre heures du soir, le mesme jour de la prise, deux compagnies de cavalerie et quelques harquebusiers à cheval, et aussi tost que cela, le capitaine Tomassin[1] avec six cents harquebusiers, commencèrent le siège et ne donnèrent pas moyen aux preneurs de mettre dans le chasteau ce qui estoit sur son pavé. Voilà donc Le Goust assiégé en une place où il n'avoit trouvé que dix setiers de bled, quatre-vingts livres de poudre et de quoi armer vingt-cinq hommes pour le plus, nécessitez qui ne pouvoyent estre celées aux ennemis. Les troupes qui avoyent investi firent place le lendemain aux régiments qui s'attachèrent au siège, comme aussi à Guebriand[2] qui les commandoit. Malaguet depuis se jetta dedans et se fit monter sur le préau par une corde à la portée du pistolet des sentinelles ; ses frères estoyent entrez auparavant. Le Goust, ayant partagé les siens en six huictaines, disputa comme il put la galerie du jardin et les boutiques du préau, où les assiégeans trouvèrent leurs tranchées comme faites et à couvert.

Le siège tirant en longueur, la dame[3] de Mercœur

1. Philippe de Thomassin, capitaine de cinquante hommes d'armes des ordonnances du roi, gouverneur de Châlons en 1594.
2. François Lefelle, s. de Guébriand, gentilhomme breton, dont nous avons parlé (*Le duc de Nemours et Mlle de Rohan*, p. 158).
3. Marie de Luxembourg, duchesse de Penthièvre, avait épousé Philippe-Emmanuel de Lorraine, duc de Mercœur, en juillet 1575.

pratiqua une fille parente du Goust, nommée Salmonaye, laquelle, ayant pris encores nouvelles instructions de Guebriand, vint demander de parler à son frère, nommé Henriaye. Quoi permis, elle lui dit, les yeux en larmes, qu'à son occasion leur père, leur maison et eux estoyent perdus, qu'elle avoit esté menée prisonnière à Nantes, d'où, s'estant sauvée, elle estoit résolue de venir mourir avec lui. Durant ces discours, ayant gagné le bord du fossé, elle se jetta dedans au pied du ravelin qui est vers le parc et joua si bien son personnage qu'elle se fit jetter la corde et le baston, qu'elle apliqua entre ses cuisses, et puis se fit habilement monter quarante-cinq pieds de haut. En mesme temps, les sentinelles des assiégeans, tirans quelques mauvaises harquebusades pour faire bonne mine, mais pourtant ne peurent empescher que Le Goust n'en prist quelque soupçon ; lequel se redoubla peu à peu par le frère, que l'on trouva tout pensif après qu'elle l'eût instruit. Ce jeune homme fut donc saisi, la damoiselle interrogée à part. Les promesses et puis les menaces d'une honteuse et proche mort, mais plus que tout les reproches de la religion violée faites[1] par le ministre Chambrisé, lui firent avouer que le duc de Mercœur garantissoit au frère, à la sœur et à leurs héritiers la maison du Goust, dans laquelle il devoit dès l'heure estre mis en garnison avec cent hommes entretenus ; et, en outre, y avoit promesse de dix mille francs pour le mariage de Salmonaye. Elle adjousta que son dessein estoit, mais encor incertain, de révéler le secret. Le Goust prend ce temps pour

1. Les mots suivants, jusqu'à *lui firent avouer...*, manquent à l'édit. de 1620.

lui dire qu'elle avoit bien moyen de se vanger de ceux qui avoyent voulu prostituer tout d'un coup et son honneur et son âme, en faisant une contre-entreprise sur les mesmes moyens et façons qui avoyent esté inventez par les ennemis. Lors elle leur expliqua entièrement sa leçon et promit de la suivre à cette vengeance. Pour à quoi parvenir elle demanda qu'on fist une chamade pour, avec parlement et permission d'une part et d'autre pouvoir se retirer, comme son sexe et son aage la rendant inutile. Guebriand, de son costé, offre toute courtoisie aux dames. La voilà descendue par le préau avec la mesme corde et baston qu'elle leur vouloit présenter pour monter.

Cette fille joua si bien de la langue qu'elle fit perdre jugement aux capitaines, si bien que, s'estans assemblez pour cet affaire, ils arrestèrent que le vendredi, dernier jour du mois de juin, Henriaye devoit commander à l'endroit de la descente. Elle, selon le mot pris avec son frère, remonteroit et seroit suivie par eux après qu'elle auroit donné le signal. Le tout ainsi arresté, et les assiégez, ayans garni les flancs de fauconneaux et quelque pierrier, mettent leurs femmes en sentinelles aux autres endroits et se trouvent à l'escarpoulette. En mesme temps, la damoiselle se présente sur le ravelin, fait le signal et donne asseurance. Le capitaine Guillardrie, le premier monté, fut mené reconnoistre la chambre où on les devoit mettre en attendant qu'ils fussent nombre suffisant. Il trouva tout si bien ordonné qu'il retourna avec Henriaye, et deux qu'il disoit estre ses confidens, sur le ravelin. Guillardrie cria à ses compagnons, qui estoyent dans le fossé : « Amenez-moi mon cheval » (c'estoit le mot pour les faire monter). Et ainsi mirent la corde entre les jambes des capitaines des Gordes, des Mortiers, Chesneverd, et puis les deux frères de la Tenaudaye, Pontpretin, Chevalerai et Le Vignau, et encores cinq ou six gentilshommes. Il s'en trouva dans le fossé qui donnèrent de l'argent pour la primauté du passage. Enfin, estans montez soixante-sept, tous gens de commandement, Guillardrie les menoit lui-mesmes à la chambre où ils estoyent saisis. Guebriand fit monter un jeune homme en qui il se fioit, et duquel il vouloit avoir un second mot avant que hazarder le paquet. On s'aperceut de celle-là et on amena le galand, le poignard à la gorge, pour faire monter son maistre ; mais il mesprisa sa vie et donna l'alarme à ses partisans. Le Goust ne voulut pas qu'il fust tué et fist jouer la fougade, qui n'estoit pas de grand effect, pour estre le chasteau en grande pauvreté de poudres. Salmonaye mettoit le feu aux fauconneaux. Cette prise les arma à double et leur fit encores un plus grand bien : c'est que les assiégeans, estans contraints de nourrir leurs prisonniers, nourrissoyent aussi la garnison. Et encor en ce trafic Le Goust faisoit sortir des siens, qui alloyent prendre des prisonniers. Cela fit aussi délivrer Le Houleux[1].

Par là ils sçeurent la nouvelle que le comte de Soissons[2], duquel ils espéroyent leur secours, avoit, comme nous dirons en son lieu, esté pris[3]. Ce fut un

---

1. Le s. de Heuleix.
2. Charles de Bourbon, comte de Soissons, fils de Louis, prince de Condé, et de Françoise d'Orléans-Longueville, celui même qui avait rejoint le roi de Navarre la veille de la bataille de Coutras.
3. Le comte de Soissons fut fait prisonnier par le duc de Mer-

accident qui fit double effect; car il porta estonnement aux assiégez. Et puis le prince de Dombes[1], s'estant avancé pour réparer le désastre[2], et Guébriand, ayant quitté ses bandes pour aller savoir des nouvelles, prit quelques troupes qui avoyent couru pour l'armée; de là, créance qu'on marchoit au siège de Blin. Il fit part de son espouvantement aux assiégeans par un homme hors d'haleine et si estonné, qu'à son rapport tout joua à fils de putain le dernier[3] et sans ordre, et chacun quittant ses armes se laissa guider à la peur. Les assiégez, quoique fort tard sortis, tuèrent et prirent des prisonniers tant qu'ils voulurent, serrèrent de quoi armer huict cents hommes. Telle fut, au bout de deux mois, la fin du siège[4] et l'entreprise d'une fille. Les bons compagnons disoyent que Salmonaye avoit contrefait les fureurs de Mars comme Salmonée les foudres de Jupiter.

cœur à Château-Girons, près de Rennes, le 1er juin 1589 (Vaurigaud, t. I, p. 293). Cf. *Lettres de Henri IV,* t. II, p. 496. Il s'évada le 21 du château de Nantes.

1. Henri de Bourbon, prince de Dombes, fils unique de François de Bourbon, duc de Montpensier, né le 12 mai 1573, mort le 27 février 1608.

2. Le prince de Dombes fut nommé gouverneur de Bretagne par lettres du roi du 7 juin 1589.

3. *Jouer à fils de p..... le dernier,* prendre la fuite. Cette locution n'est citée que dans le *Dictionnaire* de Littré, et seulement d'après ce passage de d'Aubigné.

4. D'Aubigné est le seul historien qui raconte le siège de Blain. L'*Histoire de Bretagne,* Crevant, Vaurigaud et M. Prevel, l'auteur de la monographie du château de Blain, n'ont fait que copier l'*Histoire universelle.*

Chapitre X.

Tour vers le midi de la France.

Favas[1] avoit nettoyé la Gascongne de quelques forts durant les doutes de parti que nous avons représentées, car, ayant la charge vaquante par la mort du comte de Gurson[2] et faisant semblant d'assiéger la Razingue[3] et un autre fort que Montespan[4] avoit fait saisir et accommoder auprès de Condom, tourna tout à coup au siège de Vic-Faisansac[5], où il avoit apris que Le Lau[6] et la fleur de la noblesse liguée estoyent, les cerne la nuict et investit comme il put. Mais, la ville estant de grande estendue, Le Lau, ayant fait sonner la sourdine, perça de sa cavalerie avant jour et laissa l'effroi qui fit rendre la ville. Naugaro[7] atta-

1. Jean de Fabas, vicomte de Castels, gouverneur d'Albret, capitaine protestant.
2. Louis de Foix, comte de Gurson, tué en 1586. Voyez ci-dessus, liv. XI, chap. ix.
3. Razengues, canton de l'Isle-en-Jourdain (Gers).
4. Hector de Pardaillan-Gondrin, s. de Montespan, ou son fils, Antoine-Arnaud de Pardaillan-Gondrin, tous deux ligueurs déterminés.
5. Condom, Vic-Fezensac (Gers). Dupleix parle de la prise de Vic-Fezensac, en 1586, par les réformés (*Hist. de France*, liv. LXII, p. 123), mais il attribue le commandement des assiégeants au baron de Vignoles. Du reste, cette ville fut prise et reprise plusieurs fois par les deux partis. En 1587, elle fut reprise par les catholiques sous les ordres du s. de Bastard (Monlezun, *Hist. de la Gascogne*, t. V, p. 447).
6. Jacques de Lau ou du Lau, fils de Carbon de Lau et de Françoise de Gondrin, capitaine ligueur, cité dans les *Mémoires d'Antras* (p. 168).
7. En 1586, le s. du Lau s'empara par surprise, au nom du roi,

quée en fit autant; aussi ne valoit-elle rien. Plusieurs autres petits forts de mesme estoffe se rendent, mais non pas Jegun, où Favas estant blessé et emporté, l'évesque de Lectoure [1], frère bastard du roi de Navarre, ramena les forces au vicomte de Turenne. Avant son partement se passa une grande et longue escarmouche [2] auprès de Naugaro et démeslée avec tant de rafraîchissements que la nuict sépara le tout, si bien qu'on l'a comparée à celle de Jazeneuil [3]. Montespan et Le Lau en emportèrent l'honneur. De l'autre costé parut principalement Sus [4], duquel nous avons à vous dire des nouvelles. C'est celui qui en sa saison a passé en réputation d'homme de guerre, pour le

de la ville de Nogaro, se fortifia dans le couvent des Cordeliers et garda la ville jusqu'au mois de novembre 1589, époque où il fut chassé par le s. de Fabas, alors maréchal de camp du roi Henri IV (Note communiquée par M. l'abbé de Carsalade du Pont d'après une délibération et une requête du chapitre de Nogaro en date de 1590).

1. Charles de Bourbon, fils naturel d'Antoine de Bourbon, roi de Navarre, et de Louise de la Béraudière, d'abord évêque de Comminges, puis de Lectoure vers 1569. Il devint plus tard archevêque de Rouen.

2. Cette *escarmouche* doit être de 1588 ou de 1589, puisque le capitaine Sus y assistait et qu'il ne revint en Gascogne que vers 1587. Voyez les notes suivantes.

3. Jazeneuil (Vienne). Combat de Jazeneuil, 17 novembre 1568. Voyez ci-dessus, t. III, p. 37.

4. Antoine-Gabriel de Sus, capitaine béarnais, avait d'abord appartenu au parti catholique et servi sous les ordres de Terride. Il ne fut pas tué après le siège de Navarreins comme l'a écrit Bordenave (*Hist. de Béarn et Navarre*, p. 282), mais il embrassa la réforme et devint un des plus fidèles lieutenants du Béarnais en Gascogne (Communay, *les Huguenots dans le Béarn et la Navarre*, p. 107). Caillière, dans son *Histoire de Matignon* (in-fol., p. 240), le représente comme un chef de bandes aussi porté aux pillages qu'à la guerre.

peu qu'il a duré, tous les jeunes gentilshommes de son païs.

C'est lui qui, ayant esté agacé, quelqu'un des siens enlevé et quelque bagage pris[1], entreprit sur Sainct-Bertrand[2], ville au pied des montagnes, pleine des plus mauvais garçons de la contrée, et mesmes desquels les plus désespérez se mettent souvent avec les bandoliers. Comme un trompette de l'évesque de Cominge[3] estoit venu de Sainct-Bertrand pour les rançons de quelques prisonniers, Sus manda à ceux de la ville, où il y avoit lors quelques gentilshommes de la cornette de l'évesque, qui faisoit la guerre, qu'il vouloit le lendemain aller disner avec eux. Cet avertissement ne porta aucun effroi à ces bons compagnons, et mesmes ces gentilshommes leur voulant persuader de faire quelque barricade au derrière de leur porte principale ou quelque barrière au-devant, ils accusèrent leurs conseillers de ne connoistre pas leur courage ou eux-mesmes d'en estre mal garnis, jurans que si Sus les venoit voir qu'il n'aprocheroit pas leur muraille sans payer l'hoste. Et de fait, le lendemain, Sus paroissant avec moins d'hommes qu'il n'y en avoit dans la ville, car il n'avoit que quarante-cinq maistres et six-vingts harquebusiers à cheval, ceux de la ville sortent au dehors près de deux cents, garnirent toutes les hayes et les petits avantages du dehors. Les

---

1. Le capitaine Sus occupait alors (1585 et 1586) le château de Mauvezin en Nébouzan, vieux donjon à demi ruiné depuis le xive siècle et dont parle Froissart (Curie-Seimbres, *Monographie du château de Mauvezin*, 1868).

2. Saint-Bertrand-de-Comminges (Haute-Garonne).

3. Urbain de Saint-Gelais, évêque de Comminges, 1580-1613.

premiers harquebusiers de Sus, ayans mis pied à terre, attaquent une escarmouche, qui de sa froideur eschaufa ceux de la ville, soit à sortir de nouveau ou à se pousser avant. Sus, les voyant au poinct qu'il désiroit, fait avancer ses deux pétardiers, comme allans à l'escarmouche, puis, ayant fait venir au galop sa cavalerie, en fit donner deux troupes, l'une à gauche, l'autre à droite. Le premier pétardier estant assez prest d'aller jusques à la porte, deux capitaines, avec chacun vingt hommes choisis, prenent les deux costez du chemin. Quoi voyans, les soldats de l'escarmouche, voulurent gagner leur porte. Mais Sus, avec quinze maistres choisis, fait faire place à son pétardier, le fait jouer à son estrier, et, l'ouverture de ce coup seul estant suffisante, saute à pied avec quelques-uns des siens, monstre le chemin à ses arquebusiers et emporte la rue et la ville[1], où il gagna pour butin principal une licorne estimée quatre-vingts mille escus[2].

---

1. Le capitaine Sus prit la ville de Saint-Bertrand-de-Comminges le 17 avril 1586, suivant les uns, ou le 25 avril, suivant les autres (Note communiquée, d'après des documents inédits conservés aux archives de Tarbes, par M. Labrouche, archiviste des Hautes-Pyrénées). Assiégé par l'évêque de Comminges, Urbain de Saint-Gelais, il fut obligé de capituler après une défense de quarante-huit jours. En mémoire de cette délivrance, Urbain établit une fête de commémoration que l'on célèbre encore à la date du 8 juin (Note des *Mémoires de d'Antras*, p. 171).

2. Sus pilla la ville et l'église de Saint-Bertrand-de-Comminges avec une barbarie qui est restée légendaire dans l'histoire des guerres civiles en Bigorre. On conserve aux archives des Hautes-Pyrénées, dans le recueil alphabétique de Larcher, v° *Comenge*, p. 450, la copie d'une enquête dressée en 1587, à la diligence des consuls, sur les pillages du capitaine Sus à Saint-Bertrand. M. le baron de Lassus possède, dans les archives de sa maison, la copie

Ce capitaine[1] avoit pour retraite Mauvesin[2] et l'Isle-en-Jourdan[3], où il avoit acquis un grand crédit par sa vertu. Un jour, il part du premier avec cinquante maistres et septante harquebusiers à cheval pour aller à la guerre et cercher à combatre dans l'armée du marquis de Vilars. Ayant pris langue, il aprit que le régiment d'Alias[4] estoit logé à Merins[5], près d'Aux. Comme il arrive près de la bourgade, il entend qu'on battoit aux champs. Il y avoit quelques trois cents hommes au régiment qui commençoyent à faire filer le bagage pour aller vers Gimond[6]. Sus, aimant mieux les charger sur le point du déloger que d'attendre que ils se fussent mis en bataille hors de la

d'un autre manuscrit intitulé : *le Comminges chrétien,* qui ajoute quelques détails aux dépositions de l'enquête.

1. Le capitaine Sus fut chassé de Mauvezin en Nébouzan vers 1587 et s'établit, par un hasard qui a donné lieu à bien des méprises, à Mauvezin en Armagnac. On le retrouve en 1588 et en 1589, notamment à la prise de Solomiac (23 sept. 1589) et de Samatan (20 oct. 1589). Sus était mort en 1594 (*Mémoires d'Antras,* p. 171, note).

2. Mauvezin, chef-lieu de canton de l'arrondissement de Lectoure, près de l'Isle-en-Jourdain (Gers). Vers cette époque, au commencement de 1589, l'historien de Thou, voyageant en France, vint à Mauvezin et y reçut la visite du célèbre Guillaume de Salluste du Bartas qui lui présenta ses œuvres poétiques (*Mémoires de de Thou,* liv. IV).

3. L'Isle-en-Jourdain (Gers).

4. Probablement Bernard d'Aymier, s. d'Alias et d'Arquès, dans le comté de l'Isle-en-Jourdain, seigneur catholique, épousa, le 10 août 1597, damoiselle Amade de Saint-Pastou. Dans son testament, en date du 18 novembre 1615, il se qualifie de capitaine au régiment de Piémont (Note communiquée par M. l'abbé de Carsalade du Pont).

5. Merens, près d'Auch (Gers).

6. Gimont (Gers).

bourgade, se vid descouvert. Cela fut cause que sans prendre ordre ils donnent, salades et harquebusiers meslez si oportunément pour lui qu'il passe sur le ventre à tout, rien n'ayant loisir de se mettre en deffence, horsmis quatre-vingts harquebusiers qui gagnèrent deux moulins à vent l'un contre l'autre. Là-dedans y furent forcez sans faire d'autres aproches que d'y courir porter le feu, et par ce moyen tout y fut tué, faisant avec ceux de la bourgade deux cents hommes morts. Les siens vouloyent piller les maisons, mais il les empescha, ayant apris par quelques prisonniers que le marquis avoit à une lieue de là quatre mille hommes et à demie le chevalier d'Aubeterre[1] avec son régiment. D'ailleurs, il lui falloit passer le Gers, petite rivière assez fascheuse, à Roquefort[2], où il ne fut pas plustost qu'il descouvre vingt coureurs qui grossissoyent en se présentant; tellement qu'en peu de temps, estans grossis de toute leur cavalerie, il falut haster la retraite, à laquelle les catholiques se rendirent merveilleusement pressans. Deux lieues et demies, qu'il y avoit jusques à Mauvesin, furent fascheuses à démesler; mais deux petites charges mirent ceux qui se retiroyent en crédit et leur firent gagner le logis.

Ils n'eurent pas plustost pied à terre que la sentinelle du clocher donna l'alarme pour vingt chevaux qui estoyent à la veue de la ville. On pria les capitaines

1. Probablement François d'Esparbès de Lussan, vicomte d'Aubeterre par son mariage avec Hippolyte Bouchard, vicomtesse d'Aubeterre, devint successivement sénéchal et gouverneur d'Agenais et de Condomois et enfin maréchal de France en 1620.
2. Roquefort, canton de Jégun (Gers).

César[1] et Juillac[2], lieutenant et enseigne de Sus, et qui avoyent moyen de changer de chevaux, de vouloir sauter dessus. Et ainsi aussi forts que ce qui avoit paru, ils vindrent aux pistolades avec les coureurs, qui sceurent si bien leur mestier pour eschaufer ceux de Mauvesin, qu'ils leur firent en poursuivant passer le pont de Terride après eux, lequel ayant franchi de cent pas, ils se virent bientost costoyez à droite et à gauche de six-vingts salades. Maravat[3] fut incontinent enveloppé entre les barons de Fontenille[4] et de Pigaillard[5], ausquels il se rendit, les connoissans pour ses familiers amis. César et Juillac, appelans à soi les compagnons, percent en combatant jusques au bout du pont, et là, ces deux, voulant passer les derniers, furent si vivement chargez et si opiniastrément se deffendirent qu'ils se firent tuer tous deux, et avec eux

1. Le capitaine César, lieutenant de Sus, était probablement d'origine suisse. Il est cité dans les *Mémoires du chevalier d'Antras*, p. 82 et 171.
2. Jean de Médiavilla-Baure, s. de Juillac et de Coutens, près Marciac, avait fait ses premières armes dans la compagnie de Jean de Montlezun, s. de Baratnau (*Mémoires du chevalier d'Antras*, p. 156). D'après d'Aubigné, il fut tué dans cette rencontre. Voyez plus loin.
3. Jean de Lupé, s. de Maravat, seigneur protestant, capitaine d'hommes d'armes, gentilhomme ordinaire de la chambre du roi de Navarre, gouverneur de la vicomté de Fezensaguet et de la ville de Mauvezin, fut nommé maréchal de camp par Henri IV le 26 juillet 1596, et représenta la noblesse d'Armagnac aux états généraux de 1614 (Note communiquée par M. l'abbé de Carsalade du Pont).
4. Philippe de la Roche, baron de Fontenilles, seigneur de Castéra-Lectourois, gentilhomme ordinaire de la chambre du roi en 1565, chevalier de l'ordre en 1568, capitaine de cinquante hommes d'armes des ordonnances en 1569, mort en 1594.
5. Jean de Leaumont, s. de Puygaillard, capitaine catholique.

sept qui ne les peurent abandonner. Mais ces neuf se firent tenir compagnie d'autant de morts : entre ceux-là Osphane[1], lieutenant de Faudouas[2], lequel, avec plus de cent maistres, suivit l'espée dans les reins le reste de Maravat jusques à demi-quart de lieue de Mauvesin. Là, dans un destour de chemin, ils trouvèrent Sus, qui avoit fait monter sur les chevaux demi-morts dix-sept des siens. Cetui-là, prenant les premiers en flanc, ayant tué d'abord Faudouas, Fontenille blessé, remena batant et tuant cette grosse troupe jusques par delà le pont, au lieu mesmes où avoit esté l'embuscade[3], et, en chemin faisant, mit par terre vingt morts, desquels il y en avoit dix de bonne maison. Il donnoit tousjours au reste, quand il vid descendre d'un chemin haut deux cents gens d'armes tous frais, entre ceux-là la compagnie du marquis de Vilars. Sus regagne le pont et là presta le colet à tout ce qui voulut venir à lui, autant de temps qu'il falut pour faire emporter derrière soi ses blessez et ses morts[4].

1. *Osphane.* Ce nom paraît défiguré ou désigne peut-être un capitaine étranger. Le lieutenant de la compagnie du s. de Faudoas, dans les dernières années du règne de Henri III, était le s. de Seguenville (*Hist. généal. de la maison de Faudoas,* p. 112).

2. Henri de Rochechouart et de Barbazan, baron de Faudoas, capitaine ligueur, épousa Suzanne de Monluc, fille de Blaise de Monluc et d'Isabeau de Beauville, le 12 décembre 1581, et fut tué en 1589 à la tête de sa compagnie d'ordonnance (*Hist. généal. de la maison de Faudoas,* p. 112). Voyez plus loin.

3. La ville de Mauvezin, sur les bords de l'Arratz (Gers), appartenait aux réformés.

4. Caillière, dans la *Vie de Matignon* (in-fol., p. 240 et 241), raconte d'autres exploits du capitaine Sus en Béarn, à Castelnau et dans le bas Armagnac, qui ont rendu légendaire le nom de ce « bandoulier. » Mais il n'en donne pas la date.

Chapitre XI.

Siège et prise de Jamets.

Ne voulans rien laisser dont nous ayons connoissance en cet espace de temps, il faut achever le siège de Jamets, duquel nous avons donné quelque commencement au livre précédent[1] et conté les bons tours des assiégez. A ces stratagèmes faut adjouster celui d'une souche brûlée par un bout, dans laquelle on avoit logé des niches de poudre. Elle fut portée dans une maisonnette où les Lorrains mettoyent une compagnie de jour. A l'alumer de leur feu, la maison et ce qui estoit dedens sautèrent. On ne peut dire le nombre des petites escarmouches qui se passèrent là-devant, principalement en février et en mars. La plus notable fut le vingt-deuxiesme[2]. Trois cents hommes estans sortis pour favoriser quelque bois de chauffage, dont les uns tournèrent visage vers le pont de Bras-Cornu, ceux-ci avoyent mené deux pièces secrètement et rompu le pont par où il falloit venir pour leur oster les pièces. Aux premières mousquetades, estans accourus à la Sence d'Olia jusques à sept cents hommes de pied et deux cents chevaux, la cavalerie voulut passer le pont, de quoi elle fut aisément empeschée. Mais, ayant apelé leur infanterie, ils le

1. Var. de l'édit. de 1620 : « ... *livre précédent et* là corriger ce qui est dit de la hottée de poudre, que ce fut en un moulin à vent qui avoit esté pris et repris au commencement, et il ne s'y perdit que quarante hommes. *A ce stratagème...* »

2. Cette escarmouche eut lieu le 18 mars 1588, et non le 22, d'après de Thou, liv. XC.

forcèrent avec grande perte. Cependant les pièces se retiroyent, et avec elles ce qui estoit de ce costé-là et qui furent congnez jusques dans les ridotes. Les assiégeans, ayans receu quelque canonnade du chasteau, tournèrent teste pour mettre en peine la partie qui estoit vers le bois, et qui s'avançoyent pour gagner la ville. Ce fut là qu'il y eut de la meslée, par la résolution de laquelle ceux du bois se retirèrent, laissans pourtant huict des leurs prisonniers, qui furent tuez de sang-froid. A la fin du mois, les Lorrains présentèrent à la ville une escalade de nuict, et les autres une saucisse, le tout sans effect. Après autres petites escarmouches, où ceux de Jamets attiroyent les autres à la volée de leur artillerie, à la dernière desquelles un jeune soldat tua un lancier après avoir batu son bois de la main gauche, les tranchées se firent à bon escient. L'artillerie mise en batterie[1], les Lorrains recongnèrent dans la ville les personnes inutiles qu'on en vouloit mettre hors.

Dans le seiziesme du mois[2], ayans fait bresche d'une batterie de cent pas au boulevard du Hazard, à celui de la Lampe et à la courtine d'auprès, l'assaut s'y donna, et l'escalade à la tour du Chat; l'assaut bien donné, bien repoussé, l'escalade abandonnée dès les premières harquebusades. Le lendemain, qui estoit jour de Pasques, les Lorrains demandèrent leurs morts[3]. Il y eut de l'estonnement dans la ville, et les

1. Le bombardement de Jamets par l'armée lorraine commença le 9 avril 1588 (Herelle, *la Réforme et la Ligue en Champagne*, t. II, p. 192).

2. Assaut de Jamets par les Lorrains. Les assiégeants sont repoussés, 16 avril 1588 (De Thou, liv. XC).

3. Le 17 avril 1588, il y eut une trêve de trois jours qui permit

bresches abandonnées, mais fort peu de temps. Et les assaillans n'osèrent s'y jetter, craignans les fougades. Et ne sauroit-on dire pourquoi ils quittèrent leurs tranchées et le moulin[1], qui fut rasé par les habitans; et firent comme un intermets de siège en passant tousjours le temps à force escarmouches de peu d'effet. Les assiégeans firent le dégast, et puis, fortifiez d'un régiment de lanskenets, se logèrent dans Armoiville[2], où il se passa quelque petit combat. Il y eut une double intelligence sur la place, et les Lorrains perdirent quarante hommes, entre ceux-là quelques capitaines.

Au commencement de septembre, on commença les tranchées avec une grande escarmouche, où les gens de pied de la ville attendirent et se laissèrent mesler aux Albanois. Quatre cavaliers furent construits, et les tranchées garnies de cinq ridotes, pour brider la ville à bon escient[3]. Le temps fut employé en traitez de mariage de la princesse de Sedan[4], et par là en négociations pour Jamets, jusques au vingt-cinquiesme d'octobre[5], qu'en la place du baron d'Ossonville[6] fut

aux catholiques d'enterrer leurs morts et aux assiégés de réparer leurs fortifications (De Thou, liv. XC).

1. Les Lorrains interrompent le siège de Jamets, 18 avril 1588 (Herelle, t. II, p. 192).

2. Remoiville (Meuse), près de Jamets.

3. Sur les préparatifs des Lorrains pour continuer le siège de Jamets, voyez de Thou (liv. XC).

4. Charlotte de la Marck, princesse de Bouillon, plus tard femme de Henri de la Tour-d'Auvergne, vicomte de Turenne.

5. Le baron d'Haussonville soumet au duc de Lorraine un projet de négociation avec la duchesse de Bouillon, 18 octobre 1588 (De Thou, liv. XC).

6. Jean, baron d'Haussonville, capitaine et négociateur lorrain, gouverneur de Verdun, mort en 1607, souvent cité dans les *Lettres de Henri IV*.

mis Lénoncourt[1], à l'arrivée duquel il y eut de fréquentes sorties.

Enfin, les nécessitez de la ville estans hors de remède, il falut capituler, ce qui fut conclud le vingt-huictiesme de décembre; tout le traité agréé et signé par la princesse de Sedan et son conseil, pour la ville seulement[2], qui fut mise entre les mains des Lorrains le pénultiesme jour de l'an. La capitulation[3] de la ville fut en forme de paix et très avantageuse, datée du pénultiesme de l'an 1588[4].

Sedan fut la retraite des réfugiez de Jamets. Et, pource que parmi eux il y avoit de la peste et de la dissenterie, plusieurs dissuadoyent à la duchesse de Bouillon de les recevoir en sa ville. Mais elle, accompagnée de La Noue, les alla recueillir à une grande demie-lieue de Sedan, salua les capitaines, fit tout loger curieusement et eut soin de la nourriture du moindre.

Vous ne serez ennuyez des parlements qui furent entre Ossonville[5] et Schelandre[6], gouverneur de Ja-

---

1. Jean de Lenoncourt, grand sénéchal de Lorraine. — Au mois d'octobre 1588, il remplaça le s. d'Haussonville malade dans la conduite du siège de Jamets (Herelle, t. II, p. 193).

2. Trêve de six semaines conclue entre le duc de Lorraine et la duchesse de Bouillon, 26 décembre 1588 (Herelle, t. II, p. 259).

3. Signature et publication du traité par lequel la ville de Jametz se rend aux Lorrains, 26-29 décembre 1588 (Herelle, t. II, p. 194).

4. Var. de l'édit. de 1620 : « ... *de l'an 1588*. Celle du château ne fut qu'à l'espée et au poignard, et plus restrinte en tout, datée du 24 juillet 1589. *Sedan...* »

5. Le baron d'Haussonville.

6. Robert de Schelandre, s. de Soumasane, gouverneur de Jametz.

mets, et[1] assiégez dans le chasteau ; toutes ces remises et tresves ralongées jusques au treziesme d'avril[2] sur la vaine espérance du mariage[3] qui se traitoit sous le bon plaisir du roi. Durant ces tresves, le duc de Guise mort[4], Sainct-Paul s'empara de Monfaucon[5], que le baron de Termes[6] emporta, principalement par l'aide des soldats sortis de Jamets[7]; et la place retourna encores ès mains des Lorrains par la vendition de celui qu'on y avoit mis[8].

Sainct-Paul s'estant mis en campagne, Amblise[9], qui faisoit la guerre pour le roi, le rencontra auprès de Sainct-George[10]. Sainct-Paul fit la charge et emporta la compagnie d'Amblise, mais non lui, qui, ralié à

1. La fin de la phrase, jusqu'à *toutes ces remises...*, manque à l'édition de 1620.
2. La trêve signée le 26 décembre 1588 fut prolongée d'abord jusqu'au 15 mars, puis jusqu'au 15 avril 1589 (Herelle, t. II, p. 259).
3. Négociations du mariage de la duchesse de Bouillon avec le prince de Vaudemont.
4. Sur la mort du duc de Guise, voyez le chap. XIV.
5. Montfaucon (Meuse). Prise de la place par Saint-Paul, vers le 20 janvier 1589 (Herelle, t. II, p. 233).
6. César-Auguste de Saint-Lary, baron de Thermes, grand écuyer de France, chevalier des ordres, mort au siège de Clérac le 22 juillet 1624.
7. Reprise de Montfaucon (Meuse) par le baron de Thermes, au nom de Mlle de Bouillon, 28 janvier 1589 (Herelle, t. II, p. 234).
8. Reprise de Montfaucon par Saint-Paul, au nom du duc de Lorraine, février 1589 (De Thou, liv. XCVI).
9. African d'Anglure, baron de Bourlemont, prince d'Amblise, seigneur de Busancy, chambellan du duc de Lorraine et guidon de sa compagnie de gens d'armes, mort au siège de Beaumont-en-Argonne en 1592.
10. Saint-Georges (Ardennes). — Ce combat, chez les historiens lorrains, est désigné sous le nom de combat de *Saint-Juvin*, village voisin de Saint-Georges.

Vadri[1], Chaumont et Loupes, reprirent le combat, duquel Sainct-Paul fut rompu, Attigoti[2] et dix capitaines pris avec leurs drapeaux[3].

Les tresves finies, les assiégeans mirent le chasteau[4] dehors par une gabionnade en demi-carré, et cela sur crainte des secours, pource que la levée[5] de Sansi[6] aprochoit. Mais ils ne laissèrent pas aussi de dresser deux batteries contre le chasteau[7], l'une un peu eslevée entre la porte Robin et le moulin, l'autre au-devant de la hale. De la première fut batu un boulevart qui regardoit vers le moulin; de l'autre, qui favorisoit cette baterie en la croisant, ils en dressèrent une troisiesme près la tour du Chat, pour tirer en ruine, ce qui rendit tant de blessez au-dedans qu'il en mourut le quart de peste et de coups. Les assiégez, de leur costé, firent de grands retranchemens et se mirent sur le partage. La tour Cornica ayant esté desgarnie de coups de canon tout autour, ils la gardoyent pour la faire tomber un jour d'assaut. Les autres, s'en dou-

1. René d'Aspremont, s. de Vendy.
2. Chrétien d'Artigotti, originaire de la Biscaye, fixé en Lorraine depuis 1570, grand chambellan du duc Charles III, capitaine des troupes du duc de Lorraine (Jean Cayon, *Ancienne chevalerie de Lorraine*, v° *Artigotti*).
3. Combat de Saint-Juvin (Ardennes) et défaite des Lorrains, commandés par Saint-Paul, 12 février 1589 (Herelle, t. II, p. 234).
4. Reprise du siège du château de Jametz, 23 mai 1589 (Herelle, t. II, p. 259).
5. Levée de Suisses faite au nom du roi par Sancy. Voyez les chapitres suivants.
6. Nicolas de Harlay, s. de Sancy, conseiller au Parlement, maître des requêtes et conseiller du roi, capitaine protestant, né en 1546, mort le 13 ou le 17 octobre 1629.
7. Bombardement du château de Jametz par l'armée lorraine, 18 juillet 1589 (Herelle, t. II, p. 259).

tans, la firent choir, mais à leur dommage, car ce fut sur leur boulevart et dans leurs retranchements, qu'il fallut nettoyer à la merci des canonnades, desquelles on eschapoit une partie par le moyen d'une clochette qui sonnoit quand l'amorce brûloit. Est à noter que, comme la ville, estant assiégée, avoit receu trois secours d'hommes, et tousjours des nouvelles, le chasteau ne manquoit point de ce dernier soulagement. Les Lorrains, voulans mettre le tout pour le tout pour achever cette besongne, renforcèrent leur batterie jusques à vingt-deux pièces, parmi elles des bazilics qui portoyent quarante-huict livres; si bien qu'après avoir tasté la tour du Breuil, le vingt et vingt-uniesme de juillet, ils mirent en poudre le bastion d'Urinca et toute la courtine d'auprès. L'assaut estant facile et prest, Marroles[1] fut envoyé au marquis du Pont[2], et la capitulation faite le vingt-quatriesme de juillet[3], à vies et bagues sauves, l'espée permise aux capitaines seulement.

Chapitre XII.

Prises de Mauléon, Montaigu, et siège de la Grenache.

Mauléon[4] en Poictou nous demande; car le duc de

---

1. Marrolles, bailli de Jametz.
2. Henri de Lorraine, marquis de Pont-à-Mousson, duc de Bar, né le 20 novembre 1563, mort le 31 juillet 1624.
3. Prise du château de Jametz par les Lorrains, 24 juillet 1589 (Herelle, t. II, p. 259).
4. Mauléon en Poitou porte aujourd'hui le nom de Chastillon-sur-Sèvre. Voyez ci-dessus, liv. XI, chap. XIII.

Nevers[1], ayant formé son armée auprès de Thouars[2], s'y avança[3], assisté, outre ses bandes payées[4], de force noblesse de Touraine, Anjou, Bretaigne et Poictou[5]. L'armée donc, fraîche et forte, trouva à cent pas[6] de Mauléon le gouverneur du lieu, Viliers, Charlemaigne[7], avec vingt chevaux et six-vingts arquebusiers. Il fit une charge aux chevaux-légers, la démesla par son harquebuserie et de là ne perdit ni petit buisson ni fossé sans y faire feu. Mais les régimens, qui poussoyent devant soi chacun cent cinquante hommes débandez, donnant à la teste et aux vallées tout à la fois, eurent bien tost investi et commencé le siège. Les soldats catholiques, ne voyans que des ruines, espéroyent

1. Le 16 septembre 1588, par une simple lettre missive, le roi avait donné à Louis de Gonzague, duc de Nevers, le commandement de l'armée dirigée contre le roi de Navarre (*Mém. de Nevers*, t. I, 1re part., p. 857). Les lettres patentes officielles sont datées du 18 octobre 1588 et conservées en copie dans les vol. 3316 (f. 7), 3366 (f. 97) et 3409 (f. 58) du fonds français. Partie de la correspondance de ce seigneur pendant cette campagne est conservée dans les volumes 3407, 3409, 3629 et 4405 du même fonds.

2. Thouars (Deux-Sèvres), seigneurie, plus tard duché, appartenant à la maison de La Trémoille.

3. Le duc de Nevers fit la revue de ses troupes le 6 novembre 1588 et marcha sur Mauléon (De Thou, liv. XCIII).

4. Les pièces de comptabilité de l'armée confiée au duc de Nevers, dressées en partie par Scipion Sardini, Germain le Charron, Jehan du Tremblay et autres trésoriers, d'août à novembre 1588, sont en partie conservées dans les volumes 3363, 4555, 4556 et 4558 du fonds français.

5. L'état des compagnies de gens d'armes mises par le roi sous le commandement du duc de Nevers et envoyées en Poitou, daté de Chartres, d'août 1588, et signé par le roi, est conservé dans le vol. 4558 du fonds français, f. 153.

6. L'édition de 1620 porte mille pas.

7. Joachim du Bouchet, s. de Villiers. — Charlemagne, gentilhomme poitevin.

emporter la place avant que le canon [1] fust arrivé. Mais le duc de Nevers ne le jugea pas ainsi. Et, encore que le roi de Navarre n'avoit point fait estat que ceste place deust attendre aucunement, tesmoin qu'il avoit fait tourner à Montaigu[2] le magasin préparé pour Mauléon, Viliers ne laissa pas de faire toutes les contenances de s'opiniastrer, et le duc au premier parlement lui accorda capitulation[3] à l'espée. Mais, comme on signoit les articles, les régimens débandez donnèrent par les vieilles ruines, notamment le régiment de la Châtaigneraye[4], qui en fit tuer, et à l'abordée et deux heures après, autant qu'il en peut empoigner; encor que Miraumont[5], sergent de bataille, fist tout ce qu'il pouvoit pour les garentir. Tout estoit mis en pièces sans l'arrivée de La Chastre, qui retira les compagnies de la ville dans le chasteau, et puis les fit conduire par la cavalerie jusques à La Forest sur Saivre[6], et pour la ville ordonna le desmantellement[7].

1. Les pièces relatives à la formation, à l'équipement, aux fournitures de l'artillerie de l'armée du Poitou sont conservées en partie dans le vol. 4558 du fonds français.
2. Montaigu (Vendée).
3. Prise de Mauléon par le duc de Nevers, 13 novembre 1588. De Thou (liv. XCIII) donne à ce fait d'armes la date du 14 novembre, mais l'acte original de la capitulation porte celle du 13 (f. fr., vol. 3976, f. 207). A la suite de cette pièce (f. 212 et 214) se trouvent d'autres documents sur la prise de Mauléon.
4. Charles II de Vivonne, baron de la Chasteigneraye, neveu de Brantôme.
5. Pierre de Miraulmont, né en 1552, grand prévôt de France sous Henri IV, plus tard gouverneur de Nogent, mort le 8 juin 1612. A cette date, il est qualifié, dans une instruction du roi, de maréchal général des armées (Instruction du 20 décembre 1588; f. fr., vol. 3339, f. 93).
6. La Forêt-sur-Sèvre (Deux-Sèvres).
7. Les *Mémoires de la Ligue* (t. II, p. 533) contiennent une rela-

L'armée marche de là vers Montaigu, ville et chasteau encore plus ruinez que Mauléon[1]. En la pluspart des endroits, il n'y avoit que des murailles sèches de hauteur d'homme, et en fort peu de lieux avoit-on usé de mortier. Et toutefois, les restes de cette place forte autrefois et son naturel donnoyent de la difficulté, car c'est une croupe eslevée qui a à sa main gauche une grande hauteur et la rivière au fonds, à la droite un grand estang, qui se vient joindre dans la rivière à la pointe, où est le chasteau. La teste de la ville avoit encores un fossé de quinze brasses de gueule et cinq de profond, taillé en roche vive, et dans lequel ne paroissoyent guères les ruines des fausses-brayes qu'on y avoit jetté pour le remplir. Là dedans commandoit Coulombière[2], avec une compagnie de chevaux-légers, une de gens de pied et une d'harquebusiers à cheval. Préau[3], avec quatre compagnies, avoit charge de se jetter dedans, qui n'y manqua pas. Le roi de Navarre y avoit aussi envoyé des magasins proportionnez à

tion du siège de Mauléon, qui a servi à de Thou et à d'Aubigné.

1. La ville et le château de Montaigu avaient été ruinés après un siège prolongé. Voyez le tome VI, liv. IX, chap. XVI. Montaigu appartenait au prince de Condé (*Mémoires de la Ligue*, t. II, p. 535).

2. Paul de Briqueville, seigneur de Colombières, fils de François de Briqueville de Colombières, tué en 1574 à la prise de Saint-Lô. Voyez le tome IV, p. 249.

3. Hector de Préaux, s. de Chastillon, fils d'un gentilhomme d'Antoine de Bourbon et de Jeanne d'Albret qui avait été tué à la bataille de Jarnac, commandait un régiment de gens de pied sous les ordres du roi de Navarre depuis 1587 (Haag). Il se jeta dans Montaigu avec quatre compagnies de son régiment. Les deux autres se rendirent à la Garnache (*Mémoires de la Ligue*, t. II, p. 535).

l'espace qu'il estimoit que la place pourroit tenir; ce fut au commencement de décembre[1].

Miraumont[2] partit des Brousis[3] avec six compagnies de chevaux-légers et huict cents harquebusiers à cheval. Il trouva sur son chemin, un peu plus avant que la Barrillière[4], le capitaine Bœuf[5], avec ce qu'il y avoit de gens de cheval, qui amenèrent les premiers coureurs de l'armée jusques à une petite garenne à main gauche du camp, où le capitaine Beauvois[6] estoit sur le ventre. Les harquebusiers, ayants pris à main droite vers Mateflon[7], y laissèrent leurs chevaux; et, soustenus de leur cavalerie, employèrent une escarmouche assez opiniastrée, avec perte du capitaine Bri-

---

1. Le duc de Nevers entama le siège de Montaigu avant la fin du mois de novembre. Une lettre de ce seigneur au roi de Navarre, relative aux rançons des prisonniers faits à Mauléon et datée du 26 novembre 1588, est écrite du camp de Montaigu (Minute; f. fr., vol. 3405, f. 45).

2. Peu après ou peu avant le siège de Montaigu, le s. de Miraulmont fut envoyé par le duc de Nevers au roi. Il rapporta de Blois une importante instruction au duc de Nevers, datée du 20 décembre 1588 et signée par le roi. Cette pièce est conservée dans le vol. 3413 du fonds français, f. 66.

3. Les Brouzils (Vendée).

4. La Barillière (Vendée).

5. Le capitaine Bœuf était guidon de la compagnie du s. de la Colombière (*Mémoires de la Ligue*, t. II, p. 536). La *Chronique de la guerre des trois Henri* l'appelle *Lebœuf*, et l'annotateur, M. de la Fontenelle de Vaudoré, dit qu'il appartenait à une ancienne maison poitevine, la famille Lebœuf des Brunières (*Chroniques fontenaisiennes*, p. 439, note).

6. Probablement Jean de Beauvais, s. de Bricquemault, fils aîné du célèbre François de Bricquemault, supplicié après le massacre de la Saint-Barthélemy. Il était maréchal de camp et chambellan du roi de Navarre.

7. Mateflon, village près de Montaigu.

chanteau¹, et peu de soldats de l'autre costé. Le capitaine Bœuf estant blessé, et les régimens commençans à paroistre, il falut gagner la contrescarpe. Le soir, l'armée se saisit de tous les fauxbourgs; le duc de Nevers logé à Sainct-George². Le quatriesme jour, commencèrent les approches du coin de la rivière au-dessous de la porte Nantoise, pour aller gagner un vieux talu de la ville, batu en courtine du fauxbourg du pont, à la portée du pistolet. Comme les tranchées estoyent avancées à mi-chemin de la porte, Préau fit une sortie par-dessous le pont, et de bas en haut enfila la tranchée, de laquelle il fut maistre un quart d'heure, et, ayant ruiné la besongne, se retira par-dessous la porte Nantoise, avec perte de trois soldats seulement, en ayant laissé dix-huict ou vingt des autres sur la place.

Le lendemain commença un temps si estrange que l'armée passa huict jours sans rien avancer³. Les mauvais chemins avoyent aussi longuement retardé l'artillerie, à la veue de laquelle Coulombière perdit la souvenance de ce que son père avoit fait à Sainct-Lô; commença à faire part de sa peur aux compagnons; et, ayant gagné quelques capitaines, ils parlèrent

1. Le capitaine Brichanteau était fils du s. de Brigneux (*Mémoires de la Ligue*, t. II, p. 536). Nous ne croyons pas qu'il appartînt à la maison de Beauvais-Nangis.
2. Saint-Georges-de-Montaigu (Vendée).
3. Une lettre de La Chastre au prévôt des marchands de la ville de Paris contient de tristes détails sur la détresse et le dénuement de l'armée royale et sur les rigueurs de l'hiver pendant le siège de Montaigu (Lettre du 9 décembre 1588; *Journal de L'Estoile*, 1744, t. III, p. 360). Voyez aussi un mémoire du duc de Nevers au roi, en date du 3 décembre 1588, au sujet de l'insuffisance des fournitures et des munitions (f. fr., vol. 3409, f. 64).

ouvertement de se rendre. Préau, qui de longtemps cognoissoit, à ses vices et légers mescontentemens, l'envie de se donner lui-mesme aux ennemis, tasta s'il pourroit, en mettant la main sur le colet à son gouverneur, mener le reste à faire mieux[1]. Mais en fin, trouvant que la place et les hommes estoyent assez foibles sans estre divisez, obtint, par capitulation[2], tresve pour autant de temps qu'il faloit à sçavoir du roi de Navarre ce qu'ils avoyent à faire; et, à condition de n'estre point secourus, se devoyent rendre la mesche esteinte, drapeaux rendus, et estre conduits en seureté jusques à Sainct-Aubin[3], deux lieues et demie de Fontenai[4]. Ceux qui estoyent envoyez dans ceste armée de la part de la Ligue, horsmis La Chastre[5], avoyent commencé de murmurer dès Mauléon sur ce qu'on donnoit la vie aux huguenots par courtoisie et sans nécessité; et, à ceste seconde capitulation, s'esmeurent encor davantage[6]. Mais le duc de Nevers,

1. La lettre de La Chastre, que nous avons citée plus haut, reconnaît que le château de Montaigu pouvait être mieux défendu.
2. Ce projet de capitulation, qui fut plus tard ratifié par les assiégés et par les assiégeants (voyez plus loin), est imprimé dans les *Mémoires de Nevers*, t. I, 1re partie, p. 878.
3. Saint-Aubin (Vendée), près de Sainte-Gème.
4. Cette négociation fut conduite par le s. de la Courbe, lieutenant de Colombières (*Mémoires de la Ligue*, t. II, p. 537). Il existait dans l'armée du duc de Nevers un autre La Courbe que nous trouvons, dans une instruction du roi du 22 novembre 1588, qualifié de maréchal de camp de l'armée du Poitou (f. fr., vol. 3363, f. 189 et 190).
5. Claude de la Châtre, né en 1536, mort le 18 décembre 1614.
6. La générosité du duc de Nevers vis-à-vis des réformés prisonniers fut blâmée par quelques courtisans et le duc fut obligé de se justifier. Pendant le siège de Montaigu, le 3 décembre 1588, il avait envoyé le s. de Gèvres avec un mémoire justificatif au

ayant remonstré combien le mauvais temps dégastoit son armée, avec cela le commandement et le désir de passer outre, fit mettre en effect la capitulation[1] et conduire seurement Préau et ses compagnons jusques à Sainct-Aubin ; et Coulombière fit présent de sa personne à l'autre parti[2].

Sagonne[3], pour monstrer le différent traitement que les refformez recevoyent des royaux et des liguez, se met aux trousses du convoi avec toute la cavallerie légère, de laquelle il estoit maistre de camp, et Chastaigneraye, ayant rempli les harquebusiers à cheval de ce qu'il put tirer des régiments. Le sauf-conduit de Préau portoit : « Pour arriver à Sainct-Aubin. » Les compagnons, ne se doutans pas d'une si exacte mesure, se voulurent reposer tout le lendemain de leur arrivée, et mesme ne daignèrent faire garde. Aussi, une heure et demie après la seureté expirée, ils virent leur bourgade pleine de cavallerie légère et d'harque-

roi (f. fr., vol. 3411, fol. 163, copie). Après la prise de Montaigu, il adressa une seconde apologie de sa conduite au roi (f. fr., vol. 3386, f. 9, copie).

1. Prise de Montaigu par le duc de Nevers, 8 décembre 1588 (Relation du duc de Nevers, dans les *Mémoires de Nevers*, t. I, 2e partie, p. 881). Une lettre non signée, contenue dans le même recueil et datée du 10 décembre, donne une liste de 24 autres villes ou châteaux, dont d'Aubigné ne parle pas, que le duc de Nevers avait pris depuis le commencement de la campagne (*Ibid.*, p. 874).

2. Colombières quitta l'armée du roi de Navarre avec son lieutenant La Courbe et sept ou huit soldats (*Mémoires de la Ligue*, t. II, p. 537). Il revint au parti de Henri IV quelque temps après la mort de Henri III.

3. Georges Babou de la Bourdaisière, comte de Sagonne. Il est appelé *Jean* par l'abbé Goujet dans les *Mémoires de la Ligue*, t. II, p. 533, note.

busiers croisez. Ce qui fut trouvé par les rues fut mis en pièces. Ce qui gagna les maisons se mit aux remonstrances et à quelques mauvaises harquebusades, et de là à une reddition[1], par laquelle ils s'en allèrent en chemise, avec le baston blanc, non sans reproches de leur général; et le fait de Sagonne approuvé de l'un et de l'autre parti.

Sans perdre temps, l'armée prit le chemin[2] de la Grenache[3], à huict lieues de là. C'est une ville champestre, qui n'avoit que dix ou douze maisons habitables, un chasteau assez beau[4], appartenant au seigneur de Rohan. On avoit employé un des capitaines qui reconnurent Talmont[5], pour là faire le mesme office. Son rapport avoit esté que, moyennant quelque despence des hommes qu'il spécifioit, elle mettroit pour le moins une armée en mauvais estat, avec moins de despence et d'hommes. On la fortifia de petits esperons faits à la haste; et, pour l'incertitude à regret, le fossé très estroit assez profond, le quart de la place défendu d'un grand estang. Là dedans com-

1. Les *Mémoires de la Ligue* (t. II, p. 535) contiennent une relation du siège de Montaigu dont d'Aubigné a presque copié le texte. — On conserve, dans le vol. 3409, f. 114, du fonds français, une lettre du temps qui raconte ce siège avec détails.
2. Le duc de Nevers s'approcha de la Garnache le 14 décembre 1588 (*Mémoires de la Ligue*, t. II, p. 541).
3. La Garnache (Vendée), seigneurie appartenant à Françoise de Rohan, qui en portait le nom.
4. Le château de la Garnache, château fort bâti par le connétable de Clisson, a été décrit dans la *Chronique de la guerre des trois Henri* (*Chroniques fontenaisiennes*, 1841, p. 443). Le plan du château a été reproduit par Nicolas Tassin dans *Plans et profils de toutes les principales villes de France*, 1634, in-4°.
5. Talmont (Vendée), seigneurie et plus tard principauté qui appartenait à la maison de La Trémoille.

mandoit Le Plessis de Geté[1]. Sur le siège de Montaigu, on y fit couler quelques munitions et quatre cents hommes outre la garnison ordinaire, sous les charges de Sainct-Georges[2], Vignoles[3] le jeune, Aubigné[4], Rusigni[5], Le Pin[6], Robinière et quelques soldats de Valiraux[7], commandez par le capitaine Soulas. Forestrie estoit de l'ordinaire. Beauregard[8] avoit quarante harquebusiers à cheval, et le gouverneur trente chevaux-légers.

Le vendredi, seiziesme[9] du mois, donnèrent aux

1. Mathurin de la Brunetière, seigneur du Plessis-Gesté, avait reçu du roi de Navarre le commandement du château de la Garnache.
2. Le s. de Saint-Georges commandait une compagnie de cinquante arquebusiers à cheval (*Mémoires de la Ligue,* t. II, p. 540).
3. Le baron de Vignoles, gentilhomme gascon. Voyez sur ce capitaine une note du liv. X, chap. x, t. VI, p. 221.
4. Théodore-Agrippa d'Aubigné, notre historien, assistait à la défense de la Garnache et en parle dans ses *Mémoires* (édit. Charpentier, p. 88). Il y commandait une compagnie des gardes du roi de Navarre (*Mémoires de la Ligue,* t. II, p. 540).
5. Daniel de Logan, s. de Rusigny, commandait une compagnie de cinquante arquebusiers à cheval. Il fut tué le jour de l'investissement de la Garnache.
6. Jacques Lallier, s. du Pin, mort avant décembre 1592.
7. Le capitaine La Robinière commandait une des deux compagnies des gardes du roi de Navarre. — Le capitaine Valiraut était colonel de gens de pied (*Mémoires de la Ligue,* t. II, p. 540).
8. Le capitaine La Forestière, gentilhomme breton, commandait une des deux compagnies de gens de pied de la garnison ordinaire et était chargé de la garde du château. — Le capitaine Beauregard commandait la compagnie d'arquebusiers à cheval de la garnison ordinaire, qui ne comptait que dix-huit soldats (*Mémoires de la Ligue,* t. II, p. 540 et suiv.).
9. Investissement de la Garnache par le duc de Nevers, 16 décembre 1588. Cette date est confirmée par la relation donnée dans les *Mémoires de la Ligue,* t. II, p. 542.

fauxbourgs les coureurs du duc de Nevers, conduits par un capitaine Jean, italien[1], de la garnison de Machecou[2], qui s'estoit fait redouter à ses voisins. Les maisons les plus proches du fauxbourg furent incontinent pleines d'harquebuserie. Mais une sortie que firent Vignoles d'une main et Rusigni de l'autre les firent requiter; et, comme le capitaine Jean voulut opiniastrer son logis, Rusigni se jette en chemise dans une porte pleine d'harquebusiers, et là trouva la mort, qu'il se vantoit de cercher partout, pour un reproche que le roi de Navarre lui avoit fait à Beauvais[3]. Le capitaine Jean lui tint compagnie. Et les assiégez, ayans laissé sur le quarreau quatre des leurs et dix des autres, regagnèrent la contrescarpe, pressez par les régimens de Brigneux[4] et de La Chastaigneraye, qui dès ce soir se logèrent au fauxbourg Sainct-Léonnard[5]. Le comte de Grandpré[6] eut plus de peine à s'accommoder aux planches, là où Vignoles, suivi, outre les siens, de quelques vieux soldats de Valiraut, disputa les aproches si rudement que La Chastre fut

1. Jean, capitaine italien, fut tué le jour même de l'investissement de la Garnache (*Mémoires de la Ligue*, t. II, p. 542).
2. Machecoul (Loire-Inférieure).
3. Beauvais-sur-Mer, non loin de la Garnache.
4. Le s. de Brigneux, gouverneur de Beaugency et colonel de gens de pied, était le père du capitaine Brichanteau, cité plus haut. Ce capitaine, quoique catholique, était très hostile à la Ligue et proposa à Sully, dès les premières négociations de Henri III avec le roi de Navarre, de lui livrer le passage de Beaugency sur la Loire (*OEconomies royales*, liv. I, chap. XVI).
5. Prise du faubourg Saint-Léonard à la Garnache par le duc de Nevers, 16 décembre 1588 (Relation du duc de Nevers, dans *Mémoires de Nevers*, t. I, 1re partie, p. 881).
6. Robert de Joyeuse, comte de Grandpré.

contraint de mener quelques gentilshommes secourir ses gens de pied, et faillit à y estre pris. Et cela nous meine jusques au dernier jour de l'an[1], que la ville, après avoir esté saluée de quatorze canons, fut sommée deux fois et autant refusée. Mais il nous faut laisser là ce siège[2], pource qu'il est interrompu d'estranges accidents.

Chapitre XIII.

Brouilleries des Estats.

Nous avons laissé les Estats de Blois à l'exercice et pratiques d'éloquences, de caresses, de promesses et fraudes, chascun selon son dessein. La nouvelle y arrive que le duc de Savoye avoit empiété le marquisat de Salusses par les moyens que nous traitterons au dehors[3]. Ce fut un coup de baston qu'il donna au roi et à ses serviteurs partisans. C'estoit, entre ceux-là, à qui accuseroit le duc de plus grandes ingratitudes

---

1. La canonnade contre la Garnache commença avant *le dernier jour de l'an,* mais à la fin de décembre, le jour même où le duc de Nevers apprit la mort du duc de Guise (Relation par le duc de Nevers, dans les *Mémoires de Nevers,* t. I, 1re partie, p. 881), probablement vers le 26 décembre, date où le roi de Navarre fut informé de son côté de la mort du chef de la Ligue (P. Mathieu, *Hist. des troubles de France,* 1604, p. 154).

2. La suite du siège de la Garnache sera racontée au chapitre XVI. D'Aubigné a suivi ici presque littéralement, mais en l'abrégeant, une relation contemporaine du siège, réimprimée dans les *Mémoires de la Ligue,* t. II, p. 538. Cette relation est presque textuellement reproduite dans la *Chronique de la guerre des trois Henri (Chroniques fontenaisiennes,* 1841, p. 424). Nous avons raconté le siège de la Garnache d'après des documents nouveaux dans *le Duc de Savoie et M*[lle] *de Rohan,* 1883, in-8°.

3. Voyez plus loin le chapitre XXV.

et déployeroit plus de menaces. Les autres, qui parloyent aussi de passer les monts, rioyent sous chappe. Et toutesfois ne purent user de tant de dissimulation que l'archevesque de Lyon et autres de cette robe ne fissent de grands discours sur le droit de Son Altesse, et que le duc de Guise, se monstrant importuné par le roi, ne respondist qu'après que les huguenots seroyent réprimez, il s'offroit de reconquérir Salusses. Il falut donc quitter ces choses, qu'on appelloit esloignées et moins conséquencieuses, pour travailler à l'extirpation des refformez : c'estoit à dire à déclarer le roi de Navarre hérétique, relaps, indigne de la couronne, du tiltre de prince du sang et mesme de la vie, l'exclurre de la succession et nommer en sa place pour héritier désigné au royaume le cardinal de Bourbon.

Ce fut là que le roi réceut la pièce[1] que nous avons touchée, faite entre le roi de Navarre et ceux des siens qui servoyent mieux le successeur de la couronne que le protecteur des églises. Ils y avoyent adjousté, à la demande de l'instruction, quelques apologies pour le passé, sur tout pour effacer le tiltre de relaps; alléguans que son changement de la Sainct-Barthélemi[2] n'avoit point esté en sa puissance, et par conséquent ne lui pouvoit estre imputé. Là-dessus, force traits patétiques, comme que les religions et les pensées

---

1. D'Aubigné désigne ici un mémoire du roi de Navarre aux États, sans date, rédigé par du Plessis-Mornay, et qui est publié dans *Mémoires et correspondances de du Plessis-Mornay*, t. IV, p. 141.

2. Abjuration du roi de Navarre, 3 octobre 1572. Voyez t. III, p. 360, note 5.

libres aux hommes ne le soyent pas aux rois, garens de la liberté ; qu'on refuse aux rois, qui sont les soleils du monde, la lumière de leur créance, et que, dans le privilège commun de sentir et de croire, une loi esclave sur tous les législateurs, principes de nos loix. Telles demandes furent fascheuses et ridicules parmi les huguenots du consistoire, comme ils les apeloyent, et ruineuses pour la créance des conseilliers. Mais elles furent encor receues plus mal à Blois qu'à la Rochelle, si bien que le roi, qui avoit pris cette occasion pour faire que son beau-frère fust ouï avant que d'estre condamné, lui et tous ceux qui débattirent ce temporisement furent tondus[1], pour user du terme de ce temps. Sur cela, on n'oublia aucune marque de dégradation pour le roi de Navarre, avec les clauses les plus expresses que l'on put coucher par escrit. Et de mesme ancre fut mis Charles, cardinal de Bourbon, en la place du dauphin.

Alors le roi receut nouvelles de divers lieux du dernier péril où il estoit. Le duc d'Espernon sur tous fut soigneux d'amasser ce que disoyent ceux qui partoyent de la cour[2] et, ayans la clef des champs, n'estoyent plus contraints au silence par celle de la peur. Mais surtout il empruntoit les plumes d'autrui, de crainte que ses avis ne sentissent son intérest. Quelques-uns

1. Par une décision des États en date du 5 novembre 1588, malgré les efforts du roi, qui voulait temporiser en lui envoyant une ambassade, le roi de Navarre fut déclaré déchu de ses droits de premier prince du sang (Picot, *Hist. des États généraux,* t. III, p. 107).

2. Le *Journal de L'Estoile* certifie les avertissements du duc d'Épernon au roi, sous la date du 9 décembre 1588. D'Aubigné, dans cette partie de son récit, parait s'être inspiré de ce célèbre chroniqueur, dont un court abrégé parut en 1593.

ont mis le duc de Mayenne[1] au nombre des avertisseurs[2], mais, après une bonne perquisition, on a trouvé que non, et mesmes que la pluspart des avis estoyent contrefaits au cabinet[3]. Les plus sains estoyent que les liguez, ayans un roi tout marqué, achèveroyent de rendre toutes les seuretez du royaume entre leurs mains, surtout les passages des grandes rivières, les ports de mer et les citadelles des grandes villes. Mais ce qui leur estoit plus difficile et plus désiré estoit la mutation des gardes du corps et celles du régiment; pour à quoi parvenir ils se vouloyent servir des clauses que vous avez veues transcrites des articles de Nanci en l'édict de juillet[4].

1. De Thou raconte (liv. XCIII) que les ducs de Guise et de Mayenne étaient entrés en rivalité au sujet d'une femme, qu'ils allèrent même sur le terrain pour se battre en duel et qu'au moment de tirer l'épée le duc de Mayenne se retira devant le chef de sa maison. Il s'agit probablement de Charlotte de Beaune, dame de Sauves.

2. L'ambassadeur d'Espagne, Bernardino de Mendoça, raconte que le duc de Mayenne avait envoyé le colonel Alphonse d'Ornano au roi pour lui dire que le duc de Guise « voulait se porter aux dernières extrémités contre le roi avec l'intention de lui enlever sa couronne » (Lettre de Mendoça au roi d'Espagne, du 27 décembre 1588, publiée d'après l'original dans *les Guises, les Valois et Philippe II*, par M. de Crozes, t. II, p. 386). D'après le *Journal de L'Estoile*, le duc de Mayenne aurait fait dire au roi que « l'exécution du dessein de son frère estoit proche. Et disoit-on que ce seroit le jour de Saint-Thomas » (21 décembre). Le duc d'Aumale avait envoyé sa femme au roi pour lui porter les mêmes avertissements (*Journal de L'Estoile*, 9 décembre 1588). Quel était ce dessein ? D'après les contemporains, le duc de Guise voulait traîner le roi à Paris, l'enfermer dans un couvent et se faire décerner la couronne par les États généraux.

3. Ce détail, qui a l'air d'une invention, n'appartient qu'à d'Aubigné.

4. Voyez plus haut, livre X, chap. XXI.

Le duc ne manquoit pas aussi d'avertissemens[1] de son costé, plus pressants, car il y alloit de la vie, et plus certains que ceux du roi. Et furent tels, que ce prince bransla en résolution et médita son esloignement. L'archevesque de Lyon lui fut autheur de résolution[2] pour n'abandonner point les affaires à leur période. Quelques-uns ont voulu que ce prélat, outre sa grandeur de courage, fût poussé de vengeance, parce que, lui ayant aidé aux bruits qui lors couroyent contre le roi de ses amours et passions et pour ne souiller point les lèvres de l'histoire des saletez qui n'appartiennent qu'aux pasquins, en récriminant, comme je veux croire, faux pour faux, le roi avoit fait faire des vers contre lui, comme nous avons dit ailleurs. On a donc pensé que cet aiguillon nouveau ait esmeu ce prélat[3].

Quoi que ce soit, voilà le roi en conseil[4] avec

1. Touchant les nombreux avertissements donnés au duc de Guise, voyez *le Martyre des deux frères* dans les *Archives curieuses* de Cimber et Danjou, t. XII, et la déposition de Jean Péricard dans l'information du parlement de Paris (*Ibid.*).

2. L'archevêque de Lyon, dans l'information dressée à l'occasion de l'assassinat du duc de Guise, déposa que le duc lui avait dit : « Je suis résolu à ne partir d'icy pour ne faire par mon partement préjudice au royaume ; que, quand la mort entreroit par cette porte, je ne sortirois pas par la fenestre » (*Archives curieuses*, t. XII, p. 216).

3. Voyez ci-dessus, liv. XI, chap. XXIII.

4. Le roi avait établi à Blois un conseil secret qui se composait de douze membres : le cardinal de Bourbon, le duc et le cardinal de Guise, le duc de Nemours, le marquis d'Elbeuf, l'archevêque de Lyon, Alphonse d'Oruano, le comte de Thermes, Roger de Bellegarde (Pièce du temps citée dans les *Archives curieuses*, t. XII, p. 144). De Thou nomme les trois autres : le maréchal d'Aumont, Nicolas d'Angennes de Rambouillet et Antoine de Brichanteau de Beauvais-Nangis (liv. XCIII).

peu[1], entre lesquels le mareschal d'Aumont l'eschauffa davantage. Ce vieux capitaine, aimant en vrai François la personne royale, lui dit, en sa ferme et rude façon : « Et Dieu ! Sire, nous sommes la plus déshonorée canaille et la plus indigne de porter espée qui fut jamais. Et si le pis est que tant plus nous ployons, tant plus on nous met le pied sur le ventre. Faites-nous mourir pour vostre service ou nous chassez d'auprès de vous. » Les autres consultans, intéressez à la besongne, comme leur maistre, avoyent des pensées différentes. Les plus modestes vouloyent qu'on mît le duc prisonnier pour faire toutes choses à la royale. Les autres disoyent qu'il ne se trouveroit personne qui osast faire ce procez avec la hardiesse requise, n'y ayant que trois jours que le roi avoit abandonné et chassé au gré des Guisars ceux qui n'avoyent point regardé en arrière pour le servir fidellement. Quelqu'un mit en avant le pape et ses dangereux mescontentemens. A cela, le roi tira de sa pochette lettre de Romme, par laquelle Sixte V lui envoyoit un conseil absolu de se rendre le plus fort et tousjours maistre par quelque violence que ce fust ; dont il eschappa à un conseiller de dire que ce pape n'espargnoit le sang ni en Italie ni dehors. Un seul des appelez mit sur le bureau le serment de seureté donné aux Estats, réitéré avec des marques et solennitez plus exquises qu'on ait ouï raconter. Cetui-là fut accablé des leçons communes des serments forcez donnez aux volleurs et de

---

1. Ce conseil fut tenu le 18 décembre 1588, pendant les fêtes du mariage de Ferdinand de Médicis avec Christine de Lorraine. Les trois derniers membres du conseil (voyez la note precédente) y furent seuls appelés (De Thou, liv. XCIII).

ceux qui se donnent contre les bonnes mœurs ; et, enfin, qu'il n'y en a point du prince au subject. Lui-mesme m'a dit avoir répliqué que ce n'estoit point pour soustraire sa personne à l'action présente, mais que ceux qui avoyent allongé le serment à la mesure des bonnes mœurs l'avoyent mis à usage d'estrivières ; et, quant à l'imparité de ceux qui donnent la foi ou la stipulent, le prince, dit-il, en levant la main et donnant sa parole, ou n'est point prince ou rend celui qui l'accepte capable de la recevoir. Ces paroles, depuis ruineuses à leur authèur, n'empeschèrent point la résolution. Le roi et ses conseillers, prenans la peur à sa mesure, la prirent aussi pour loi, car elle esmeut ce que la générosité naturelle n'avoit peu esmouvoir.

Et ainsi les offenses et hontes receues, le mespris du sang royal, la dissipation de l'Estat, les aproches à la couronne, les paix publiques rompues, les intelligences ouvertes du subject avec les estrangers, notamment[1] avec le prince de Savoye pour l'usurpation du marquisat de Saluces, le prince chassé de sa principale maison, le cri de « Vive Guise ! », les serments des montres pris sous un nouveau nom et termes nouveaux, les fontes d'artilleries et fabriques de monnoye ordonnez par autre authorité que du roi, les suffrages des Estats acquis au conquérant ; toutes choses pardonnées et le pardon mesprisé ; le duc de Guise, absous des offenses passées, fut condamné à mort pour les crimes à venir.

---

1. Ce membre de phrase, jusqu'à *le prince...*, manque à l'édition de 1620.

Chapitre XIV.

Mort des deux frères Guisars et ce qui avint du reste[1].

Sous la serviette du duc, à son souper du jeudi vingt-deuxiesme de décembre, se trouva un billet portant ces mots : « Si vous ne vous sauvez, on vous fera un mauvais tour. » Il prit la plume du secrétaire et, ayant adjousté de sa main : « On n'oseroit, » il jetta le billet sous la table[2]. Le mesme soir, ou par desdain ou par négligence, il laissa les clefs du chasteau[3] entre les mains de L'Archant[4], quoiqu'elles deussent estre en sa chambre, selon son estat de grand maistre; ce qui donna moyen au roi de renforcer d'hommes le chasteau et de faire entrer les exécuteurs. Ceux-là mis secrettement au dedans, le roi fit condamner de

1. Les moindres détails de ce grand drame ont été l'objet de récits contradictoires. Aussi avons-nous essayé, dans les notes qui vont suivre, non seulement de démêler la vérité, mais encore d'établir à quelle relation contemporaine est due telle ou telle particularité.

2. Cette anecdote, que le grand caractère du duc de Guise rend acceptable malgré son invraisemblance naturelle, a été donnée pour la première fois dans le journal d'Étienne Bernard (*Satyre Ménippée*, 1752, t. III, p. 161), reproduite par Pierre Mathieu (*Hist. des troubles*, liv. IV, p. 146), par le *Journal de L'Estoile* et par de Thou.

3. Ce n'était ni par dédain ni par négligence que le duc de Guise avait laissé les clefs du château entre les mains du capitaine des gardes, mais parce qu'il devait passer la nuit chez Mme de Sauves et parce que le roi devait partir à quatre heures du matin pour le pèlerinage de Notre-Dame-de-Cléry.

4. Nicolas de Grimoville, s. de Larchant, capitaine de la garde écossaise.

pierres et autres meubles la porte ordinaire qui entroit de la chambre ordonnée pour l'exécution au cabinet[1]. Telle estoit la terreur que le roi et les siens avoyent de ce prince redouté.

Le lendemain, qui estoit le vendredi[2], le roi convoca son conseil[3] de meilleur matin que de coustume, comme ayant publié un voyage qu'il devoit faire à Nostre-Dame de Cléri[4] pour là demander l'heureux accomplissement des Estats et de leurs résolutions. Il place au lieu assigné huict[5] de ses quarante-cinq, avec eux Loignac[6]. Le duc de Guise entre au conseil, saisi de grandes

---

1. Le château de Blois a été réparé dans le cours de ces dernières années et remis en l'état où il était à la fin du xvie siècle. On peut visiter les appartements qui furent le théâtre de l'assassinat du duc de Guise. M. de la Saussaye, dans un récit remarquable par son érudition et son exactitude, permet au visiteur de suivre, pour ainsi dire pas à pas, les meurtriers et la victime (*Hist. du château de Blois*, 1859, p. 281 et suiv.).

2. Vendredi 23 décembre 1588.

3. La convocation du conseil eut lieu le 22 décembre 1588.

4. Notre-Dame-de-Cléry (Loiret), pèlerinage célèbre par un vœu de Louis XI. D'après d'autres historiens, le roi devait aller dans une maison de plaisance, située au bout du parc de Blois, où il se retirait souvent pour être seul.

5. Tous les historiens sont d'accord sur ce nombre de huit assassins, sans compter Laugnac. Nous avons été assez heureux pour retrouver leurs noms. Voyez plus loin.

6. Montpezat, s. de Laugnac, capitaine de la compagnie des Quarante-cinq, spadassin gascon connu pour sa haine contre le duc de Guise. Nommé gouverneur d'Anjou et de Touraine en récompense de l'assassinat, il essaya, de concert avec le capitaine de Gast (voyez plus loin), de délivrer les princes et les députés ligueurs prisonniers moyennant une rançon de 200,000 écus (Note de Lenglet-Dufresnoy dans le *Journal de L'Estoile*, 1744, t. II, p. 179). Il vivait encore en 1605 et avait été privé, malgré les promesses du roi, de l'état de maréchal de camp (*Lettres de Henri IV*, t. VI, p. 395).

inquiétudes. Il envoye un page quérir un mouchoir à son logis. Le page, retournant, est saisi et retenu pour estre fouillé dans une chambre à part. On trouva dans un des coins du mouchoir un billet où estoit compris tout ce qui se menoit contre lui[1]. Et partant, le page ne revenant point et la balafre du duc recevant quelque eau ou de l'œil ou d'elle-mesme, L'Archant lui fit apporter un mouchoir par Saint-Pris[2], premier valet de chambre, qui desjà lui avoit apporté des prunes de Brignolles au lieu d'escorce de citron qu'il avoit demandée. On remarqua, de plus, que l'archevesque de Lyon, ayant pris occasion d'un habit gris neuf, de dire que cet habit estoit trop léger, et qu'au temps qui couroit il en eust bien falu un plus fourré[3]; ces paroles, dites avec une contenance de crainte, en donnèrent au duc; en marque de quoi il seigna du nez[4] et fit faire du feu. Sur les huict heures, le cœur lui fai-

1. Ce mouchoir lui fut envoyé par Péricard, son secrétaire, avec un billet qui portait ces mots : « Sauvez-vous, si vous n'estes mort » (De Serres, *Inventaire de l'Histoire de France,* in-fol., t. I, p. 812, édit. de 1648). D'Aubigné a beaucoup lu et beaucoup emprunté à cet ouvrage, d'après les premières éditions qui datent de 1597 et de 1599.

2. Saint-Pris, Saint-Prix ou Saint-Priest, « vieil gentilhomme servant » (Davila, in-fol., t. I, p. 644). Probablement Jean Guignard, s. de Saint-Priest et d'Aubonne, cité comme membre de l'assemblée de la noblesse à Melun le 16 avril 1560 (*Nobiliaire universel,* t. VI, p. 31).

3. P. Mathieu, *Hist. des troubles de France,* liv. IV, f. 147.

4. Ce détail, qui a été admis par de Thou (liv. XCIII), a été donné pour la première fois par Pierre d'Espinac, archevêque de Lyon, dans sa déposition (2 mars 1590) devant les conseillers du parlement de la Ligue chargés de l'information au sujet de l'assassinat du duc et du cardinal de Guise (*Archives curieuses,* t. XII, p. 217).

sant mal, il prit de ces prunes. Comme il serroit le reste en son drageoir, Revol[1], secrétaire d'Estat, le vint appeller de la part du roi. Il entre donc de la chambre du roi en celle qui passoit au cabinet. Le premier qu'il apperceut fut Loignac, duquel il avoit ouï dire quelques vanteries et machinations de mort. Il demande si le roi estoit au cabinet, à quoi Loignac respond qu'oui sans se lever. Ayant donc salué les autres qui se promenoyent, comme il voulut lever la tapisserie pour entrer à la porte condamnée, Monseris[2], feignant lui aider, comme on fait aux tapisseries des portes, lui donne du poignard dans l'espaule, secondé par Loignac, suivi de La Bastide[3] et puis des autres[4]. Ce prince, ne pouvant tirer son espée, en

---

1. Louis Revol, né en Dauphiné en 1531, secrétaire d'État le 15 septembre 1588, mort le 14 septembre 1594.

2. Géraud de Montserrier, s. de Montserrier, gentilhomme bigourdan, un des Quarante-cinq. Il se rattacha à Henri IV et devint, sous le règne de ce prince, capitaine d'une compagnie de 200 hommes. Les Montserrier étaient deux frères, tous deux de la compagnie des Quarante-cinq, que la plupart des historiens ont confondus. Géraud était l'aîné (Documents généalogiques communiqués par M. le baron de Lassus, héritier de la maison de Montserrier). Nous parlerons au chap. XXIII de Montserrier le cadet.

3. Jacques de Vignes, s. de la Bastide, gentilhomme « gascon, homme hardy au possible » (Davila, t. I, p. 644).

4. *Les autres* sont nommés par Marc Miron : les s. des Effranatz, de Saint-Malines ou Saint-Malin et de Sariac (Relation de Miron dans le *Journal de L'Estoile*, 1744, t. III, p. 490 et suiv.). La déposition d'Edme de Hautefort, gouverneur du Limousin, témoin oculaire, comme on le verra plus loin, ajoute les noms des capitaines de Peytes, s. de Saint-Paulet, Saint-Gaudens et de Lupé, s. d'Arblade (Information du parlement de Paris dans *Archives curieuses*, t. XII, p. 203). Ajoutez Montserrier et La Bastide, que d'Aubigné vient de nommer. Voilà la liste complète des assas-

prend deux au colet, et, s'estant fort débattu avec eux, vint donner du nez à terre sur le tréteau d'une petite table[1]. Ce qui l'empescha de tirer son espée fut un petit manteau qu'il portoit troussé sous le bras en escharpe. Le trépignement qui se faisoit en la chambre fut ouï de tout le conseil; ce qui fit lever et y courir le cardinal de Guise et l'archevesque de Lyon. Le dernier, plus diligent, arriva aux derniers abois et assez tost pour ouïr prononcer : «Traistre roi[2]. » Le cardinal fut saisi premier que d'y arriver, et puis l'archevesque et lui estans prisonniers et accourans grande foule de gens qui les envisageoyent, le cardinal, s'estant comme esvanoui et revenu à soi, pria de ne servir plus de spectacle, et pourtant on le fit monter en une petite chambre préparée pour les Feuillans. Le roi commanda à Valançai[3] et à La Bastide de tuer le cardinal, qui reprochoit tout haut les perfidies du roi et autres choses exécrables[4], en homme qui vouloit mourir.

sins du duc de Guise. Nous devons l'identification des noms de ces capitaines aux notes de M. l'abbé de Carsalade du Pont.

1. La plupart des historiens disent que le duc de Guise tomba au pied du lit du roi.

2. D'Aubigné est le seul historien qui donne ce détail. Cependant, l'archevêque de Lyon, dans sa déposition devant les conseillers du parlement de Paris, atteste que le duc de Guise aurait dit : « Quelle trahison ! » (*Archives curieuses*, t. XII, p. 189).

3. Ce capitaine est appelé Valens dans l'information du parlement de Paris (Déposition de La Chapelle-Marteau, prévôt des marchands; *Archives curieuses*, t. XII, p. 213). Il s'agit ici de Jean d'Estampes, s. de Valençay, chevalier de l'ordre du roi, capitaine de cinquante hommes d'armes en 1586.

4. Le roi, dit Marc Miron, ne vouloit pas faire tuer le cardinal de Guise, mais on lui rapporta qu'il avait dit « qu'il ne vouloit pas mourir qu'auparavant il n'eût mis et tenu la tête de ce tyran

Les deux s'excusèrent sur leur conscience, veu la qualité[1].

Le Gas[2], ayant mesme commandement, choisit un sergent et trois de ses compagnons[3], qui, pour promesse de chascun cent escus, acceptèrent l'exécution. Deux jours estans passez[4], pour les difficultez que les hommes de feu et de sang faisoyent de mettre les mains sur personnes sacrées, on remua ces deux prisonniers en un galtas[5] où ils estoyent fort incommo-

entre ses jambes pour luy faire la couronne (la couronne de moine) avec la pointe d'un poignard (Relation de François Miron dans le *Journal de L'Estoile*, 1744, t. III, p. 493).

1. Le noble refus de La Bastide et de Valençay est certifié par La Chapelle-Marteau dans sa déposition (*Archives curieuses,* t. XII, p. 213).

2. Olphan de Gast (ainsi nommé dans l'information du parlement de Paris; *Archives curieuses,* t. XII, p. 199), de la compagnie des Quarante-cinq, ou plus probablement son frère, capitaine de gens de pied (*ibid.*). Le premier ayant refusé de commettre le crime, le second choisit quatre soldats de sa compagnie. Olphan de Gast n'en était pas moins dévoué à Henri III. En récompense de son dévouement, il reçut du roi le gouvernement du château d'Amboise et fut chargé de la garde des archevêques et des princes prisonniers. Plus tard il se laissa corrompre par les ligueurs et leur proposa de leur vendre ses prisonniers contre rançon. Le roi fut obligé de composer avec lui, lui racheta le cardinal de Bourbon et le jeune duc de Guise pour 30,000 écus et lui permit de vendre les autres. Voyez une note de Lenglet-Dufresnoy dans le *Journal de L'Estoile*, 1744, t. II, p. 180.

3. On trouvera plus loin les noms de ces quatre assassins.

4. D'Aubigné se trompe. Ce fut le lendemain, 24 décembre 1588, que le cardinal de Guise fut assassiné.

5. Un pamphlet ligueur et par conséquent très suspect, mais précieux par ses indications et évidemment rédigé par un témoin, raconte ainsi l'emprisonnement des deux prélats : « (Le roi) le fit

dément. Un des quatre[1] vint avec une profonde révérence dire au cardinal que le roi le demandoit. Ce jeune homme y alloit sans penser à la mort, mais, à l'avertissement de l'archevesque[2], qui s'y prépara aussi de son costé, un grand trouble le saisit quand on lui respondit que le roi le demandoit seul à quatre pas de sa chambre[3], où on avoit fait bastir une muraille de quatre pieds de haut pour quelque affaire dont on a

conduire en une petite chambre, aprestée tout exprez, en laquelle n'y avoit ni table, lict, chaize ni banc, comme s'il fust esté un Turc ou payen, et demeura ainsi le jour. Et sur le soir le pauvre prince (le cardinal de Guise) luy fist demander quelque peu de pain et d'eau, estant pressé de faim, n'ayant mangé depuis le jour précédent. Le tyran, au lieu de pain et d'eau, luy fit porter du poisson tout crud. Et ainsi le pauvre prince demeura en ceste misère et douleur jusqu'au lendemain matin » (*Origine, généalogie et démonstration de cette excellente et héroïque maison de Lorraine*, Paris, 1589, in-8°). L'archevêque de Lyon, dans sa déposition, dit qu'après avoir passé la journée dans un galetas il fut enfermé avec le cardinal de Guise dans une chambre obscure, et que le roi leur envoya du pain, du vin, des œufs et une paillasse pour se coucher (*Archives curieuses*, t. XII, p. 219).

1. L'archevêque de Lyon, le plus autorisé des narrateurs, puisqu'il était présent, dit que ce fut le capitaine de Gast (voyez plus haut) qui, vers les huit heures du matin, vint appeler le cardinal de Guise au nom du roi. De Gast était d'autant plus coupable que le duc de Guise, à la Journée des barricades, lui avait sauvé la vie (*Le martyre des deux frères*, relation du temps réimprimée dans les *Archives curieuses*, t. XII, p. 83).

2. Au moment où le cardinal de Guise sortait de prison, l'archevêque de Lyon lui dit à l'oreille : « Monsieur, songez à Dieu » (Déposition de l'archevêque de Lyon ; *Archives curieuses*, t. XII, p. 220).

3. Lorsque le capitaine de Gast fut entré dans la prison des deux prélats et eut invité le cardinal de Guise à le suivre, celui-ci lui demanda avec anxiété si le roi les faisait appeler tous les deux ou lui seul. De Gast répondit « qu'il n'avoit charge d'appeler que

discouru assez incertainement[1]. Le capitaine Châlons[2] et deux autres qui l'attendoyent le receurent à coups d'halebardes et à coups d'espée et le percèrent tant de fois qu'il rendit l'esprit[3].

Dès que le duc de Guise fut mort, le roi avoit fait prendre prisonniers le cardinal de Bourbon[4] au lict, la dame de Nemours[5], les ducs de Nemours[6] et d'Elbœuf[7]. Le prince de Ginville[8] fut pris oyant la messe pour aller jouer une partie avec le grand prieur[9]. Ces

luy » (Déposition de l'archevêque de Lyon; *Archives curieuses*, t. XII, p. 220).

1. Var. de l'édit. de 1620 : « ... *incertainement. Les trois qui l'attendoyent...* »

2. Le capitaine Châlons était sans doute le sergent dont d'Aubigné a parlé plus haut. Les trois autres, et non les deux autres (voyez plus haut, p. 392), étaient les soldats Lafleur, Violet et Gosin (Information du parlement de Paris; *Archives curieuses*, t. XII, p. 204 et 206).

3. Le cardinal de Guise fut assassiné à Blois le 24 décembre 1588.

4. Le cardinal Charles de Bourbon, le roi de la Ligue. Un pamphlet ligueur raconte qu'il « fut mené devant le roy, qui l'appela marotte, vieil fol et sotte teste, et, luy montrant aussi ledit s. de Guise mort, luy dit : « N'estoit vostre vieil aage, je vous en ferois « faire autant. Encore ne sai-je ce que je feray. Vous voulez estre « la seconde personne en mon royaume ; vous le méritez fort « bien. Je vous feray si petit que rien plus. » Et l'envoya prisonnier en sa chambre avec gardes » (*Histoire au vray du meurtre et assassinat du duc de Guise*, Paris, 1589, in-8°).

5. Anne d'Este, née en 1531, successivement duchesse de Guise et de Nemours, morte le 7 mai 1607.

6. Charles-Emmanuel de Savoie, duc de Nemours, né en 1567, fils aîné de Jacques de Savoie et d'Anne d'Este.

7. Charles de Lorraine, marquis d'Elbeuf, cousin du duc de Guise, né le 18 octobre 1556, mort en 1603.

8. Charles de Lorraine, prince de Joinville, fils aîné de Henri de Guise et de Catherine de Clèves.

9. Charles de Valois, comte d'Auvergne, duc d'Angoulême,

deux furent saisis l'espée à la main, mais surtout le premier, que les archers accablèrent avec leurs halebardes. Cependant, le logis de son père estoit bien environné de Suisses pour empescher qu'aucun n'en eschapast. Là dedans furent pris Hautefort[1], les valets de chambre, Brissac[2], Bois-Dauphin[3], et Péricart[4], premier secrétaire; des papiers et de la bouche duquel on apprit, sur la terreur de la mort, les secrets qu'il avoit entre les mains[5]. Plusieurs gentilshommes de moindre nom furent aussi saisis de mesme coup. Richelieu[6], grand prévost, avoit de bonne heure investi avec ses archers et la compagnie du Gast la maison de ville, où travailloit le tiers estat. Là-dedans furent pris au collet le président de Neuilli[7],

grand prieur de France, né le 28 avril 1573, mort le 24 septembre 1650.

1. Edme de Hautefort, s. de Thenon, capitaine ligueur, gouverneur du Limousin en 1580, mort au siège de Pontoise le 13 juillet 1589. Sa déposition dans l'information du parlement de Paris est imprimée dans les *Archives curieuses*, t. XII, p. 202.

2. Charles de Cossé, comte de Brissac.

3. Urbain de Montmorency-Laval, s. de Bois-Dauphin, né en 1557, mort le 27 mars 1629.

4. Jean Péricard, conseiller et secrétaire des finances du roi, secrétaire particulier du duc de Guise (c'est ainsi qu'il est qualifié dans l'information du Parlement; *Archives curieuses*, t. XII, p. 189).

5. Péricard racheta plus tard sa vie et sa liberté au prix des secrets dont son maître, le duc de Guise, l'avait rendu dépositaire (Journal d'Étienne Bernard dans la *Satyre Ménippée*, 1752, t. III, p. 164).

6. François du Plessis de Richelieu, chevalier des ordres du roi, conseiller d'État, mort le 10 juillet 1590.

7. Étienne de Neuilly, premier président de la Cour des aides, député du tiers état à l'assemblée de Blois.

le prévost des marchans[1], Coteblanche[2] et Compan[3].

Roscieux[4], ayant accompagné son maistre au conseil, à la contenance des gardes, sentit la fricassée, et, sans faire part de son soupçon, passa la porte du pont, poussa un cheval à toute bride jusques à Noyan, et de là gagna en poste Orléans ; où il mit tel ordre qu'Antragues[5], y courant après lui[6], trouva visage de bois. De là, il dépesche diligemment avertir le duc de Mayenne à Lyon.

La première sortie du roi pour aller porter luimesme ces nouvelles à la roine sa mère[7], laquelle il

1. Le s. de la Chapelle-Marteau, prévôt des marchands de Paris, gendre d'Étienne de Neuilly, était président du tiers état aux états de Blois.
2. François de Cotteblanche, marchand drapier, demeurant sous la Tonnellerie, échevin de Paris (Assemblée du parlement de la Ligue ; f. fr., vol. 3996, f. 35).
3. Jean de Compans, marchand drapier, échevin de Paris (Assemblée du parlement de la Ligue ; f. fr., vol. 3996, f. 35).
4. Denis de Rossieux, gentilhomme ligueur, secrétaire du duc de Mayenne, gendre du s. d'Armonville, maire d'Orléans (Serres, *Inventaire de l'histoire de France*, 1648, t. I, p. 812). De Thou parle de lui dans ses *Mémoires* (liv. III) comme de l'agent du duc de Guise en Orléanais.
5. François de Balzac, s. d'Entragues, attendait dans le cabinet du roi les suites du guet-apens. Après l'assassinat, dit Marc Miron, il arracha du doigt du duc de Guise un cœur de diamant (*Journal de L'Estoile*, 1744, t. III, p. 492, relation de Miron). Il fut le père de la marquise de Verneuil.
6. François d'Entragues était gouverneur de l'Orléanais, et son frère, Charles de Balzac, s. de Dunes, lieutenant. Dunes avait été envoyé par le roi à Orléans pour paralyser les intrigues du duc de Guise vers le milieu de décembre 1588. D'Entragues y fut envoyé avec le maréchal d'Aumont aussitôt après l'assassinat du duc de Guise (De Thou, *Mémoires*, liv. III).
7. Catherine de Médicis était malade depuis le 16 novembre 1588 (*Lettres de Jacques et Charles Faye*, in-18, p. 67).

salua comme estant roi et sans compagnon[1]. Après un tremblement qui la saisit, elle lui dit qu'il s'en repentiroit[2], s'il n'avoit donné ordre aux villes partisanes des Guisars, et lui conseilla qu'il envoyast le cardinal de Gondi[3] pour faire enduire ce morceau au légat[4]. De là, toute troublée, elle voulut aller consoler le cardinal de Bourbon[5]. Mais comme, à sa veue, ce vieillard, tout en fureur, se fut escrié : « Madame, vous nous avez tous amenez à la boucherie, » elle fut outrée de telle douleur qu'elle s'alla mettre au lict, qui fut celui de la mort, ne pouvant survivre la ruine de ses desseins. On a dit que le roi voulut porter cette parole rudement, contre l'opinion de ceux qui vouloyent lui faire digérer la nouveauté à plusieurs ressorts, et que,

1. L'assassinat des Guises avait été résolu à l'insu de la reine mère. Le roi lui dit : « Madame, je n'ai plus de compagnon : j'ay fait tuer Guise » (*Particularités notables concernantes l'assassinat de MM. de Guise,* Paris, 1589).

2. Catherine répondit au roi : « Monsieur mon fils, Dieu veuille que vos affaires s'en portent mieux ; mais je prévois que cela vous tournera et réussira à un grand malheur » (*Ibid.*). D'après le récit du *Martyre des deux frères,* elle lui « dit mille pouilles et prophétisa tous les malheurs qui pour cet assassinat estoient jà prests à tomber sur sa teste » (*Archives curieuses,* t. XII, p. 89).

3. Pierre de Gondi, né en 1553, cardinal en 1587, mort le 17 février 1616.

4. Jean-François Morosini, né en 1537, ancien ambassadeur de la république de Venise en Pologne et en France, évêque de Brescia, avait été nommé nonce à la cour de Henri III par un bref de Sixte-Quint du 13 mai 1587 et cardinal et légat, sur la demande du roi de France, le 4 août 1588 (L'Épinois, *la Ligue et les papes,* p. 75 et 96). Il mourut en 1596.

5. La visite de la reine mère au cardinal de Bourbon eut lieu le 1er janvier 1589, par un temps très froid, et détermina chez elle une rechute (L'Épinois, *la Ligue et les papes,* p. 274, d'après les lettres de Morosini).

la visitant en sa maladie, la fièvre lui redoubloit à la veue insolente de son fils et à l'ouïe de ses insultations; ainsi s'appelloyent ses visitations. Elle languit en souspirant jusques au cinquiesme de janvier[1], disant à ceux qui la consoloyent plusieurs propos de désespoir. Et, comme ses femmes lui crioyent : « Recommandez-vous à madame saincte Catherine, vostre bonne marraine, » elle tourna la face à la ruelle vers Marguerite, sa femme de chambre, qu'elle avoit laissé vivre à la religion réformée. A celle-là qui lui disoit : « Tournez les yeux à Dieu, qui vous relèvera, » elle respondit ces mots : « Je suis accablée des ruines de la maison. » Pour l'explication de cela faut savoir que ses devins luy ayans prédit dès sa jeunesse qu'elle seroit accablée des ruines d'un édifice, sur cette crainte, elle faisoit appuyer les maisons et planchez où elle logeoit. Ceux qui interprètent les prophéties après leurs effects expliquent celle-là et le songe des lions du Louvre, que le roi fit tuer de harquebusades pour avoir songé qu'ils le mangeoyent[2], que l'édifice ruiné estoit la maison de Guise et que ce meurtre de lions estoit figure de celui de Blois.

1. Le samedi 17 décembre 1588, en revenant d'un office à dix heures du soir, Catherine de Médicis, déjà indisposée, avait été prise d'un rhume qui avait dégénéré en bronchite. Le 1er janvier 1589, la maladie s'aggrava, et le 5 janvier, à une heure de l'après-midi, Catherine rendit le dernier soupir (*Mémoires de Cheverny*, édit. du *Panthéon*, p. 254).

2. Palma Cayet raconte que le roi avait fait, en 1584, un songe dans lequel il s'était vu attaqué par le lion de sa ménagerie, qui ressemblait au duc de Guise (*Chronologie novenaire*, édit. du *Panthéon*, p. 81).

Les corps des deux frères furent brûlez[1] et leurs cendres jettées en Loire. De cela les uns disoyent qu'elles seroyent du naturel de la chaux vive, qui s'embrase par l'eau, menaçants le royaume de leur embrasement. Les autres excusoyent l'action, alléguans que ce bruslement se faisoyt de crainte que le peuple, addonné aux superstitions, ne fît des reliques de ces corps, et que le pape[2], les canonisant, esmeust de telles reliques les plus simples et plus zélez à une suite de dévotieuses fureurs, comme plusieurs y parurent disposez, ainsi que nous verrons ci-après[3].

Quant aux refformez, cette mort, par l'utile, se faisoit trouver honneste au roi de Navarre et à ses con-

---

1. La déposition de La Chapelle-Marteau (*Archives curieuses*, t. XII, p. 213) donne à ce sujet des détails d'un réalisme repoussant.

2. Sixte V. D'Aubigné se trompe complètement. Sixte-Quint était peu favorable au duc de Guise, de même que le nonce Morosini. Voyez *la Ligue et les papes*, de M. le comte de l'Épinois, *passim*.

3. L'assassinat du duc et du cardinal de Guise est un des événements de notre histoire qui a donné lieu à le plus de relations. Sans nommer les historiens généraux, de Thou, Serres, Dupleix, Pierre Mathieu, Davila, qui ont tous donné au récit de ce crime l'importance qu'il mérite, nous renvoyons le lecteur à la longue liste des pamphlets et des mémoires énumérés par le Père Lelong, n°s 18804 et suiv. Nous avons cité dans les notes qui précèdent quelques-unes de ces relations. Nous nous permettrons seulement une observation relativement au *Journal* de Marc Miron, publié dans le *Journal de L'Estoile*, 1744, t. III, p. 461. On l'attribue le plus souvent à François Miron. Il doit être rendu à Marc Miron, père de Charles Miron, évêque d'Angers, comme le prouve ce passage : « Vous savez qu'en ce temps-là j'estois travaillé par devant les Estats pour l'évesché d'Angers, de laquelle mon fils avoit esté pourveu... » (*Ibid.*, p. 474).

seillers les plus intéressez. Le peuple simple, voyant de quoi respirer de ses maux, convertissoit cela en louanges à Dieu, la vengeance duquel ils attribuoyent aux morts sans nombre que les Guisars avoyent excitez par le feu et par l'eau, à quoi ces chefs avoyent esté amenez. Les cavaliers et gentilshommes de plus de marque et de connoissance, quand la nouvelle en vint à Sainct-Jean-d'Angéli[1], blasmoyent tout haut cette action, sans y espargner les noms de lascheté, trahison et de perfidies, telles qu'ils avoyent trouvé en leur roi à leurs despens, eslevoient les vertus du mort et les courtoisies que quelques-uns avoyent receues, si bien que le roi de Navarre eut peine à réprimer ces propos et faire percevoir en silence les fruicts de l'utilité.

Le jour devant l'exécution, parmi plusieurs telles dépesches, avoit esté envoyé un gentilhomme vers le duc de Nevers, à la veue duquel La Chastre, soupçonnant quelque commandement contre sa personne, se rendit prisonnier entre les mains de son chef et depuis s'en alla sur sa foi contenter le roi de belles paroles[2];

1. La nouvelle de l'assassinat du duc de Guise fut apportée au roi de Navarre, à Saint-Jean-d'Angéli, par le s. de Frontenac, le 26 décembre 1588. Le premier mouvement du chef des réformés fut de se réjouir, mais le second fut d'empêcher le feu de joie que les Rochelais vouloient allumer (*Mémoires de Mme de Mornay*, t. I, p. 173). A cette occasion, du Plessis-Mornay écrivit à son maître une belle lettre, pleine de sens politique et de modération, qui a été reproduite dans sa correspondance (édit. Anguis, t. IV, p. 277). Voyez aussi les lettres suivantes.

2. Étienne Bernard, dans son journal des États de Blois, raconte le même fait presque dans les mêmes termes (*Satyre Ménippée*, 1752, t. III, p. 165). Bernard et d'Aubigné paraissent avoir suivi le *Discours sur la mort des duc et cardinal de Guise*, pamphlet pro-

monnoye de laquelle le roi paya le légat, qui, ayant peur, jugea devoir faire tout semblant d'estre satisfait[1], si bien qu'en parlant à l'oreille du roi il entremesloit quelques ris sardoniens. Ce ris, visible aux assistans, servoit à ce prince rusé pour faire croire que son action n'estoit point odieuse à Rome, d'où il avoit reçeu ses avertissemens.

Pour feindre une continuation d'Estats, le roi fut contraint d'eslargir quelques prisonniers, entre ceux-là le comte de Brissac, et de remettre sus les plus violents moyens pour la ruine des huguenots, comme estant le droit de leur chasse. Mais les voix avoyent pris le change, car les plus aspres chiens de la meute n'y estoyent plus, et ceux que le roi animoit à cette besongne sentoyent bien que ce n'estoit que par concession et apparence, sans espoir. Eux aussi, de leur costé, prenoyent l'occasion de cette feinte pour avoir doucement leur passeport. Sur tous jouoyent ce jeu

---

testant réimprimé dans les *Archives curieuses*, t. XII, p. 141. Pierre Mathieu raconte l'empressement du s. de la Chastre, autrefois le plus dévoué serviteur du duc de Guise, à faire amende honorable entre les mains du roi (*Hist. des troubles de France*, liv. IV, f. 149).

1. L'attitude du légat, à la nouvelle du meurtre du duc et du cardinal de Guise, fut assez hésitante pour justifier le récit du protestant d'Aubigné. Il se contenta de faire des réserves et d'adresser des reproches au roi et ne quitta la cour de France que le 10 avril 1589, à la nouvelle du rapprochement de Henri III avec le roi de Navarre. Le 24 mai 1589, Sixte-Quint lança contre Henri III un monitoire par lequel il le sommait de mettre en liberté les cardinaux de Bourbon et de Lyon et le citait à Rome, en personne ou par procureur, dans un délai de soixante jours. La politique du légat est très bien exposée, d'après sa correspondance inédite, par M. le comte Henri de l'Épinois dans *la Ligue et les papes*, 1886, in-8º, ch. v.

le comte de Brissac[1] pour la noblesse et Bernard[2] pour le tiers estat, employans leur éloquence à demander les choses commencées, qui estoyent effacées en leurs volontez, mesmes par désespoir.

1. A la clôture des États, le 15 janvier 1589, le comte de Brissac parla au nom de la noblesse. Son discours, inspiré par la terreur que causait encore aux plus déterminés ligueurs le souvenir du crime du 23 décembre, est analysé par de Thou (liv. XCIII). Il a été imprimé en plaquette à Blois en 1589, mais il n'a pas été reproduit dans le *Recueil des états généraux* de Mayer.

2. Le discours d'Étienne Bernard, député de Dijon, prononcé au nom du tiers état le 16 janvier 1589, se distingue par une fermeté qui répondait au secret sentiment de tous les assistants. Il a été analysé et loué par de Thou (liv. XCIII), publié, in-4°, à Blois en 1589, mais n'a pas été reproduit dans le *Recueil des états généraux* de Mayer. Étienne Bernard a laissé, en outre, un *Journal des états de Blois* qui a été réimprimé dans la *Satyre Ménippée,* t. III, p. 159, édit. de 1752.

APPENDICE.

LE BALLET DE CIRCÉ.

Le *Ballet de Circé*, joué aux noces du duc de Joyeuse le 15 octobre 1582, n'est point perdu comme l'a dit le dernier bibliographe de d'Aubigné (M. Legouez, dans le tome V des *Œuvres de d'Aubigné*, p. 210, édit. Lemerre). Il a même été imprimé plusieurs fois, mais non pas sous le nom de d'Aubigné. La première édition porte le titre de *Ballet comique de la royne, faict aux nopces de M. le duc de Joyeuse et de Mademoiselle de Vaudemont, sa sœur*, 1582, in-4°, chez Le Roy, Ballard et Patisson, par le s. Baltazarini, dit de Beaujoyeux, valet de chambre du roi et de la reine mère. D'après le narratif en prose qui sert de liaison aux couplets du poème, les vers sont de l'abbé de la Chesnaye, aumônier du roi, et la musique du s. de Beaulieu et de Pierre Salmon. Baltazarini était un joueur de violon, « le premier violon de la chrestienté, » dit Brantôme, que le maréchal de Brissac avait amené d'Italie à la fin du règne de Henri II (Brantôme, t. IX, p. 663). Il était intendant de la musique de la reine mère et des fêtes de la cour. C'est lui, dit encore Brantôme, « qui composoit ces beaux ballets qui ont « esté tousjours dancez à la court. » Cette première édition du Ballet de Circé est rare et recherchée à cause de ses belles gravures.

La seconde édition fait partie d'un volume imprimé vingt ans plus tard : *Recueil des plus excellens ballets de ce temps*, Paris, chez Toussainct du Bray, 1612. Le volume se compose de pièces en vers et en prose et de la réimpression du *Ballet comique*, qui occupe 110 pages. L'ouvrage, fort rare aujourd'hui, plus rare que l'in-4° de 1582, fut tiré à petit nombre pour les courtisans de Marie de Médicis. On en fit des copies. L'une d'elles, conservée à la Bibliothèque nationale, porte le numéro 25515 du fonds français. Nous n'avons remarqué aucune différence entre le texte manuscrit et le texte imprimé.

La troisième édition ouvre le recueil des *Ballets et mascarades de cour de Henri III à Louis XIV*, publié par M. Paul Lacroix, Genève, chez Gay, 1868, six volumes petit in-12. Le texte de l'in-4° de 1582 est reproduit; la pièce est encore attribuée à Baltazarini et il n'est fait aucune mention de d'Aubigné.

Cependant l'auteur de l'*Histoire universelle* s'attribue expressément la paternité du Ballet de Circé. On a vu ci-dessus (p. 118) avec quel détachement affecté il revendique un ouvrage qui lui avait donné quelques jours de popularité à la cour. Il se montre plus explicite dans le *Journal de ma vie*. « Ces deux princes « (Navarre et Guise), dit-il, couchoyent, mangeoyent et fai- « soyent ensemble leurs mascarades, balets et carrousels, des- « quels d'Aubigné estoit seul inventeur. Et, dès ce temps, il « dressa le projet de la Circé que la royne mère ne voulut pas « exécuter pour la despense; et depuis, le roy, Henri troisiesme, « l'exécuta aux nopces du duc de Joyeuse » (*Mémoires de d'Aubigné*, édit. Lalanne, 1889, p. 34).

Ce passage, en le rapprochant de la date qu'il occupe dans le récit, prouve que d'Aubigné avait composé le Ballet de Circé dans un temps où le roi de Navarre et le duc de Guise vivaient fraternellement à la cour, probablement après le siège de la Rochelle. La reine mère voulut à cette époque donner aux ambassadeurs, chargés d'offrir au duc d'Anjou la couronne de Pologne, une fête somptueuse, digne de leur message. Brantôme (t. VII, p. 371) raconte avec enthousiasme, et d'Aubigné (t. IV, p. 178 et 179) avec dédain, les splendeurs de cette journée mémorable. Il paraît que la reine recula devant la dépense du Ballet de Circé. Elle se contenta de chants, de danses, d'allégories figurées, de pièces de vers composées par Ronsard et par Amadis Jamin (Noailles, *Henri III en Pologne*, t. II, p. 375). En 1582, Henri III, moins ménager de ses deniers, reprit les projets scéniques de d'Aubigné. L'auteur avait emporté son poème en Gascogne. Le roi envoya chercher le manuscrit (voyez ci-dessus, p. 118). Beaujoyeux le signa, aussi bien par amour-propre sans doute que pour éviter au roi l'aveu d'avoir eu recours au talent d'un rebelle, serviteur d'un prince abhorré. Peut-être l'abbé de Saint-Germain y ajouta-t-il quelques vers. Nous le croirions volontiers, d'après la faiblesse de certaines strophes.

Peu de biographes ont rendu à d'Aubigné le Ballet de Circé. Nicéron fut le premier. « Ce fut, dit-il, quelque temps après « (la paix de la Rochelle de 1573) qu'il fit la tragédie de Circé, « que la reine mère ne voulut pas faire représenter à cause de « la dépense, mais qui le fut dans la suite aux noces du duc de « Joyeuse, aux despens du roi Henri III, qui en fit les frais » (*Hommes illustres*, 1734, t. XXVIII, p. 244). La Beaumelle, plus enclin à enfler qu'à diminuer la liste des ouvrages du grand-père de Mme de Maintenon, n'a fait que copier Nicéron.

Le Ballet de Circé n'est point un chef-d'œuvre, mais il est le premier exemple en date d'un genre bâtard, très goûté depuis le XVIe siècle, qui se destine au plaisir des yeux plus qu'au plaisir de l'esprit, et qui subordonne le talent du poète aux inventions du machiniste et du décorateur. La représentation eut lieu le 15 octobre 1582, à dix heures du soir, dans la grande salle de l'hôtel de Bourbon, devant un auditoire que le *Ballet comique* évalue à neuf ou dix mille personnes. La scène figurait successivement le palais et les jardins de Circé, une forêt de chênes, la grotte du dieu Pan, les nuées de l'Olympe, qui déposaient sur la scène Mercure et Jupiter. L'action était combinée pour amener sur le théâtre des danses, des chants, des changements de décor, des apparitions féeriques. Circé poursuit vainement un de ses amants, le s. de la Roche, qui trouve enfin un asile aux pieds du roi. Dans son dépit de femme jalouse, elle touche de sa verge d'or ses nymphes, Mercure lui-même, et les frappe d'immobilité. Révolte des dieux de l'Olympe et assaut du palais de Circé sous le commandement de Jupiter. L'enchanteresse, vaincue par les dieux alliés, perd son pouvoir, délivre ses victimes et obtient son pardon.

Le rôle de Circé avait été réservé par d'Aubigné à Marguerite de Valois, reine de Navarre. D'après Brantôme, à la date du 15 octobre 1582, Marguerite était absente (Brantôme, t. VII, p. 398). D'après d'Aubigné (t. VI, p. 169), confirmé par le *Journal de L'Estoile*, sous la date du 1er décembre 1582, la princesse était à la cour depuis le mois d'avril. « Mais cet esprit

« impatient, dit d'Aubigné (p. 170), n'estoit gueres demeuré sans
« offenser le roi, son frère, et ses mignons, et faire party dans
« la cour avec ceux qui diffamoyent ce prince en lui imputant
« de très sales voluptés. » Une haine ardente éloignait le frère et
la sœur, autrefois très unis. Beaujoyeux ne pouvait confier le
premier rôle à l'ennemie de son maître. Le rôle de Circé fut
donc rempli par Mlle de Saint-Mesme, de la maison de la Roche-
Beaucourt, fille d'un capitaine saintongeois. Elle s'en acquitta,
dit le narratif du *Ballet comique,* avec « une grâce que peu de
« damoyselles pourroyent imiter et nulle surpasser. »

Voici son premier monologue :

> Je le poursuis en vain; il fuit sans espérance
> De le revoir jamais réduict en ma puissance.
> Las! Circe, qu'as-tu fait? Jamais tu ne devois
> En homme reformer celuy que tu avois
> Privé de la raison. Peu fine et peu rusée,
> Circe, hélas! qui deviens par ta faute advisée.
> Ce libre fugitif sans crainte s'en ira,
> Et partout, à ton dam, ta honte publira.
> En vain à tes captifs des charmes tu appliques,
> Tu les changes en vain par murmures magiques ;
> Puisque tu es muable et puisque la pitié
> Et rigueur ont de toy chacune une moitié.
> Folle et folle trois fois, Circe, folle et legere,
> Qui croit qu'un qui reprend sa figure premiere
> Te vueille aymer après et se laisse abuser
> Des plaisirs, quand il peult de la raison user !
> Oste ceste pitié qui te rend variable.
> Le bien devient mal faict quand il est dommageable.
> Suy ton seul naturel : l'ire et la cruauté,
> Ce sont tes mœurs ; qu'un autre ait propre la bonté.
> Sus, sus despouille-toy de si faible courage,
> Et arme-toy le cœur de serpens et de rage.
> Que nul que tu auras de ta verge frappé
> Se vante d'estre après de ton joug eschapé.

La reine de France, Louise de Lorraine, la princesse de Lorraine, nouvelle duchesse de Joyeuse, les duchesses de Mercœur,
de Nevers, de Guise et d'Aumale, Mme de Joyeuse, belle-sœur
du favori de Henri III, la maréchale de Retz, Mmes de Larchant

et de Pont, Mlles de Cypierre et de Bourdeille, nièce de Brantôme, formaient un groupe de douze nayades, compagnes de Circé, chargé d'occuper les intermèdes par des danses ou par des évolutions chorégraphiques. Ce groupe, le premier de tous par le rang des danseuses, distribua de splendides présents aux principaux assistants. La reine donna au roi, dit le narratif du poème, « une grande médaille d'or, où il y avoit dedans un « daulphin qui nageoit en la mer, que chacun prit pour augure « asseuré de celuy que Dieu leur donnera pour le bonheur de ce « royaume. »

Les satyres, dans le costume de l'emploi, conduits par le s. de Saint-Laurens, chantre de la chambre du roi, attiraient quatre nymphes dans une forêt déserte et chantaient :

> Ces nymphes à notre voix
> Sortent maintenant des bois,
> Et Diane l'immortelle
> De desplaisir ne se celle.
> D'une escharpe de cuir blanc
> Elle a ceint dessus le flanc
> Sa trousse, et dans un bocage
> Va chasser un cerf sauvage.
> Allez, dit-elle en partant,
> Allez, nymphes, tout autant
> Que vous êtes à ma suite,
> Allez, ô nymphes des bois,
> Devers l'honneur des Valois,
> De qui la grandeur royale
> A celle des Dieux s'égale.

Les quatre nymphes étaient Mlles Louise de Vitry, de la maison de L'Hospital, Hélène de Surgères, célébrée par Ronsard, de Lavernay et d'Estavay la jeune. La première récita deux longs monologues, dit le narratif du *Ballet comique*, « avec « telle grâce et modeste asseurance que les doctes assistans, qui « jusqu'à cette heure n'avoyent eu cognoissance d'elle, jugèrent « à l'instant la vivacité de son esprit capable et susceptible de « choses plus hautes. » Les prévisions ne se réalisèrent qu'à demi. Louise de Vitry, spirituelle et galante, composa des vers et courut des aventures. Le duc Henri de Guise (*Journal de*

APPENDICE. 407

L'Estoile), le marquis de Pisani, l'amiral de Villars, et surtout le poète Desportes, dont elle eut une fille, eurent le bonheur de lui plaire (Tallemant des Réaux). Après plusieurs « fortunes, » elle épousa un vieux roué, ancien maître de la garde-robe du duc d'Anjou, Jean de Seymer, dit de Simier. C'est à elle que Tallemant des Réaux attribue cette piquante épigramme sur Henri IV, dont l'abord familier contrastait avec la dignité sévère de Henri III : « J'ay veu le roy, mais je n'ay pas veu Sa « Majesté. »

Quatre demoiselles, représentant les quatre vertus les plus nécessaires à un roi, la prudence, la modération, le courage et la justice, étaient probablement des chanteuses de profession, car le *Ballet comique* ne donne pas leurs noms. Elles chantèrent les couplets suivants en l'honneur du roi :

> Dieux, de qui les filles nous sommes,
> O dieux, les protecteurs des hommes,
> Du ciel avec nous descendez.
> Dieux puissans, suyvez à la trace
> Les vertus, qui sont vostre race
> En la France que vous gardez.
>
> Les mortels m'appellent Prudence.
> De l'esprit très seure défense,
> Qui prenoit les choses par moy.
> Quand du ciel je suis descendue,
> Hostesse je me suis rendue
> De la raison de ce grand roy.
>
> Moi, Tempérance modérée,
> Royne de la saison dorée,
> Je l'ay en naissant allaité ;
> Qui tournant en propre nature
> Mon lait, dont il prit nourriture,
> Commanda sus la volupté.
>
> Et moy, j'ay sa poictrine emprainte
> Du sage mespris de la crainte,
> Dès lors que ma main le berça ;
> Aussi, foudroyant de prouesse,
> Avec la fleur de sa jeunesse
> Les verds lauriers il amassa.

Il tient pour le droit et le vice
Égaux le loyer et supplice
Dedans sa balance de poids.
Par luy la France est à ceste heure
De moy, Justice, la demeure
Et le temple honoré des loix.

Il arme jà sa main severe
Contre ceste indigne sorciere
Qui charme du peuple les yeux.
Descen, Pallas, et ne dédaigne
D'estre la fidele compaigne
De ce prince victorieux.

Le rôle du dieu Pan était joué par le s. de Juvigny, écuyer du roi, « gentilhomme favori des muses et de Mars; » celui de Mercure par le s. du Pont, « gentilhomme servant accomply de « beaucoup d'honorables parties; » celui de Jupiter par le s. de Savornin, chanteur de la chambre du roi; celui de Minerve par Mlle de Chaumont, chargée d'intercéder auprès de Jupiter en faveur des victimes de Circé. La pièce se termine par « un « estrange bruit, aboyement et mugissement, tant de chiens, « loups, ours, lions, que d'autres infinies sortes d'animaux, » anciens amants que l'enchanteresse a changés en bêtes et qu'elle retient en servitude au fond de son palais, et par un monologue de Circé elle-même, dans lequel nous retrouvons quelques vers dignes de l'auteur des *Tragiques* :

Tu vois doncques venir à ce coup conjurez
Ceux qui logent au ciel dans les astres dorez
Et qui s'arment la main de flamme criminelle.
O Circe, contre toy, Circe, nymphe immortelle.
. . . .
Ce dieu au char doré de qui le front reluit
Couronné de rayons et par ordre conduit
Le bal perpétuel des étoiles rangées,
Qui fait couler les ans par les saisons changées,
Qui fait de son flambeau tout le ciel s'allumer
Et peut de Jupiter les flammes consommer;
Ce soleil tout puissant que nature severe,
Qui meut cet univers, soleil, qui est mon pere
Et au monde qui vit donne l'âme et vigueur,

APPENDICE.   409

Ne me fait point geler la craincte dans le cœur.
. . . .
Je vous peux, s'il me plaist, je vous peux résister.
Dis-moy qui te changea tant de fois Jupiter,
En aigle et en toreau, en satyre et en cygne.
Confesse-le vaincœur. Il n'est astre ni signe
Qui luise dans le ciel de chaleur animé
Que je n'aye son corps en estoile formé.
Je vous résisteray. Que si la destinée
A de ma verge d'or la force terminée,
Ce n'est en ta faveur, Jupiter, ne le croy.
Et si quelquun bientôt doit triompher de moy,
C'est ce roy des François, et faut que tu luy cedes,
Ainsi que je luy fais, le ciel que tu possedes.

La représentation finit à trois heures et demie du matin, « sans que telle longueur ennuyast ny despleut aux assis- « tans, tel estoit et si grand le contentement de chascun. » Elle coûta au roi, dit d'Aubigné, la somme de 400 mille écus (*supra*, p. 119). De Thou élève ce chiffre : « En tournois, dit-il, « carrousels, spectacles et fêtes de nuit, combat naval, présens « et autres profusions semblables, on dépensa douze cens mille « écus d'or » (liv. LXXIV). Ces prodigalités ne firent aucun honneur au roi. Le peuple de Paris, quoique bien disposé pour les princes qui l'amusent, railla la noce et le nouveau marié. Le *Journal de L'Estoile* ne parle pas de la fête du 15 octobre. Brantôme ne la rappelle que pour faire l'éloge des dames : « Or, pour bien considérer combien il faisoit beau « voir toute ceste belle troupe de dames et damoiselles, créa- « tures plutôt divines que humaines, il falloit se représenter « les entrées de Paris et autres villes, les sacrées et superla- « tives nopces de noz roys de France et de leurs sœurs, filles « de France, comme celles du roi Dauphin (François II), du roi « Charles, du roi Henri III, de la reyne d'Espagne (Élisabeth), « de madame de Lorraine (Claude de France), de la reyne de « Navarre (Marguerite), sans forces autres grandes nopces de « princes et princesses, comme celles de M. de Joyeuse, qui les « a toutes surpassées » (Brantôme, t. VII, p. 397).

TABLE DES CHAPITRES

Chapitres		Pages
	Préface de l'autheur sur le troisiesme tome . .	1
	LIVRE ONZIÈME.	
	(Livre I du tome III des éditions de 1620 et de 1626.)	
I.	Misérable estat des réformez en Xainctonge et Poictou	7
II.	Armes relevées en Xainctonge et Poictou par les réformez.	13
III.	Prise de quelques bicocques, et les combats d'Oléron et de Monbraguet	22
IV.	Reddition de comptes des premiers traicts du duc du Maine	36
V.	Passage du roi de Navarre	46
VI.	Armée du mareschal de Biron et ce quelle fit, notamment à Luzignan et à Maran, et prise d'Aubigné	51
VII.	Conférence de Sainct-Bris. Deffaitte de deux régiments à Maillezais	59
VIII.	Siège de Monségur	68
IX.	Siège de Castillon. Combat de trois frères. Reprise de Castillon.	73
X.	Des pays méridionaux jusques au fait de Montélimar.	83
XI.	Des prises et reprises de Montélimar, et quelques autres exploits aux Séveines et en Vivarets. .	91
XII.	Despesche du duc de Joyeuse et ses exploits vers le voisinage de Languedoc. Voyage du roi à Lyon.	101
XIII.	Les refformés eslargissent leurs coudées en Poictou.	108
XIV.	Premier voyage du duc de Joyeuse en Poictou .	117

TABLE DES CHAPITRES.

Chapitres		Pages
XV.	Deffaitte de la cornette blanche et compagnie de gens d'armes du duc de Joieuse; conjonction du comte de Soissons; nouvelle des reistres.	126
XVI.	Second voyage du duc de Joyeuse; approches de la bataille de Coutras	134
XVII.	Bataille de Coutras.	146
XVIII.	De ce qui suivit la bataille, soit au pays, soit à la cour, et quelles nouvelles y couroyent.	160
XIX.	Démarche de l'armée, son progrès; Chastillon joint; divers accidens; combat de Vimaury; mutinerie des Alemans; celle des Suisses; accidens aux troupes et leur déclin	171
XX.	Deffaite d'Auneau et ce qui ensuivit	186
XXI.	Articles de Nanci. Guerre à la frontière de Lorraine.	197
XXII.	Suite du siège de Jamets. Exploits de Sedan. La Noue à Sedan. Deffense de son action. Mort du prince de Condé	200
XXIII.	Des Barricades de Paris et de leur suite.	207
XXIV.	Affaires unies avec les quatre voisins	221
	Lettre à Bassompierre.	225
XXV.	De l'Orient.	233
XXVI.	Du Midi.	238
XXVII.	De l'Occident.	242
XXVIII.	Du Septentrion	249
XXIX.	Paix avec les liguez; édict de Juillet.	279

Livre Douzième.

(Livre II du tome III des éditions de 1620 et de 1626.)

I.	Prise de Marans.	287
II.	Escalade de Vouvans; prise de la Cointaudière et reprise de Marans.	295
III.	Mesnages de la cour	300
IV.	Péril du duc d'Espernon en Angoulesme	307
V.	Commencement des Estats et sermens notables.	315
VI.	Attaque des Herbiers; deffaite de Gerfai et d'Albanois aux fauxbourgs de Poictiers	328
VII.	Dessein sur l'embouchure de Loire; siège et prise de Beauvois	335
VIII.	Assemblée de la Rochelle	342
IX.	Exploicts en Bretagne; siège de Belin	346

Chapitres		Pages
X.	Tour vers le midi de la France	354
XI.	Siège et prise de Jamets	362
XII.	Prises de Mauléon, Montaigu, et siège de la Grenache.	368
XIII.	Brouilleries des Estats	379
XIV.	Mort des deux frères Guisars et ce qui avint du reste	386
Appendice.	Le ballet de Circé	402

Nogent-le-Rotrou, imprimerie DAUPELEY-GOUVERNEUR.

[illegible] par la Société de l'Histoire de France

[illegible] sa fondation en 1834.

[illegible] 9 francs le volume [illegible] francs pour les Membres de la Société.

[illegible]
[illegible] de Mazarin. 1 vol.
[illegible] Baudouin. 1 vol.
[illegible] des Ducs de Normandie. 1 vol.
[illegible] Beauvoisis. [illegible]
[illegible] de Coligny [illegible] 1 vol.
Mémoires et Lettres de Marguerite de Valois. 1 vol.
[illegible] de l'argenterie des rois de France [illegible]
[illegible] de Daniel de Cosnac. 2 vol.
Journal d'un Bourgeois de Paris sous François I[illegible]
Chroniques des comtes d'Anjou. 1 vol.
Éphéméride de la Huguerye. 1 vol.

Ouvrages épuisés en partie.

Grégoire de Tours. Histoire ecclésiast. des Francs. [illegible]
Œuvres d'Eginhard. 2 vol.
Barbier. Journal du règne de Louis XV. [illegible]
Mémoires de Ph. de Commynes. 3 vol.
Registres de l'Hôtel de Ville de Paris pendant la Fronde. [illegible] vol.
Procès de Jeanne d'Arc. [illegible]
Histoire de Charles VII et de Louis XI, par Th. Basin. [illegible] vol.
[illegible] de Tours. [illegible]
[illegible] 1 vol.
Chroniques de [illegible]
[illegible]
Chroniques de J. de Wavrin. [illegible]
[illegible]
Journal et Mémoires du marquis d'Argenson. [illegible] vol.
[illegible] de Brantôme. [illegible]
[illegible]
[illegible] de Monluc. [illegible] vol.
[illegible]

Correspondance de Maximilien et de Marguerite. 2 v.
[illegible] de Marguerite d'Angoulême. 2 vol.
Chronique de Guillaume de Nangis. 2 vol.
Richer. Hist. des Francs. 2 v.
Le Nain de Tillemont. Vie de saint Louis. 6 vol.
Bibliographie des Mazarinades. 3 vol.
[illegible] de Mazarinades. 2 vol.
Mém. de Mathieu Molé. 4 v.
Miracles de S. Benoit. 1 vol.
Chronique des Valois. 1 vol.
Mém. de Beauvais-Nangis. 1 v.
Chronique de Mathieu d'Escouchy. 3 vol.
Choix de pièces inédites relatives au règne de Charles VI. 2 vol.
Comptes de l'hôtel des Rois de France. 1 vol.
Rouleaux des morts. 1 vol.
Œuvres de Suger. 1 vol.
Joinville. Hist. de saint Louis. 1 vol.
Mém. et corresp. de Mme du Plessis Mornay. 2 vol.
Chroniques des églises d'Anjou. 1 vol.
Introduction aux chroniques des comtes d'Anjou. 1 vol.
Chroniques de J. Froissart. T. I à VIII. 10 vol.
Chroniques d'Ernoul et de Bernard le Trésorier. 1 v.
Annales de S. Bertin et de S. Vaast d'Arras. 1 vol.
Mém. de Bassompierre. 4 vol.
Histoire de Béarn et de Navarre. 1 vol.
Chron. de Saint Martial de Limoges. 1 vol.
Nouveau recueil de comptes de l'argenterie. 1 vol.
Chanson de la croisade contre les Albigeois. 2 vol.
Chron. du duc Louis II de Bourbon. 1 vol.
Chronique de Le Fèvre de Saint-Remy. 2 vol.
[illegible] de Ménestrel de [illegible] au XIIIe siècle. 1 v.
[illegible] de Bourbon et de Jeanne d'[illegible] 1 vol.
Mém. de La Huguerye. [illegible]
Anecdotes et apologues [illegible] Étienne de Bourbon. [illegible]
Extraits des auteurs [illegible] concern. la géographie [illegible] l'hist. des Gaules. 6 vol.
Histoire de Bayart. 1 vol.
Mémoires de N. Goulas. [illegible]
Gestes des évêques de Cambrai. 1 vol.
Les Établissements de saint Louis. 4 vol.
Chron. norm. du XIVe s. 1 v.
Relation de Spanheim. 1 vol.
Œuvres de Rigord et de Guillaume le Breton. 2 v.
Mém. d'Ol. de la Marche. 4 v.
Lettres de Louis XI. T. I à IV.
Mémoires de Villars. T. I à V.
Notices et documents, 1884. 1 v.
Journal de Nic. de Baye. 2 v.
La Règle du Temple. 1 vol.
Hist. univ. d'Agr. d'Aubigné. T. I à VII.
Le Jouvencel. 2 vol.
Chroniques de Louis XII, par Jean d'Auton. T. I, II et III.
Chronique d'Arthur de Richemont. 1 vol.
Chronographia regum Francorum. T. I et II.
L'Histoire de Guillaume le Maréchal. T. I.
Mémoires de Du Plessis-Besançon. 1 vol.
Hist. de Gaston IV de Foix. T. I.

SOUS PRESSE :

Chron. de J. Froissart. T. IX.
Lettres de Louis XI. T. V.
Chroniques de Louis XII, par Jean d'Auton. T. IV.
Brantôme, sa vie et ses écrits.
Mémoires de Villars. T. VI.
Chronographia regum Francorum. T. III.
Hist. univ. d'Agr. d'Aubigné. T. VIII.
L'Histoire de Guillaume le Maréchal. T. II.
Hist. de Gaston IV de Foix. T. II.
Mémoires de Gourville. T. I.

[illegible] annuaires et annuaires-bulletins (1834-1892), [illegible] 5 francs.

([illegible] à la fin de l'Annuaire-Bulletin de chaque année.)

[illegible] Daupeley-Gouverneur.

www.ingramcontent.com/pod-product-compliance
Lightning Source LLC
Chambersburg PA
CBHW051836230426
43671CB00008B/977